NUEVA CARTOGRAFÍA OCCIDENTAL

DE LA NOVELA HISPANOAMERICANA

Wilfrido H. Corral

Nueva cartografía occidental de la novela hispanoamericana

La Pereza Ediciones

Nueva cartografía occidental de la novela hispanoamericana

© *Wilfrido H. Corral*

© De esta primera edición 2024, La Pereza Ediciones, USA
www.lapereza.net

Directores de la colección:
Greity González Rivera
Dago Sásiga

ISBN: 978-1-6237524-3-9

Diseño de los forros de la colección:
Estudio Sagahón / Leonel Sagahón
www.sagahon.com
Portada y Maquetación Julián Herrera

NUEVA CARTOGRAFÍA OCCIDENTAL

OCCIDENTAL
DE LA NOVELA
HISPANOAMERICANA

WILFRIDO H. CORRAL

LA
PE
RE
ZA EDICIONES

PRÓLOGO PARA ANGLÓFONOS

L as historias de las novelas, apunta Michel de Certeau en su estudio
sobre las metáforas *Arts de faire* (1980), son un medio de *movilidad pública* que atraviesa y organiza lugares, selecciona y enlaza espacios, armando itinerarios y trayectorias espaciales ajustadas por varios códigos. Contrariamente al argumento de De Certeau, no son prácticas diarias ni siempre producen cartografías de acciones. Ahí yace una dificultad de pensar las prácticas culturales occidentales como unívocas, sobre todo al considerar las contribuciones de la historia literaria hispanoamericana, ausencia que persiste hasta el exhaustivo *The Oxford Handbook of the Latin American Novel* (2023). Hay un matiz pertinente que remoza la premisa de De Certeau.

Se trata más bien de la movilidad cultural, acuñada por Stephen Greenblatt para los ensayos que compiló en *Cultural Mobility: A Manifesto* (2010) en el contexto del lenguaje, la política y la tradición. Darle significado a una cultura yace exactamente en analizar su movilidad, en la variedad de embragues humanos que la crean. Esa fluidez permite que una generación mayor escriba sobre otra con su misma habla, no necesariamente en su "estilo", y que sea contemporánea sin acceso o interés total en la más joven, giro predominante en las Américas hispanohablantes que a la vez hace a la cultura profundamente auténtica y universal. La movilidad encrespa a los puristas porque no produce calcos exactos de una cultura sino híbridos imprevisibles y es así, sin ninguna percepción de mudanza, que se pasa al siglo actual.

La recepción de novelas hispanoamericanas mundialmente conocidas entre la segunda mitad del siglo XX y hoy las percibe como suplementos «primermundistas» o retórica narrativa prosaica. Sin tautologías sobre qué es propio y qué es «occidental», siempre ha habido una diferencia relacionada con la expresión. Si la hispanoamericana es occidental en casi toda característica, la articulación y problematicidad lingüística de la novelística europea, sin lengua o identidad hegemónica, no es la misma. Superada la fijación en «temas propios», la verbosidad latina emplea y amplía marcas diferentes. Rara vez se debate la fidelidad mimética de los novelistas, asumiendo una buena fe que Maurice Blanchot cuestiona para ellos y los lectores (1995: 61-73). Los que leen a James Joyce solo en su lengua, sin leer novelas en español, se preguntarán qué pasa en éstas realmente, incapaces de percibir similitudes estéticas entre *Ulysses* y aquellas.

La novelística hispanoamericana, que existe desde hace más de doscientos años, sigue moviéndose entre esos vagones del tren bala mundial, no siempre quedándose en la misma estación, fluctuación positiva para su dinamismo. Franco Moretti, historiador de la novela cuya metodología discuten varios capítulos, la define como «una forma dividida entre narratividad y complejidad: en que la narratividad domina su historia y la complejidad su teoría» (2008: 113), y se pregunta por qué las novelas existen en prosa, son frecuentemente historias de aventuras [sic], y por qué surgió en Europa y no en otros continentes en el siglo XVIII (2008: 111). Su réplica, armada con generalizaciones no descabelladas, se fundamenta en estadísticas mercantiles (2008: 123-124), sin ocuparse de cómo los novelistas *pensaban* la razón de ser del género.

A pesar de esos avances, y considerando que desde José Joaquín Fernández de Lizardi los novelistas hispanoamericanos analizan la artesanía y cartografía de su arte *vis-à-vis* el resto del mundo (cf. los tomos de *Los novelistas como críticos* de Corral y Klahn, 1991), la exegética que subestima la no ficción de ellos obstruye el capital cultural y simbólico del género, incitando a los lectores de una manera que sus novelas no lo hacen, proveyendo atisbos de opiniones expuestas integralmente luego. Ese vasto conjunto de reflexiones modifica teorías, porque la interpretación es en gran parte autorreflexiva. Es así una perogrullada, creer difícil encontrar una teoría verdaderamente operativa, si el próximo paso es buscar una práctica más formal y útil, que proceda desde un punto de vista realmente crítico.

En "Novela y ensayo" Massimo Rizzante afirma que en la segunda mitad del siglo XX el pensamiento crítico fue engullido por la teoría interdisciplinaria, y "la crítica se ha vuelto enemiga del arte de la novela y por esta razón, hoy en día, los novelistas son, casi siempre, los únicos que pueden decir algo interesante sobre su arte" (2018: 46). En "The Necessity for Destructive Criticism" (1961) Richard Gilman aconsejó deshacerse del léxico crítico anímico, evitar adjetivos como "apasionante, espléndido, impresionante, inolvidable, notable, original y poderoso", a los que se puede añadir "interesante" y otros cuestionados aquí.

Antecesor de *Discípulos y maestros 2.0. Novela hispanoamericana hoy* (2019), dedicado a la novelística publicada entre 1995 y 2019, y de la compilación en co-autoría *The Contemporary Spanish-American Novel. Bolaño and After* (2013), este estudio desbroza la subjetividad de desarrollos sucesivos, espiga afinidades, dimensiones y orientaciones de teorías occidentales que proveen contexto. Primero, se precisa cómo cada novela o teoría analizada autoriza trascender sus límites. Segundo, se aclara dudas ante posverdades "wikipédicas" y crítica- como-ciencia-ficción que cree en «una» teoría de la novela cuando no hay algo establecido como «la novela». Tercero, se sopesa contribuciones autóctonas para examinar cómo «nuestra» novela se distancia de la práctica de Occidente, monolito que siempre ha sido parte de una red de culturas. Preguntar para qué sirven estos asuntos no es ser categórico, dependentista, poscolonial o tautológico, sino que se desprende de largas tradiciones.

Esa progresión es consigna o emblema de la práctica hispanoamericana y su relación con Occidente, pero no hay un hilo dorado único que enlaza a la Europa moderna con la Roma o Grecia clásicas. Si Miguel Ángel Asturias, Alejo Carpentier, José María Arguedas y Augusto Roa Bastos, o sus antecesores indígenas enriquecieron la visión mitológica al recurrir a mitos autóctonos; que los recreen, interpreten o tergiversen en lenguas occidentales muestra que el objeto principal del mito y su archivo no es unívoco en especificidad o universalidad. Las transposiciones ficticias occidentales permiten interpretar las sagas como estructuras *literarias* derivadas de la estructura religiosa del mito. Los procedimientos mencionados y la manera de especificarlos o desmenuzarlos son centrales para la teoría novelística de Occidente. Parafraseando un texto de Roger Caillois, esa hipótesis se permitió licencias y audacias, y acrecentó su dominio y ambiciones por surgir de una representación de «la realidad», sin gran ansia teórica. Para ese cometido no funciona el impulso profesoral de corregir sin más, o el desdén recíproco de la división académico-popular.

Si ese acervo teórico tiene un momento álgido en la *Teoría de la novela* de György Lukács, los dos últimos capítulos lo matizan, arguyendo que no se puede hablar de la occidental sin dialogar (deseo iluso hoy) con la hispanoamericana o sus autores. Lukács se esforzó por esclarecer, a la luz del concepto de «totalidad» (que requiere conectar la acción de la novela a una nación y época), la naturaleza del lazo funcional entre intereses de clase e ideas políticas expresadas por los primeros. En "Sobre la falsa crítica" Walter Benjamin se queja de cómo esta no dice qué es esencial o útil, y que no polemiza al proyectar un programa "revolucionario en lo político" (2017: 249) oponiendo «totalidad» a «autenticidad» (2017: 251).

Al adoptar ideas similares en el siglo XX los hispanoamericanos no superaron la tensión entre abstracción especulativa y pragmatismo narrativo, como George Orwell, que desconfiado de los teóricos postuló en *1984* (1949) que la "nuevalengua" llegaría a «traducir» los clásicos ingleses, incluidos los manuales técnicos. Para teóricos como René Girard la carrera del gran novelista depende de una conversión, aunque no sea explícita. Creer en ese desarrollo es olvidar que se comenzó a desmenuzar la noción de la novela como género proteico con el formalista Víktor Shklovski a principios del siglo XX, apoyándose en *The Life and Opinions of Tristram Shandy* (1759) de Laurence Sterne, tan irreverente ante las convenciones realistas como el ruso; y con Mijaíl Bajtín, para quien la «novelidad» surge del impulso para transcribir las tensiones dialécticas entre los significados de los enunciados humanos, y que puede haber un gran novelista sin una gran novela. Que una novela no se ajuste, aunque sea débilmente a las convenciones, ha ocasionado defensas de la "novela débil", aquellas que parecen un álbum de recortes excéntricos y tendencias de cajón de sastre.

En el siglo XIX la actualidad estaba más «presente» que en el veinte, y no sorprende en el veintiuno que Herman Melville y su *Moby-Dick* sigan vigentes como influencia en las incansables, caóticas y a veces desgarbadas novelas totales de los difuntos Roberto Bolaño, Cormac McCarthy y otros, a pesar de que se recuperó a Melville y su obra del limbo en que circulaban solo en 1929, con una biografía del crítico Lewis Mumford. Aun a finales del siglo XIX las palancas, engranajes y vueltas de tuerca de la máquina novelística alteraban constantemente la memoria institucional que se construía para el género. Esa condición se agrava cuando no se separa nítidamente las operaciones básicas de los estudios literarios de las de la novelística. En el tercer siglo de la práctica del género los novelistas hispanoamericanos seguirán siendo el tribunal de primera instancia para entenderlo, porque hace dos siglos ya eran capaces de saber lo que se podía hacer con la forma. Ése no ha sido el caso con sus críticos, aunque en la segunda mitad del siglo XX hubo exégesis individuales de novelas particulares que han iluminado y se han convertido en referencias obligatorias.

Pocas han tenido la capacidad de ver el bosque por los árboles comoÁngel Rama. Es útil que este libro comience con él porque escribe durante una época en que los novelistas no se percibían aprisionados solipsísticamente por la literariedad, y solo comenzaba a despegar el ombliguismo reducido hoy a un club poco secreto de novelistas. En su monografía analizada en el primer capítulo Rama no provee interpretaciones definitivas de novelas individuales. Más bien, se concentra en los problemas que confrontaron los novelistas hasta la sexta década del siglo XX, para mostrar que buena parte de la dependencia de la novelística "periférica" surge de la problemática modernidad que el continente comenzaba a experimentar. No es una conclusión novedosa, pero lo fue en ese momento cultural altamente politizado, y establece puentes entre los siglos XIX y XX al rastrear que si el novelista siempre sabe lo que va a hacer, o lo que está haciendo, los resultados serán mediocres, y las teorías surgidas de esas obras no lo serán menos.

Esa visión es novedosa por establecer conexiones entre nuestra novela y la tradición occidental, y por sus conclusiones optimistas en un contexto en que una revolución, la cubana, dictó a su manera que una nueva novela solo podía ser revolucionaria si era ideológicamente correcta. Para constatar el legado de la conclusión de Rama es preciso examinar qué proponían otros teóricos de la novela, o si, de hecho, había una teoría, porque en las tres décadas posteriores proliferaron intentos por teorizar el género, mientras el crítico uruguayo había analizado la teorización anterior de una manera más fluida. Se procede así porque la crítica latinoamericanista, particularmente en Estados Unidos, suele aglomerar bajo un título presuntamente unitario pero engañoso, artículos, notas y reseñas sobre el género como "teoría" sostenida para explicarlo.

Los críticos de la segunda mitad del siglo XX escribían para académicos, no para lectores voluntarios de la novela, los primeros desde la perversa ética de criticar el capitalismo desde dentro del capitalismo, como arguye magníficamente Rita Felski al abogar por una poscrítica sensata. No sorprende que en su esclerosis o ceguera la crítica hispanoamericana dio grandes saltos, de la novela vanguardista a la «nueva novela» de los años sesenta. En esas formas los novelistas más pobres dejaron que las marionetas se adueñaran del teatro. Leer fuera de casillas críticas hace aceptar un par de hechos. Primero, la «nueva novela» de entonces es demasiado antigua para examinarla como si siguiera viva. Segundo, por encima de plañideros, pleitistas y revanchistas, siempre hay novelas y novelistas imperfectos, porque mientras más se parece a otros géneros, más se parece a sus formas precursoras.

Estas relaciones occidentales cíclicas prevalecen en novelistas como el vanguardista Juan Emar, y son necesarias para repasar varios pos-posmodernismos o la pos-ficción. El chileno y sus pocos pares revelan que la imaginación y los hechos se contrastan fácilmente, y desde esa discordancia se puede entender la hibridez genérica sin segregar modos afines a la "autobiograficción", por lo menos para las interpretaciones que subordinan otros sistemas. Emar es un novelista fundacional porque, créase lo que se crea sobre tentáculos comerciales o estéticos, el *boom* fue una familia literaria con antecesores, discípulos, mentores y seguidores claros, más que una escuela comercial, fenómeno, movimiento o club de rivales y amigos que se veían asiduamente planeando "rescatar" la novela de Occidente, como se desprende sin novedad de los documentos añadidos a *Las cartas del Boom* (2023). Emar y su familia ignota tuvieron experiencias similares y como Melville y su Bartleby, y Groucho Marx (que se carteaba con T. S. Eliot,) prefirieron no pertenecer a un club que los hubiera bienvenido como miembros.

Lukács renegó de *Teoría de la novela* no porque su muestra era de Occidente, sino porque la civilización de su tiempo entraba en una fase sociocultural que no le gustaba. «El Lukács que queremos» debe incluir al que en los años veinte notó la paulatina totalización y frag-mentación que caracterizan al capitalismo tardío, conceptualización utilizada por la exigua crítica posmoderna que queda de la novela cuando discute el giro transnacional de finales del siglo pasado, sin aclarar si "capitalismo" es una manera de hacer las cosas o un fantasma que asusta.

Otro peligro es creer que la interdisciplinaridad es privilegio y monopolio de novelistas bien instruidos como Roberto Arlt y Macedonio Fernández, y no faltan émulos de esa respiración artificial. Sí faltan su poder y originalidad cuando los copistas no distinguen entre influencia, calco, homenaje, plagio u otras usurpaciones. En cada década posterior del siglo XX hubo imitadores experimentalistas, y luego de los íconos del *boom*. El capítulo sobre Pablo Palacio y Humberto Salvador comprueba que no necesitaron modelos o íconos por ser sus contemporáneos, desconocidos, sin tener que medir su poder con el de ellos.

Palacio y Salvador, conectados por inercia crítica a novelistas proletarios como el uruguayo-argentino Elías Castelnuovo, muestran la insuficiencia de privilegiar autores que dejan de ser «no canónicos» o estancarse en una tradición nacional incompatible con la diversidad del continente y el cuestionamiento de sus centros por tradiciones periféricas. Al contrario de Emar, Palacio y Salvador verifican que, cuando se cree que los innovadores genuinos prefieren estar solos sin la reafirmación de otros, nunca se abandonan sus ideas. Siempre habrá un «club» de novelistas que no se reúne físicamente sino cuando se los lee, convertidos en código social, herencia cultural, marcadores de gusto, e incluso inspiración para expresar, o encubrir, maneras de pensar. Antes de los «boomistas», Palacio, Salvador y Juan Carlos Onetti comprobaron la sofisticación psicoanalítica de su novelística «periférica», dando jaque mate el psicologismo de años posteriores, como hizo Emar con su compatriota y amigo Eduardo Barrios y su precursora *El hermano asno* (1922), contemporánea de las de Palacio. Y así por el estilo.

En el momento que contextualiza Rama, el dogmatismo sobre la novela y su teoría contaminaba a la crítica, y si mucho antes el género experimentó tecnicismos, nunca olvidó la pulsión de contar, reduciendo la batalla no a los críticos sino a qué ficción interpretar cuando se cuestiona la verdad. El capítulo sobre Mario Vargas Llosa y Julio Cortázar presenta polos intelectuales que encuentran un punto medio entre esteticismo y compromiso excesivos. Esa ubicación es productiva, porque perder de vista lo que se creía en un principio es una manera de definir la innovación, como urge frontalmente Michel Houellebecq (heredero del reaccionario vanguardista británico Wyndham Lewis) contra los sesentayochistas franceses y su novelización distópica de esa época (los últimos capítulos de *Discípulos y maestros 2.0* revisan versiones nativas), una vuelta de tuerca a Louis-Ferdinand Céline, Pierre Drieu la Rochelle, el antifascista Orwell de *Rebelión en la granja* (1945) o el J. G. Ballard que en sus "autopsias de la vida cotidiana" advirtió sobre el "fascismo blando", la tecnología, y el calentamiento global. Cortázar y Vargas Llosa novelizan cómo los colectivismos llegan a conclusiones más extremas que las de individuos, y quizá por eso quisieron que sus novelas formaran parte de una entidad estética o ideológica, desplazando al culto de la novela estrecho de miras, y al club de la novela por normalizar y racionalizar la banalidad.

El capítulo sobre Carlos Fuentes examina qué ocurre cuando un novelista quiere mantenerse al tanto de la teoría novelística, no para aplicarla a su obra, sino por airear su contemporaneidad y sofisticación ante las presiones que implica «situarse» en la globalización y responder a cómo sus tentáculos interpretativos amenazan con reducir el papel del novelista, o simplemente por el negocio de serlo. Al subirlos al Parnaso como semideidades, los novelistas admirados pierden características humanas, desapareciendo en la neblina de una fama impenetrable (véase *Discípulos y maestros 2.0*). Al enfatizar las variedades del mito y su vigencia, Fuentes subestimó que la multiplicidad o universalidad de significados no implica que, al leer, toda clase social mire más allá de sí misma o la teoría. Cuestionar su novelística no disminuye el respeto que merece su trayectoria general, aun cuando prueba que, para un novelista contemporáneo agobiado por la globalización, es mejor escribir novelas que teorizar sobre ellas.

La novela trata de privilegiar el principio que hace que las características de un suceso tengan coherencia, aunque se pospongan las conclusiones en el mundo representado. Ese principio que controla la relación entre los sucesos se llama ideas. Cuando un novelista las privilegia, por lo general muestra una preparación apropiada, el caso con Vargas Llosa, Fuentes, Juan José Saer y César Aira. Pero el carácter disperso de la teoría de la novela (el hilo conceptual occidental es una cosmovisión libresca desde Henry Fielding), su movilidad cultural y la determinación de sus características no ilustran el significado de las ideas subyacentes en ese club.

Estar al tanto de las ideas circundantes no significa ver el bosque por los árboles o admitir contradicciones. La globalización que en los años ochenta y noventa Fuentes y otros argüían que aquejaba a las Américas tiene orígenes en la Europa del siglo XV, no en una hegemonía estadounidense. A pesar de esa perspectiva, en los años sesenta Fuentes bien consideró a Juan Goytisolo un novelista «hispanoamericano», y hoy se piensa lo mismo del más influyente Vila-Matas. Pero las crisis actuales interrogan la cortesía internacional, y el futuro de una "novela global" no occidental es irreconocible. El penúltimo capítulo explica cómo, desde el último tercio del siglo XX los novelistas hispanoamericanos hicieron caso omiso de las sirenas del *Nouveau Roman*, o del terrorismo teórico de la revista *Tel Quel*, sus *Romans textuels* y otras estéticas centradas en el textualismo, justamente por la «internacionalización» que comenzó en la época del *boom*.

Si en *Historia personal del "boom"* (1972, cito por la edición ampliada y anotada de 2021) y en sus *Diarios centrales* (2023) es patente la gratitud de José Donoso por el ambiente intelectual mexicano, la amplía con comentarios como "Jorge Ibargüengoitia y Augusto Monterroso hacían chistes irreverentes acerca de la pesada carga épica de la historia y de la literatura latinoamericana" (116). Si, al referirse a los nuevos descubrimientos, Donoso precisa "comenzó el aburrimiento total con el *nouveau roman*..." (108), vale recordar un comentario de Robbe-Grillet en una de sus últimas intervenciones públicas: «Se ha dicho muy a menudo que el *Nouveau Roman* de los años cincuenta representaba una revolución total en relación con la novela tal y como era antes de nosotros. *Si se ha podido decir tal cosa, es porque la gente que tenía el poder de la palabra en esa época era, curiosamente, gente iletrada.* Eran los más importantes críticos literarios quienes se sentían evidentemente muy desconcertados ante el *Nouveau Roman*, ya que no habían leído nada desde Balzac» (57, énfasis míos).

Esa posibilidad no depende de discusiones cansinas sobre cómo constituir lo hispanoamericano sin ser local o global, sino de la percepción foránea, invertida y matizada con *Literatura extranjera: estudios cosmopolitas* (1895) y *Literaturas exóticas* (1920) de Enrique Gómez Carrillo, o *Los raros* (1896) de Rubén Darío, que articulan e interrelacionan referencias cosmopolitas con registros intertextuales. Si aquellos superan la frustración por nuestra falta de «mundialización» (acepción de mayor matiz sociocultural) mental, ese dilema cambia poco cuando la «globalización» (acepción geopolítica afín al capitalismo global) anglófona celebra novelas de ex colonias británicas. Comparar las recobradas de los años veinte y treinta con las canónicas de hoy muestra que hay más en la vida que lo que trasmiten, y el penúltimo capítulo confirma que sus autores eran buenos heterodoxos por conocer bien a los ortodoxos y sus ortodoxias, que no es el caso con la crítica reciente.

Siguiendo con la relación entre culto y club, se trata de encontrar la innovación en catervas escleróticas, porque la creación no deja de atraerles, críticos incluidos. Asimismo, los problemas culturales tienden a ayudar más a los críticos y a revelar su función parasitaria o victimismo jerárquico, la dimensión social más que la innovación de, por ejemplo, la novelística de Bolaño. Sus novelas no dejan títere con cabeza, y los críticos son las mejores víctimas. Estos capítulos evitan borreguismos y no tienen como meta proveer una teoría del género. Si es válido revelar cómo procedía una visión crítica en una época, es obligatorio actualizarla, corregirla y ampliarla para reflejar la necesidad de que una crítica o teoría de la novela sea como ella, revisionista y abierta.

Por esas faltas, las teorías de la novela no explican por qué la «muerte de un novelista» no conlleva una defunción física o implica el fin del efecto de las novelas. Los novelistas envejecen, se debilitan o anuncian el fin de su periplo, no con su última novela, sino cuando no van contra la corriente. La técnica de alternar capítulos para contar historias más o menos paralelas es obvia en Vargas Llosa; la digresión ensayística en Fuentes y la profusión de lirismo de sus últimas novelas parecen un viejo truco, y el coloquialismo de las sagas de García Márquez convence menos en sus imitadores mundiales como fuente de apropiaciones, reivindicaciones de discriminación positiva. Con la Inteligencia Artificial generativa los derechos de autor (no se puede ser dueño de cultura o ideas, pero sí de cómo expresarlas) e influencias serán expandidos y revisados. Pronunciándose sobre la crisis de la novela francesa en los años cuarenta, Blanchot se refirió a una tradición mediocre que no se arriesgaba o problematizaba nada, porque poseía un "apego pueril al realismo, una preocupación exclusiva por la observación externa y la búsqueda de medios de análisis superficiales y fáciles" (1995: 35). En 1966 Raimond matizó: "La crisis de la novela, es hoy como ayer, una voluntad de quebrar marcos preconcebidos, de liberar la novela de sus ataduras, y eso al mismo tiempo en que se la comienza a definir, cuando no se trata de imponer nuevos yugos" (483).

Estos capítulos y las crisis que describen muestran que un buen número de novelas se basa en buscarles soluciones, ocasionando otros problemas. Esas percepciones no son solo técnicas, porque las que machacan cosmovisiones hacen que se las siga leyendo en el futuro, para constatar que el mundo de ideas creado en ellas no es antitético. ¿Qué dicen esas cataratas de escapismo sobre las metáforas que se quiere para la vida? Las polémicas, como *Atlas Shrugged* (1957; *La rebelión de Atlas*) de Ayn Rand o algunas de Albert Camus, que siguen vendiendo bien y se las analiza académicamente demuestran que la «novela de ideas» —cuyos temas son la influencia del pensamiento filosófico, histórico y político en la vida de sus personajes; y que apoyaría Blanchot— no tiene que ser aburrida, y como las del difunto peruano Miguel Gutiérrez muestran que las acciones y las ideas no deben ser excluyentes.

No es así siempre. Cuando Eduardo Mallea, Leopoldo Marechal y José Lezama Lima intentan una estética prolongada, sus personajes se paralizan y expulsan palabras como fuentes. Cambia entonces el culto de la novela, y depende de discursos que citan o integran a otros, similar a la crítica que en vez de observar desapasionadamente, lanza discursos tóxicos al aire, y los novelistas pagan las consecuencias ante una sociedad que, más y más en tiempos de algoritmos (aplicaciones repetitivas de un juego de reglas) hiperbólicos como los de BookTok, no permite que el mundillo intelectual determine las metáforas del público común, o escaparse de algoritmos. Para entender la novela se necesita entender bien nuestras metáforas, porque no es como un manual de instrucciones, computadora o incluso una lista de partes. Por ende *Nueva cartografía occidental de la novela hispanoamericana* no es una historia, sino que matiza o añade, sin trampantojos aspectos que la crítica dominante supedita, entre ellos qué se requiere para leer novelas en términos de acceso real, ingresos, tiempo, formación no académica, y capital cultural compartido en tiempos de la precarización de las humanidades.

El título del prólogo alude al de José Ortega y Gasset para *El tema de nuestro tiempo*, cuando después de asimilar lo que le ofrecía Alemania volvió a sus circunstancias autóctonas, por presentir hacia dónde se encaminaba el pensamiento alemán de entonces. Este libro es una búsqueda modesta de autenticidad, personal y profesional, y de tomar riesgos para desatascar el oscurantismo crítico sobre nuestra novela (reconociendo características culturales propias, y teniendo en cuenta rasgos comunes) que parecen escritos con inteligencia artificial. Mi pesquisa surge de mi experiencia académica estadounidense, y por ella este prólogo no es reclamo sino potenciador de gusto. Agradezco los recursos allí ofrecidos, y el acceso a mentores latinoamericanos como Ana María Barrenechea. Pero también señalo mi insatisfacción con la dirección que ha tomado el estudio universitario del género.

Algunas novelas nativas explotan fórmulas comerciales, incluida una tendencia desde el último tercio del siglo XX a tratar temas científicos recónditos, cuando se creía preferible, antes de las noticias falsas, que la novelística de masas se disfrazara menos. Esas novelas patentizan que la occidentalización hispanoamericana no es intachable, y las discutidas aquí con un enfoque comparatista lo confirman. Las salvedades que se seguirá haciendo a las teorías de la novela de Occidente (Bessière 2010: 41-45) también impiden creer en su fin.

Si la novela puede menoscabar su autoridad cultural, no es cierto que agonice. En su conferencia "Problems, Myths and Stories" (1999), Doris Lessing recuerda, contra los profetas de la novedad, que "La novela siempre ha estado asediada. Desde que vine a Inglaterra en 1949 he estado leyendo que la novela está muerta. Es una queja favorita de los críticos. Mientras tanto la novela parece estar muy bien donde sea que uno mire" (285). El discurso hiperbólico en torno a la muerte del género es cíclico, y desdeña o ignora que siempre hay similares defensas, desde D.H. Lawrence en los años veinte. No son quejas antiguas sino salvedades a cambios históricos que debilitan el estatus privilegiado del género: los avances científicos, la diversificación de bienes culturales (¿qué significan el canon y la crítica en el siglo XXI, cuando solo algunas partes de la clase profesional requieren una educación literaria?), la expansión de la sociedad de consumo, la movilidad cultural de la migración y la cantidad y prestigio declinantes de la cultura humanista, como arguye el filósofo Byung-Chal Han hoy.

Poco se gana arguyendo que algunos novelistas recientes venden relativamente más que Jorge Isaacs o José Mármol, porque la historia de la novela confirma que varios lectores las ven más como entretenimiento (según Lukács) que como cura de sus males. Se sigue en esa encrucijada en este siglo, y las salvedades que permita la novela no son responsabilidad de las tecnologías, de los críticos o del novelista sino del público. La avidez actual de editoriales estadounidenses y europeas *mayores* es publicar novelas preferiblemente escritas por «minorías» (con derechos establecidos en el mundo real) que privilegian cualquier «otredad», o sugerir que se escriba sobre grupos oprimidos, traumas y redenciones personales, idealmente sacados de la autobiografía. Y ya viene la potencialmente maligna influencia de ChatGPT, que dará otro significado a "escrito en el estilo de…" o el deseo de imponer una moda, creando relaciones dispares con los autores, porque va adquiriendo fuerzas a la vez que es lógica e irracional.

Las novelas de cultura "popular" suelen forjar fábulas efímeras, a no ser que contengan o propongan ideas similares a las de clásicos como *Tres tristes tigres* o *La guaracha del Macho Camacho*, o se combinen con una cosmovisión como la del peruano Jorge Eduardo Benavides en *Los años inútiles* (2002). En *La novela histórica* (1955) Lukács prefiere a Balzac y Tolstói sobre Flaubert y Dostoievski (traductor de Balzac), porque según el húngaro un gran novelista no puede hacer otra cosa que retratar la realidad, aun cuando esa realidad esté reñida con su ideología. Mucho ha cambiado, en los setenta años desde esa propuesta, que la preocupación con la revelación de la vida interna no constituye una realidad novelizable. Blanchot y Roland Barthes comenzaron a afinar esa visión de manera abstracta y académica, sin la gracia de su contemporáneo Butor. Como arguye el último capítulo, tal fue la fuerza e influencia de esas nuevas ideas que condujo a novelizar géneros como la crítica. La discusión continúa, aun cuando los novelistas tengan menos interés en la teoría. Analizo esos cruces, aumentando, modificando y revisando la conceptualización, consciente de que la Inteligencia Artificial (hoy arma del capitalismo), más allá de cambiar el acto de escribir, tiene el potencial de afectar cada aspecto de cómo se produce novelas.

Remozo ideas ante al crecimiento de nacionalismos étnicos y demagogia crítica, para desmantelar, disentir y reconstruir. Rechazando purismos y tradicionalismos, junto cartografías para distinguir hacia dónde pueden llegar la novelística o crítica no domesticadas en tiempos de ChatGPT [que examino en "¿La última crítica literaria sin ChatGPT?", *Letras Libres* XXV. 299 (Noviembre 2023), 57-60], sin escatimar información ni detalles pintorescos en un complejo cuadro que sigue en construcción. Leer en contrapunto, según Edward Said en *Culture and Imperialism* (1993), muestra que el archivo novelístico y el imperio se desarrollan y definen simbióticamente (69, 70-71). Si la novela hispanoamericana no corresponde a esas vetas imperiales, el contrapunteo descubre los delirios de grandeza de los prescriptores (idea todavía anglocéntrica desarrollada por William Marling en *Gatekeepers: The Emergence of World Literature and the 1960s*, 2016), cuestiona la crítica triunfalista local o global, y justifica correcciones, enmiendas y nuevos descubrimientos para reinterpretar o enhebrar hilos insinuados anteriormente. Cartografiar revela "redes" y "mediaciones" (términos de Moretti que matizo), desafía antagonismos, mostrando al novelista como cartógrafo de la imaginación y las proximidades que conducen a aprendizajes mutuos, encuentros e intercambios en tiempos de crisis.

En el ámbito anglófono se traduce mal, para el público generalmente culto, sutilezas o tabúes lingüísticos que permitan una teoría novelística de Occidente amplia, porque la *lingua franca* crítica sigue siendo el inglés global (Arac) que impone expectativas algorítmicas a la crítica, sin importar la importancia mundial del español. Como advierte John Guillory, "El concepto de lo 'global' nos obliga a reconocer la posición dominante del inglés en relación a otras lenguas y destacar la relación del inglés con la globalización [...] No creo posible entender el inglés sin reconocer su proyección global. Esta proyección es muy diferente a la noción de 'mundo', que podría identificarse con el planeta, pero que está de manera copiosa más relacionada filológicamente con territorios, reinos e imperios", añadiendo "Para bien o para mal, este es un mercado principalmente para novelas; cada novela también es un libro en venta", y ahí va la industria editorial iberoamericana.

En sus análisis de la novela de Occidente la preocupación central de Frank Kermode —sucesor de Erich Auerbach, William Empson, Lionel Trilling y Northrop Frye — es el conflicto entre darle sentido al mundo contando y organizando historias y la propensión a buscar significado en detalles anecdóticos, lingüísticos y simbólicos indiferentes y hasta hostiles a la historia, su inquietud desde el seminal *The Sense of an Ending* (1967, español 1983, 2023) —para el que los mitos son ficciones que han olvidado su propia condición ficticia y se creen reales— hasta *El leve ruido del piso de arriba* (2014), análisis de varias novelas mundiales tratadas aquí. El conflicto aquí es similar: un desasosiego que patentiza que la novela hispanoamericana es otra parte de Occidente y su "multiverso" (colección hipotética de mundos diversos o idénticos); y este debe aceptar que lo seguirá siendo, y cambiando. No se trata entonces de descentrar la literatura "mundial" sino a los intérpretes que tienen una visión colonialista de ella.

Ese desplazamiento debe llegar más allá de los parangones de Bolaño, y estos capítulos esperan contribuir a una redefinición sensata de la eficacia o insuficiencia de conceptos estrictamente extranjeros, o ajustadamente nativos, para explicar qué es una novela, y hacerlo sin etnocentrismo y sin desconectarla de la historia y civilización más amplias. Por esa avidez he preferido manejar las obras con atención, diligencia, humildad y sindéresis; revisando, corrigiendo y aumentando lecturas anteriores, añadiendo el último capítulo. Junto a agradecer la sinceridad de los lectores de una edición no venal de este libro, Eduardo Becerra, Juan De Castro, Leonardo Valencia y Christopher Domínguez Michael, reitero mi deuda con un generoso editor, Raúl Pacheco, cuyo cuidado mejoró la versión inicial de varios capítulos, y para esta el entusiasmo paciente de Dago Sásiga y Julián Herrera. Y para mi esposa Adrienne, *ab imo pectore*. El resto es novela.

I

DIEZ PROBLEMAS PARA EL NOVELISTA LATINOAMERICANO: RAMA Y LA PRETEORÍA

C omo propone el prólogo y amplían los capítulos siguientes, para la época actual la mundialización de la novela se da junto a una menos pensada mundialización de la cultura crítica. Para esas discusiones hay un parada intermedia cuya importancia, más allá de ser propuesta por Rama, yace en su vigencia y en lo que se puede aprender del papel de un crítico canónico ante tanto comentario sobre la novela mundial. Su obra sigue definiendo una época y modos de interpretación propios de la compleja contemporaneidad crítica. En sus documentadas exégesis, el desvelamiento de «verdades» se realiza en forma apasionante, convirtiéndose en lecturas imprescindibles. Si sus libros, artículos y reseñas tienen tanto que decir para seducir, conmover o provocar, que examine la novela no disminuye las conexiones con otras formas, la tradición y convención, la condición afectiva del novelista y sus funciones, la retórica; o los códigos socioculturales. En obras posteriores vació su conocimiento en la novela, dejando un legado que no se ha superado conceptualmente bien entrado el siglo XXI. Esa asiduidad define su proceder, confirmado que cuando dirigió la sección literaria de *Marcha* (1959-1968) su mayor preocupación era revalorizar la cultura literaria hispanoamericana (sin simplezas respecto a su «dependencia» en Occidente), que en el «Primer Mundo» se convirtió más y más imprecisa a partir de los años sesenta.

Si su programación interpretativa no fue totalmente tolerante o sin altibajos, es innegable que uno de sus textos más importantes de esa época es «Diez problemas para el novelista latinoamericano». Publicado por primera vez en *Casa de las Américas*, IV. 26 (octubre-noviembre 1964), fue divulgado como monografía en 1972 (Caracas: Síntesis Dosmil) sin modificaciones Rama es el raro crítico excepcional que se convierte en más agradable mientras se aprende de él. Junto a las propuestas de los propios novelistas (véase Corral y Klahn), su ensayo es un magistral análisis «nativo» que asienta la necesidad de tener una *teoría hispanoamericana de la* novela con un delicado equilibrio entre diálogo y apropiación colonialista, como discute el último capítulo.[1]

Si *Myth and Archive: A Theory of Latin American Narrative* de Roberto González Echevarría intenta producir una preteoría abarcadora de la narrativa continental, el corpus escogido como prefigurador es insuficiente y reduccionista, como bien señala Eduardo Becerra (2008: 26). En la cinemática, *Under the Net* (1954), de la filósofa y novelista Iris Murdoch, su personaje Hugo Belfounder arguye que cualquier intento teórico falsifica la realidad, de la cual la teoría es un modelo en el mejor de los casos. Similarmente, no convence la aserción que el deseo que define a la prosa narrativa es negar que sea literatura (1990: 38), o definirse *contra* una totalidad poderosa (1990: 172), perspectiva matizada en el penúltimo capítulo. Asimismo desestima la conceptualización de Rama en *La ciudad letrada* (1990: 193-194) y las tradiciones críticas comprometidas o de vanguardia que hacen repensar la ciudad y sus escenarios. Es más, su énfasis en

---

[1] · Se publicó también en *Literatura y arte nuevo en Cuba*, colección por la que cito. Su legado se contextualiza en su *Diario 1974-1983* (2001, 2008), *Una vida en cartas. Correspondencia 1944-1983* (2022), Corral (1999), con documentos que recoge Marcelo Larrea, *Ángel Rama. Hablar a través del tiempo* (2001), y varios testimonios y homenajes. Toda traducción es mía, excepto donde se indique lo contrario.

la antropología (1990:142-186) es sustancialmente similar al del enfoque del uruguayo en aquel estudio precursor y poco criticado de 1982, o de sus últimos ensayos, tampoco mencionados por el crítico cubano.

La obra temprana de Rama (años sesenta) es uno de los esfuerzos más sostenidos y sensatos por aliar las condiciones literarias a su contexto inmediato y específico, tipo de crítica que exhibiría excesos, sobre todo desde los años noventa hasta estos tiempos, cuando los corolarios culturales del marxismo y sus variopintos santos laicos llegan a su fin. Rama intuía que los más devotos discípulos de generadores de ideas como Marx dejaban atrás al maestro cuando cercaban su literatura en una cosmovisión autoritaria y abarcadora, instaurando un sistema pero enterrando a su autor. Pero esa primera etapa esta supeditada, en parte porque la investigación en archivos tradicionales se está convirtiendo en inadecuada con los sistemas digitales que pueden explorar con mayor facilidad y rapidez cualquier base de datos que acumula información textual.

Como en Theodor W. Adorno en *Teoría estética* (1970), para Rama la crítica no expresa lo que la política sí puede, ni puede decir lo que se puede cambiar. Hasta hoy las compilaciones o estudios individuales en torno a su crítica o teoría no analizan adecuadamente «Diez problemas para el novelista latinoamericano», ni se ocupan de cómo la semilla de conceptos como la «transculturación» está en ese texto (véase Gilman: 2016). Más sensato y realista políticamente que sus epígonos, Rama vio el problema con claridad en una carta de la época de su forzado exilio de Estados Unidos al periodista José Eliaschev: "Mientras no se abandonen los estereotipos y se piense la realidad, como pedía el viejito Marx, difícil que se entienda nada de este mundo. A diferencia de mis amigos Gabo y Julio (que acaba de escribir un artículo en favor mío) *nunca he querido abandonar mi campo específico, la literatura, para transformarme en agitador político*: quizá porque sé mucho más que ellos de política y economía" (2022: 784, énfasis míos). Quizá por eso no hay novelas escritas por políticos.

Cuando publica su monografía, la *Teoría de la novela* de Lukács (1916/1920, con Prefacio de 1962, año en que aceptó su reimpresión) era la interpretación canónica sobre un género que había perdido poco brillo. La haya leído o no en ese momento, la noción de que la novela occidental había tenido un desarrollo paralelo a la decadencia de los mitos religiosos y al surgimiento de un tipo de ideología "científica" regía la conceptualización del momento, y no sorprende que Rama polemizara posterior y abiertamente con Vargas Llosa respecto a la noción de la pertenencia de algunos de esos «demonios». En 1964 se disponía de la traducción francesa del libro de Lukács, que Rama seguramente conocía (formado en Francia, su época prueba que estaba al día con la crítica francesa, que traducía), y no está de más repasar lo que ya han manifestado Bernstein (1988) y Miles sobre la influencia de ese texto del húngaro.

Lukács y Lucien Goldmann tenían la «genial capacidad de descubrir, por la aplicación de la categoría de la totalidad, la relación entre las obras culturales y las corrientes subterráneas de la realidad social» (Lowy: 119), que merodea al problemático modelo marxista en que una compleja estructura del texto reflejaría la de la realidad (deleznable desde el punto de vista de la ficción); argumento relacionado a la novelística vis-à-vis el subjetivismo realista que examina el penúltimo capítulo. Rama, consciente de esas posibilidades, deconstruye las instituciones, leyes y metaprocedimientos literarios, y su análisis en gran medida desmantela ideologías de gran capacidad de autorreproducción que permiten que ciertos sistemas recurran perpetuamente a sus componentes básicos.

Esa destrucción es parte de un acercamiento general y a la novela en particular. En «Diez problemas para el novelista latinoamericano» su eclecticismo reconcilia dos desarrollos occidentales: el mensaje narrativo y el proceso comunicativo en que circula. El penúltimo capítulo depende en Rama para analizar la novelística de los años veinte a noventa, enfatizando cómo la idea del "multiverso" versus el "universo" evoluciona, desde que apareció como recurso para tramas de ciencia ficción o noción filosófica que impulsa relatos de múltiples intereses, como la pentalogía *Canopus in Argos* (1979-

1983) de Lessing. Este libro, siguiendo ciertas ideas de Judith Butler, sugiere que se requiere concebir un contraimaginario como alternativa más convincente para cartografiar la novela.

También tengo en mente la legibilidad como aspecto primordial para la interpretación de la poética de la novela, desde Jonathan Culler, que le dedicó un capítulo en su clásico *Structuralist Poetics: Structuralism, Linguistics and the Study of Literature* (1975), hasta los trabajos de Blumenberg mencionados aquí.

El acercamiento convencional limita el mensaje de las novelas a una versión prefijada del proceso (la América Latina del siglo XX en que se produjeron). La premisa de la monografía de Rama es la resistencia del novelista a las preocupaciones pragmáticas de una cultura en que rige el mercantilismo (verbigracia el apoyo de cierta vanguardia por sectores del gobierno, fundaciones locales y extranjeras; mecenas con intereses creados, medios comunicativos sin distancia crítica). La contracción descrita no empobrece la interpretación, pues Rama propone que una novela o su mensaje a veces pueden constituir suficientemente el sentido del contexto comunicativo dentro del cual circula. Que se dé tal situación no impide que se vea a la novela del continente luchando con su creador para desligarse de un sentido de intimidad que en una etapa inicial busque salir del yo textual hacia un compromiso desprevenido y no circunscrito en el mundo extratextual, como explica el capítulo sobre Palacio y Salvador.

Quizá por esto el riesgo de crear una «nueva novela» se empieza a asumir por parte de los novelistas que menos tenían que perder en términos convencionales ante el Imperio Novelístico Occidental y su búsqueda de La Gran Novela (ha habido por lo menos una docena de obras anglófonas que con ese título satirizan el intento). Son los intentos latinoamericanos de un desconocido enclave novelístico «subdesarrollado» que desemboca en los años cuarenta. Esa etiqueta encontró verificación en ciertas dudas primerizas que Luis Alberto Sánchez luego tratará de corregir en su estudio sobre nuestra novela, o en los opositores hispanoamericanos del *boom* que no han trascendido el verlo como una empresa editorial que supedita todo valor estético.

Hay una tipicidad occidental en estas prevenciones. En *Lectura y crítica* (2013 [1950]) Raymond Williams alienta a leer analítica e inteligentemente (que no significa formación académica o destrezas que lectores comunes pueden adquirir), con una mente abierta y atenta para evitar las lecturas fáciles perpetuadas por la manipulación de la publicidad y la ficción de "entretenimiento" (comercial, según Aira). Siete décadas después, en *The Novel, Who Needs it?* (2023), Joseph Epstein actualiza la diatriba con contextos actuales selectivos (como Alain Finkielraut), propone lecturas cognitivas de ficción "superior", sobre la naturaleza y existencia humanas, formulando nada nuevo. Para él, los culpables de la disminución de estándares que hoy militan en contra de esa ficción son las novelas gráficas, las lecturas en línea, la expansión de programas de escritura creativa, los efectos desalentadores de la corrección política, enaltecidos por la red mundial (Epstein, 84-87) y la omnipresencia del pensamiento terapéutico en la cultura, valores convertidos en dogmas que una novelista actual antidogmática, necesaria, incómoda y valiente, como Ariana Harwicz, desarma en su noficción narrariva y en una reveladora entrevista (Vicente), expresando lo que hoy se teme decir: como en el discurso de Occidente las novelistas necesitan encontrar nuevas formas.

Los lectores de «Diez problemas para el novelista latinoamericano» perciben que es así, porque para Rama ese personalismo surge de una historia específica, de una cultura y experiencia compartidas, de una memoria novelística que al reflejarse o crear ecos analiza la ontología de las voces novelescas presentes y por venir. En textos como *María* y *La Vorágine*, donde hay respectivamente una disociación parcial y cantos y plegarias que pasan por voces, es fácil ver llamados personales de los novelistas. En la novela tradicional, el personalismo irrumpe junto al desafío de la autonomía del punto de vista privilegiado como código en la historia de la novela, desarrollo agravado por la mundialización de las guerras culturales anglófonas. Esa irrupción no conduce a abandonar novelas particulares o un presunto "activismo cultural", como propuso Josefina Ludmer en una compilación criticada sobriamente por Valencia (2010).[2]

En la década en que escribía Rama y en los años a que se refería comenzaba el progreso hacia una cultura literaria en que los novelistas aceptarían plenamente lo que sus predecesores generalmente rechazaban, en entrevistas, testimonios, autoestéticas e intervenciones iconoclastas, discusiones o *alusiones* perdidas, como insisten Carlos Monsiváis y Lessing. La posibilidad de afianzarse en la falacia biográfica no surgía de una condición que pocos años después de su artículo iba a llamarse «posmoderna». Provenía, más bien, del tipo de concreción «realista» que un novelista como José Revueltas concebía como justa y necesaria, y acompañada de un autoconcepto positivo del novelista hispanoamericano, que como los decimonónicos notaba que sus obras debían su génesis a la tradición de Occidente, pero no eran menores o dependentistas.

Sin embargo, la paradoja de la que no participó Rama fue que, al mismo tiempo que el novelista hispanoamericano se independizaba para convertirse en un paradigma de Occidente, la crítica regional del género creía hacer lo opuesto, y veía mayores limitaciones en las convenciones conceptuales europeas o angloamericanas, aunque seguía conceptualizando desde esa *occidentalidad*. ¿Qué se entiende por este término a través de *Nueva cartografía occidental de la novela hispanoamericana*? Primero, ningún apego a revanchismos o chauvinismos, ni emplear *occidentalidad* como inversión del Orientalismo apasionado. Tampoco ubicarse en el anti-occidentalismo definido y examinado por Buruma y Margalit (5), ni referirse a una visión estereotipada, condescendiente y paternalista de Hispano-

---

[2] En *Aquí América Latina. Una especulación* (Buenos Aires: Eterna Cadencia, 2010), sugiere sin novedad que en el proceso hacia la autonomía lograda por medios experimentales las clasificaciones tradicionales se disuelven y "*parecen* terminarse los enfrentamientos entre escritores y corrientes; es el fin de las luchas por el poder en el interior de la literatura. [...] Y entonces puede verse claramente [sic] que esas formas, clasificaciones, identidades, divisiones y guerras solo podían funcionar en una literatura concebida como esfera autónoma o como campo. Porque lo que dramatizaban era la lucha por el poder literario y por la definición del poder de la literatura" (153-154, énfasis mío). Algunos miembros de grupos estancados como McOndo o el Crack comprueban la continuidad del tribalismo y que cualquier fantasía de autonomía es una postura, no convicción, un optimismo acrítico basado en lecturas regionales.

américa, o estar traumatizado por la derecha y nada seducido por la izquierda que ha tenido poco nuevo que decir desde 1968.

Para Buruma y Margalit, que no incluyen a Hispanoamérica en sus elucubraciones, las sociedades no occidentales se pueden modernizar sin convertirse en copias de Occidente (39-40), idea que Byung-Chul Han expande en *Shanzzai. El arte de la falsificación y la deconstrucción en China* (2017 [2011]). No es un choque de civilizaciones o que el llamado Sur Global no encuentra cómo entenderse con Occidente, porque se seguirá encontrando nuevos enemigos y colisiones con uno mismo. Después de 1964 Rama luchó con esas fracturas, consciente de que la represión ideológica no es unilateral, y que acusar a un novelista de ser partidario de la occidentalidad es un recurso de apologistas de lo autóctono, postura de críticos comisarios resentidos porque la novela hispanoamericana se puede examinar por el distanciamiento o proximidad a una cosmovisión autóctona.

Era la enemistad de los críticos comprometidos con cosmovisiones de Occidente más complejas, aunque novelistas como Vargas Llosa seguirían discutiendo el tema, esencialmente por admitir los enredos conceptuales y por creer, como el crítico británico James Wood, que la ficción es artificio y verosimilitud, y que no es nada difícil mantener juntas ambas posibilidades (2008: xiii). Murdoch creía que la novela y la filosofía tenían poco en común, la primera arte divertido con innumerables encantos e intenciones, la última intenta resolver difíciles problemas técnicos. Si probablemente Rama no la leyó, vale cotejar su visión con la que ella expresó en ensayos coetáneos sobre la novela, «The Sublime and the Beautiful revisited» (1959) y «Against Dryness» (1961), de *Existentialists and Mystics. Writings on Philosophy and Literature* (1997) bajo la rúbrica "Puede la literatura ayudar a curar los males de la filosofía".

Murdoch, como su antecesor intelectual Eliot, concluye que falta un sentido adecuado del realismo, y favorece representar vidas llenas de sucesos misteriosos e inexplicables que no irrumpan solo del héroe existencial o se apliquen solo a él. Para ella el realismo clásico dibuja tan bien a los personajes que ellos y su mundo podrían haber sido reales, y hasta consumen a sus creadores convirtiéndose en entidades diferentes de los novelistas y presencias más palpables en el mundo moderno; ilusión con que quiso terminar Robbe-Grillet. Pero ahí están la Maga, o Belano. Si la narración se ha convertido en un comercio, como asevera Han, "Pese a la moda del *storytelling*, hoy se está perdiendo el *ambiente de narración*. Ni siquiera a los médicos se les cuenta apenas ya nada. No tienen tiempo ni paciencia para escuchar. La lógica de la eficiencia es incompatible con el *espíritu narrador*" (92, énfasis suyos). Según Han, que no examina el papel de prescriptores como los vendedores de archivos o libros raros, hoy se trata de *storyselling* (105-108), es decir, vender historias.

Rama enfrentó un dilema similar (*El túnel* es de 1948) cuando publicó su monografía, porque sabía bien que en el diecinueve los novelistas varones tuvieron éxito al recrear varios tipos de mujeres, mientras que las novelistas decimonónicas crearon heroínas que solían ser versiones de ellas mismas, como sus pares del Reino Unido (giro que cambiaría en el siglo XX con Jean Rhys, cuyas heroínas no eran sus alter egos), instituyendo una plantilla del realismo. Ese contexto exige examinar quién era el verdadero artista cuando Rama reseñaba a un novelista secundario, porque sabía bien que los novelistas de su época hacían todo lo posible para persuadir que las aventuras, amores, arribismo social y colapso de proyectos utópicos eran más *historia* que novela. Al fin del siglo XIX, los gustos y la política habían cambiado, como en toda época, y se comenzaba a ver la novela continental de otra manera.

Algunos críticos coetáneos de Rama advirtieron que esos gustos no eran progresistas, pero expresarlos no significaba que sus «verdades» fueran menores, porque el derecho de los novelistas a «mentir» tiene una historia occidental que se retrae al siglo XVI y sigue hasta este de posverdades, pseudo-acontecimientos, noticias falsas y valorizaciones despistadas del narrar, cuando todo el mundo tiene un relato mediante el cual construye su yo o se define. Así la narrativa pretende adueñarse de ciertas realidades, permitiendo que los relatos, algunos compulsorios, amenacen o devoren el de uno. Para los novelistas el anclaje social no es lo único que controla sus impulsos creativos, porque también son limitados por la estética falsa: las nociones aprendidas y desarrolladas en su formación, formal o no, y en sus lecturas. Algunas veces, el caso de Fuentes y algunos de sus seguidores, la falsa estética surge de escuchar a críticos que adhieren a alguna idea traspapelada del canon, o de seguir muy de cerca a sus maestros.

Un decálogo abierto en tiempos de opresión

Ante ese conflictivo maremágnum conceptual, Rama presenta «Diez problemas para el novelista latinoamericano»; y enfatizar *para* en vez de *de* es un emblema del futuro novelístico sobre el que se manifiesta. Cuando escribía no podía prever que el «realismo mágico», en declive en 1964, iba a seguir teniendo éxito en Occidente como expresión latinoamericana, que como recuerda Rizzante, "no es más que una fórmula europea para definir nuestra fascinación exótica, [nuestra] pobreza de imaginación, nuestra concepción limitada de la realidad, nuestra sobredeterminación de la *grisaille*" (2021: 33). A unos cuarenta años del accidente aéreo en que falleció, el documental *Barajas* (2022) del director ecuatoriano Javier Izquierdo, no contextualiza o revela la red de contextos culturales que definió a Rama, pero tiene la ventaja de querer convertir en hilo conductor los temas de "Diez problemas para el novelista latinoamericano". Es infructuoso pedirle coherencia a un cineasta, pero, presupuestos aparte, se puede esperar más documentación disponible para recuperar hitos interpretativos latinoamericanos, no menos el de los diálogos entre él y su esposa Marta Traba, hasta hoy una crítica de arte fundacional y canónica.

Si novelistas reconocidos del continente o anglófonos (véase los matices de Rushdie, 25-26) tuvieron momentos mágico realistas, la técnica sigue viva en varios «latinounidenses» que escriben exclusivamente en inglés, recurriendo a las sagas familiares de los países donde nacieron, rehusando aclarar su identidad híbrida, extrayendo valor literario de su confusión, sin horrorizarse por la coartada de ser "minorías", como arguye el capítulo "Encontrados en la traducción: algunos discípulos 'latinounidenses`" (*Discípulos y maestros 2.0*, 465-550). La inmigración a Estados Unidos es usurpada por cineastas, ensayistas y periodistas para hacer alarde de ser progresistas, cuando un ser consciente sabe que el "sueño americano" no existe, y que el inmigrante nunca deja de ser ciudadano de segunda clase. Esa novela no escrita basta para mostrar la farsa detrás de esa utopía, como el romance entre una novelista y el sistema operativo de su computadora. En "¡Sorpresa...la mejor literatura latinoamericana se escribe en latinoamericano" (*El País* 18 de julio de 2023) Emiliano Monge, que como otros periodistas literarios frecuentemente descubre la pólvora respecto a generaciones anteriores, cree importante "desnudar las motivaciones de esa voluntad de norteamericanismo", imposición que "no solo empobrece a la literatura, sino que empobrece al mundo"

Es consecuente atribuirle al decálogo una mayor especificidad espacio-temporal, y ver este hito de la historiografía literaria hispanoamericana como un estudio proveedor de casilleros flexibles. Para especificar esas metas, se analiza cada problema para a) conformar las lecturas interpretativas que promueve «Diez problemas para el novelista latinoamericano», b) calibrar una manera de releer su recepción y vigencia, y proveer una contextualización contemporánea de esos lectores, c) discutir la noción de Cultura Crítica Nacional (mal usada por otros) que invoca en su discurso crítico, y d) fijar una recuperación de la crítica de Rama al yuxtaponer intenciones previas. Estas metas son verticales o paradigmáticas, y su complejidad es más horizontal o sintagmática. Los problemas son: 1. Las bases económicas, 2. Las élites culturales, 3. El novelista y su público, 4. El novelista y la literatura nacional, 5. El novelista y la lengua, 6. Los maestros literarios, 7. La novela, género objetivo, 8. Las filosofías en la novela, 9. La novela, género burgués, y 10. Un don creador

Las bases económicas

1. Las bases económicas siempre fueron para Rama lugares óptimos para entender la complejidad de la producción literaria, como

constatan su conocida monografía *Ruben Darío y el modernismo* (1970), sus trabajos sobre el *boom*, *La ciudad letrada* (1984), y la transcripción parcial de la entrevista en video que cedió a las Ediciones del Norte en Estados Unidos. En esta última, al hablar sobre la tendencia aristocrática de los componentes permanentes de la cultura, propone que:

> El mercado es siempre un mercado democratizador y masificador; éstas son las notas dominantes del mercado cuando es espontáneo y es libre. Por lo tanto ha habido como una resistencia respecto a él, ha habido una suerte de oposición; lo que se quiere es que las obras de arte sean consumidas por el más amplio público; la verdad que el más amplio público prefiere Corín Tellado (Roffé, 206-207).

Para Rama la premisa anterior surge del principio básico y generalizado de que históricamente la gran mayoría de los novelistas (entiéndase *hispanoamericanos* de ahora en adelante) no ha vivido de su trabajo creador, excepción hecha de Vargas Vila en el diecinueve y de la mayoría de los novelistas del *boom* en el veinte. Cuando se da esa condición apaciguadora —en 1964 el *boom* comenzaba a estallar, en 1966 sale el malentendido *Los nuestros* de Luis Harss, y ya en 1967 Rama escribía sobre el *boom* editorial— «es en general luego de cumplida toda una carrera, como un modo de subsidio a la edad provecta de un fecundo escritor» (197). Rama concibe al novelista como un factótum que le roba tiempo a su trabajo cotidiano para *cumplir* con un género difícil que «exige condiciones de continuidad, de esfuerzo largo, de elaboración, que no han sido los habituales en géneros como la poesía, el teatro e incluso el ensayo» (199).

Luego de un rastreo histórico lukacsiano de las ocupaciones del novelista concluye que la novela es un trabajo de madurez (no necesariamente tardío), que su autor *ahora* (principios de los años sesenta) es un consumidor urbano, y que en términos generales representa un ambiente particular. Luego afirma que la ocupación y el medio serán interna y externamente su patrimonio. Esta posición respecto a la supuesta esencia urbana de la novela y el novelista (una década más tarde Williams publicaría su seminal *The Country and the City*, 1973, sobre el efecto de ambos espacios en la lengua de la novela) llegó a ser motivo de cierta confusión en otros críticos que llevaban a cabo proyectos diferentes del de Rama, aunque él mismo lo refinaría en *La ciudad letrada*, mostrando que los adeptos del «realismo socialista» invitan a la burla al no querer o poder matizar su compromiso con otro tipo de crítica.

Si la formulación del problema es esencialmente correcta, se confirmará que lo que supone no está resuelto: la perspectiva en torno al novelista que vive de sus novelas no está suficientemente establecida, porque la información empírica y su obtención se complicarían en los años inmediatamente posteriores a los que escribe Rama. Si esto no niega el carácter consumidor que atribuye a la recepción de un novelista, regla que continuó en *Mas allá del boom: literatura y mercado* (1981) sobre el legado del movimiento, también es difícil precisar el inicio de un problema literario en procesos económicos tan inestables como los literarios del continente, como él mismo infiere en «Sistema literario y sistema social en Hispanoamérica» (1974). Cuando ve como norma de la novela la «exigencia de cosmovisión plenamente integrada y a la vez de continuidad creadora, componiendo amplias estructuras de sentido» (200), revela una visión concentrada en la extensión del género, característica puesta en perspectiva por Rodrigo Fresán, o por autores más recientes como Yuri Herrera, que junta para su traducción sus tres novelas cortas más conocidas como *Three Novels* (2021), con un nuevo prefacio; o la argentina Harwicz que reúne las suyas como una involuntaria *Trilogía de la pasión* (2022), con formatos diferentes.

Si se piensa en la simultaneidad del "multiverso" de Borges en "El jardín de los senderos que se bifurcan" ante universos únicos, o en el Vargas Llosa, Fuentes o Cortázar de años posteriores, se percibe una *continuidad* que le da razón a Rama respecto a la creación de mundos posibles de una frondosa intertextualidad. El penúltimo capítulo propone que la extensión textual es solo una de las subjetividades que obstruyen la creación de historias más precisas del género. A finales del siglo XX Fuentes reconcibió su novelística como «La Edad del Tiempo», y con las novelas póstumas de Cortázar, Bolaño o Mario Levrero, se tendría que ver los «mundos» de ellos de otra manera. En el caso del mexicano la subjetividad añadida es la aparente urgencia por reestructurar la recepción de su obra, como rastrea el capítulo dedicado a cómo pensaba el género de acuerdo a la preteoría (por insuficiente conceptualmente) del momento. Pero la hipótesis de Rama es limitada por algunos presupuestos teóricos, por la fecha en que escribe y publica su monografía (antes de *Cien años de soledad*, por ejemplo), y por su optimismo frente a las posibilidades del novelista en un mundo extratextual cada vez más agobiante. Sus escritos posteriores tantean posibles teorías con cierta coherencia, pero principalmente se explayan sobre formas que intuía, contra los "instintos" que deploraba en otros.

Las élites culturales

2. Para Ram el novelista es parte de un grupo social implantado en una élite cultural, noción que la crítica posterior sobre la novela sigue ablandando. Como el fascismo para Orwell, esa élite, difícil de definir en la izquierda y la derecha, se transforma simultáneamente en productores y consumidores, «organizándose un circuito cerrado de la cultura que solo comenzó a ceder ya entrado el siglo XX» (203). Distingue seis tendencias elitistas en las distintas generaciones de la cultura latinoamericana (204), y advierte en ellas un carácter *imitativo* de mayor o menor grado, sin oscilaciones idénticas entre universalidad y regionalismo. Esto causa una mutua fecundación, representada en 1964 por Asturias y Carpentier. Lo que no podía concebir Rama es que los críticos combinarían esas facetas a su gusto. Si la influencia de Asturias y el cubano en sus propios países es difícil de precisar, su novelística dejó una estela, a pesar de la no ficción defensiva y descalificadora del guatemalteco, incluida en *Los novelistas como críticos* y en los diarios de Donoso (2023: 212-220). La muestra

de Rama para el equilibrio futuro entre universalidad y regionalismo es el joven Fuentes. Sin embargo, su conclusión más vigente, referida a ajustes universales, es: «Las élites de implantación local y nacional tienden a ser conservadoras (en todo el significado de la palabra); y éstas, a su vez, tienden a ser meramente miméticas y esquemáticas, con ignorancia de las realidades concretas» (205-6).

La lectura de novelas contemporáneas no confirma su afirmación, aun con el maniqueísmo del Fuentes tardío, porque el siglo XX asumió la conjunción de occidentalidad experimental y realismos autóctonos. Para Carmagnani, las nuevas demandas que los latinoamericanos querían distinguir de las reivindicaciones sociales tradicionales «son sustancialmente las mismas que se plantean en las demás áreas occidentales, lo que demuestra hasta qué punto el subcontinente se ha occidentalizado siguiendo un itinerario común» (380). El relativo desdén por lo autóctono durante el *boom* (exceptuando la complejidad del Arguedas tardío), el solipsismo rioplatense, las diversiones populistas del posboom, la «nueva novela histórica» *específicamente hispanoamericana* (no la "mundial" examinada por Edward King, que evita la tendencia tradicional de adornar escenas con detalles desenvainados de la investigación) y las testimoniales de una década después, confirman que las conclusiones de Rama eran correctas.

Lo que no podía verificar este problema era el crecimiento y alcance del mundo universitario o sus manipulaciones abigarradas al criticar la historia literaria, sobre todo cuando ha convertido el performativo populismo cultural en demagogia. La frágil dependencia de los novelistas en un alto grado del orden social, o de privilegio burgués, les hace pertenecer, por defecto, a una clase cosmopolita que frecuentemente es la meta de demagogos nacionalistas. Aquella élite se sustenta en el primer problema (las bases económicas) y su corolario político relativo a las migraciones del novelista al Occidente «verdadero» (el París del siglo XX latinoamericano es el del XIX de Benjamin), sin la necesidad académica de problematizar apátridas, ciudadanías, refugiados, "sujetos migrantes"—las lecturas materialistas olvidan que los que solicitan asilo, por política o violaciones, pueden ser echados si sus relatos no caben dentro de los parámetros del victimismo— pulsiones o "patrias imaginadas" que Rushdie limitó a los que escriben.

Tiene razón Jacques Leenhardt —discípulo francés de Goldmann, experto en Robbe-Grillet, colaborador con Rama y autor de seminales interpretaciones latinoamericanistas— al decir que la literatura:

> Puede en ciertas circunstancias vincularse a sistemas ideológicos no dominantes, y por consiguiente adherirse a grupos sociales hostiles a la clase dominante, sea hacia delante –literatura progresista–, sea hacia atrás –literatura nostálgica–. Por lo tanto, no podrían quedar los vínculos entre literatura y sociedad fijos en la inmediatez de una relación causal o estructural; hay que apreciarlos dentro de la dinámica de los grupos y las clases sociales (1975: 183, 186).

Cuando la crítica del género *literario* comienza a especular sobre las alianzas de clase elitistas que los novelistas filtran en su prosa, como se quiere ver en varias novelas de Vargas Llosa, pretende hallar una transparencia que pone de lado la paradoja que menciona Leenhardt en su lectura política del género.

Contestando a la pregunta de qué novela o novelas provocaron su despertar político, Lessing, feminista directa, valiente, y otrora comunista como Vargas Llosa y otros internacionalistas, afirma: "Mi generación sabe a dónde podría conducir una exigencia de novelas 'políticas' [...] Pocas novelas escritas según una fórmula tienen algo de vida. *Rebelión en la granja* (1945), la mejor y más influyente novela política de nuestro tiempo fue escrita por una experiencia personal amarga. Los lectores frecuentemente confunden una novela que describe la política con una que presiona un mensaje. Ambas son llamadas comprometidas" (251). Si esa novela de Orwell ocasionó el beneplácito de Edmund Wilson en 1946, Denning nota un destiempo mundial con la historia latinoamericana: "La novela tiene una relación incierta con la política y los movimientos sociales. Los escritores radicales generalmente han escogido formas más cortas y públicas, escribiendo teatro, poemas, periodismo y cuentos. Las novelas llevan tiempo [...] Las grandes novelas de los movimientos revolucionarios que irrumpieron alrededor de 1917 a menudo no aparecieron hasta los años cincuenta y sesenta, cuando las energías políticas de los movimientos se habían desvanecido" (705-706)

Ernest Hemingway decía "De lo que se puede estar seguro con un escritor de mentalidad política es que, si su obra va a durar, se tendrá que saltar lo político al leerlo". El salvadoreño Horacio Castellanos Moya matiza esa percepción en "Lo político en la novela latinoamericana" (2008), afirmando "si alguien me dice que yo escribo 'novela política', de inmediato me pongo en guardia" (34), explicando "Primero, no me gusta ponerle un calificativo a la ficción que escribo...Segundo, en los tiempos que corren la palabra 'política' está muy desprestigiada, como también lo están los políticos" (34). Pero piénsese en cómo Marx, que siempre volvía al *Quijote*, creía absurdo pedirle a un novelista un sistema filosófico; o recuérdese una novela política que prueba que el subgénero puede ser experimental e hilarante, como *Batman en Chile o, El ocaso de un ídolo; o solo contra el desierto rojo* de Enrique Lihn, publicada en 1973, el mismo año que *Libro de Manuel* de Cortázar.

Rama trató las últimas consecuencias y la dilatación del segundo problema en obras de matiz antropológico (comenzadas en 1973), como *Transculturación narrativa en América Latina*, partiendo de Arguedas y su inmersión en algunas sensibilidades transculturadas locales. Tomada en cuenta esa justificación, la ausencia según algunos lectores suyos es la de la crítica "literaria" y lo que hacía por la novela o contra ella en la ampliada aunque no más democrática élite cultural hispanoamericana. Si bien se promovía mayor acceso al progreso cultural en Occidente, el conocimiento estaba tamizado por filtros que no tendían a igualarlo todo, como empezaba a ser el caso en la metrópoli. Solo en trabajos posteriores de *Casa de las Américas, Marcha, Texto crítico, Revista de Crítica Literaria Latinoamericana* y en *Escritura* (que fundó), hubo interpretaciones sostenidas sobre cómo poner en perspectiva a las élites y verse en el espejo; necesidad expuesta en los años setenta por Nelson Osorio T, Carlos Rincón, Losada, Antonio Cornejo Polar, Roberto Fernández Retamar, Ruffinelli y pocos otros.

Que las élites llevaban las de ganar implicó una especie de autoanálisis de difícil realización para el joven Rama, inmiscuido en una élite de insuficiente documentación sobre sus contradicciones y jerarquías, de expectativas en germen sobre la literariedad cambiante del continente, en particular la creciente sumisión del latinoamericanismo al "anglogobalismo" (acuñado por Jonathan Arac), que analizo en *El error del acierto* (2013), *Condición crítica* (2015) y *Peajes de la crítica latinoamericana* (2023). Si los árbitros ideológicos del gusto y pensamiento provocan jadeos o susurros cuando comprueban la indiferencia inescrupulosa a metáforas absolutas y verdades históricas o "eternas" (Peña, 79-92), nunca cumplen con los anhelos académicos. En el análisis más fidedigno sobre el proceder crítico del elitista "anglogobalismo" (Arac) en Moretti, Guillory afirma que desde hace tiempo se llegó al momento en que la literatura en inglés no quiere decir británica o estadounidense sino "mundial" (227), que se trata menos de quién mejor representa los estragos del colonialismo o la lucha anticolonialista que de cómo los escritores en la escena global han empleado el inglés como agente de interconexiones globales (235).

El novelista y su público

3. La relación del novelista con su auditorio no surge para Rama estrictamente del segundo problema. Cada uno de los diez problemas solo puede existir según varias dialécticas, aun considerando que permiten cancelar contextos o entender mal oraciones individuales. Rama descubre en la relación del novelista con su público una oscilación similar, porque el novelista: «[...] en un extremo se ha entregado a una fabulación que postula su público restricto, y en la misma medida ha ido hacia el escepticismo y hacia el artificio (Borges), o, en el otro extremo, el afán de ingresar a un público regional no

ilustrado le ha llevado a un esquematismo y una visión maniqueísta del mundo en trazos muy directos (Icaza)» (210). Precisamente por el problema anterior, cuesta pensar en cómo un «público regional no ilustrado», aun en el Ecuador del siglo XXI, querría seguir privilegiando las novelas de Icaza más allá de su papel precursor. Al principio de *Imaginación y violencia en América* (1970) el progresista Ariel Dorfman arguye que novelas indigenistas como la modélica *Huasipungo* (1934) enfatizan el sufrimiento y violencia como *esencias* americanas, sin que se vislumbre un universo indígena mayor, proponiendo que sería más productivo proveerles a sus personajes una base cultural e histórica para mantener su "resistencia". Dorfman supedita el hecho que desde las tabletas cuneiformes la explotación, sufrimiento y violencia son parte de la representación literaria mundial. Además, todo novelista es un explotador del lenguaje, con fines estéticos o políticos.

Esas condiciones, como fijan Dorfman y la práctica de la novela de estos años, engendraron otras representaciones de la violencia. Respecto a Icaza y obras como su *Huasipungo* (1934), en este siglo novelistas ecuatorianos como Diego Cornejo Menacho, Carlos Arcos Cabrera y Valencia han publicado novelas o ensayos sobre las consecuencias de fijarse en Icaza y sus pares como modelo estético y político, y siguen esperando que buenos traductores logren captar su alcance, inteligencia y el poder de sus argumentos. En "El delirio de la soberbia" (*El País*, 19 de marzo de 2022), Vargas Llosa califica a *Huasipungo* como "una de las peores novelas que se escribieron" (19) en la tendencia indigenista. Rama llegó a similar conclusión, argumentando atinadamente que el Modernismo hispanoamericano mantuvo una actitud de amor y rechazo ante un auditorio mal definido, de dudosa importancia en el diecinueve, dado su volumen. Como la mayoría de críticos de la novela continental, afirma que obtiene su importancia cabal en el siglo XX y que «ha venido encabalgada en el público, –un público pequeño–, quedando estrechamente vinculada a su ampliación numérica, a su mayor desarrollo intelectual» (208).

Las anteriores son verdades muy provocativas que reafirman el poder sugerente de su monografía, porque se refieren a un auditorio, lecturas y enfrentamientos de diversos proyectos nacionales, que en el peor de los casos se convierten en público y lecturas nacionalistas. (Por ejemplo, la lectura que hace Sabato de la literatura ecuatoriana, comentada en el capítulo sobre Salvador y Palacio.) Aún más, sus verdades también son signos precursores del paralelismo interpretativo que se puede dar en culturas que han establecido una relación dependentista. Me refiero a los inicios –el 1 de abril de 1967 Hans Robert Jauss da el discurso en Konstanz que se considera el acto genético de la «Estética de la Recepción»– del enfoque literario alemán de los estudios de la recepción, concentrados en qué hace un público con un texto y por o para él. Como otras teorías más centradas en la novela, de las que se adaptaría ciertos términos, para la estética de la recepción el público se compone de una variedad de lectores difícil de precisar por sus expectativas precodificadas, por el andamiaje sociohistórico y por la ulterior concretización que cada lectora o lector hace de cada texto, no estrictamente novelístico.

Con mayor especificidad, dentro de este *problema* hay otro mayor: la provocación de que los críticos que lo examinen parezcan lectores privilegiados, no comunes, con poca obligación con la historia o sociedad cotidiana, a pesar de que por las presiones académicas que crean una ilusión democrática pretendan una visión progresista de la relación entre público, lectores y obra. Con la proliferación de variantes de la crítica orientada hacia los lectores practicada desde los años setenta y ochenta, algunos de sus planteamientos informan las lecturas presentes de Rama. Por la inevitable depuración de toda teoría, aquellas no se guían por la conocida escuela alemana, sino por la más productiva veta francesa, que con especificidad estadística examina enclaves sociológicos y estrictamente históricos de la recepción, cuestionando los postulados de críticos recientes como Moretti (Miguel Rosetti crítica a Moretti [61-71] con base en el giro antropológico del Rama tardío [72-81]).

Si Rama y sus lectores encuentran formas que no son «novelas» en sentido estricto, se está ante el hecho de que el patrón de la recepción se formaba por la convergencia de dos horizontes: la predeterminación receptiva de esas formas y los prejuicios del público. La recepción limita la posibilidad de visión, lo que nos sitúa en el mundo, y no debe concebirse como algo fijo y cerrado en que nos movemos. Lo que se mueve con nosotros —nuestros prejuicios— es el «horizonte» sobre el cual no podemos ver. En una generación crítica inmediatamente anterior a la de Rama, en un par de notas acerca de las ediciones originales de textos que Rama conocía, *Proceso y contenido de la novela hispanoamericana* (1953), de Sánchez, y la canónica *Historia de la literatura hispanoamericana* (1954), de Enrique Anderson Imbert, Arturo Torres-Rioseco previene a sus contemporáneos sobre el peligro de crear una historia hispanoamericana de la novela que ensanche el canon o funcione con definiciones generacionales rígidas.

Poco después del texto de Rama aparecieron, con diferente fortuna crítica, *La contemplación y la fiesta* (1968) de Julio Ortega, *La novela hispanoamericana contemporánea* (1969) de Zunilda Gertel, *Introducción a la novela hispanoamericana actual* (1971) de Andrés Amorós, e *Historia de la novela hispanoamericana* (1972) de Cedomil Goic, que justamente mereció una segunda edición en 1980. Este mismo año se publicó *La irrupción de la novela latinoamericana*, de Gordon Brotherston, traducción de *The Emergence of the Latin American Novel* (1977), en que el canon seguía siendo el grueso del *boom*, aunque hacía bien en concebir como antípodas del pasado y futuro del género a Asturias y García Márquez, a la vez que recupera a Carpentier, Onetti y Arguedas. En estos casos hay modelos interpretativos de alguna coherencia y desarrollo que evita criterios decenales, sin recuperar precursores y sus formas de conversión. Esos polos le permiten a Brotherston concluir que hay poderosas coincidencias de actitudes entre novelistas culturalmente antagónicos (Cortázar y Arguedas), que no afectan a la progresión de las novelas de entonces.

Esa visión funciona si se ve los años setenta como un parteaguas inviolable, eternamente basado en la dinámica «localismo y nueva técnica», reavivada por la Revolución cubana. La excepción a esa camisa de fuerza interpretativa es la excelente síntesis de Becerra, quien volviendo a las ideas de Rama pone en perspectiva y con valor las presuntas «preteorías» de la historia de la novela del continente (2008: 25-27) y la euforia en torno a la inserción del género «en la tradición occidental, que es vista a veces como hegemónica y amenazante y otras veces deseada o considerada como propia» (28). ¿Qué movilidad crítica ha habido en el otro Occidente hasta hoy, si *Nueva cartografía occidental de la novela hispanoamericana* argumenta que el género ha dependido de manera inevitable, no accidental, de la occidentalidad teórica?

El novelista y la literatura nacional

4. Rama comienza discutiendo la paradoja de que hay historias nacionales de la literatura sin que se pueda definir lo que es una literatura nacional. No da una definición estricta de ésta, pues es «una empresa desmesurada, admirable y absurda en partes iguales. Se trata del ingente esfuerzo de un continente colonizado, por alcanzar la comprensión y la creación literarias en el mismo nivel de la metrópoli» (214), porque «la metrópoli no estaba demasiado dispuesta a enterarse de lo que producían, culturalmente, las colonias» (215). La vigencia de esa visión es evidente para él porque la inserción del género en una literatura nacional y su circunstancia particular en el enclave ideológico de la novelística occidental son problemas irresolutos, como arguyen otros capítulos de este libro. En términos de la mundialización de la novela discutida, en el *Manifiesto comunista* Marx y Engels sentencian: "La estrechez y el exclusivismo nacionales resultan de día en día más imposibles; de todas las literaturas nacionales y locales se forma una literatura universal"; mientras que para Guillory la literatura nacional implica pensar en procesos de abstracción (361-371)

«Colonizado», «metrópoli», "violencia", "machismo", "mundial" y sus opuestos son binarismos de décadas posteriores, y la crítica de la novela les ha asignado una especificidad que Rama no les confería. Intuyendo la degeneración terminológica y metodológica de la Cultura Crítica Nacional, cuyo contexto detallo en la última sección de este capítulo, Rama sugiere el diálogo como comienzo de una solución, y el más auténtico y fecundo para un novelista, según él: «es el que entabla con otro novelista de su propia tierra o comarca». Por ese coloquio entiende una lucha estética: «afán ardiente de destrucción mediante la aportación de obras de arte, nuevas, originales y a la vez capaces de diálogo porque pertenecen a la misma familia» (217). Pero la audiencia ansiada es débil como crítica realizable cuando es provinciana o nacional (véase el capítulo siguiente), he ahí varios testamentos incestuosos de los años noventa por algunos novelistas agrupados en la antología *McOndo* o el grupúsculo exclusivamente masculino *Crack*. Rama, inspirándose en Darcy Ribeiro, entendía por "comarca" mucho más que simples zonas de contacto cultural.

Este cuarto problema ha sido coartado posteriormente por una producción narrativa aleatoriamente literaria que pretendió renovar la novelística continental, pero que pasadas las lecturas entusiastas y ritualistas de variados prescriptores cayó en un comparatismo cultural inútil en su intento de ampliar el universo narrativo. Basta pensar en la recepción inicial del apogeo de la novela hispanoamericana y las reseñas publicadas en Estados Unidos, en sus tirajes, mercadeo académico y común, traducciones, lectores, en fin, en su consumo y difusión. En ese contexto nuestra novela entraba en el tipo de globalización discutido en el capítulo dedicado a Fuentes. Viéndolo bien, no parece haber gran diferencia desde esa época entre cómo se promueve una novela hispanoamericana en España y una británica en el resto del mundo anglófono, y la crítica no se queda atrás.[3]

El novelista y la literatura nacional obtienen su estatus con presiones o apoyos extranacionales que aumentan con el desarrollo cultural propio, sin ser mejoradas por la corrección política que ha

---

[3] Algunos mundialistas creen que hay ejemplos latinoamericanos en el siglo XX, como *Hombres de maíz*, y preguntan dónde ubicar a Fuentes y Bolaño, y si son posmodernistas como Pynchon y Auster. Los últimos dos capítulos retoman esos tipos de pregunta.

pasado de ser concepto a una alarma, o leyes literarias que tengan que ver, *prima facie*, con la recepción «común» o crítica interna, local, que por serlo no son necesariamente limitadas. La idea de ella proyecta un espacio mental colectivo, cuando esa comunidad nunca es un sistema cerrado; así, hoy es palpable entre los jóvenes novelistas una tensión entre su ambición por llegar a un público mayor y las ventajas de usar el habla nacional. Rama siempre leyó desde un contexto cosmopolita, y así defendió, hablando de Martí y su conexión con Whitman, Lautréamont y Rimbaud, los intereses cosmopolitas de Baldomero Sanín Cano cuando este criticó el atraso de la crítica latinoamericana. Si se consulta «Littérature et révolution» (1980) –cinco proposiciones sobre la relación de la literatura con la región, la nación y sus valores– se afirma su consistencia cuando asevera «en los momentos en que la consolidación de una sociedad deviene evidente después de un cambio rápido, se produce un descenso hacia lo particular, una reabsorción de lo que es local y el nacionalismo». Este texto, publicado un año después en inglés en *Review* deNueva York (1981), tuvo graves consecuencias que tenían menos que ver con la historia de la novela que con antiguas polémicas, reactivadas por Reinaldo Arenas, Rodríguez Monegal y sus allegados (Corral 1999).[4]

El novelista y la lengua

5. Cuando Rama arguye que el problema del novelista y la lengua es uno de los menos atendidos por la crítica y los escritores, la fecha de su monografía y sus límites especulativos son manifiestos para los lectores actuales. Con las opciones teórico-lingüísticas que manejaba la mayor parte de la novelística de la época de su ensayo no podía sino volver a concentrarse en la producción canónica de corte realista, por compleja que hubiera sido, a pesar de que para 1964 acababa de salir *Rayuela*, en la cual hay varios guiños a la rareza innovadora

---

[4] Primera versión en *Littérature hispano-américaine d'aujourd'hui: Colloque de Cerisy*, ed. Jacques Leenhardt (París: 18/10, Union Générale d'Editions, 1980, 298-9), luego resumida en "Founding the Latin American Literary Community", *Review*, XII. 30 (September/December 1981), 10-14.

que era parte de la tradición novelística del continente desde la prosa vanguardista. No podía saber –cuando dice «como no existe en América una importante línea de novela popular» (219)– que la discusión de la expresión lingüística popular versus culta, en definitiva occidental, sería superada muy pronto por varios novelistas caribeños (Guillermo Cabrera Infante, Severo Sarduy, Luis Rafael Sánchez, y sus secuelas), cuyos "excesos" lingüísticos no son apropiados de novelistas anglófonos, porque añaden aventuras y giros que no hay en sus novelas. No era menor la cambiante novelística europea (mestiza hoy por la migración) y la concomitante crítica que resulta en relecturas de teorías y filosofías del lenguaje. El acercamiento estrictamente lingüístico a la literatura pasaba del positivismo lógico a los actos de habla, a la reformulación de la semántica y pragmática de la coherencia funcional del discurso novelístico. Se atendía a las bases sociolingüísticas de la fricción del lenguaje representacional con principios teóricos en la sociología de hablas de Volosinov/Bajtín, de gran acogida en los años ochenta y noventa (véase Tihanov, Bewes: 10-13).

Es el ingreso en la idea de que la construcción de personajes en la novela supone un funcionamiento lingüístico de gran extensión que rige las condiciones y modalidades de co-referencia de un enunciado a otro. El funcionamiento alegórico de la novela yace en la asociación entre los personajes tomados en un sentido literal y las figuras que se entiende desde una reflexión sobre la ficción novelesca no politizada. Aun así, dentro de un enfoque que linda con el binarismo, modelo que según Antônio Cândido no ha dado el «paso del dos al tres» en Latinoamérica, Rama apunta con clarividencia a algo mayor. Las voces de la novela que quería explicitar pasaron a ser parte permanente del "giro narrativo" (expandido a otras ciencias humanas desde los años sesenta), la narratología que lo estudiaría, y de la gran variedad de estudios que hallarían en Bajtín la fuente de toda teorización respecto a la voz y la oralidad, antes de que la crítica dependiera de otras nociones o se enfatizara el valor del aparente tradicionalismo de «El narrador» de Benjamin, discutido más adelante.

Se trata también de una imborrable dependencia en procedimientos que, con la excepción de Cabrera Infante, la «novela de lenguaje» no llegó a superar, causando su apagamiento antes de que terminara el siglo XX, mientras que las de Néstor Sánchez y algún otro se agotaron rápido por su inaccesibilidad e impotencia para contar. Si ese tipo de novela se aferró a un deconstruccionismo que trataba de abolir el colonialismo arcaizante con gran imaginación, lo que más ha quedado de ellas es el *cambio* de vinculaciones idiomáticas, el paso de una gramática novelística especulativa a otra (y la ideología que éstas mantenían). Desde *Tres tristes tigres* hasta *Los detectives salvajes* (1998) es la lengua híbrida y novedosa que permite a los novelistas especular que en algún momento podrían juntar a todos sus personajes en un cuarto y darse cuenta de que no pueden hablar entre ellos, porque no comparten un habla común y tienen sentido porque se escapan del yugo de la explicación, como en las novelas de Aira.

Rama se equivocó parcialmente al tomar a Mallea como representante de la actitud reverencial y dependentista ante el lenguaje y la cultura. Otro caso parecido, aunque llevado a peores consecuencias, es el de Manuel Gálvez. La tibia recepción crítica de su novelística no incluye en épocas recientes consideraciones del autoconcepto que estableció progresivamente para ella, sobre todo en los cuatro volúmenes de su *Recuerdos de la vida literaria*. En ellos (escritos en 1944, 1949-52, 1960; con ediciones definitivas a principios de los años sesenta), Gálvez –que en 1932 inició una campaña para que se le otorgara el arbitrario Nobel de Literatura– se inserta autobiográficamente en sesenta años de la vida literaria argentina, a pesar de que niega rotundamente que tal sea su intención. Como ejemplo véase su «La decadencia de la novela», *Criterio*, II, 53 (7 de marzo 1929), 308-9, recogido ahora en el primer tomo de Corral y Klahn (1991). Rama examinó la actitud de Mallea sin poder intuir que su posición cultista encontraría corolarios en la revisión, poco examinada, de la relación de la novelística de Sarduy (cf. *Maitreya*) con las ciencias humanas francesas de los años sesenta y setenta. Su postura hace que su crítica sea clarividente, porque los teóricos de *Tel Quel*, fascinados por Joyce, tenían una estética novelesca compartida (así el Philippe Sollers opuesto al *Nouveau Roman* y abogado de la teoría novelística de Girard, Jean Ricardou y Denis Roche, los más conocidos fuera de Francia), contraria a lo que creían ser ilusiones expresivas y representativas de la "novela burguesa".

Cuando asevera que «toda vez que el narrador se aproximó a las elaboraciones idiomáticas más complejas se produjo un desvanecimiento de las formas novelescas, al menos en lo referente a los modelos estatuidos por la gran época del género, el siglo XIX» (222), y considera el uso de palabras típicas como débil solución regionalista al problema capital de la composición de personajes, se refiere imperfectamente a la novelística vanguardista producida entre 1923 y 1938.[5] Durante su gestión venezolana recuperó la obra de José Antonio Ramos Sucre, y autores de la "familia" del venezolano comenzaron a atraer atención crítica en el resto del continente. No menos hizo por Julio Garmendia, como consta en su *Ensayos sobre literatura venezolana* (1980), o por Felisberto Hernández, cuyas novelas "nuevas" *Por los tiempos de Clemente Colling* (1942), *Tierras de la memoria* (1965 [1943-44]) y *Las Hortensias* (1949), eran contrarias a "la literatura de puestas de sol", ironía recogida por Ignacio Bajter en su exhaustiva edición de la *Correspondencia reunida (1917-1958)* (2022) de Felisberto. El número de *Escritura* (1982 [1984]) dedicado al uruguayo, publicado después de su muerte, se compone de artículos que él mismo solicitó y pensaba redactar.

Si en este problema advierte un gran salto hacia la novelización del habla espontánea y popular (ejemplificada entonces por Rulfo y Vargas Llosa) que permite al novelista ingresar al lenguaje de sus

---

[5] Años aproximados de la recepción inicial de la nueva novela precursora y marginada (Corral: 1996); seguida por el enclave precursor de los años cuarenta (Rama sí discute el invencionismo de Labrador Ruiz, Felisberto vendrá después) detallado en el capítulo sobre Palacio y Salvador. Este período comienza con *Notas de un literato naturalista* de Castelnuovo, y termina con *La galera de Tiberio*, de Núñez y *45 días y 30 marineros* de Lange.

personajes; al concluir que «en esto está la narrativa americana actual» (224) supedita los fundamentos teóricos de novelas de la «Onda» mexicana, o de las que se convierten en precursoras de otras con temas de la cultura popular. Libertella los examinó en sus clásicos *Nueva escritura en Latinoamérica* y *Las sagradas escrituras* (1993), sin el desplazamiento individualista del ambicioso y derivativo *Diccionario de autores latinoamericanos* de Aira (2001, reeditado sin cambios en 2018). Como las de esos estudios posteriores, la conclusión de Rama abre otras posibilidades. Al sugerir que «quienes mejor puedan servirnos de índice de la transformación son aquellos narradores que han debido ingresar al idioma español procedentes de las lenguas indígenas» (224), propicia el tipo de diálogo que la crítica futura de la novela de lenguaje no podría ignorar, sobre todo si se piensa en la más influyente *Transculturación narrativa en América Latina,* que para un crítico consistente como Becerra (2008: 27) es tan imprescindible como la compilación *La novela en América Latina Panoramas 1920 1980* (1986).

Si sus paradigmas para esa afirmación son Arguedas y Roa Bastos (no se publicaban todavía *El zorro de arriba y el zorro de abajo* o *Yo el Supremo*), las novelas que tratarían de emularlos degenerarían en una forma que nada tendrá que ver con las ideas subyacentes en una de sus observaciones finales: «Es verdad que conozco Cuba, pero aun sin conocerla, ese léxico me es secretamente afín, y más que el léxico propiamente dicho la estructuración del habla, la articulación lingüística de un país hispanoamericano» (226). Más que inserta en una lectura nacional, la entusiasta identificación de Rama se entiende desde una solidaridad necesaria y justa con la recepción inmediata de su monografía y del país en que la publicó originalmente. Sin embargo, esa expectativa no cabe dentro del discurso crítico que se debía crear en ese momento sobre la economía de los intercambios lingüísticos en la novela, o sobre la eficacia de su discurso ritualístico e imperturbable, en un sentido lato.

Como él mismo admite, discutir aquellas peculiaridades lingüísticas resultaría dispersor, más allá del alcance de los diez problemas que se planteó inicialmente. La pregunta es para quién o por qué "dispersor"; que hace volver al rocinante caballo de batalla crítico en que ha devenido la novela de lenguaje o metaficticia y la recepción de sus avatares, tratado en otro momento. Como muestran los capítulos siguientes, abordar el lenguaje de los "raros" Palacio, Macedonio y autores afines es necesario, ayuda a entender el desarrollo del género y a preguntar hoy por quién se habla en un momento de la novela mundial. Pero si es común que en esos tipos de novela el lenguaje se apropie de toda experiencia, haciéndola más confusa, irregular y despilfarrada, la mayoría no tuvo la influencia de Macedonio, que fue mayor en Borges. Aquellos novelistas no terminaron convenciendo de que las exigencias de su narrativa producirían recompensas. No obstante, siempre se tendrá que leer lo atípico en ellos de manera benévola, más que hostil, particularmente para reconocer su maestría del uso de la lengua de su momento.

Los maestros literarios

6. Los peritos literarios como inconveniente son los del exterior, que en los años sesenta siempre fueron de Occidente, aun en las influencias menos conocidas o reconocidas, como las que determinaron el uso de ciertas estructuras mitológicas en Rulfo. Que Rama planteara esa dependencia quería decir que era importante y que a lo mejor era un asunto sin solución, como comprueba la fusión de la crítica de la novela occidental e hispanoamericana en el último capítulo. En esta sección discute, a la postre, un juego de «influencias» y tradiciones adaptado sin mayor reparo por los novelistas. Estos no siempre produjeron hábiles juegos semánticos, porque también intentaban producir un texto novelesco que en buena parte llegaría a superar al modelo de la metrópoli europea, siendo muy local y universal, como demuestran Palacio y Salvador. ¿Pero leían los novelistas hispanoamericanos a los de su propio continente? Según Rama: «Los novelistas posteriores al 30 parecen deber poco –o parecen querer deber poco– a sus antecesores, y para citar cubanos, basta

recordar la impregnación faulkneriana de Lino Novás Calvo o la surrealista francesa de Alejo Carpentier» (229).

Sostener que los novelistas previos a la segunda guerra mundial desconocían la gestión y el papel vanguardista que cumplían sus contemporáneos no es un descuido crítico, sino parte de la recepción de 1964 y de los horizontes de expectativa que le incumbían, similar al estado de las investigaciones (en 1970 Óscar Collazos compila en Cuba su seminal *Los vanguardismos en la America Latina*). Así, Rama revisó sus lecturas previas del cubano en «La sinfonía de 'los adioses' de Alejo Carpentier» en la *Revista de la Universidad de México* y *Eco* en 1980, y en una versión más extensa en *Latin American Research Review* (1981). Si en el desactualizado "Historical, Critical, and Theoretical Work on the Latin American Novel" de *The Oxford Handbook of the Latin American Novel* (525-541) José Eduardo González subestima los trabajos tempranos de Rama y otros recientes en español sobre la novela, no extraña que no exista un corpus definitivo o razonado de la crítica del uruguayo, la más perspicaz de la segunda mitad del siglo XX, aunque la visión de él como militante político es copiosa en cierto latinoamericanismo.[6]

Con la excepción de Ramos Sucre, Rama no aplica similar revisionismo a los novelistas surgidos inmediatamente después de los años treinta, cuya estética es de considerable importancia para entender la novelística que le sirve de muestra. Los maestros no son solo los del siglo XX (*El Castillo* de Kafka, buena parte de *À la recherche du temps perdu* de Proust, las más reconocidas de Virginia Woolf, o *El ruido y la furia* más *Mientras agonizo* de William Faulkner), o las «tres novelas ejemplares» de los años veinte (*La Vorágine, Don Segundo Sombra* y *Doña Bárbara*), que Juan Marinello privilegió por su contenido social hecho a la medida para cierto público,

---

[6] En *Appropriating Theory Ángel Rama's Critical Work* (2017) y la antología en inglés *Spanish American Literature in the Age of Machines and Other Essays* (2023), que selecciona y traduce con Timothy R. Robbins, González se ocupa de la época posterior a 1964 (hasta la tecnificación narrativa y el giro antropológico), arguyendo bien que Rama percibió la *inaplicabilidad* de las teorías de la Escuela de Frankfurt a la modernización, reelaborándolas para producir un discurso crítico propio y desafíos a nociones predominantes. Que Rama haya empleado conceptos benjaminianos tardíamente no disminuye la originalidad de sus adaptaciones tempranas. Marcela Croce provee seguimientos necesarios.

desfavoreciendo lo que aún entonces se consideraba narrativa «estética». Si las normas e ideales estrictamente estéticos o filológicos han perdido importancia para entender la novela, a unos sesenta años de la monografía de Rama no se duda que una dimensión estética debe ser pensada junto a la histórica. Él homologa este problema, por un prurito democrático que no quiere jerarquizar, y por establecer una tipología de novelas, no de novelistas. Su registro permite, si no una preselección, por lo menos una noción autorizada del «maestro», tema desarrollado en *Discípulos y maestros 2.0*. Rama, como un Linneo o Buffon crítico, va meticulosamente de cita a cita, de detalle a detalle, de asunto a asunto, para eventualmente llevar a cabo una categorización que da sentido a un mundo.

En este sexto problema, Rama confiere la justa medida al nacionalismo cultural que pregonaba en problemas anteriores, no en términos de un contexto que crea «maestros», sino en función de las limitaciones que puede imponer. Así, no encuentra nada reprobable en el interés latinoamericano por precisar el recorrido generativo de la novelística extranjera, la conjunción entre períodos históricos, estilos, ideas y temas que es la vértebra de la occidentalidad examinada a lo largo de este libro. Con razón observa que «el novelista que busca sus maestros y los encuentra en los grandes escritores, antiguos o, sobre todo, modernos, de los países más desarrollados, tropieza con el elemento seductor que en ellos más atrae: las técnicas literarias» (231). Rama se ubica ante el persistente problema de cómo y cuándo la novela hispanoamericana es «original», y el problema principal yace en aferrarse a estar a la «altura» técnica occidental.

Los novelistas hispanoamericanos analizados en estos capítulos movilizan todo tipo de técnicas pre-modernas o «posmodernas», e incluso algunas cercanas a la Inteligencia Artificial generativa que todavía no se identifica o regula formalmente como técnica. Hay consenso al identificar el origen de la novela europea como una mezcla no teórica de poesías épicas clásicas y romances de caballería, con el *Quijote* como prosa fundacional para su prole occidental. Si hubo una condición en Rama que le hizo pensar su crítica progresivamente, fue trabajar en varios proyectos a la vez, como se desprende de su diario y cartas de los años sesenta. Desde el contexto de las ideas que afectan a críticos como él, la cita anterior sobre la técnica (preocupación que Platón le mostró a Sócrates en el *Fedro* de que la escritura reemplace a la cultura oral), es fuente de su artículo más contundente sobre el tema: «La tecnificación narrativa» (1981).[7]

Para concluir su visión de los maestros, repite un recorrido lukacsiano de la estructuración de la novela occidental de entreguerra, y termina con la carta de batalla cultural o meollo de los «Diez problemas para el novelista latinoamericano»:

> La asunción de una actitud adulta por parte del novelista latinoamericano radicaría en la distinción sutil entre los valores propios, independientes, de las técnicas o sistemas, como expresión de determinadas situaciones histórico-culturales, y por ende económico-sociales, de países en un determinado nivel de desarrollo y de complejidad del cuerpo social, y la posibilidad de adaptación de los elementos de esas técnicas que resulten vehiculares de situaciones propias, lo que no quiere decir particulares, privativas, sino propias de una inserción del escritor en un determinado contexto social. (234).

Si se piensa en las polémicas postreras que han creado un desborde sobre el discurso de la novela o en ella misma, no es difícil hallar en esas discusiones la tesis citada de Rama como estructura profunda. Desde las revisiones de Fernández Retamar en *Para una teoría de la literatura hispanoamericana* (1975), pasando por trabajos posteriores de Rafael Gutiérrez Girardot, John Brushwood,

---

[7] Como "Diez problemas para el novelista latinoamericano", también ausente en las discusiones de *The Oxford Handbook of the Latin American Novel*, como discuto en "The West's 'Other' World Novel". *World Literature Today* 98.1 (January 2024). 36-39. Cf. Gustav Siebenmann, "Técnica narrativa y éxito literario. Su correlación a la luz de algunas novelas latinoamericanas" (88-108) e "Identidad cultural y novela nueva" (109-129), *Ensayos de literatura hispanoamericana* (Madrid: Taurus, 1988).

Jean Franco y compilaciones sobre el género como *La novela hispanoamericana* (1969, 4ta. ed. rev. 1972) y *Novelistas hispanoamericanos de hoy* (1976) de Juan Loveluck, que además de no subsanar posibles lagunas no incluyen trabajos del uruguayo, o de los historiadores ya mencionados, se desemboca hoy en una agregación interpretativa superada.

Como conjunto son percepciones del novelista que legitiman y redefinen a la crítica socio-histórica anterior. Con Rama se comienza a pensar que los sistemas formales se agotan cuando las estructuras socio-históricas que los generan cumplen ciclos, y por ello sugería una posición moral comprometida con los lectores que definen la novela. Ese enfoque requiere una tipología de modelos estéticos de identificación y de actividad comunicativa que Rama no aborda plenamente, porque no estaba en la agenda de la crítica socio histórica de entonces. Pero la matizó apuntando hacia una futura «novela mundial» que correspondería a la cultura y sociedad posteriores en las que toda conexión se volvió próxima. La complicación con críticos que escriben tan asiduamente y bien como Rama es que casi toda crítica posterior sobre ellos reitera un relato predeterminado por ellos. Los beneficios y daños de la mundialización se distribuyen desigualmente, y la reacción antimundialista prospera con resentimientos suscitados por demagogos, aunque surgen de frustraciones que son reales.[8]

La novela «género objetivo»

7. Rama empieza su discusión sobre la ardua tarea que llama «La novela, género objetivo» buscando respaldos psicológicos para su argumento, una actitud más marcada en su póstuma *La ciudad letrada* y *La novela en América Latina*... La problemática de ese enfoque aumenta con su aparente visión del género, que parte de la lectura

---

[8] El número "Novela global: perspectivas desde el campo literario", *Ínsula*, LXXVII. 903 (Marzo de 2022), no matiza que la crítica que la legitima se esfuerza por diferenciarla de la *novela mundial*, giro peripatético, según Guillory debido a Derrida (236-243). Para Hispanoamérica, en "La novela contemporánea y los territorios en disputa" Sánchez Prado presenta un conato metodológico (qu analizo en el último capítulo), prefiriendo una versión anglófona de una novela de Luiselli (hay autoras mexicanas más logradas), sin examinar las contingencias de la traducción para la extraterritorialidad lingüística (Steiner). Véase mi "Cuando una novelista se divorcia de la novela", *Letras Libres* XXI. 253 (Enero 2020), 66-68.

que hace de la dialéctica de formas en él, enfoque decididamente social cercano al que pregonaban los críticos con que simpatizaba Rama en esa época. Más que una filosofía *per se*, que por definición es un sistema de larga tradición y alcance, el problema se refiere a una *actitud*. A diferencia de críticos comprometidos con su propia movilidad social, Rama no internalizó los mensajes contradictorios del «marxismo» de su época hasta el extremo de perder la capacidad de defender sus ideas. Para él, la objetivación del novelista es, ante todo, la elección de su tema, al tiempo que los otros componentes novelísticos se supeditan a una idea central.

Teorizar desde esa perspectiva es aproximarse peligrosamente a la identificación biográfica y, peor aún, a la falacia intencional. Cuando puntualiza que «nada es más pernicioso para un novelista que la convicción de que la verdad objetiva a que debe aspirar [...] debe hacerse utilizando el repertorio de los llamados temas importantes, en especial por los críticos» (238), además de una advertencia clara a su profesión, le atribuye a los novelistas una ilusoria ingenuidad que progresivamente se eliminó en los pocos que la practicaban en el último tercio del siglo XX: los novelistas «progresistas». Si la objetividad rige al proceso novelístico, extraña que no cuestione los «temas importantes» y su jerarquización, modificable según el enclave espacio-temporal. Similar a los problemas del lenguaje, lengua y novelista, no es desmedido proponer que Rama emplea la sociedad objetivizada-en-la-novela de acuerdo a normas preexistentes para construir un enclave novelesco complejo, incorporado a un enclave preliminar (el reflejo que equipara novela y sociedad) dentro de una nueva armazón. En esa actitud él percibe un problema existente, por resolver, no un problema que se asume para propagar e influenciar a otros novelistas.

En la integración social que Rama exige para el género en ese momento, es casi obligatorio considerar la lukacsiana ética de la subjetividad trascendental. En ella la mención de la «objetividad normativa del autor» apunta enfáticamente hacia ese tipo de subjetividad como forma de representación alternativa y como tal al apoyo de toda objetividad, según Bernstein (1984: 188), que también se ocupa de temas relacionados con la objetividad del género (1984: 194-6, 201-2). Tal como discute este problema, el «tema importante» no provee estructuras de sentido que ubiquen artísticamente al hombre en el mundo, consideración inevitable, aun en las novelas más concentradas en proyectar mundos sociales con cierta objetividad. Según Rama, *El tungsteno* de César Vallejo fracasa como novela por ser mecánica respecto a su tema (se puede decir lo mismo de *Respiración artificial* de Piglia), mientras que la objetivación del García Márquez anterior a *Cien años de soledad* es exitosa. Para Rama el novelista es «un explotador de la realidad» (240), y le corresponde hallarla en los traspases más recónditos. Si tiene razón al decir «si dentro de las novelas debe citarse al *Facundo* de Sarmiento, es obvio que es difícil hablar de un extremado subjetivismo, que no supo encontrar las vías de acceso a la realidad objetiva» (240), también es claro que aboga por un realismo de factura renovada.

Si ese subgénero tiende a ser objetivo, «para producir una narrativa realista exitosa un autor debe eliminar las huellas disruptivas de su actividad del texto, en efecto debe quitarle al texto todos esos elementos que apuntan enfáticamente a su actividad como productor que al significado de la narrativa misma» (Bernstein 1984: 188-189), y le hubieran sido útil a Rama las ideas de Sarmiento sobre la novela, reproducidas en el primer tomo de de Corral y Klahn. Bernstein (1984) aboga por un realismo que en Hispanomérica, por lo menos respecto a la relación entre preteoría y práctica, solo se hallaba en Revueltas y su *Los errores* (1964), cuando la fecha original de la discusión oral de Rama es 1962. David Viñas habría sido el otro novelista en quien hubiera hallado apoyo, pero su novelística no despega hasta fines de los años sesenta. La publicación de *Cien años de soledad* cambió la percepción que se tenía del realismo. Pero hay que considerar que las percepciones cíclicas no siempre provienen del público, porque si fuera así, ¿por qué la crítica y el periodismo posterior siguen discutiendo cómo entender la gravitación de García Márquez, que consideran disminuida? Una razón es que cuando el colombiano comenzó a escribir, y Rama a publicar sobre él, el setenta por ciento de los colombianos vivía en el campo, y el resto en las ciudades.

Los escenarios colombianos cambiaron mucho con los tumultos sociales engendrados por el narcotráfico y la política, como determinan *Discípulos y maestros 2.0* y los novelistas colombianos seleccionados para *The Contemporary Spanish-American Novel*.

El "hoy" preteórico de Rama no toma en cuenta que el realismo literario no es una teoría del conocimiento o de la verdad sino del ser representado. Por eso, una posición *realista* en la filosofía de la prosa es una teoría sobre la naturaleza de su ser. Debido a que la «esencia» de una disposición realista es preocuparse de las cosas como son, o de clasificar así solo lo que es conocido, el prosista que cree en ello se aplica en hoy a desaprehender y descartar hábitos, suposiciones y categorías que dependían de condiciones ontológicas decimonónicas para ser válidas (cf. Moretti 2008: 117-120). Hacia el final de *Mimesis* (1946), Auerbach, modelo de erudición humanista, diferente del procesamiento académico actual de documentación archivística, postula la relación entre el modo social del momento y el realismo literario caro al uruguayo:

> El tratamiento serio de la realidad cotidiana, el surgimiento de grupos humanos más extensos y socialmente inferiores respecto a su posición como materia para la representación problemática y existencial, por un lado; y por otro, el empotramiento de personas y sucesos al azar en el curso de la historia contemporánea, el trasfondo histórico variable –éstos, creemos, son los cimientos del realismo moderno, y es natural que la forma amplia y elástica de la novela se vaya imponiendo más y más para una interpretación que incluya tantos elementos (491).

A pesar de su canonicidad para interpretar el realismo, se puede creer hoy que Auerbach tenía un concepto incompleto del término, debido al lugar común crítico de que la realidad se construye socialmente. En varios trabajos que muestran lo opuesto, Luiz Costa Lima contextualiza socialmente el proyecto de Auerbach, no muy diferente del de Vargas

Llosa. Dice Costa Lima: «Para indignación de sus críticos, cuando Auerbach hablaba del realismo no suponía una categoría siempre idéntica a sí misma, sino más bien, ahora podemos decirlo, una categoría metahistórica, definida como la representación del hombre en su ambiente temporal y de acuerdo a sus coordenadas temporales» (418). En sus textos sobre Arguedas, Rama comenzaba a articular una relación entre novelística vanguardista y comprometida, cuando era la norma oponerlas. Así, para un defensor del realismo, como Lukács, las de James y Joyce eran abstractas y superficiales, mientras que para Adorno, el arte autónomo de la vanguardia era el más revolucionario políticamente, por reflejar y rechazar la vida alienada del capitalismo.

Así entonces, la novela hispanoamericana del siglo XX, desde Palacio a Bolaño, compartiría en términos generales dos ciclos vitales de la creatividad artística de Occidente. Según David W. Galenson, en su magistral *Old Masters and Young Geniuses* (Princeton: Princeton University Press, 2006), los artistas innovadores del siglo pasado fueron experimentales o conceptuales, y define sus diferencias como sigue:

> Los novelistas conceptuales comienzan a menudo con principios o ideas generales. Son más propensos a producir obras simbólicas, mientras que los experimentales se ocupan con más frecuencia de casos particulares en una manera documental. Los personajes en las novelas conceptuales pueden parecer demasiado simplificados o unidimensionales en comparación a los de las experimentales, que pueden parecer gente verosímil vista en situaciones realistas. El lenguaje de los autores conceptuales es frecuentemente formal o artificial, el de los autores experimentales informal o vernáculo. Los libros de los autores conceptuales se resolverán con frecuencia con mensajes o lecciones claros, mientras que la mayoría de las veces los autores experimentales dejan sus tramas irresolutas, sus conclusiones abiertas o ambiguas (134).

En 1964, antes de que varios principios filosóficos se transformen en fetiches, Rama no podía tratar un problema que para Hans Blumenberg resume la historia literaria de Occidente: el debate en torno a los poetas como mentirosos. Vargas Llosa, se sabe, emplea ese tropo con gran ingenio y como modelo para mostrar el cambio en sensibilidad y práctica de la *imitatio naturae* hacia teorías de la ilusión que afectan a varias categorías de la «verdad». En pocas palabras: mentir con suficiente creatividad es ser fabulista; si se sigue mintiendo con más rigor y artesanía la práctica se llama ficción, una mitología construida del exorcismo y las piedras de toque de los novelistas.

En los años sesenta surgían nuevos cebos socioculturales. Leslie A. Fiedler, con un conservadurismo atípico para un crítico estadounidense comprometido, vaticina el fin del género en «The End of the Novel», diferenciándose del Orwell de «In Defence of the Novel» (1936) y ensayos posteriores, más por ser novelista que por su ideología. Esas defensas y ataques no significan un desarrollo de una política o programa coherente sino construcciones de identidad. Concentrado en la novela francesa, elogiado por Kermode y esperando traducción, *La crise du roman* (1966, 1985) de Michel Raimond es el mejor estudio sobre la ambigüedad de similares debates y polémicas, con conclusiones que contradicen la opinión del difunto Fredric Jameson, para quien el *Nouveau Roman* es «la última innovación significante en la novela» (1991: xv).[9]

Las filosofías de la novela

8. Las filosofías en la novela. El plural del título de este problema implica una abundancia conceptual que no define el resto de «Diez problemas para el novelista latinoamericano» o establece una concepción racional del universo novelesco o especula sobre el traslado de

---

[9] Fiedler incluye su descarga en *Waiting for the End* (1964), refinándola en "The Death and Rebirth of the Novel", *The Theory of the Novel: New Essays*, ed. John Halperin (Nueva York: Oxford University Press, 1974), 189-209. Hay polémicas más recientes, como la de Rushdie contra Steiner, "In Defense of the Novel, Yet Again", *Step Across This Line* (Nueva York: Random House, 2002), 49-57, actualizadas en el último capítulo. Rizzante considera apocalíptica la postura de Steiner, y su corrección lista a Nabokov, Calvino, Kundera, Kiš, Sebald, Pitol, Fuentes, Goytisolo y Bolaño (2018: 48).

nociones filosóficas al género. Esos avisos no implican que lo que asevera Rama sobre la forma no sea una indagación con ribetes sistemáticos que adquieren contornos metafísicos. Él persigue un detonante que dé coherencia a los significantes del discurso novelesco, ya que «las obras que sobreviven más tenazmente al oleaje del tiempo son aquéllas en las cuales se nos devela la naturaleza humana en una determinada circunstancia histórica» (242). Rama entiende la filosofía en su sentido más puro: el estudio de cuestiones fundamentales. El optimismo representacional por el que apuesta pronto se encontrará con una mimesis chocante en su antitradicionalismo. Opta, pues, no por el sentido filosófico mediante el cual la novela sirve como vehículo de alguna enseñanza esencialmente independiente de la novela misma, sino por una noción filosófica que cubre todo un universo particular. Lo que anhela es un tipo de «novela de ideas» para proveer significados nuevos que no se podría volver a exponer adecuadamente, excepto distorsionándolos fuera de la novela específica que los ha expresado con éxito, como haría Kundera, superando la esterilidad experimental de su época. Como el checo, Rama intuía que la novela de tesis política estricta estaba llegando a su fin, a pesar de los incipientes esfuerzos cubanos de entonces por revivirla, mientras la práctica novelística de Cortázar y Vargas Llosa mostraba mejor las complejidades de esos esfuerzos, como desarrolla el tercer capítulo.

En ese contexto hispanoamericano, y en el actual, habría que preguntarse a quién pertenecen las ideas, especialmente cuando los novelistas las diseminan en obras que no llegan exclusivamente al público privilegiado de antes. Una vez que el público acoge algunas ideas, digamos de los «boomistas» o las de generaciones recientes como las de *McOndo*, el *Crack* y otras cuyas ideas no están totalmente desarrolladas, ¿pertenecen solo a algunos, al que les dio origen, o son parte de una cultura nacional o mundial? ¿Tienen Bolívar y autoungidos libertadores moralizantes (Granés, 2024: 40) los derechos de autor respecto a lo que debe ser Hispanoamérica y su democracia? ¿Puede cualquiera apropiarse de ideas y palabras de otros seres sin pedir permiso a sus herederos? ¿Por qué obstaculizan las ideas encontradas la cooperación entre los novelistas hispanoamericanos? Estas son otras «ideas-madre» (el término es de Tocqueville) que desarrollaba Rama implícitamente, y que a su vez le afectaban.

Por filosofía novelesca entiende un personalismo general, si no un filosofar con el ejemplo (que Peña lee según José Ortega y Gasset, 136-139), que los lectores detectan y que a la vez les permite ingresar en una realidad que revela al ser humano. O sea, la lectura de la «filosofía» en la novela provee un doble funcionamiento que permite que el enclave social representado se beneficie de la duplicación de la toma de conciencia. En ciernes son los argumentos con que inicia su célebre polémica con Vargas Llosa sobre los «demonios», y el uso que hizo de ellos el peruano para interpretar la novelística de García Márquez y a la larga su propia obra hasta lo que va del siglo XXI. Rama reconoce el idealismo implícito en la recepción de una novela, y pasa a discutir (partiendo de una corrección que Della Volpe hiciera respecto al «contenidismo» en la estética marxista) su creencia de que la filosofía de la novela no se ha considerado cabalmente, porque en términos formales se aceptan todas, llevándolas a extremos que destrozan la posibilidad de acuerdos.

Su conjetura de que la novela hispanoamericana ha sido «instrumento de combate que estuvo al servicio de variadas filosofías, pero que siempre aspiró, más allá de ellas y de su labor enjuiciadora, a encontrar una apoyatura probatoria en lo real, que aguzara el género como arma» (245) revela una actitud (pocos críticos intelectualizan el acto de leer como «filosofía») y expectativa empíricas al leer novelas, requiriendo considerar la relación entre filosofía y literatura. Rama se aproxima al Adorno de *Teoría estética* al insinuar que la filosofía debe dictar los términos del arte, postura más del pasado que del siglo XX, aunque desde Ludwig Wittgenstein la tradición europea cree que la filosofía está más cerca de la literatura y las artes que de la lógica o la ciencia.

Byung-Chul Han recuerda "Ya los diálogos platónicos dejan bien claro que la filosofía es una narración. Se da la paradoja de que, aunque en nombre de la verdad Platón critica el mito como narración, sin embargo, él mismo recurre con mucha frecuencia a los relatos míticos" (84), es decir, son más que escapismo.

Para esa relación del devenir estético «lo abstractamente general y lo concretamente particular no son distinciones absolutas; más bien son posibilidades disponibles universalmente en la estructura de la tensión humana. Como la filosofía y la literatura, sus vehículos de expresión cultural, constituyen un continuo con un espectro escalonado de matices intensos» (McFarland: 32). Se puede pensar en que Unamuno expresó algo análogo al proponer que lo particular y lo universal no se excluyen. O con palabras de Bernstein, «para configurar el mundo como imagen de deseo y necesidad la novela debe negar al mundo tal como es; su máxima ficcionalidad es su figuración formal como la transgresión y trascendencia de sus ambiciones miméticas» (1984: 179). El desarrollo de las ideas se relaciona históricamente con la utilidad de la filosofía (argumento de Peña), pero hay un peligro evidente al vincularla con literatura: infravalorar la obra literaria en favor de una descripción «filosófica» que surge de un *sistema*; o el peligro opuesto: convertirla en algo irracional y misterioso, sugiriendo que la experiencia estética está más allá del alcance del análisis racional.

Quizá por una concepción equivalente a aquellas, Rama coincide solo parcialmente con el crítico Portuondo en que «el rasgo predominante» en la novela hispanoamericana es su carácter polémico respecto a los enclaves sociales. Para Portuondo, «la novela ha sido entre nosotros documento denunciador, cartel de propaganda doctrinal, llamamiento de atención hacia los más graves y urgentes problemas sociales dirigido a las masas lectoras como excitante a la acción inmediata» (107). El cubano manifiesta esa visión en 1955, y si descarta la crítica social que puede contener la novela vanguardista, o cómo hasta Virgilio ha sido reclutado por la resistencia poscolonialista o feminista, en cambio, sí logra ver el valor de «la novela que explora los planos conscientes y subconscientes» (108). Aunque considera que esas novelas no integran una «tradición estable», nota la creación de un nuevo lenguaje en las de Arévalo Martínez,

Pedro Prado, Bombal, y de tres novelistas que no caben en ese vanguardismo temprano: Bioy Casares, José Bianco y Sabato.

Rama cierra el octavo problema declarando que es evidente que el tipo de formas expresivas a las que se aferra Portuondo «han entrado en decadencia inevitable, y que son otras las que deberá adoptar en el futuro para sobrevivir» (246). Lo que hoy se rehúsa notar es que críticos como él no se estancan en sus creencias (conscientes de que hay un punto en que estas se convierten en fanatismo), como se constatará. Respecto a Portuondo, cabe matizar que desde *En torno a la novela detectivesca* (1946) hasta *Astrolabio* (1973) señaló los riesgos para la novela policíaca (en Cuba y en el resto de Hispanoamérica, en que se suele desconfiar de la policía y el sistema legal) de la propaganda ideológica elemental y primaria, aunque luego participó en la denuncia contra Heberto Padilla. El policía y el novelista comparten la costumbre mental asociativa según la cual todo puede ser algo diferente, con lo ordinario y real a punto de convertirse en incomodidad surreal, política o no, remplazando al detective o al investigador privado con otros héroes, como hacen Bolaño, el cubano Leonardo Padura, el ecuatoriano Javier Vásconez; o Arlt y su epígono Piglia, que no decidió si era rentable calcar a novelistas argentinos muertos o vivos, o si había una diferencia entre correspondencia y conexión.

En este octavo punto, Rama no puede hacer más que recurrir a la sociología de la literatura y especular negativamente sobre las filosofías progresistas, que cree que serán valoradas por la concretización que cada sociedad futura establezca para cada período histórico. Otra vez, su posición se debe a los elementos que tenía ante sí para valorar y cotejar, porque las ontologías progresistas que menciona son precisamente las que comenzaban a imponerse culturalmente cuando proponía sus problemas, sin la sospecha (acción recurrente de la crítica) de que el utopismo disminuiría drásticamente con la desmembración de la Unión Soviética y la globalización subsecuente, más la positiva movilidad de capital cultural (el control corporativo de este le roba al pueblo) y bienes, a pesar de las riñas elitistas e imágenes que conducen a las migraciones actuales y los mitos en torno a ella de la derecha y la izquierda. Estas «filosofías» recodificarían el contexto de la novela antes de que Jacques Derrida eliminara toda posibilidad de reconocimiento genérico, y apuntaron hacia la desaparición de lo que se entendía como «novela» y al problema ideológico que tales relecturas conllevan.

Fernández Retamar sugirió que ciertas formaciones culturales inicialmente requieren géneros que no tendrían una recepción masiva. Según el cubano, en una situación histórica específica hay un cambio de esencia en las obras, y una reubicación de los límites entre lo artístico y lo que no lo es; y dentro de lo artístico, entre lo central y lo periférico. Rama concluyó, a priori, que «a determinados estados de desarrollo de una sociedad corresponderían equivalentes estilos, con sus pertinentes formas de creación individual» (248), sin desenfatizar la importancia de la belleza. Tampoco quería que se entendiera su enfoque como la aplicación de algún proyecto filosófico independiente, o una imposición de fragmentos escépticos al servicio de conclusiones firmes conocidas por adelantado. Un valor de su crítica es hacer sonar la alarma, en un momento en que las posturas estilísticas se convertían en gestos vacios. El problema dentro de este octavo problema era no especular sobre una preferencia estética que se vislumbraba en la incipiente posmodernidad del género. Mediante aquel procedimiento la crítica puede exigir que trascender un género es lo más importante, aun cuando el público lector considere que un género no necesita trascenderse. Pero como habla de la "naturaleza humana", hay que reconocer que sus fluctuaciones son resueltas por la experiencia, que a la vez es reorganizada por el arte de la novela y la filosofía.

La novela, género burgués

9. Aun para la época en que se leía inicialmente, escoger «La novela, género burgués» como título significa apoyar una convención crítica ya redundante por la convicción con que se la emplea. A primera instancia, la ironía de Rama pasaría desapercibida, pues las primeras páginas proveen una historia de la propiedad de tal nomenclatura

en la cultura de Occidente. Su punto es que «aun aceptando la evidente raigambre burguesa del género, no es igualmente obligatorio decretar su defunción al entrar en quiebra la sociedad burguesa» (251). Esa perspectiva no contradice el deasfío que presenta a continuación: «La posibilidad de continuidad es posibilidad simultánea de transformación, o sea reconocimiento de la caducidad de determinadas formas de la novela [...] y quienes aún las cultiven solo ocuparán el lugar de epígonos» (251). Lo que en realidad está haciendo es minar lo social con lo anticonvencional novelesco, yendo contra la corriente del desarrollo de la novela en los años sesenta, y de su pasado, como explican los dos últimos capítulos.

Hoy los lectores de Rama considerarán convencional su definición, según la cual «la novela –el uso de la prosa para desarrollar fabulaciones, reales o ficticias– ha seguido en la historia el mismo proceso de la burguesía: aparece con ella y con ella alcanza su esplendor» (248). Ese razonamiento coincide con la mayor parte de la crítica del género en Occidente, y si es prueba de cómo se concebía la novela en general, no es evidencia de las limitaciones implícitas en ver las novelas del diecinueve como palimpsesto de las del veinte. En el último tercio del siglo XX, el realismo dejó de ser lo que estudiaron Ian Watt (para quien el problema central de la novela era cómo imponer una estructura moral coherente sin eliminar su aire de autenticidad, según repite Epstein, 54) y otros, pero Rama no parece listo a admitirlo. Sin embargo, advierte bien que cuando se habla de la literatura dentro de los repentinos sobresaltos sociales «no tienen por qué ser cambios revolucionarios, en sentido lato, porque lo que importa para calibrar el cambio es la visión interior que de él tienen los hombres que lo experimentan» (252). Su enfoque –que confiesa podría titularse «La literatura en los rápidos cambios sociales» (252)– es la sociología literaria que rige en varios de los artículos recogidos ahora en *Las máscaras democráticas del modernismo* (1985).

En el noveno problema, Rama se ve obligado a especificar las manifestaciones novelísticas que impone la «progresiva democratización» (253) de la novela, pero sus ejemplos no son los más significativos.

Cuando a continuación menciona que «otro rasgo es una fuerte tendencia al documentalismo, a las formas del reportaje casi directo, en carne viva, a la literatura testimonial y a la autobiografía más o menos encubierta» (253), fija con clarividencia una tipología de formas discursivas no ficticias que se hallará después de 1964: en las novelas-testimonios, en las que reescriben las crónicas coloniales, y en las que tienden al ensayismo, discutidas en el penúltimo capítulo. Estos comentarios genéricos y otros como «libros biográficos, de memorias o recuerdos –muchas veces apenas disfrazados de novelas...» (254), que toma en cuenta para las posibilidades discursivas del género, reaparecen en la crítica de Fernández Retamar sobre las formas novelescas más empleadas por la cultura oficial cubana de entonces (Corral: 2013). También aparecen en una contextualización occidental del apartado "El memorialismo en otras literaturas" del ensayo "Memorias, autobiografías y epistolarios" ([1967]595-614), en que el hispano-argentino Guillermo de Torre discute la novela y su relación con otras formas narrativas.

La discusión del problema termina con la cautela identificada con el supeditado y políticamente relegado de Torre, pues el crítico uruguayo no quiere que por las razones examinadas se lo ubique en la periferia de los que las emplean para abogar por la destrucción de la novela. De las tres razones con que resume «la novela, género burgués» la primera —«que las diferencias con la historia no son todo lo radicales que una concepción vanguardista o simbolista de la novela en el XX ha pretendido imponer» (255)— podría confirmarse con la historia literaria, aunque con dificultad. A pesar de lo que se piense sobre la irresoluta relación entre historia y novela, ésta se diferencia de la primera al proceder por hipótesis, y la hipótesis en que se basa es el carácter abstracto de su forma. Tanto como la documentación histórica, los detalles inesperados son las claves para la biografía de un novelista. El novelista puede recoger datos empíricos para su formulación, pero los selecciona y organiza a fin de sugerir una serie de sucesos hipotéticos que no se dan por sentados hasta que los lectores acepten sus posibilidades.

Si a pesar de las prevenciones anteriores, será ineludible para el público de Rama su énfasis en la condición burguesa de la novela presente y futura, conviene volver a la lectura que hizo Lukács de la modernidad. Para Bernstein, aquella engendró varias imposiciones para la forma novelesca: «el novelista ya no puede depender de la historia pasada, la fábula, el mito, tramas tradicionales o paradigmas religiosos y teológicos para estructurar su discurso porque literalmente estas formas ya no conllevan autoridad social, es decir, ya no son componentes constitutivos de una ética social» (1984:70).[10] Con mínimas diferencias, esas serían las razones por las que Lukács renegó de su libro, que no fue óbice para que un teórico como Bajtín las tergiversara para su mayor beneficio, según pormenoriza Tihanov (10-12, 178-81, 218-220).

Un don creador

10. Si las subsecuentes teorizaciones sociológicas de Tony Bennett, Goldmann (195-196 *et passim*), Macherey, Balibar, Vernier y Zima confieren al tratamiento del problema anterior una pátina reconocible hoy, solo se lo puede ver así si uno concibe la preteorización hispanoamericana como dependiente de la teoría occidental del género. Se observó que no es así para Rama, ya que había asimilado en su trabajo la teoría foránea anterior a 1964 (su presente), y con ella colocó un problema dentro de otro: ¿qué crítica *copia* o *puede calcar* a otra sin asimilarse? Ocurre lo mismo con *el don creador*, que es difícil de despegar de marcadores de distinción como el genio, la imaginación que teje vidas colectivas, la originalidad o persistencia; y a primera instancia suena al utopismo e idealismo creativo que Rama empleó en textos posteriores sobre la novela. Ante el andamiaje psicocrítico que se produciría para interpretar el género (piénsese en Julia Kristeva, en Josefina Ludmer), la noción que elige Rama es más compleja que ingenua. Su breve tratamiento de la sicología de la creación considera

---

[10] Compárese Jacques Leenhardt, "Roman et société. Discourse et action dans la théorie lukácsienne du roman," en *Semiotics and Dialectics: Ideology and the Text*, ed. Peter V. Zima (Amsterdam: John Benjamins B.V., 1981), 363-85, Miles y Cascardi; y en particular el análisis definitivo de Tihanov sobre la relación conceptual entre Lukács y Bajtín.

que para un novelista «la literatura es la realidad, suya, y por lo tanto la decreta para todos los demás hombres; realidad justificante, la literatura es él» (256), como si tuviera súper poderes. Paradójicamente, parecería darle la razón a priori al Vargas Llosa actual y sus continuos y polémicos conceptos sobre la novela y la realidad.

La ecuación entre realidad y novela se explica mejor en los testimonios de los novelistas mismos, y si en el caso de los hispamoamericanos hubo que esperar hasta 1991 (Corral y Klahn) para ver reunidas sus autoestéticas o «poéticas», la especulación de Rama podía y puede avanzar sin mayores trabas basadas en la documentación disponible, aunque es claro que ese no es el caso con otras especulaciones de Occidente, como demuestra Dorothy J. Hale en *Social Formalism* (1998). Así, José Eustasio Rivera se quejó de que nadie se interesara por las huellas testimoniales de *La vorágine* (épica a su manera) e hizo varios cambios posteriores que se puede examinar como autocensura. Siguiendo la corriente de su argumento principal para el problema, el Rama menos antropológico afirma que los planteos del psicoanálisis siguen siendo insatisfactorios «en la medida en que no logran circunscribir exactamente el *don* del escritor» (257).

En "Apuntaciones sobre la novela en América", muy antologado ensayo de 1927, Pedro Henríquez Ureña, afirma que no hubo razones "psicológicas" ni "sociológicas" para no haber escrito novelas durante tres siglos en que se escribía profusamente historia, libros de religión y versos, e incluso conatos de novela, en sí otra religión. Su explicación es la archiconocida censura colonial, y discute novelas inéditas y traducidas *mundiales*, no latinoamericanas. ¿Qué enfoques psicológicos lograrían reducir ese «don» a ciertos límites o términos? Para Rama, tampoco lo logran los históricos y sociológicos, conclusión que como la de Henríquez Ureña, se adelanta a posturas críticas del fin del siglo XX a hoy. Su cuestionamiento se podría haber convertido en enclaves discutibles por el callejón sin salida en que los instaura. No fue así, y lo más importante que se colige de su postura es que no hay una sola manera de criticar el género. Una vez más, Rama se abstiene de decirlo abiertamente, como ocurrió con el noveno problema.

Ante la imposibilidad interpretativa posterior que el problema le revela al crítico, sugiere que «quizás deba admitirse, por ahora, a falta de un examen más preciso y convincente, la mera existencia de un *don* del que se es dueño» (258). Pero lo que sucede es que los lectores del siglo XXI están en una encrucijada que requiere una admisión similar respecto a los excesos y límites del posmodernismo. Se sigue citando el clásico ensayo de John Barth sobre el agotamiento de convenciones literarias (1967) como su manifiesto, sin reparar en la compleja variedad de la práctica posterior (parodias, picaresca, Rabelais, reescritura de sí mismo, Sterne) del propio Barth. El callejón sin salida mencionado arriba para Rama es un problema que afecta al crítico de hoy, y a los que perdurarán en el veintiuno. Si es posible que la historia de la novela se convierta en relatar una secuencia de rupturas dentro de toda tradición, proceder que Rama refutaría en ensayos de los años setenta, la noción del *don* ha adquirido una dialéctica de negación e institucionalización, y he ahí otra contribución precursora de Rama.

Esa dialéctica es la misma en que se ubicarán críticos y lectores posteriores, y no solo por las diferentes y complejas novelas que llegarán a leer, entre ellas *El libro de la risa y el olvido* (1979) de Kundera, secuencia de siete relatos que fusiona ficción, autobiografía, especulación filosófica y mucho más. En virtud de estas conexiones, su conclusión de que «la selva de la novela hispanoamericana cuenta con algunos pocos seres donde ese *don* se da íntegra y misteriosamente, y mediante los cuales Hispano América adquiere independencia y razón» (259) revela un optimismo que necesita matices sobre su carácter fragmentario, paródico y polifónico, en el cual el efecto positivista es igual a la contemplación de categorías o a las antinomias de la cosa en sí, de la novela. Pensar que el largo ensayo de Rama es un salto innovador presupone que los que vinieron después emularon sus innovaciones, y así ha ocurrido. Pero el efecto ha sido difuso, porque años después su recepción es afectada por el hábito de menospreciar o malinterpretarlo metodológicamente por razones que no tienen nada que ver con una teoría en sí, verbigracia Sánchez

Prado (2020). Si se considera individualmente cada problema desmenuzado por Rama, uno se percata de que contienen coordenadas de varias discusiones críticas que el siglo XXI tampoco está a punto de resolver.

La recepción del año 1964 y la Cultura Crítica Nacional

Ya interpolados los designios para esta lectura de los «Diez problemas para el novelista latinoamericano», es preciso examinar otros enclaves que determinan el carácter propiamente artístico de una novela, el contexto mayor que le provee su literariedad. La monografía de Rama es «artística» porque si bien no adquiere la misma concretización de las novelas que discute supera las normas notorias o la «poética» específica de su género. El ensayo de Rama se produce en un momento en que Occidente comenzaba a depender de o enfatizar las ideas engendradas por *The Structure of Scientific Revolutions* (1962) de Thomas S Kuhn, *The Making of the English Working Class* (1963) de E. P. Thompson y "Against Interpretation" (1964) de Susan Sontag, cuyas traducciones al español serían referentes de las obras posteriores de él y novelistas como Fuentes y Cortázar.

Según Jauss (1982), hay tres aspectos que se debe considerar para la viabilidad de la recepción de un texto, novelístico o crítico. El primero es la recepción y acción, el segundo la tradición y selección, y el tercero el horizonte de expectativa y función comunicativa. De ellos surgen los cambios de horizonte y, en términos generales, el modo en que se recibe o lee un texto. Poco después del ensayo de Rama se publica *La novela iberoamericana contemporánea* (1968), actas del XIII Congreso del ILI editadas por José Ramón Medina y desafortunadamente ignoradas, en que ocho de las treinta y cuatro ponencias están dedicadas a la novela. La comprensión del texto de Rama aumenta con una contextualización occidental más exacta del año 1964 para la cultura latinoamericana, no importa qué crítica se lea o qué ideología se defienda.[11] Aún más, ¿se puede hallar testi-

---

[11] · Una historia de la novela de 1964 en Occidente es problemática. Las presuposiciones que se debe explicar son examinadas someramente en Hein Leferink y Marius van der Woude, "Com-

monios del propio Rama sobre esa fecha? Afortunadamente sí, y vale detenerse en ellos.

Como postuló el comienzo de este capítulo, las consideraciones sobre la Cultura Crítica Nacional rigen los horizontes de expectativa de su monografía. La producción literaria de 1964 asiste a la publicación de novelas importantes en sí, y en menor o mayor grado afectará el campo cultural del que la Cultura Crítica Nacional se ocupará con mayor especificidad. Salen *Todas las sangres* de Arguedas, *Los albañiles* de Leñero, *Los errores* de Revueltas, *Los burgueses* de Bullrich, *Juntacadáveres* de Onetti. Por otro lado, y en otro género, Salazar Bondy publica *Lima la horrible* y Carpentier su *Tientos y diferencias*. Es también el año en que a instancia de la OEA varios países rompen con Cuba y se agudiza el bloqueo estadounidense contra la isla, hecho que repercute en el continente hasta la actualidad. Ese año también se instaura una dictadura en Brasil; hay nuevos presidentes en Chile, Bolivia, Venezuela y Panamá; y estaban por darse las invasiones de la República Dominicana y la antigua Checoslovaquia. En su superficie, entonces, no es un año muy diferente de otros de los años sesenta. Pero en términos del siglo, es la fuente de una diversidad novelística irrepetible. Por razones próximas a las mencionadas, la debida lectura de un año como 1964 no se da en él mismo, sino a la luz de los anteriores y posteriores.

Si se toma los años que proveen un marco 1964 es «el año de *Rayuela*», según lo concibe Brushwood en *The Spanish American Novel* (1975). También es el año de *La feria* de Arreola, de *Mulata de tal*, de *La ciudad y los perros*. En 1965, en cambio, salen *Farabeuf*, novela intermedial de Elizondo, *La casa verde*, *Memorias del subdesarrollo*, *El banquete de Severo Arcángel* de Marechal. Como confirman historias posteriores de la novela, los años sesenta exhiben gran diversidad en el género. Es también el momento en que Fuentes publica en *La Cultura en México* de *Siempre!* versiones de los ensayos que

---

ment faire, en 1979, l'histoire du roman? Quelques problemes méthodologiques," en *Evolution of the Novel*, ed. Zoran Konstantinovic et al. (Insbruck: Verlag des Instituts fur Sprachwissenschaft der Universitat Innsbruck, 1982), 91-95. Cf. Elsa Dehennin, "Pour une systématique du nouveau roman hispano-américain," *Les Langues néo-latines*, LXX. 218 (1976): 72-112.

se convertirían en *La nueva novela hispanoamericana* (1969), sin que falten en esos adelantos discusiones sobre la muerte de la novela, el mito y la modernidad. El ensayo de Fuentes, como demuestra el capítulo sobre su no ficción, condujo a acusaciones mal elaboradas de occidentalidad [sic] en él.

En 1964 *Marcha* cumplía veinticinco años de publicación; y ese año Rama publica por lo menos diecinueve artículos, ensayos y notas; entre ellos algunos sobre las obras que acabo de mencionar. Vale insistir que para entonces tenía una clara conciencia de la relación entre su oficio y el género, y de su metodología, como había mostrado en un artículo de 1960 sobre la novela y la crítica (véase Obras citadas). En otro nivel, y si los lectores toman la debida distancia respecto a las implicaciones de las relecturas (Epstein 103-111) y la eventual domesticidad del *boom*, son los años en que los novelistas latinoamericanos comienzan a leer, con diferentes tipos de intereses creados (no se puede separar a estos de los valores), las novelas de sus coetáneos. De la misma manera, vale preguntar qué y quiénes eran sus lectores en 1964, porque los valores tienen numerosas contingencias que los establecen o socavan.

Ese desarrollo queda atestiguado de primera mano en el original y los añadidos y notas de la versión revisada de *Historia personal del "boom"* y testimonios similares. En ella las lecturas más evidentes se ocupan de la literatura mundial, poniendo en perspectiva a sus pares. Es superfluo analizar la memorable tipología del *boom* que Donoso ostenta en el último apartado de su clásico, aunque la circularidad de las clasificaciones y categorías hará que sus nuevos lectores crean que se refiere al presente cuando afirma "La nueva generación encuentra que la novela de los años sesenta es excesivamente literaria, y se dedica, como todas las vanguardias, a hacer una 'antiliteratura', una 'antinovela'" (2021: 133, énfasis mío). Hay verdades más amplias en esas opiniones, confirmadas hoy. ¿Cuáles son los beneficios de ampliar el contexto del momento de la publicación de «Diez problemas para el novelista latinoamericano»?

Rama ubica a sus lectores ante una nueva delimitación interpretativa, mediante la cual las lecturas desconocidas, malentendidas o poco apreciadas ponen en perspectiva a las dominantes. Para él, la dinámica conflictiva del campo cultural y su funcionamiento establece relaciones económicas y políticas, oficiales o detrás de bastidores, con sus respectivos intercambios. No se desviaría mucho de este enfoque o mostraría mayor interés en otros acercamientos en su crítica posterior. José Joaquín Brunner sugiere que «en todas partes, el crecimiento del público lector y, más generalmente, consumidor de cultura, parece encontrarse asociado al aumento en el número y peso específico de la clase media, a la extensión de la escuela y su valorización distintiva del consumo cultural...» (272-273). Estos condicionamientos aparecen en los problemas que reclama Rama, y no está de más reiterar que en sus interpretaciones posteriores es consistente respecto a esos condicionamientos. Un ejemplo es lo que siguió manifestando sobre los orígenes del género (los problemas tres y nueve): «La característica más notable de esas obras fue el empleo de personajes, ambientes y temas latinoamericanos (que uno ya había visto abundantemente), pero lo que también fue más importante fue el establecimiento de una forma literaria que tuvo la virtud de habilitar la reconversión –como habría dicho Lévi Strauss– de la estructura psíquica de las clases medias en el momento de su reintegración histórica».[12]

Aún más reveladores para la recepción del año 1964, como se dijo, son otros testimonios del propio crítico. Estos se encuentran en los números 9 y 10 del segundo volumen de la revista *Quimera* (1981) y también como parte del Prólogo a su antología *Novísimos narradores hispanoamericanos en marcha, 1964-1980*. Estos escritos son un tipo de autoestética a la que se puede añadir el Prólogo a *La novela en América Latina....* en que se refiere al presente productivo que asumió para sus lecturas:

---

[12].“Formation du roman et modeles narratifs en Amérique Latine,” en *Actes du VIIe Congres de l'Association Internationale de Littérature Comparée*, ed. Milan V. Dimic et Juan Ferraté (Sttutgart: Erich Bieber, 1979), 73. Una versión ligeramente cambiada se incluye con el título “La formación de la novela latinoamericana” en *La novela en América Latina...*, 20-25, y en *Sin Nombre* (1974).

Este período fue también el de la sorprendente aparición, para los lectores comunes, de la llamada 'nueva narrativa', que en 1964 cobró reconocida carta de ciudadanía en toda América [...] 'La generación de medio siglo' [...] y 'Diez problemas para el narrador contemporáneo' [sic], que prologó el número 26 de la revista *Casa* [sic], dedicado a la nueva narrativa, son de ese año 1964, iniciando una estimación global y panorámica del movimiento (1986: 18).

En el capítulo «La novela social, exaltación y futuro de la novela americana» (1964: 201-213), Uriel Ospina sostenía: «Hablar de 'novela social' o de 'poesía social' o de 'pintura social' en los tiempos que corren es exponerse automáticamente a ser señalado con el dedo como cripto-comunista, rojo, marxista soviético o anti-Papa» (203), etiquetas que no afectaron a Rama, pero sí a novelistas mayores inmunes a acusaciones de esnobismo: Vargas Llosa, Vila-Matas, Bellatin o Aira, u otros que hacen del arte pictórico y su papel sociocultural histórico o actual una polinización novelesca: el puertorriqueño nacido en Cuba Eduardo Lalo y su *Donde* (2005, 2da. ed. 2023), Tomás González (*La luz difícil* de 2011, 2023), Héctor Abad Faciolince, Valencia (cuya *Escalera de Bramante* lista los grandes pintores "del otro lado del Atlántico"), Carlos Franz, Álvaro Enrigue, Pablo Montoya, Rita Indiana, Juan Gabriel Vásquez en "La mirada de los otros" (25-57), y María Gainza y su visión sagaz de la creación del mercado del arte.[13] En el Prólogo (incluido en *La novela en América Latina...*), a la antología de narrradores «contestarios», a quienes siempre apoyó con lecturas críticas y generosas, Rama reveló aún más:

'Diez problemas para el novelista latinoa-mericano' [que] era el texto de una conferencia que

---

[13] Véase también la no ficción de los novelistas Gabriela Cabezón Cámara, Juan Cárdenas, Lina Meruane y Rivera Garza en *Volver a contar. Escritores de América Latina en los archivos del Museo Británico* (2022), eds. Cristina Fuentes La Roche et al. Otro antecesor canónico es Thomas Bernhard, *Maestros antiguos* (1985). En *Pinceladas musicales* (2019) Aira esboza la sensibilidad de un pintor de"prestigio ambiguo" (por actividades improductivas) que se da cuenta "de que lo que estaba en juego era el viejo tema, tan central, de la ocupación del tiempo".

había dictado en Casa de las Américas en enero de
1962 [...] Era el intento de razonar orgánicamente
las diversas vías que había tomado un género que,
imprevistamente fecundado por la rica poesía de los
vanguardistas y *por la novela norteamericana*, había
respondido a las demandas del exaltado pueblo de los
años sesenta (1981: 11, énfasis mío).

Si esta cita revela una fecha más exacta de la monografía, también
esclarece los condicionamientos discutidos. En ese mismo prólogo
calibra aún más su elección cronológica, en términos de sus lecturas
de los años sesenta:

[...] encontré que efectivamente ese año 1964 había
sido aquel en que el público, y a su servicio las editoriales, se había abalanzado sobre las obras literarias [...]
Desde 1964 los lectores vivieron el regocijo de una
suerte de inagotable cuerno de la fortuna, ya que junto
a las nuevas obras de los grandes narradores disfruta-
ban como nuevas de las reediciones de toda su producción anterior [...] El año 1964 que elegimos como fecha
inicial de nuestra antología, no es por lo tanto una
fecha casual. (12-13).

La historia literaria hispanoamericana previa le deparó a Rama
una fortuna que aprovechó como ningún otro crítico, porque era tan
capaz de explicar los argumentos de otros que parece afirmar su
propia posición. Losada observa que "Desde que A. Rama enunció
sus 10 tesis para comprender la literatura latinoamericana (1964),
una de sus constantes críticas es la consideración del carácter de
esta relación con la *literatura europea*" (1984: 19, énfasis mío).[14]

---

[14] Véase también su "¿Cómo puede un europeo estudiar la literatura latinoamericana?", *Caravelle...* XXII. 46 (1985), 37-46; y Paul Verdevoye, "Validez o/e insuficiencia de los conceptos
europeos para el estudio de la literatura hispanoamericana", en *Identidad cultural de Iberoa-
mérica en su literatura*, ed. Saúl Yurkievich (Madrid: Editorial Alhambra, 1986), 256-261.
Naturalmente, el multilingüismo europeo cambiaría esas visiones, más allá de las que ocasio-
naron Zweig, Beckett, Nabokov o Kundera.

Ese reconocimiento es suficiente para adjudicarle clarividencia a Rama en torno a enclaves socioculturales que pocos críticos podían precisar. Su enfoque se caracteriza por una perspectiva amplia, sin pretender «identificarse» con una novela o novelista. Si acertó en su lectura de esos problemas del novelista, no podía ocuparse de la retórica de la novela polifónica y policéntrica (Bajtín teorizó el don de Dostoievski para escuchar y entender voces inmediata y simultáneamente) con las pulsiones críticas que funcionaban al escribir su monografía, especular sobre la del lenguaje y cómo sus fieles se atascaron en fórmulas paródicas y popularistas, o en la «nueva novela histórica» del continente. Fueron reacciones a la novelística anterior cuyos recursos técnicos había estudiado de manera precursora. Su lectura de la modernidad novelesca es conjetural, pero no menos útil para los que la examinan sin la carga semántica que el concepto de modernidad (periférica, de escaparate, de imitación, etc.) adquiriría después de 1964.

Para esta progresión, los perfiles culturales sobre el problema de definir lo hispanoamericano hallan tesis, centros y alternativas equivocadas. Lo que queda es reducir el campo cultural a un componente del tema tratado (aquí la crítica de la novela) y adscribirle el enclave «Nacional», más por la similitud del control social de sus instituciones que por una autodeterminación nacionalista que en verdad socavaría la valoración que puede dar la lectura ideológica. Para el enclave temporal que discute Rama, el carácter históricamente anticipatorio de su Cultura Crítica Nacional hallaría las raíces de su concretización entre 1910 y 1940, mientras Losada (1984) amplía y explica cómo esa cultura cabría en un contexto mayor (los años 1780-1970) que conduce al momento cultural afectado por la mundialización. Varias décadas después de los estudios de Losada y Rama, habría que considerar cómo la importación de la novela hispanoamericana, y la inmigración latina, siguen contribuyendo a globalizar la novelística de Occidente, en sí el producto general de varios híbridos, confrontaciones y aculturaciones no siempre armoniosas.

Como apunta Temístocles Linhares sobre el desarraigo, destino, diversidad, originalidad y utopismo de las novelas en los países de que se ocupó Rama: «Es entonces bajo esa premisa que se debe ver la verdadera realidad de esas naciones. Con la mayor desnudez y autenticidad posibles».[16] El género le muestra a la cultura general, mejor que ningún otro, qué se lee en un momento dado, más allá de gustos específicos o de correctores críticos del gusto, pese a que la recepción y la estética siempre discuten qué se lee, sin incluir *quiénes* son precisamente los que leen, o cómo. Rama sabía que el "buen gusto" era una expresión de privilegio y tradición controlada, manipulada por una elite poderosa, poco democrática y politizada. Con sus análisis, que una novela pase a formar parte del repertorio de una cultura nacional específica no niega la existencia de otras preferencias, o de las fuerzas institucionales obsesionadas con la idea de una pureza cultural, como muestra el capítulo sobre Palacio y Salvador, vistos con sospecha aun cuando eran idolizados fuera de su nación.

Rama presiente que para la Cultura Crítica Nacional la noción de «Nosotros contra Ellos» es obsoleta, por su vanidad y virtuosismo; y por polarizar un campo cultural que, si no necesitaba homogeneidad ideológica, por lo menos precisaba ser recibido como una unidad compleja. El público de «Diez problemas para el novelista latinoamericano» está ante una preteorización fecunda y dinámica más que una «teoría» estática. Rama nunca concibió la ironía como la mejor manera de articular una polémica nacional, como insistió con Arguedas. Su tratamiento es lukacsiano, porque discutir la ironía es una gran contribución teórica de *Teoría de la novela* que vislumbra la subjetividad novelística como productora autónoma de literatura. Por esa visión preclara de los fenómenos estructurales en la novelística que trata la mística del autor independiente y subterráneo (Arguedas), Rama irrumpe como «teórico de la novela».

---

[16] *Primado do Nacional: A Problemática das Literaturas Hispano-Americanas* (São Paulo: Secretaria da Cultura, Ciencia e Tecnologia; Conselho Estadual de Cultura, 1976), 250. Linhares destima que en su desarraigo (recuérdese la cita de Jacques Vaché al comienzo de *Rayuela*) los « boomistas » crearon novelas geniales que vuelven obsesivamente a los mismos lugares de los cuales querían escapar.

Esas lecturas dificultaron proponer una teoría *general* de la novela de Occidente en el siglo XX (McKeon, o Hale, 2009). Ante esa traba, el novelista como vidente e ideólogo que trata la sociedad, desde una perspectiva ética y estética no convencional, es fácil de rastrear, y no encaja con la visión de Rama en 1964. Su monografía es un contrapunto al tono temático de los panoramas publicados en el exterior sobre la novela del continente, con mínima atención a la brasileña; filiación que él y Cândido (véase su "El papel del Brasil en la nueva narrativa", en Rama, ed: 1981), otro crítico integrista, recuperaron con la Biblioteca Ayacucho y su visión cosmopolita. La muestra fundacional es la *Obra escogida* (1979) del afrobrasileño Mario de Andrade, que incluye *Macunaíma, o herói sem nenhum caráter* (1928), épica picaresca que sintetiza el espíritu nacional inacabado, antropología, dialectos, folclor, mitología, personajes históricos, culturas populares e indígenas; para satirizar estereotipos y metiendo cuatro siglos y un continente en un solo plano, a la vez que problematiza las épicas nacionales.En la Hispanoamérica de 1964, aquellos presupuestos folclóricos eran algo comprensibles para una cultura percibida como regida por el exotismo y la exacerbación de ciertos prejuicios culturales del Occidente tradicional, confinando la novela a estudio etnográfico o entretenimiento folclórico. La crítica foránea de la novela, sobre todo la británica (cf. C. A. Jones en el penúltimo capítulo), no notaba nada nuevo o positivo en la cultura que era la fuente de esas novelas. Diez años más tarde, en una de las *Cartas (1939-1976)* (1979) recogidas por su hermana, Lezama Lima reacciona a una reseña de la traducción de *Paradiso* por Michael Wood en *The New York Review of Books* (18 de abril de 1974). El crítico inglés la comienza con "No estoy convencido que *Paradiso*, aun en español, es la obra maestra que muchos la creen". Lezama Lima le recrimina las comparaciones con Proust, Joyce y Mann, afirmando "Da pena cansarse uno las manos para tanta mierda que ejerce la crítica con pedantería de dómine. La esencia de *Paradiso* se les escapa, perdidos en el escarceo del enjuiciamiento crítico".

Las magras discusiones en español son demasiado dependentistas como para revelar algo original sobre aquellos problemas y su relación con el novelista, discutidos en el último capítulo. Por eso son imprescindibles los testimonios de novelistas aislados del *boom*, varios en *Encuentro Internacional Narradores de esta América*, ed. Jorge Cornejo Polar (1998); y no hay intentos colectivos similares en este siglo. Si ser al mismo tiempo agente publicitario y defensor de la novela del continente en Occidente produjo recompensas —El caso paradigmático es el prolífico Stefan Zweig, hábil agente de su obra, que se hizo un "libro mayor" de contabilidad para controlar las numerosas traducciones y versiones de su obra, o las que inspiraba— se debate si ellas mejoran o empobrecen la recepción crítica. Paralelamente, al no escribir para un público mayor, el periplo estadounidense ubicó a Rama en un torbellino censorio (Corral: 1999).

Es innegable que «Diez problemas para el novelista latinoamericano» contribuyó al proselitismo de la novela del continente, pero difícilmente se hallará en otras interpretaciones más sinceridad que los esfuerzos de Rama por contextualizar la emergencia y movilización de lo autóctono en un marco más y más cosmopolita, no colonial. Tenía en cuenta su auditorio (no solo escribía para la Cuba en que originalmente publicó su ensayo), y por eso su interpretación revela el peso de una noción de una Cultura Crítica Nacional entendida desde América Latina. En ese contexto es claro que Rama no se engaña sobre la *posibilidad* de ciertos absolutos literarios de larga tradición occidental. Se percata también de cómo el crítico siempre tendrá que evocar épocas y esferas literarias previas, y que la identificación de fuerzas presociales y prenaturales no es solo palpable sino también justificada para el crítico.

Le era obvio que no se podía leer la novela del siglo XX sin un conocimiento cabal de la de siglos pasados, o sin sus fundamentos prácticos y teóricos occidentales. Dejando en claro que Occidente impuso sus conceptos de tiempo y espacio y una periodización histórica propia que no se puede universalizar a la ligera, invita a discernir qué se ganó o perdió alrededor de 1964 para la novela, sus tecnocracias y política. Hay modestia en ese desafío; y certeza en sus

conclusiones. Los problemas que discute revelan cómo los hispanoamericanos se convierten en sujetos activos de la occidentalización,
pese a nuevos desequilibrios económicos (Carmagnani, 323-328).
Seis décadas después, transformados los enclaves culturales por
desequilibrios humanistas en que la novela y la crítica son más interac-
tivas, su monografía es una guía imprescindible para *releer* el género
y la subjetividad crítica. ¿Qué es más occidental que cuestionar, criticar
o disputar ideas recibidas? Rama no vaciló en autocuestionarse para
mantener vigentes las lecturas transformativas que la novela requiere
para evitar el triunfo de la discordia, el saldo que queda de las polémicas
literarias sobre el compromiso estético o político, como muestran los
próximos capítulos.

II

II. SALVADOR Y PALACIO, AÑOS TREINTA: POLÍTICA LITERARIA, NOVELA Y PSICOANÁLISIS ANDINO

H ay una reacción muy previsible, cuando se escribe de novelas y novelistas ecuatorianos que en las primeras décadas del siglo XX cuestionaron, en un sentido muy amplio, lo que se entendía por «realidad»: se relega esa novelística y la crítica que quiere objetivar su papel cultural a nota de pie de página de la historia literaria andina o hispanoamericana. El desdén decae al contextualizar las obras con la novelística mundial, en particular con autores cuyo progresismo no siguió líneas establecidas o contribuyó al capital cultural anclado en un poder relativo. La condena es mayor cuando el autor nacional se atreve a novelizar el psicoanálisis o su representación en un momento incipiente de esa disciplina. Esos desafíos no son esfuerzos recuperativos triunfalistas, porque el rechazo frecuentemente comienza en casa. Este capítulo rastrea cadenas de exclusividad y sus efectos, con los años treinta como paradigma, y la muestra son Humberto Salvador y Pablo Palacio. El escribir-como-vivir de ellos puede concebirse como un intento de construir (para hasta cierto punto luego deconstruir) una serie de identificaciones o preocupaciones sociales. Éstas les permitirían acercarse más y más a sus yos verdaderos y a su voz auténtica, y en ese sentido no se diferencian de sus contemporáneos, de los de las décadas que seguirían, o de los de hoy.

El hecho es que nunca, aun muertos, han permitido que sus lectores mantengan una noción concreta o definitiva de su realidad. El uso de una multiplicidad de dobles no un reflejo de una escisión de su vida en partes, porque si sus novelas pueden ser vistas como productos de un soñador, nunca existió un «Palacio hombre de acción» o un «Salvador héroe de novela» para contrarrestarlas. Los siglos XIX y XX presenciaron al novelista y sus dobles en Dostoievski, Proust, Joyce, Mann, Marguerite Yourcenar, Cortázar, Vargas Llosa, Kundera, Aira y varios de los que son su secuela en el siglo actual. Pedirle coherencia o transparencia a un escritor es exigirle demasiado y algo irracional, en su juventud y su madurez; y el éxito de Salvador y Palacio al respecto fue esporádico. Sin embargo, *sí* tuvieron éxito en entregarse totalmente a todos esos estímulos desperdigados y al compromiso, tal como lo entendían. Su experiencia de la vida mejoró o aumentó con los años, lo cual también ha obligado a revalorizar sus novelas tempranas.

Es patente que escribieron una prosa magnífica de significado accesible, con algunos símbolos inspiradores oscuros. Vivieron en una época en que los novelistas probaban diferentes personalidades, y no abandonaron esa práctica chocante para sus coetáneos. Salvador y Palacio siempre mantuvieron la condición subjetiva de «raros». A pesar de la laguna temporal entre sus novelas y recepción en el siglo XXI, en términos psicológicos reconocibles, sus novelas textualizaban sueños, complejos, proyecciones, emociones, neurosis, canibalismo, mecanismos compensatorios y sublimaciones, recursos narrativos tan ideales como los filmes, porque permiten sondar las partes dolorosas del pasado mientras se distancia. Tampoco falta el autor como ente subconsciente *en* la obra, o presentar una obra genial como dirigida por el subconsciente. Todo ello en el marco del erotismo humano y de que el psicoanálisis es una ciencia basada en narrar, como recuerda Trilling (1972: 40). Es la temática psicológica a la que se dedicó parte de la crítica de la novela en el siglo XX, como se desprende de *The Oxford Handbook of the Latin American Novel*, sin considerar que posteriormente Borges, Bolaño y muchos más permiten exorcizar su peso y fabricar un nuevo mito de origen para la tradición.

Salvador: otra novela ecuatoriana perdida en la historia literaria

Es un lugar común en la historia literaria hispanoamericana que Palacio y sus novelas caben perfectamente en el club privilegiado de la narrativa metaficticia. Esta es un comodín literariamente correcto, por lo menos por un momento respecto a las convenciones críticas. En el club metafícticio Palacio se ubica junto a precursores como Macedonio, el ejemplo más cercano en términos cronológicos y prácticos. Al ser su obra emblema del acceso ecuatoriano en la vanguardia, este capítulo es una enmienda necesaria. Resulta que cuando publicaba Palacio, también escribía su compatriota Salvador, que en 1930 (algunas historias literarias nacionales dicen 1929 o 1931) publicó *En la ciudad he perdido una novela...* Su título refleja la recepción de obra y autor, porque ambos se habían «perdido» hasta que Ediciones Escalera de Madrid los rescató en 2009, año en que se celebró el centenario de Salvador con homenajes tardíos.

Las implicaciones de ambas pérdidas son un subtexto de este capítulo, y como ocurrió con Melville, se requiere una visión contemporánea para rescatarlos. Si la obra de Palacio es comparable a la de varios autores mundiales, y la lista aumenta, esa ansiedad de las influencias puede conducir a regresiones infinitas. Por lo tanto, vale renovar la lectura de ambos en un momento de reivindicaciones de nuevo siglo, en vez de sobredimensionar o infravalorizar sus ascendientes. Se puede hablar entonces de «nuevos olvidados» no convencionales como Salvador. Compararlos es una manera de airearlos extraterritorialmente y situarlos junto a novelistas más cercanos a ellos. Toda comparación es horrible y peligrosa, aunque hacerla es inevitable para críticos y lectores, que afortunadamente no siempre son lo mismo. Aun así entre los olvidados hay jerarquías y lo que Alfonso Reyes llamaba simpatías y diferencias.

¿Hasta cuándo se considerará raros o precursores solo a Macedonio, Felisberto, Garmendia, Adán, Ramos Sucre y pocos otros? Se cree que las innovaciones radicales de sus obras más herméticas son importantes por conducir a una modernidad más fija, pero no inspiraron directamente a ningún movimiento literario y las ganancias estéticas de sus estilos fueron eclipsadas por las siguientes generaciones a las que les salieron los dientes con la vanguardia plena. Ese comparatismo generacional puede conducir a exageraciones y desajustes. Al rastrear la progresión de la crítica sobre Palacio para la edición de la UNESCO (Palacio: 2000), la única fiable de sus obras completas, se nota cómo no se ha conectado su cosmovisión con dos ensayos suyos, «Sentido de la palabra *verdad*» y «Sentido de la palabra *realidad*», por no decir nada de los conceptos en torno a lo uno y lo múltiple en los fragmentos de Heráclito. Si en verdad no se puede hablar de una «filosofía» de Palacio, o de la de ningún novelista occidental, es más útil hablar de su *pensamiento novelesco*, en tanto las ciencias humanas transforman lo vivido en conceptos.

La magnífica discusión entre la fallecida novelista británica Antonia S. Byatt (que creía, como C. S. Lewis, que el psicoanálisis tiende a analizar al autor más que a la obra) y la psicoanalista brasileña Ignès Sodré (1997) se inicia con "La prueba más notable, desde el punto de vista del psicoanalista, que la mente humana necesita 'ficciones', es la existencia del sueño, la capacidad inconsciente para crear relatos que representan aspectos del mundo interno en forma simbólica" (230). Si hay relatos reales que rehúsan ficcionalizarse, ese diálogo actualiza la confluencia. Pero Salvador ayuda más a entender a Palacio, su contexto y desencuentros y destiempos respecto al ambiente que vivió. Es igualmente productivo tratar la obra que escribió alrededor de la época en que Palacio estaba en su apogeo, porque fue entonces cuando se presentó al psicoanálisis como ciencia, ante un público de menor acceso cultural.

El lojano y el guayaquileño tienen en común haber experimentado el ostracismo, algunos de los detalles son conocidos, otros sublimados. Algo similar ocurría con Elías Castelnuovo, quien no tiene la recepción extraterritorial que tiene Palacio, o la de a medias de Salvador. En el clarividente "Problemas de hoy [1920-1940]", último capítulo de su contextualización mundial *Las corrientes literarias en la América Hispánica* (1949), Henríquez Ureña recupera a mujeres (190-191) para la búsqueda de nueva expresión continental y prevé que "Paradójicamente, algunos de los innovadores condenaron toda nuestra literatura anterior, porque, según ellos, pecaba de europea y carecía del aroma del terruño" (195-196). Sin llamarla literatura de denuncia, u ocuparse de Castelnuovo, en una nota sobre novelistas sociales incluye a Salvador y Palacio junto al canon ecuatoriano de la época (272, n.28).

Si todo comienza en casa, es necesario recordar una clarividente aseveración de Benjamín Carrión que, desafortunadamente, tiene todavía ecos para la vida intelectual ecuatoriana. En *El nuevo relato ecuatoriano* (1950, 1958), Carrión sustenta que gran parte de los escritores del 30 sufrió un proceso de consagración *de fuera para adentro*. Específicamente en torno a Salvador, y por la «hostilidad malera de los detentadores de la crítica», aquel sufrió el silencio constrictor y lo que llama el «cuentagoteo» del elogio. Carrión decide explayarse respecto al silencio:

> Pero, lo que ha predominado es el silencio, [...] la contenida rabia de intelectualejos incrustados en órganos de publicidad que, verdes de envidia con el éxito ajeno, cobardes para el ataque frontal, se han quedado mudos, definitivamente. Si un investigador extranjero viniere, sin información anterior y sin prejuicios, a documentarse para una historia de la literatura ecuatoriana, y para ello se dejara guiar por las colecciones de cierta prensa diaria, apostaría mucho, seguro de ganar, que no encontraría muchos nombres válidos de nuestras letras contemporáneas [...] (1981: 469).

La conclusión de Carrión tiene una contemporaneidad obvia, por varias razones, entre ellas argumentar que el suyo era un "nacionalismo cultural". Para entonces Salvador había publicado *En la ciudad he perdido una novela*.... En ese momento, a Palacio solo le faltaba publicar *Vida del ahorcado. Novela subjetiva*, los ensayos mencionados, unos pocos más y sus traducciones de Heráclito. Esto es, Palacio ya había hecho el daño del cual fue acusado: escribir una narrativa diferente mediante un disentimiento del canon. En 1993 se publicó una edición anotada de la novela de Salvador, con una autorizada introducción de la crítica española María del Carmen Fernández. Casi no ha habido reseñas ni de la primera ni de es edición de la novela de Salvador. El silencio tal vez tenga que ver con la agresión e indiferencia alrededor del crítico extranjero que se atreve a tratar la narrativa ecuatoriana, tal como examiné para Fernández en la edición crítica de Palacio (Corral 2000: cvii-cx *et passim*).

¿Qué ocurre cuando el autor y la obra son adelantados de un país históricamente periférico, donde no hay muchos ejemplos convencionalmente canónicos? Bolaño expresa sucintamente la complejidad de la situación en *Entre paréntesis*, afirmando sobre Guatemala "uno piensa en Miguel Ángel Asturias, en Augusto Monterroso y ahora en Rodrigo Rey Rosa, tres escritores enormes salidos de un país pequeño y desventurado" (141). El caso del proustiano Salvador es similar; y el penúltimo capítulo muestra las implicaciones de ignorar *En la ciudad he perdido una novela...* al situar contribuciones a la novela total hispanoamericana. Dada la falta de atención crítica novedosa en torno a su novela, ¿cómo pasar del canon nacional al internacional, qué hacer hoy cuando la crítica pontifica paradójicamente (por no admitir su contradictoria agencia) que evaluar es un mito y arma para establecer o invertir jerarquías y otras presuntas cancelaciones y opresiones causadas por lecturas hegemónicas?

Cabe preguntar si los críticos pueden mantener rencores por tantas décadas, aunque a estas alturas es seguro que los contemporáneos de Salvador no permanecen entre nosotros. El silencio en torno a Salvador va hacia otro lado. Hay que politizar entonces el asunto, porque se trata de una política de la interpretación, y es útil recurrir al novelista guayaquileño Joaquín Gallegos Lara, el anticristo de Palacio y Salvador. No retomo la trillada discusión de por qué Gallegos embistió contra Palacio, pero vale seguir cuestionando por qué Salvador e incluso novelistas contemporáneos tienen que seguir pasando por cribas ideológicas. En 1931 Gallegos publicó una nota titulada «El pirandelismo en el Ecuador», tibiamente elogiosa, en que le recrimina un "formalismo" que no está a la altura de Salvador y *En la ciudad he perdido una novela...* restándole originalidad e indirectamente acusándolo de hacer concesiones: «en todos los casos que conozco el 'pirandelismo' es un medio y no un fin, algo episódico y no esencial» (151); y luego: «Es literatura moza, cosmopolita, desasida, que se pliega dócil a la exigencia deshumanizante de los públicos contemporáneos de nervios gastados, que aman los refinamientos y, a veces, perdido un poco el [sic] su equilibrio, los snobismos, también» (151-152). Gallegos, dos años menor que su contemporáneo, concluye sectaria, aunque previsiblemente, que para Salvador serían mejor «las realidades de su medio que poseen valor histórico: el indio, las clases anónimas en cuyo vientre colectivo se gesta el porvenir» (152).[16]

El utopismo desaforado de Gallegos lo lleva a estereotipar y homogeneizar al público, aun considerando sus propios intereses, uno de los cuales era y siguió siendo la justicia social. Gallegos no advierte que un artista «comprometido» como él también se pliega dócilmente a su ideología. Es notable que, como novelista de su momento, se equivoque olímpicamente al predecir que, para el tipo de narrativa que practica Salvador, esa novela «parece difícil que [...] pueda hacer escuela, cruzar los mares y hallar epígonos» (151). El tipo de "lógica" de Gallegos mantuvo a la novelística ecuatoriana anclada en el exotismo por décadas, y cuando con Palacio y Salvador se encendía luces de una verdadera otredad, o diversidad, salió alguien

---

[16] El texto completo es "El pirandelismo en el Ecuador. Apuntes acerca del último libro de Humberto Salvador: 'En la ciudad he perdido una novela'", *Semana Gráfica, El Telégrafo*, Número 2 (junio, 1931): 6. Agradezco a los bibliotecarios del Centro Cultural Benjamín Carrión (Quito) proveerme fotocopias de esta y otras publicaciones originales.

como Gallegos y apagó la luz, como hace la crítica que cree en la diversidad de todo, menos ideas.

¿Qué hace que Gallegos desatienda la libertad del novelista de escribir sobre lo que le dé la gana, o parafraseando a Cortázar, hacer revolución con el lenguaje? Se debe a la intransigencia de un progresismo antipluralista cuya prepotencia tiene herederos en el ámbito intelectual ecuatoriano. Castelnuovo, un Salvador rioplatense en varios aspectos, recordaba que cuando Arlt leyó el texto del programa del curso de marxismo que el Partido Comunista ofrecía a los escritores de Boedo, exclamó: «¡Che, todo lo que vamos a saber cuando terminemos este curso!» Ese entusiasmo epocal permite observar la conjunción de marxismo, psicoanálisis y vanguardia —y las luchas sobre esos campos culturales— como parte de los pinitos hispanoamericanos hacia la modernidad occidental, que se irradiarían a la discusión sobre poéticas y políticas de realismo o vanguardia en la novela durante la Revolución cubana (Gilman 2003: 307-327). En ese contexto en que la modernidad todavía no tenía quien le escribiera, Salvador y Palacio fueron adelantados; el primero con años de ventaja ante su coideario Castelnuovo respecto a los cruces entre subjetividad personal, clase trabajadora y literatura, porque es en 1938 cuando Castelnuovo publica su *Psicoanálisis sexual y social*.

El problema con el argumento de Gallegos en torno a Salvador y su novela vanguardista, entonces, es querer homogeneizar la manera de pensar y la de representar esas radiografías, como si las clases oprimidas funcionaran de la manera que quieren los intelectuales, o como si los preteridos deben ser conceptuados como preteridos del arte. Por eso, dentro de las similitudes que se pueda hallar entre Salvador, Castelnuovo y Palacio vale aclarar que las diferencias son igualmente importantes. Cuando Luis Alberto Sánchez afirma en su meritoria (por transnacional) *Historia comparada de las literaturas americanas IV*, que Castelnuovo y el grupo de la editorial Claridad «se distinguieron por esa devoción al feísmo aterrador en las letras» (269), la narrativa ecuatoriana permite hacerle salvedades. El crítico peruano también califica a Salvador, como antes había determinado erróneamente sobre Palacio, de abundante y en extremo obsesionado por los complejos sexuales que analiza Freud (45). Pierre Lopez propone razonablemente que ambos apuntaban hacia una crisis de la masculinidad (101), y no se dirigían a «la necesidad de determinar qué es 'ser hombre' en Ecuador sino que se incorpora en la definición de qué es 'ser ecuatoriano' en los años veinte y treinta» (103).

En otra parte de esa otra historia, la "literaria", Sánchez dice que la novela *Alice and the Lost Novel* (1929), del estadounidense Sherwood Anderson, «hace recordar la indudable imitación del novelista ecuatoriano Humberto Salvador con *En la ciudad he perdido una novela*, 1933 [...]» (54). El peruano, se sabe, estimaba muchísimo la obra de otro novelista ecuatoriano de renombre, Alfredo Pareja Diezcanseco, y habría que indagar en las preferencias ideológicas y filiaciones del historiador literario para saber a ciencia cierta sus preferencias. Además de equivocarse de la fecha de publicación, Sánchez no advierte que, si en efecto Salvador «plagió» a Anderson, lo habría hecho simultáneamente, cuando ambos escribían sus obras. Salvador sabía bien que meramente remedar la técnica no es garantía de belleza o verosimilitud, como afirma el aforismo de Oscar Wilde: "La imitación es la forma más sincera de admiración con la que puede pagar la mediocridad a la grandeza".

El sesgo vanguardista de Salvador está presente sus primeros libros, los cuentos de *Ajedrez* (1929) y *Taza de té* (1932). El primero incluye «Las linternas de los autos», el segundo «Proyecto de cuento» y «Cuento ilógico», temática también presente en Palacio. Aunque no hay un "estilo" que obligue a un novelista a ceñirse a ella, estos autores piensan y escriben la ciudad, haciéndolos contemporáneos del argentino Roberto Mariani y sus *Cuentos de la oficina* (1925), y presentan actitudes opuestas, aunque paradójicamente unidas por el asombro ante los elementos de la modernidad y la abulia y frustraciones que comenzaban a causar en esa época. Piénsese en el *flâneur*, la decadencia y otros aspectos considerados al conceptualizar el papel del ser humano en las nuevas sociedades que engendraron las ciudades y las metáforas del imaginario urbano después de Baudelaire. El alboroto y fragmentación emerge de ciudades viejas o nuevas y de novelas más contemporáneas como *Ulysses, Berlin Alexanderplatz* de Alfred Döblin y *Manhattan Transfer* de Dos Passos.

Dentro del límite espacio-temporal escogido, y porque una visión cabal de la obra de Salvador requiere varios libros para su rescate, vale privilegiar relatos con *posibilidades novelísticas* que son emblemas de lo que se cree es el problema con su autor: infravalorizar los referentes sociales. En «Las linternas de los autos», las diferencias entre tener o no tener un auto no se reducen al poder adquisitivo y su origen, lo cual siempre se supo en el Ecuador. Ilustra más observar cómo la novedad de un cuento dividido en tres historias y sus conflictos es también un cuestionamiento de la modernidad del momento (los «ojos» de ésta son las luces de los autos), y cómo Salvador simultáneamente celebraba y criticaba la industrialización. «Proyecto de cuento» es una antesala conceptual o complemento cronológico de *En la ciudad he perdido una novela...*, en la medida que el narrador constantemente potencia la narración e instala lo que llama «psicología artística» como parte del enigma que, a diferencia de un cuento tradicional de la época, nunca se descifra. «Cuento ilógico» permite acercarse a otro motivo por el cual Salvador es desterrado en su tierra.

Ese relato critica la doctrina cristiana y, más cercano a lo que podría ser una etapa intermedia del autor (expresada en *En la ciudad he perdido una novela...* y en el prólogo a *Esquema sexual* de 1933), la textualización de la educación sexual y el carácter científico de su divulgación, obviamente relacionada con una visión inexacta de la psicología, algo conforme al interés de Felisberto Hernández en esos años por la «psicología experimental». Como Palacio, Salvador no pudo ser profeta en su tierra, no llegó a serlo, y no se descubre la pólvora al reiterar que la crítica comete una gran injusticia con su obra, porque ni siquiera se ha detenido en la última y tercera etapa de ella, la de las novelas que publicó después de *Camarada* (1933). ¿Hay que convertir a Salvador y su obra en otro proceso y demorarse, como se hizo con Palacio, varias décadas para reconocer su valor? Vale ser optimista y pensar en que se debe atender los errores de los críticos, más allá de que Gallegos dijera que Salvador era "guayaquileño", y Sánchez, que era un perverso sexual; y que ambos creyeran que no era original. ¿Tenía razón Ospina, al concluir su capítulo "La pobreza sicológica" (1964: 129-156) con "Es forzoso admitirlo: el hombre tropical es poco apto para el ejercicio de la sicología, siendo como ya se vio, un sutil observador del alma humana, un hombre dotado de la perspicacia más aguda. Buena parte de la novela criolla está para demostrar que ello es así" (156).

Sin embargo, aparte de un *curriculum vitae* del autor, de plantear fugazmente el papel de Salvador en dualidades como «literatura y revolución» o «literatura y política», León Vieira no aprovecha el privilegio de haber tenido acceso al caudal de opiniones y detalles que le provee Salvador, aunque los hechos pertinentes no siempre son mejores que los casuales. Si hubiera conceptualizado de otra manera su trabajo crítico, habría podido armar una visión contundente o por lo menos novedosa de Salvador. Su recorrido es estilístico y básicamente impresionista, para una obra demasiado compleja como para reducirla a etapas sintéticas (158-160). Déjese a un lado que en 1976, Barthes aseveraba que en la primera mitad del siglo XX los intentos estilísticos habían fracasado y ninguno era convincente (209). Si es verdad que Salvador participa de módulos románticos, realistas, realistas sociales y «científico-existencialistas», también es cierto que esos patrones, examinados en la hibridez con que los emplea, revelan a uno de los novelistas más importantes y vigentes del continente, como confirma la conexión entre psicología y literatura en él. Salvador se refiere a este binomio en una viñeta del mismo nombre:

Mis inquietudes científicas han tenido varias corrientes. No han sido solamente FREUDIANAS. 20 años de trabajo en la psicología me han deparado nuevas oportunidades de estudio. Por ejemplo, en mi última obra titulada: *Ráfaga* [sic] *de angustia* trato el caso de una dama norteamericana que fue un asunto clínico tratado por mí. Consciente o inconsciente, uno debe tocar los problemas reales del hombre; la época en que vive y los problemas que se confrontan políticamente como en el caso de Marx (156, su énfasis).

Más adelante, Vieira repite *verbatim* una breve sección de la trama de esa amplia novela como parte de un «Estudio estilístico de su obra general», que comienza con la aseveración de que «Salvador sigue un lineamiento joyceano; cuenta a lo Prout [sic] y su narración tiende a novelar por tarea [sic]» (165). Luego de catalogar quince «puntos de vista del autor» (161-164), que no son más que registros temáticos arbitrarios e incompletos, Vieira llega a sus conclusiones. Una de ellas es que «estilísticamente, Salvador no aporta mayor cosa a las letras ecuatorianas sin embargo [sic] de estar ligado amigablemente con Pablo Palacio, el gran 'daimon' de la generación del desconcierto latinoamericano» (169).

Vieira recoge la crítica categórica que aparentemente ocasionó la opinión democratizante de Salvador: «Para Rodríguez Castelo (ARIEL), Salvador no ha aportado nada a la literatura ecuatoriana, por haber utilizado una temática y sicología pasadas de moda y fuera de tiempo, sin embargo, Salvador está considerado como uno de los novelistas más proficuos [sic] de su tiempo» (168). Bien hizo Bourdieu en *La distinction: Critique sociales du jugement* (1979) en argumentar que nada es más inestable que una opinión de moda. La frase vacía, el *non sequitur*, el don para lo obvio, la falta de contexto, criterio o verificación, más la documentación descuidada, incompleta e inexacta, se suman para hacer de los comentarios de Vieira un ejemplo típico de lo que ocurría en la crítica ecuatoriana del siglo XX y a veces en lo que va de este. Si hay honrosas excepciones como Carrión, Gonzalo Zaldumbide, Ángel F. Rojas y su todavía vigente *La novela ecuatoriana* (1948), y Leonardo Valencia hoy, la realidad es que con la falta de erudición e investigación los que pierden más no son los críticos, sino los autores y las obras.

De una manera u otra, se puede encontrar en Palacio varias de las coyunturas mencionadas para Salvador y uno de sus críticos, sobre todo por la subjetividad utilizada. Y si me concentro en ese nuevo olvidado que es Salvador, no es por enaltecer a unos y menospreciar a otros. Lo que hay detrás de esta situación es la pregunta de quién escribe la historia literaria, con qué agenda ideológica y cómo se va construyendo y a veces dictaminando sus argumentos y conclusiones. Al leer las últimas páginas de *Esquema sexual* (1934) donde se añade, como ocurre con otros libros de esa época, elogios internacionales de la obra de Salvador, y considerar la negatividad de sus contrincantes, no se puede hacer otra cosa que darle la razón al texto citado de Carrión.

Carrera Andrade, en una reseña escrita probablemente después de haber leído la recusación de Gallegos, ve en la novela de Salvador un antídoto a la prosa nacional «uniformemente provinciana y declamatoria», afirmando que con Palacio apareció, «ayer», el humorismo, y asegurando que con Salvador aparece el psicologismo. Sobre todo dice, en alusión a Gallegos, que «es verdad que leyéndolo vendrá a nuestra memoria el Pirandello de *Seis personajes en busca de autor*. Empero, hay una diferencia esencial: la del joven prosista ecuatoriano cuenta, por el contrario, las impresiones del autor en busca de sus personajes. Su libro es como el proceso literario de la creación novelística» (35). David Foster Wallace dijo en una charla que dejó de enseñar a Kafka porque sus alumnos no entendían el chiste central, en que el yo es inseparable de la horrible lucha por establecer un yo humano. Hay entonces que conectar el «problema» Palacio, para volver a Salvador y su *Esquema sexual*.

Palacio como precursor nonato

Hay una fotografía del joven Horacio Quiroga que, si no ha recorrido el mundo junto al carácter revolucionario de su obra, es memorable por el estereotipo con que se asocia. Sin recurrir a las versiones metafóricas de las enfermedades mentales que la academia institucionaliza (Frantz Fannon, siquiatra que defendía la violencia en nombre de la liberación anticolonial, Foucault, Guattari), no es difícil creer que en esa foto se plasma la visión de que, a pesar de su brillantez, Quiroga tenía algo de desequilibrado, por su sonrisa y ojos desorbitados. El magro archivo iconográfico de Palacio lo presenta generalmente como sensato, con una sonrisa apaciguada. (Esta parte actualiza mi Introducción a la Edición crítica de sus *Obras completas* de 2000, abreviando el texto, y revisando la bibliografía pertinente.) Mucho se discute los dibujos que acompañan a su obra, y por ende es significativo que en una carta de 1930 le dijera a Carrión (quien aparentemente quería una caricatura de Palacio): «Le parece a usted insalvable la cuestión del dibujo? Diga usted cualquier cosa: que no tengo cara, que se me ha caído de vergüenza, por ejemplo. O alguna otra invención suya» (Carrión 1995: 142).

Sin embargo, los chispazos biográficos disponibles, entre ellos los canónicos (por proximidad y por ser los más extensos) de Carrión y su sobrino Alejandro, contradicen con frecuencia el querer ver a Palacio como un ser en control de sí mismo. Tampoco se supone generalmente, por obra y gracia de la falacia biográfica y la forma y contenido de sus textos, que éstos surgen de una persona «normal». En efecto, Palacio no sabe a estereotipo mundial. ¿Dónde está la verdad? Entre marzo y abril de 1928, en la revista *Renacimiento*, publicación mensual universitaria de Loja, se publica un artículo en cuya primera página se lee «Pablo Palacio. Pablo Palacio, *self-made man*». Por la disposición de los titulares y la conocida imprecisión del origen de su obra, no se sabe si el texto fue escrito por él (ya estaba en Quito, lo cual no es óbice para que lo hiciera) o por un autor que prefirió mantenerse en el anonimato.

Los pocos críticos que se refieren a ese artículo suponen que es anónimo. A pesar de que contiene «deslices palacianos», lo cual abriría otra caja de Pandora respecto al escritor que escribe anónimamente para enjuiciar su obra, eso no es lo más importante. «Pablo Palacio, *self-made man*» (se duplica el nombre en el encabezamiento de la página 189 del original, y por eso excluyo el pre-título de «Pablo Palacio») es básicamente un examen de la «rareza» e independencia del autor, partiendo de varias escenas de *Débora*. Lo que quiere decir el crítico «anónimo» es que ninguna figura literaria de influencia similar a la de Palacio (que escribe en 1928, lo cual problematiza el alcance del criterio) balanceaba tan precariamente un puñado de logros inolvidables contra una especie de barril lleno de momentos vergonzosos.

Cuesta pensar en que Palacio, nacido en Loja el 25 de enero de 1906 y fallecido el 7 de enero de 1947 en Guayaquil, era solo siete años menor que Borges. Pero es fácil entender cómo representa para su país lo mismo que el argentino para el suyo, y la obra de ambos no necesita ser legitimada desde afuera. La realidad sobre la que Palacio escribió el ensayo «anónimo» referido, es que mientras más se indaga en el contexto nacional más se revela la verdadera esfera sociocultural que permite poner sus textos en perspectiva. Otro factor: hacia fines de los años veinte se dio una guerra nada absurda entre los peruanos del Alto Perú y la Costa, mientras en ésta, como en el Ecuador y otros países hispanoamericanos, se establecía una cultura más cosmopolita, vislumbrada en Gómez Carrillo cuando en los dos últimos capítulos de *Literatura extranjera* se dedica a "Los Siete Maestros" y a "Los Maestros nuevos".

Así, en una carta del 1 de junio de 1926 a Carrión, que estaba en Francia, Palacio añade esta posdata: «Estaríamos encantados si nos mandara algunas colaboraciones para *Hélice*, pues pretendemos darle a la Revista *interés cosmopolita*, como dice su amigo Ernesto Fierro» (1995: 137, énfasis suyo). Eran guerras culturales, y las únicas armas presentes eran el ingenio de sus colaboradores. Por esto son importantes revistas «marginales» como *Boletín Titikaka* de Puno, que en la típicamente fugaz existencia de las revistas culturales hispanoamericanas logró mostrar el valor de cuestionar «centros» culturales. Alejandro Peralta, editorialista y uno de los fundadores de esa revista, frecuentemente incluía noticias acerca de los últimos gritos literarios del continente. Solo hace pocas décadas se comienza a recuperar o revaluar a los representantes de literaturas «menores». De hecho, uno de los colaboradores fue José [sic] Luis Borges; y el *Boletín Titikaka*, examinado a fondo, revela la gran actividad intelectual de la «periferia» de países andinos, y las redes intelectuales que se habían establecido o comenzaban a fijarse en los años locos de Palacio.

Hay pautas sobre cómo se creaban esos textos marginados, hoy desconocidos, para comienzos del siglo XX (Corral: 1996), y lo que importa señalar no es tanto el valor de la obra palaciana, que va de sí, sino descubrir cómo el «rescate» que comenzó a darse en los años sesenta es una merecida recuperación continental continua, aunque su base fue interna y repetidas veces nacionalista. Después de todo, las naciones necesariamente albergan alguna delusión sobre su carácter esencial. Como tal, esa recuperación tiende a olvidar que es mejor valorarlo por lo que contribuye al archivo vivo de la literatura occidental, con atención a la latinoamericana, más que a la nacional. Si Palacio es concebido en el Ecuador, «renace» más temprano de lo que se creía, en Cuba y el Perú. En el número 7 del *Boletín Titikaka* (febrero de 1927), Jorge Reyes, presenta la obra de la siguiente manera (reproduzco la ortografía y composición textual que se convertiría en emblema parcial de la ideología lingüística que promulgaba la revista):

pablo palacio

un hombre muerto a
puntapiés-quito

anunciamos a pirandello que en volca-
nes de ecuador ha nacido pablo palacio
dedos rayos x en la autopsia espiritual
hai momentos que el sol se escalofría i el lí-
rico bisturí de pablo palacio hace picadillo
de nervios prosa de períodos eléctricos fuerte espíritu i un camino firmemente asfaltado
por delante (Reyes: 3).

«Ha nacido Pablo Palacio» fuera del Ecuador con esa nota. Publicar, leer, reseñar y vender un libro no siempre se dan en ese orden. Hasta la fecha en que escribe Reyes existía un Palacio «nonato» en las Américas. Al año y cuatro meses de la nota de Reyes, en «Glosario del arte nuevo», una de las precarias o fantasmagóricas columnas

que a veces incluía el *Boletín* Titikaka —estudiadas por Cynthia Vich
en *Indigenismo de vanguardia en el Perú: un estudio sobre el* Boletín
Titikaka (2000)— Xavier Ycaza presenta otra obra del lojano. Otra
vez, se mantiene la ortografía y disposición textual:

pablo palacio

"débora"
quito

novela de nervios desvelados tajeada car-
díaca para leída a la flama de insomnio -cuan-
do ríe una amargura de nubarra atraviesa el
cristal del sueño- débora sabe besar jugosa-
mente pulpa imposible hálito de muñeca su-
burbano olor toda la hembra -tragedia de cé-
lulas afiebradas difuminada en un "suave color blanco"
palacio ha contexturado novela enjundio-
samente breve i fibrosa de contenido humano
(Ycaza: 2)

Entre los textos de Reyes e Ycaza hay un autor anónimo, probablemente cubano, que escribe la siguiente nota como presentación a
la publicación del cuento «Las mujeres miran las estrellas» en el
número de abril de 1927 de la *Revista de Avance*:

Pablo Palacio, el intenso cuentista quiteño [sic],
es casi totalmente desconocido en Cuba. Sin embargo,
pocos escritores hispanoamericanos parecen tan bien
dotados para dejar una huella indeleble en las letras
hispánicas. Su libro de cuentos *Un hombre muerto a
puntapiés* -libro recién llegado a algunas manos cuba-
nas- es una poderosa y violenta revelación. Narrador
de estilo taquigráfico; buceador denodado en el légamo
humano; temperamento vigoroso y virilmente cínico,

humorista de honda veta trágica –tal es la extraña
personalidad del Ecuador que *1927* descubre hoy a
los catadores cubanos de novedad. (61)

Nunca se sabrá la reacción de Palacio a las evaluaciones de
Reyes, Icaza y el autor anónimo, o si le agradaron, si llegó a leerlas.
Nótese la selectividad del auditorio («a algunas manos cubanas»;
«catadores cubanos de novedad»); y que la escritura de los colaboradores de las revistas peruana y cubana es similar a la del
ecuatoriano, que encontró un fluir, recogiendo caprichos y rarezas
humanas, torciendo la sintaxis para imbuir su prosa descriptiva
con el aliento del habla. Esa inversión parece obstruccionista,
preparada bajo una presión insuficiente de la realidad local, o a
pesar de ella.

Se supone, si se juzga por la mayoría de las historias del cuento
o de la novela hispanoamericana, que con Palacio y su obra se
podría hacer una historia de ausencias. Tanto en la tercera edición
de *An Introduction to Spanish-American Literature* (1994) y su
traducción *Historia de la literatura hispanoamericana* (1975) de
Franco, Palacio no existe, tampoco Salvador, solo el "realismo
ecuatoriano", sin trascender el marco institucionalizado del tema.
Igual, se podría suponer que con su obra se puede forjar una
historia alternativa de cómo pensar una novelística mayor de una
narrativa catalogada como menor, tema al que se volverá. Es desde
la entonces necesaria conjunción de estas dos suposiciones que, en
1964, se publicó las que resultaron ser sus obras «incompletas». Se
las califica así a consciencia de la imposibilidad de coleccionar la
totalidad de la producción de casi cualquier autor de principios del
siglo pasado, incluida la compilación que María del Carmen Fernández publicó en 1998, ahora que se ha encontrado «Una carta, un
hombre y algunas cosas más».[17]

---

[17] Originalmente en *Iris* I. 1 (1 junio 1924): 2, 6-7, fue publicado con una introducción en *Guara-
guao* 5. 13 (Invierno 2001), 140-147, hallazgo de Gustavo Salazar. Aunque escrito cuando el autor tenía unos dieciocho años, se nota un cambio entre ese cuento y los que se califica como pri-

Aparte el juego tautológico de que la mención de una ausencia es la mención de una presencia, la canonización de Palacio, como se arguye para varios autores de reconocimiento similar, Salvador incluído, es injustamente tardía. Cualquier intento actual de recuperación tiene que recurrir al hecho de que la irrupción de la narrativa contemporánea no se da en un vacío milagroso, pues su simbiosis con la recepción crítica es evidente para la crítica más recia y purista. A la mitad de la tercera década del siglo XXI, cuando Palacio y su obra han merecido varios homenajes de instituciones culturales, como la Valoración Múltiple de Casa de las Américas, un libro exhaustivo y una edición parcial (ambos de María del Carmen Fernández), más una genética (Corral: 2000) para la UNESCO (similar a las anotadas de escritores mundiales), y una mal hecha de la Biblioteca Ayacucho, el desconocimiento de Palacio en las Américas continúa.

Recordando que, según Trilling, la autenticidad es un criterio que tiene un subconsciente y puede ser enaltecido o disminuido por el arte (1972: 134), es mejor desbrozar este asunto con palabras del novelista. Palacio, como autor del carácter que se le atribuye, parece no querer molestarse con los detalles de la publicación de sus obras. Su vida, remota de su arte, resultó ser tan corta que hoy se justifica que le importara más que nacieran sus textos, que el cómo. Esto no quiere decir que no se preocupara de su composición inmediata. En una de las cartas (2 de mayo de 1931) a Carrión, le dice:

> [...] antes de enviar el folleto aquel a España [se refiere a *Vida del ahorcado*], ábrale por la página 8 y en la 5a línea, en donde dice 'volcanes a la ventana' póngale 'promontorios a la ventana' o cualquier otra cosa parecida que usted quiera. Sucede que en el parrafito sólo hay el precedente de El Chimborazo y mis compatriotas, cuando lo lean, se van a poner a gritar: '¡Dice que El Chimborazo es un volcán! ¡Qué se lo ahorque!' En realidad, el Chimborazo es solo un

---

merizos, en el sentido de que lo libresco adquiere protagonismo. Cito las obras de Palacio parentéticamente, por las *Obras completas* de 1976, por ahora las más asequibles en el Ecuador.

nevado. La última línea de la convocatoria sí debe quedar como está. Tiene música. Tiene para mí una hermosa y modesta música (1995: 145).

Su preocupación no es atreverse a sugerir vender el patrimonio nacional (inflada por sus críticos de entonces), sino una exacta definición de qué es el Chimborazo. Ante la posibilidad de que para algunos lectores la obra de Palacio tal vez no merezca la atención que se le da, y que sea desconocida para otros, no queda otra opción que presentar y contextualizar el problema, rellenar las lagunas, criticar al crítico, revalorizar lo valorado, hacer de ayuda memoria y abrir estas aseveraciones a este siglo.

Se puede entender la necesidad crítica de referirse a novelistas representativos para acomodar una visión de conjunto, pero hay que tener en cuenta los antecedentes y errores a que conduce tal elección. También hay que entender la honestidad de descartar enfoques temáticos, como afirma Manul Antonio Arango L: "El autor desea explicar que ha omitido en *Origen y evolución de la novela hispanoamericana*, tres valiosas fases de la novela en la América Hispana: a) La novela de la violencia en Colombia; b) La novela de la Revolución mexicana y c) La novela del 'boom'hispanoamericano" (18). Estas son elecciones, no de estimación, sino de contexto convertidas en una necesidad primordial para entender obras de autores que antes de los treinta años renovaron la literatura vigilada de su país. La tendencia a buscar una "evolución" ordenada de la novela es, en sí misma, evidencia de cómo funciona el género: se le impone un patrón al pasado para tratar de producir un relato coherente, como detalla el último capítulo.

Palacio nació en la culta Loja; y con ese dato se acaba cualquier relación determinante con su ciudad natal, por lo menos desde la perspectiva de la amplitud del mensaje de una obra nada provinciana. Esforzarse por satisfacer a todo el mundo, privarse de la invención, la idiosincrasia y el sabor fuerte de la ironía es favorecer el mensaje, no la libertad o diversión. Paralelamente, la presencia ecuatoriana en el canon, sobre todo en el «boom», es episódica, anecdótica, y debidamente ficticia. Así, «Marcelo Chiriboga», boomista ecuatoriano creado por Donoso e impulsado por Fuentes, aparece respectivamente en *Cristóbal nonato* (1987) y *Diana o la cazadora solitaria* (1994) del mexicano, y antes vívidamente en *El jardín de al lado* (1981) del chileno, a quien «sobrevive» al escribir la solapa de *Nueve novelas breves* (1997).

Esos avatares, dobles o gólems también concentrados en ficcionalizar a Carmen Balcells (además de fundamentar una serie que se titulará *La agencia del boom*), como pormenoriza *Discípulos y maestros 2.0*, son recogidos como cameos por novelistas de generaciones posteriores como Benavides, que la relaciona con Marcelo Chiriboga y otros "boomistas" en *El asesinato de Laura Olivo* (2018), Fuguet, Eloy Urroz e Iván Thays, también se encuentran en *La última vez. Una intriga literaria* (2022), en que el argentino Guillermo Martínez examina el sistema de consagración editorial y su total desprecio de la verdad y la fama. *Las segundas criaturas* (2010) de Cornejo Menacho compone de manera convincente la verosimilitud de esas apropiaciones socioculturales, a las que los "boomistas" de su novela creían tener todo derecho por ser periféricos. En el contexto descrito para Palacio y Salvador, esas venias continentales también hacen pensar si un nacionalista ecuatoriano creerá irónico que el Chiriboga de Cornejo Menacho *es* el autor de la «insuperable» novela apócrifa mundial, *La caja sin secreto*.

Se trata de desmitificar al novelista reconocido, mientras se mitifica al menos conocido. En ese vaivén de visión y ceguera crítica, de dialéctica poco renovada, lo que está en juego es el sentido de un autor como síntoma e instrumento del progreso de la cultura literaria de una ciudad, un país, un continente, o de una tradición cultural de ambiciones universales. Lo que se intenta rehabilitar por ambos conductos del mito en torno al autor es su valor como intérprete de la transmisión de bienes culturales, definidos a la marcha o dentro de tradiciones móviles. Así, nociones como «la muerte del autor» muestran las debilidades y límites de eses tipo de interpretación, porque a pesar de ella hasta la fecha no se elimina el legado del autor como figura omnipoderosa que determina el significado del texto y a veces su propio futuro.

No obstante, esas discusiones crean otras ciudadanías, fronteras y límites más apegados al hogar y la identificación étnica por los rituales y psicopatologías de la vida cotidiana. Como se constata en la crítica convencional en torno a autores ecuatorianos de la época y su obra: la tribu manda, el terruño llama. Ese es el tipo de progresión y esquematismo representacional que Palacio (¿está de más decir que vive en su obra?) quiso y quiere evitar. No obstante, discutir alegorías, ironías y metáforas como la de la bifurcación entre la intención del autor y la intención del texto implica reconocer la existencia de un sentido literal de los mensajes emitidos. Palacio no era un realista mágico ni un surrealista, por cuyos portales pasaba cuando le daba la gana. En ese sentido, decir que capturó lo onírico e insólito no significa que era frívolo.

En *Galería de místicos y de insurgentes*, Jorge Carrera Andrade pretende resumir la vida intelectual ecuatoriana durante cuatro siglos (1555-1955) y coloca a su compañero de la universidad, Palacio, bajo la rúbrica de «novela social» y dice:

> Pablo Palacio pasó del cuento a la novela con *Débora* que no es otra cosa que un 'cuento grande' y publicó la extraña *Vida del ahorcado*. La agudeza original de este escritor sarcástico y patético da su fruto más sabroso. En toda la literatura ecuatoriana no tiene parangón esta novela fragmentada en mil facetas, por donde atraviesa el pávido relámpago mental que llevó a su autor a los antros de la locura. (166)

Si Carrera Andrade no dice más es porque Palacio le rompía los esquemas al gran poeta: Palacio era un «loco» talentoso, sin parangón, porque entonces no se apreciaba lo que él hacía más allá de la superficie. No le era claro al poeta, tan de avanzada como él, que Palacio y su obra trascendieran esa fecundidad literaria de los novelistas «sociales», que no superaba lo que Carpentier caracterizó en su *Tientos y diferencias* (1967) como «el método naturalista-nativista-tipicista-vernacular». Aun después de su muerte, sus críticos y «biógrafos» rehúsan admitir que referirse a Palacio como «loco» es argumentar algo que solo se puede pensar como relación, que implica la existencia de un opuesto. El frecuente ademán que asocia ciertas conductas con la locura dentro de la literatura y fuera de ella, intenta ligar lo «normal» con la falta de angustia o signarlo a relaciones positivas con otros seres humanos.

¿Era la obra de Palacio menos «comprometida» o vanguardista que la de Salvador, puede un autor cansarse de la sutileza y abandonar una novela «personal»? ¿Fue el cambio en Salvador una decisión unilateral o agenciada por la política literaria de su momento? Estas preguntas y cuestiones inevitablemente se basan en la relación entre autor, personaje e ideología, de obvia importancia en *Débora*. Desde Marx se sabe que la relación autor-ideología está en la «base», razón por la cual la biografía de Palacio no esclarece su orientación literaria. Las distorsiones de la biografía—cuya tarea fundamental es mostrar por qué una vida importa— y su énfasis en momentos "definitorios" de verdades internas que explican todo (para Ortega y Gasset "un sistema en el que se unifican las contradicciones de la vida humana"; para Adorno la forma más perniciosa de pensamiento identitario) casi nunca conceden explicaciones.

Piénsese en los cuatro años anteriores a 1947 y el traslado de Palacio de Quito a Guayaquil, donde muere, cuando surge la enfermedad mental que es piedra de toque para sus «biógrafos». Las enfermedades y sus tratamientos no existen sin factores culturales o socioeconómicos, ni se remedian con el victimismo competitivo actual. Las heroínas de Rhys y Woolf (toda referencia a ella y sus ideas según la compilación de 2023), por ejemplo, negocian sus traumas, sin las anti-heroínas tristes de hoy. En la novelística terapéutica del siglo XXI, la autoestima de las personas depende de sus sentimientos subjetivos, y comienza definiendo cómo han sido heridas; percepción que las convierte en narcisistas frágiles, víctimas pasivas distanciadas de tradiciones morales y las fuentes comunes de identidad y significado. Una solución es madurar, porque novelizar traumas o definirse por la política del dolor es un calmante, no una cura, incluso desde un enfoque marxista que vería el sufrimiento como producto de la manera en que funcionan las economías y sociedades. A pesar de que se discute infatigablemente la marginalidad de sus personajes, en *Débora* y otras obras esa marginalidad se restringe a una clase media, limitando la separación del autor de su personaje, conduciend a la crítica a explicaciones autobiográficas, expectativa agravada por el interés crítico occidental en descifrar las "autobiograficciones".

Lo que Foucault prefiere llamar la «función-autor» surge de esa división y de la distancia entre las dos relaciones. En algunos casos el término «autor» denota una estructura, un tipo de obra, un estilo narrativo, un tipo de lenguaje, una actitud o una colección de escrituras misceláneas. O sea, se trata al autor como una función del discurso y hay que considerar las características del discurso que apoyan este uso y determinar su diferencia con otros, porque los novelistas siempre son forajidos de varios discursos y se definen como *novelistas*, aunque indaguen en los sociales. Así, los personajes de Palacio pueden recrear un problema inagotable de la clase media a la que pertenecía el autor, y la crítica. Adoum definió bien la situación al decir que:

> [...] sufre de una inautenticidad o de una indecisión entre la fidelidad a un ideal o a una ideología y la tendencia de ganarse la vida, entre la tendencia (yo creo que innata en esta clase) hacia la justicia y la necesidad aparente o cobarde de apartarse de ella [...] Pablo Palacio logró ver con gran claridad esta indecisión de la clase media, este vivir crucificado entre una tendencia idealista y una realidad sórdida [...] (1969: 163-164).

En términos de la producción literaria hispanoamericana de la época, los desacuerdos críticos respecto al «encasillamiento» de autores como Palacio evidencian un sectarismo ideológico, cuyo componente básico es una actitud negativa ante los discursos azarosos que no permiten una noción única «aplicable» a diferentes enunciados filosóficos o sociales fundacionales, como se vio respecto a Salvador.

A un siglo del apogeo de Palacio, se está cerca de una revalorización más exacta de su legado, incluso en el marco de contemporáneos suyos que hay que recuperar. Sentirse obligado a defender el mundo «civilizado» en este momento de la nueva literatura mundial de Occidente, es olvidar que algunos escritores que viven en mundos distintos y sin contacto entre sí, pueden desarrollar narrativas muy similares, y que la esfera política toma un camino similar. Esa literatura no se explica al mundo, sino a la crítica díscola especializada sin cosmovisión amplia, replicando nuevas ambiciones colonialistas. Las coincidencias comenzaron a acentuarse en Hispanoamérica con la visión vanguardista de la extraña naturaleza humana, superior a lo que entendía Tolstói por ella. ¿Entonces por qué extrañaría que dos ecuatorianos respiraran el mismo aire? En suma, se requiere una visión nueva de qué es la vanguardia novelística occidental, un "extrañamiento" o "desfamiliarización" sin ribetes formalistas, como intenta hacer Aira.

Hace casi un siglo, en 1926 y 1928, Mariátegui lo expresaba así:

El sentido revolucionario de las escuelas o tendencias contemporáneas no está en la creación de una técnica nueva. No está tampoco en la destrucción de la técnica vieja. Está en el repudio, en el desahucio, en la befa del absoluto burgués [...]

'Nueva generación', 'nuevo espíritu', 'nueva sensibilidad', todos estos términos han envejecido. Lo mismo hay que decir de estos otros rótulos: 'vanguardia', 'izquierda', 'renovación'. Fueron nuevos y buenos en su hora [...] Hoy resultan ya demasiado genéricos y anfibiológicos.[18]

Las generalizaciones teórico-literarias en *Débora* muestran a la función-autor como consciente de los mecanismos que hacen de un texto un producto abierto géneros y generaciones literarias, a críticos y a una contundente conciencia emotiva, ética y creativa. Desde el comienzo esa conciencia cuestiona la progresión de sus fragmentos y enunciados como esquemáticos y elusivos, y la historia como discontinuidad y fragmentación: «Pero el libro debe ser ordenado como un texto de sociología y crecer y evolucionar» (70). Es una novela breve; y en seguida interviene la conciencia de que todo fragmento engendrado conducirá a diferentes restricciones de la historia. Al intentar dar una descripción física del Teniente A, el narrador-protagonista la descarta, porque «como todos colman el recuerdo con alguna dulzura, es preciso entrar en las suposiciones, buscando el artificio y dar al Teniente lo que no tuvo, la prima de las novelas y también de la vida» (73).

Esas son algunas de las razones por las cuales para la cultura occidental en que le tocó escribir Palacio fue excepcional, por la domesticación de los excesos que supo poner en cuestión. Con salvedades temporales, supo descubrir el beneficio de cooptar lo que se entendería por vanguardia. Es decir, supo conjugar la cultura «alta» que articula la visión idiosincrática y comúnmente exigente del novelista con otras más cercanas a la tierra firme, que tanto le fastidiaba (y a la vez estimulaba). Palacio conjugó la cultura «alta» con la «de masas» que complace al público de cualquier manera; y con la cultura «media», que disfraza la dependencia en lo formulaico de la cultura media con alusiones pretenciosas. Era la época en que en «Ideas sobre la novela»

---

[18] Respectivamente de "Arte, revolución y decadencia", *El artista y la época, Obras completas*, VI (Lima: Amauta, 1964), 19; y "Aniversario y balance", *Ideología y política, Obras completas*, XII (Lima: Amauta, 1969), 247. *Mariátegui y la literatura*, ed. Ricardo Luna Vegas (1980) es una compilación típica de la recepción nacional, enmendada a nivel mundial por el capítulo "Mariátegui's Cosmopolitan Nationalism" de Juan E. De Castro, *Bread and Beauty The Cultural Politics of José Carlos Mariátegui* (Chicago: Haymarket Books, 2021), 90-108. Los tomos individuales de su obra completa y la antología *Crítica literaria*, ed. Antonio Melis (1969) muestran la clarividencia del peruano sobre estos temas.

(1925) Ortega y Gasset sostenía que la nueva novela de entonces era para lectores exigentes que se implicaban en la creación de ella, adoptando actitudes diferentes ante lo que leían.

El ecuatoriano fue un adelantado porque en el mercado literario posterior el elitismo estético llega a tener valor reducido, y la ganancia monetaria mide todo, hasta la crítica «comprometida». En «Las maneras, la moral y la novela» de *The Liberal Imagination* (1950), sosteniendo que la novela moderna había abandonado su propósito de iluminar la profundidad moral, Trilling, más alérgico al hermetismo que Ortega y Gasset, observa que una marca distintiva de la novela decimonónica era reconocer de primera mano de la centralidad del dinero, credo vigente en las nimias novelas comprometidas del hoy. Palacio, poco propenso a expresarse sobre diferencias culturales, intuía que la congruencia entre su cultura (alta) y la baja de las burocracias económicas, educativas y políticas que la rodeaban era un factor importante de la vida, así como la fama crea tensión entre las vidas privadas y públicas. Los famosos conservan su prestigio, pero son celebrados por virtudes que no son las que reconocen sus contemporáneos.

Lo que ha venido obstruyendo la percepción debida de la novela ecuatoriana e hispanoamericana es el menguante énfasis crítico en el color local, cuyo valor en cierto momento o contexto no hay que infravalorizar. Un crítico como Ospina enfatizaba en 1964 el resultado de esa visión: «Su excesivo valor local, parroquial, se podría decir mejor, es su mejor certificado de defunción» (206). Un novelista cosmopolita como Fuentes atribuye ese carácter de la novela tradicional del continente a un sentimiento populista que no es reducible al poder del estado, notando que en países desprovistos de canales democráticos de expresión "el novelista individual se vio compelido a ser, simultáneamente, legislador y reportero, revolucionista y pensador. Una novela era escrita para que mejorase la suerte del campesino ecuatoriano o del minero boliviano" (1969: 12). Como aclara Borges en «El escritor argentino y la tradición», «Mahoma, como árabe, estaba tranquilo: sabía que podía ser árabe sin camellos». Además de similares puntos de contacto sobre cómo se «distancia» de ideas que definían la literatura nacional como impoluta, la crítica social en *Débora* es coetáneamente explícita en el fragmento de la visita a los «Barrios bajos».

La obra de Palacio siempre tendrá que superar la inercia de la convención canónica y la condenación de la edición nacional. Los novelistas como él tienen la capacidad general de hacer que sus opciones parezcan principios, y ofrecen un canon de gustos idiosincrásicos como si fuera un sistema de valores permanentes. Ese talento implica recuperar facsímiles o palimpsestos de narrativa marginada por la voluntad de sus autores (verbigracia «Rosita Elguero», escrito al salir de Loja terminado el bachillerato, y recuperado en 1966), o por su superposición, contaminación o disolución de características genéricas en vigor cuando aparece esa narrativa. Hay que recordar la interrogante lógica que no se disipa: negar un sistema absoluto y supremo abogando por un pluralismo de formas es imponer otro sistema absoluto y supremo de valores. Desde esa perspectiva es obvia la necesidad de estudiar a Palacio y su obra en términos de su vínculo con la narrativa hispanoamericana y occidental afín (en su análisis del *bildungsroman* Moretti rastrea el tema del fracaso al siglo XIX europeo), y de su verdadera relación con la de su patria, cuyo canon redefinió.

Lo que vale destacar es la inconsistencia de la lectura específicamente regionalista de Palacio, porque no se puede pretender que la lectura general de él sea homogénea o reduccionista. Las lecturas más fiables para su tipo son las que toman en cuenta todas las fuentes de su literariedad, entendiéndose por ésta todo concepto formalista y las características definitorias, externas e internas, que definen a una obra. Es la noción de que los objetos narrativos, en sí desposeídos de significado, lo adquieren en el proceso de producción de un texto. Esta visión se basa en los códigos y estrategias que están en funcionamiento en los polos comunicativos cuando los lectores leen. O sea, al leer se debilitan los lazos que nos unen estrictamente al mundo social y al mundo de acción para ajustarnos a lo ideológico, como ocurre con Gallegos y sus epígonos. Este es un proceder que Gallegos no podía ver para Salvador, o antes en Palacio.

En una especie de absolutismo ceñido a la teoría novelística, Palacio propondría mantener su repertorio de personajes, porque cambiarlos resultaría antitético a su idea de lo que son la verdad y la realidad. Como alguna vez dijo Amis, "A las novelas no les importa si se convierten en verdad o no". La política, como la verdad y la cartografía de la novela hispanoamericana, no puede ser teorizada como una relación entre una representación y *un* solo tipo de mundo occidental, porque en la práctica ninguno de esos polos puede mantenerse aislado del Otro. Tan pronto como un novelista crea personajes, los ubica, hace que dialoguen y se enreda en la trama, «se queda atascado con el equipaje de la ideología, y ningún portero en el mundo va a ser capaz de aliviar ese problema» (Davis: 228). Davis retoma la visión bajtiniana para definir cómo en una novela un personaje puede lanzar diatribas ilegibles, para inevitablemente ser contradicho por otro que lanza diatribas con la visión opuesta.

Palacio mismo se daba cuenta de lo que estaba pasando y podría pasar, y fue muy clarividente en su análisis de lo que implicaba la nueva política.[19] En una carta a Carrión del 1 de junio de 1926 evalúa y aconseja:

> Se ha organizado el Partido Socialista y tuvo hace unos días su primera asamblea, elaborando un programa de tendencias francamente comunistas. Se declaró la abolición de la propiedad individual. Lo que le cuento para que no extrañe Ud. el que le quiten su casita y su terreno. Creo que lo mejor que puede Ud. hacer en estas circunstancias es radicarse definitivamente en Francia para que aquí no esté sufriendo bochornos al respecto (1995: 137).

---

[19] Palacio escribe en el "Período de la decadencia liberal o arroyista (1925-1944)", discutido por Jorge Salvador Lara, *Breve historia contemporánea del Ecuador* (Ciudad de México: Fondo de Cultura Económica, 1994), 449-471, quien refiriéndose a los novelistas de los años treinta afirma: "Sin embargo de que la crítica ha analizado ampliamente la novela del Ecuador, hay que decir que no se ha hecho hasta el presente el análisis correlativo de su impacto, primero como descripción y denuncia de realidades ominosas, y luego como estímulo para la acción de cambio" (470).

Por eso es difícil entender cómo, a no ser que sea pereza intelectual, hasta hoy algunos buenos intérpretes de Palacio no hacen más que repetirse, apoyándose en clichés estéticos y políticos de la vestustez crítica, exagerando los valores de la novela ecuatoriana actual, viendo en Palacio «un cuestionamiento de la escritura», según Miguel Donoso Pareja en "Palacio: la literatura como artificio"(*Nuevo realismo ecuatoriano...*, 17-24), en que al mismo tiempo elabora una mención pasajera y de manual sobre lo que ya se sabe de Salvador. En análogos arqueos dirigidos a prejuicios específicos se supedita la renovación de la novelística ecuatoriana por Lupe Rumazo (como la mexicana Josefina Vicens, rescatada tardíamente), seguida de Vásconez, Valencia, Arcos Cabrera (y su manera de probar que el registo histórico nos dice qué hace la gente, no lo que siente y piensa, porque solo la ficción puede imaginar el drama interior de las vidas de los personajes), Gabriela Alemán y Cornejo Menacho, para mencionar a los que tienen acogida fuera de los límites nacionales.

Este libro se apoya en la noción de "no contemporaneidad" que Ernst Bloch detalló en *Herencia de esta época* (1935/1962, esp. 2019), según la cual varias temporalidades existen dentro de un periódico histórico, permitiendo que la conciencia y el ser pasados puedan estar presentes en la actualidad. La herencia de Occidente surge de una confluencia peculiar de costumbres y hábitos que se había practicado por siglos hasta de que se los llamara "ideas". Son principios, frecuentemente radicales, que proveen mundialmente la creación de sociedades tolerantes y libres, no sin problemas. Es decir, se puede contrastar el presente como un estudio de multiplicidades de siglos anteriores, una ausencia de absolutos. Así, en los años veinte D. H. Lawrence escribió varios ensayos sobre la función de la novela, y en uno muy citado, llamado puramente "The Novel" (1925), dice "La novela es la forma más alta de expresión humana lograda hasta hoy. ¿Por qué? Porque es tan incapaz de lo absoluto". Sin rodeos, en esa época escribió otros sobre la novela y la moralidad, la novela y los sentimientos, y por qué importa la novela, temas nada extraños a los ecuatorianos. En esa progresión se olvida que el uso de "lo nativo" por los surrealistas contradice la presunta centralidad del progreso y la razón en la civilización de Occidente y sus jerarquías estéticas.

En esos cruces yacen las polémicas en torno a Palacio, y si Cueva y Donoso Pareja mencionan nombres, y Fernández reitera esas polémicas, observo en esos desacuerdos una luz directa que espero ampare a la crítica del autor en este nuevo siglo. Todo ocurre de antemano, porque desde su génesis se nota que Palacio y su obra luchan contra la artificiosidad y solemnidad del discurso crítico que, bien sabía, querría fijarlas. En lo que va de este siglo, es claro que su canonización será similar a la de otros de su familia literaria hispanoamericana. Ahora la acogida mayor también parte de él, y en ello yace la vigencia de su ensalzamiento.[20] De hecho, con la salvedad de que por vivir más pudo producir más, Salvador produjo contradicciones interpretativas similares, sobre todo cuando quiso abrir la cultura andina a su visión de la cultura freudiana. La reacción ante ese intento naturalmente dice tanto sobre la época como sobre sus intérpretes, porque ante el colapso de ortodoxias marxistas, muchos intelectuales se volvieron hacia Freud en búsqueda de respuestas personales más que comunales.

Salvador y el psicoanálisis para todos

Una década antes de que Castelnuovo expusiera en *Psicoanálisis sexual y social* la manera en que creía que se debía relacionar literatura, psicoanálisis y lo que entendía por compromiso, Salvador se dedicó a la misma estética, con mayor sofisticación científica e investigativa, diferenciando entre la ciencia como proceso y la ciencia como sistema de autoridad. Quiso llevarlo a cabo en un país que, si hasta ahora no parece recurrir a esa autoayuda como se supone para países más "abiertos" como la Argentina, poseía intelectuales iluminados que veían otras posibilidades de comprensión en tal proyecto. Era la

---

[20] Así por ejemplo, en el prefacio a *Il fico d'oro* (Milán: Mondadori, 1998), traducción italiana de *La tuna de oro* (1951) de Julio Garmendia, Lucio D'Arcangelo dice "Come in altri scrittori della sua 'famiglia' (*Pablo Palacio, segnatamente*) in Garmendia troviamo una scrittura dell'io: il che vuol dire che non siamo in presenza di una formula letteraria, ma di uno stile, inteso come qualcosa di inconfondibile e instrasferibile" (4, énfasis mío).

época en que Salvador comenzaba a trabajar en su tesis en psicología, quizá consciente de que una crítica de la autoayuda es un tipo de autoayuda. Años después, en 1946, el ecuatoriano publicó una especie de resumen de su trabajo, con el título «Los fundamentos de la [sic] psicoanálisis» (véase Referencias). Apareció en la revista *Casa de la Cultura Ecuatoriana*, cuyo presidente era Benjamín Carrión. Siete años antes, *Freud e o ABC da psicanálise*, tomo de Salvador, había sido el primero de una colección de ocho llamada «Freud ao alcance de todos».

Los otros siete tomos divulgativos publicados en los años cuarenta en Buenos Aires son de J. Gómez Nerea, discípulo argentino de Freud, Bertrand Russell, Havelock Ellis, L. Fridland, y Wilhelm Liepmann, autores de algunos de los veinte tomos que componen la «Coleçao de Cultura Sexual» publicada por la misma editorial. Desde entonces y hasta este siglo no hay ediciones verdaderamente definitivas ("completas" es otro empeño) de Freud, lo que problematiza la intención de popularizar el psicoanálisis, según el crítico deconstruccionista Geoffrey Hartman en "Freud for Everyman (and Everywoman)", *Raritan* 25. 1 (summer 2005), 150-164). En ese cruce de intereses y saberes nuevos se encuentra un ecuatoriano, por las condiciones expresadas en el prólogo anónimo de *Freud e o ABC da psicanálise*: «Humberto Salvador no es médico, como sería de suponer, debido a que el psicoanálisis reposa sobre conocimientos biológicos. Es abogado, hombre de letras, artista. Es, sobre todo, un esteta» (xiv).

Pero sabía bien la materia y tenía un don de síntesis para la popularización bien hecha. Ese «estilo» no choca con la sesuda materia científica o los conceptos de la mayoría de sus novelas, porque el problema no es el método científico, sino el lenguaje científico preciso que suele desfamiliarizar los significados convencionales. El error en depender de él, aparte de que es validado por campos específicos, o pretenda un análisis combinatorio de todas las ciencias, es creer que explica todo. En esa aptitud y el contexto socio-histórico que lo permitía yace una clave para valorizar propiamente a Salvador y su obra. El texto traducido al portugués, como dice el prologuista anónimo (probablemente Gómez Nerea), «fomos buscar do ventre de uma das suas mais belas obras –*Esquema Sexual*-, é um trabalho de arte» (xi). Salvador publicó *Esquema sexual* en 1934, que vendió diez mil ejemplares en su edición chilena. No fue por la exactitud de su lenguaje o el valor científico de su discusión, sino por su talento para erigir un análisis interdisciplinario, intertextual, lleno de montajes, citas pedagógicas y documentación erudita (ambición del Benjamin de esos años que cambian las reglas del juego). En ese andamiaje el estilo y los ejemplos literarios sobreviven a otros componentes porque surgen de un pensamiento cuidadoso, bien razonado, aunque no sea fácil o feliz lo que transmite.

Cuando Salvador escribe *Esquema sexual* (entre 1931 y 1933 en Quito, según la última página de esa edición), ya era un literato de renombre, de estilo reconocido y reconocible. Su «tesis» adquiere así una importancia superior a su forma y contenido específicos en todo esfuerzo por recuperar al autor. Si es admisible y quizás obligatorio que la crítica establezca conexiones entre un novelista y su no ficción, ese esfuerzo es más fructífero con autores cuya complejidad no está establecida. El resto de la obra de Salvador muestra lo inevitable que le era entrelazar intereses multigenéricos con ambigüedad emocional, elegancia formal e ingenio. Así, en *El miedo de amar*, «alta comedia» estrenada en 1928, la teatralización del «misterio del amor» es clara. En el segundo acto, sobre las tribulaciones de familias acomodadas, Gonzalo le pide al doctor decirle la verdad sobre la enfermedad de Josefina (su eventual amante), y el médico afirma: «Comenzaré anticipándole que puedo equivocarme: La Ciencia no es infalible, y muchas veces la Naturaleza tiene caprichos más fuertes que todo procedimiento y sorpresas que se escapan a todo cálculo humano» (42-43).

Salvador prepara al público para una anagnórisis, o sea el reconocimiento de la verdadera naturaleza de un personaje por otro que provoca el desenlace del conflicto (según Aristóteles, la revelación más satisfactoria de un relato). No es casual que en 1928 se estrenó *La ópera de tres centavos* de Bertolt Brecht, autor de la máxima que la literatura no debe ser menos inteligente que la ciencia. *El miedo de amar*, junto a *Bajo la zarpa* y *Un preludio de Chopin*, se publicó con el título *Bambalinas* (Quito: s.e, 1930), edición por la que cito. Gonzalo desaparece y Josefina termina envenenada con limonada por su esposo Fernando, quien sabía que ella lo engañaba. En términos psicológicos, detrás de esa tragicomedia poco exenta de ironías hay una aceptación de ciertos conceptos freudianos o interés en ellos.

En esos años, Mariátegui examinó algunas de esas ideas en obras de Pirandello, Waldo Frank y varios autores franceses, rematando que para el psicoanálisis "cabe la hipótesis de que, por su inspiración subconsciente, por su proceso irracional, el arte y la poesía tenían que comprender, mejor que la ciencia, su doctrina" (168), fe petrarquista que de la historia, la filosofía y la poesía, esta última moldea los asuntos de las dos primeras en patrones significativos.[21] No es obligatorio detenerse en cómo, a pesar de sus públicos limitados, Mariátegui, Palacio y Salvador consideraban que las teorías comprometidas y las prácticas vanguardistas no podían coexistir, entendimiento que Nathalie Sarraute puso en juego en *Le Planétarium* (1959), causándole romper con Simone de Beauvoir (no es machista recordar que su vida no fue ejemplar) por ficcionalizarla, comprobando que las pulsiones psicológicas dentro de un personaje no se pueden entender en el marco de una novela tradicional o fuera de la conciencia del personaje, en cámara lenta. Los lectores aprecian a novelistas de marca porque saben esperar novedades, y más, al comprar sus libros; y les gustan a las editoriales más conocidas porque contribuyen de maneras previsibles a sus ganancias.

Así, hay concordancia respecto a que, entre 1914 y 1934, el psicoanálisis triunfó en varias esferas intelectuales, y se sabe que Freud comenzaba a desarrollar entonces su teoría de la estructura de la personalidad. Que Salvador estuviera al tanto o no de estos

---

[21] En "El 'freudismo' en la literatura contemporánea", recogido en *Crítica literaria* (1969), 163-168. Mariátegui practica el revisionismo por el que aboga en *La novela y la vida. Siegfried y el profesor Canella*, analizado lúcidamente por Ana María Barrenechea, "El intento novelístico de José Carlos Mariátegui", en *Textos hispanoamericanos*, 263-287.

desarrollos (y parecería que sí) no es tan importante como su intuición. Como Freud, sabía que la potencia de la libido ganaba de lejos a la del instinto de conservación del yo (Wright 1998: 9-13). Para ambos, ese instinto existe yuxtapuesto a la libido en el inconsciente. O sea, no hay una manera de liberarse de ciertas pulsiones, explicadas científicamente o no. Salvador se pregunta cómo los individuos adaptan sus personalidades y deseos a sus tiempos, mostrando que los momentos débiles de las sexualidades no normativas son cuando se disculpan por sus deseos. Ese escepticismo, proyectado en *El miedo de amar* y en la psicoanalizante intriga de *La fuente clara* (1946), se puede leer entre líneas en *Esquema sexual*. Recordar que la literatura era una fuente inagotable para Freud es superfluo.

No es temerario entonces dar una pauta (las normas serían psicológicamente imposibles) de las posibilidades interpretativas que ofrece la re-lectura actualizada de Salvador con base en la posibilidad psicoanalítica, de por sí bastante extensa. En los años cuarenta, al analizar la relación entre psicoanálisis y crítica literaria centrado en Jung, C. S. Lewis quiere contribuir a solucionar el que considera un pseudoproblema fronterizo, deducir la patología de un poeta a partir de su obra: "Cuando esto es lo que se hace, y cuando se deja bien claro que el resultado pretende ser una contribución no a la crítica literaria sino a la patología, o a la biografía patológica, no tengo, por supuesto, nada bueno o malo que decir al respecto" (367), el crítico se ha dejado desviar de la pregunta genuinamente crítica, y "no pregunta por la Causa Final, que seguirá teniendo cierta importancia literaria, sino por la Causa Eficiente, que no tiene ninguna." (367).

Para redondear la relación con Palacio, el mejor corolario es el tema de la homosexualidad. La intertextualidad literaria de *Esquema sexual* es enriquecida y elevada a una potencia insólita por un narrador *hispanoamericano* de su tiempo, porque a esas conexiones añade una interdisciplinaridad basada en otras ciencias humanas. En su breve análisis de la homosexualidad, Salvador se basa en los fundamentos de la teoría sexual del homoerotismo señalados por Marañón

(238-239). Lo más pertinente es que para comenzar su discusión el ecuatoriano se refiere al artículo 364 del código penal nacional, que en parte reza: «En los casos de sodomía, los culpables serán condenados a reclusión mayor, de cuatro a ocho años, si no intervinieren violencias o menazas [sic]» (*apud* Salvador, 238). Y más al grano, «si ha sido cometido por Ministros del culto, maestros de escuela, profesores de Colegio o institutores, en las personas confiadas a su dirección y cuidado, la pena será de reclusión mayor extraordinaria» (*Ibid.*). Con el paso del tiempo, que el código penal ecuatoriano, cuyo artículo recomendaba penas menores cuando la sodomía es cometida por padres putativos, se vislumbró que la amenaza yacía en la esclerosis de las instituciones en las cuales esa sociedad confiaba más, hecho que en años recientes podría novelizarse en Estados Unidos, Irlanda, Alemania y México.

Con suma claridad, Salvador expone el consenso científico de su época respecto a la homosexualidad (ya debatida en Virgilio), y no toma partido, aunque implícitamente aprueba la «cura» freudiana de la condición: «El homosexualismo debe ser tratado por medio del psicoanálisis» (240), y luego, «también el tratamiento psicoanalítico cura al homoerótico» (246). Nótese la conclusión: «De la doctrina freudiana se desprende igualmente, que el homosexualismo es una enfermedad. Las dos corrientes, la endócrina y la psicoanalítica, están de acuerdo en sus conclusiones *éticas*. Lo que significa que *la ciencia, en conjunto, no puede considerar la inversión como un delito*» (247, énfasis míos). Sin pedirle peras al olmo o recurrir a la intransigencia, relativismo y presentismo actuales (paradigmas a que se opuso Adorno hace medio siglo en *Teoría estética*), el análisis de Salvador es *de su época*; con la gran ventaja y clarividencia de asociar ciencia, literatura y derecho para que los lectores decidan su actitud ante ese «otro». Jorge Escudero, en esa época profesor de Psicología Experimental en la Universidad Central (donde Salvador presentó la tesis que se convirtió en *Esquema sexual*), concluye su Prólogo notando que el psicoanálisis «sacrifica su auténtico contenido en aras de un indecente exhibicionismo» (7):

Humberto Salvador, estudiante de derecho, ha sabido guardar la coherencia y lealtad consigo mismo, al proclamar muy en claro, en ésta su tesis universitaria, todos aquellos ideales que su *fina sensibilidad artística vertió en otros magníficos libros*. Y también, esta vez, *ha sido consecuente con sus preclaros vigías: la dialéctica materialista y el psicoanálisis freudiano*. Aseguraría que en esta ocasión pide arrogantemente *que la ciencia jurídica descienda del cielo y palpite al calor de humanidad*. (12, énfasis míos).

En el Ecuador la ciencia jurídica no descendería de su intolerancia hasta el último lustro del siglo XX. Palacio lo percibió durante su vida y, no cabe duda (he ahí una diferencia con Salvador) que no se sentía cohibido por tener que convertir el sexo y la violencia de su época en narración, especialmente si revelaba algo sobre su sociedad.

La elaborada especulación sobre la homosexualidad en «Un hombre muerto a puntapiés» merece más análisis. No es casual que el padre del niño agredido por el pederasta se llame Epaminondas, general tebano y líder homosexual de soldados homosexuales, famoso por su sentido de justicia. Está también el término «tribadista» (arcaísmo para la práctica lujuriosa entre mujeres) en «Una mujer y luego pollo frito», y otros textos examinados por Lopez.[22] En noviembre de 1997, a más de una década de activismo, fue derogada una amplia ley ecuatoriana contra casos de homosexualismo. Antes, aludiendo a Palacio, Vásconez publicó su seminal "Angelote, amor mío" (1982), que retoma el tema sin presentismo. Entre esos homenajes cabe el del novelista mexicano Juan Pablo Villalobos, que escribió una tesina sobre sabotaje narrativo y "anti-literatura" en Palacio, compartiendo la opinión de Vásconez de que "Ese pasado universitario, tanto el de España como el de París, me parece inexistente" (57). Si uno se guía

---

[22] Lopez se concentra en los cuentos, conectándolos hábilmente a "La propiedad de la mujer" (1932), ensayo recogido en Corral (2000:199-202). Lopez analiza desencuentros y fronteras de sexualidades "establecidas", y por ende no trata las posibilidades de relatos como "La doble y única mujer".

más por la prensa diaria que por la mentalidad dirigente y la vida cotidiana, aquella actitud social ha cambiado hacia la tolerancia acrítica. A pesar de los volubles antagonismos intelectuales y sociales en que existen esos dramas en la decadencia de la profesión, siempre se dan en una zona académica convenientemente cerrada.

Es productivo precisar que en Palacio y Vásconez (que ha novelizado su epilepsia) no se encuentra la predilección —problemática aunque reconocida y celebrada en la literatura homosexual posterior de Occidente —por representar melodramas de tramas exacerbadas, ficciones sentimentales trágicas, o enfatizar el victimismo y momentos operáticos en vez de verdades catárticas. Para la novela, estos son asuntos de cómo sus autores conjugan su agencia, autonomía e identidad personal ante los prescriptores (piénsese en Mario de Andrade, Sergio Pitol). Palacio escribía cuando no se distinguía entre la inclinación moralmente neutra de homosexualidad y la pederastia, tendencia con que se la confundía. Vásconez escribe en un momento más ilustrado cuando los estilos de franqueza que habían parecido heroicos se convierten en habla común. La heroicidad de los ecuatorianos les diferencia de E.M. Forster, aunque como mentor de Rushdie le sugirió escribir como le diera la gana, en *su* inglés.

Cualquier actitud machista que se desee encontrar en el fondo de aquellos prejuicios de hace más de un siglo también debería ser contextualizada por el código penal de 1906 respecto al adulterio, el código con que lidiaba Salvador. Este logra desequilibrar el binomio Freud-Marx, cuando el progresismo necesitaba afirmarse en él. Su desafío intelectual, convertido en ofensa por el fundamentalismo ideológico, fue otra causa para condenarlo al ostracismo. Aun así, se reivindicó con *La ráfaga de angustia*, que si en su totalidad no es superior a *En la ciudad he perdido una novela...*, es fenomenal al mezclar los caracteres librescos con una politización de las relaciones de un país hispanoamericano con los Estados Unidos y la comedia de errores (con sexualidades estereotipadas) en que pueden degenerar las reuniones sociales. Así, el largo capítulo XVI (478-564) gira en torno a una fiesta en el Quito Tennis Club y las divagaciones de los personajes sobre las relaciones entre hombres lugareños y mujeres estadounidenses alrededor de la segunda guerra mundial, y la obsesión (aparentemente autobiográfica) del protagonista, el literato doctor Alberto Santos, con Dorothy, transmitidas por visiones oníricas o perversas, aunque estereotipadas.

En *Esquema sexual*, Salvador se ocupa del «Esquema biológico del sexo» (1-103) en que, basándose en la amoralidad que pregonaba Marañón, concluye que la nueva ética sexual ya estaba cristalizada y que «es en Rusia donde ha adquirido su más puro esplendor» (103), politización que necesita la ola de reivindicación sexual de moda reciente. Es evidente que muchas novelistas no aprecian o aceptan que el conflicto, el desacuerdo honesto, los altercados y fricción intelectuales son pilares de la solidaridad, concientización política y un sentido compartido saludable de ciudadanía y nación. Ese intercambio ideal es imposible con la complicidad tribalista engendrada por los medios sociales, su debilitación de la democracia y su atrincherada demonización personal, con vituperios energéticos y cobardes en redes sociales de vigilancia mutua, cuyos antagonismos y conflictos no se cuestiona. Hoy la abstracción de ideas e ideales impide una auténtica conexión humana, como argumenta Harwicz en su entrevista con Vicente (2023), o el crítico profesional Epstein (80-81). A pesar de que todo el mundo sabe que no hay lectores *ideales* de novelas se les otorga esa condición a los novelistas mismos.

En «La [sic] psicoanálisis» (105-195), segunda parte de su esquema, Salvador sintetiza los aspectos esenciales del freudismo. La tercera y última, la más extensa, discute «Los delitos sexuales ante la nueva ética: legislación» (197-300), un *tour de force* sobre argumentos interdisciplinarios. Salvador es un adelantado, más cómodo hoy que en su época, desdeñado por el oficialismo literaria y social que no lo entendía, porque sus comisarios no tenían su nivel. El fin que le da a su libro se distancia de los argumentos que desarrolla, revelando un optimismo utópico que, paradójicamente, terminó perjudicándolo. Afirma: «La tierra, el esfuerzo, la riqueza, serán de todos y para todos» (300), «El amor nuevo, síntesis de camaradería, comprensión y gozo, hará del hombre un alto valor artístico. Él será la energía del trabajo colectivo» (*ibid.*). Y como si esos deseos fueran poco, la última línea del libro provee una síntesis conocida: «Porque el sexo es espíritu». Wright, al mostrar el efecto estético general producido por embragues lingüísticos que combinan lo literario y lo clínico, arguye que cada afirmación, no importa cuán ordinaria o extraordinaria, transfiere una intensidad que propone nuevas preguntas que transforman lo que es ciertamente lo mismo (139). Salvador no dejó de divulgar sus creencias, y el 28 de enero de 1961, en *La Semana* de Guayaquil, publica una nota sobre «El fatídico amor», concluyendo que «el trabajo sano y creador, suele ser un modo excelente de combatir el narcisismo morboso» (26).

Esa conclusión es un emblema del contrincante con que le tocó compartir su vida: trabajadores intelectuales malsanos que solo trabajaban para satisfacer sus propias inseguridades. En «Los fundamentos de la [sic] psicoanálisis», Salvador asevera que «la desintegración de los complejos es la labor principal del Psicoanálisis, que es como una operación que ha de efectuarse sin narcótico y que, por consiguiente, es muy dolorosa para el enfermo» (185). Si una enfermedad más grave es la política literaria y sus complejos, es claro que no ha habido cura ecuatoriana. Pero tampoco en Occidente, porque Freud inspiró la vivaz desilusión que la fractura de la racionalidad es el camino real a la verdad universal en vez de un registro de lugares comunes. Lo que sí es incontrovertible respecto a Salvador y el psicoanálisis es que, como Freud, su hija Anna y algunos psicoanalistas ingleses, escribió sobre el campo con prosa elegante y lúcida. Esto es valioso en un continente en el cual el psicoanálisis sufre de cierto complejo de inferioridad respecto a su relevancia frente a la cultura mayor, obliga-do a encastillarse detrás de los altos muros de la jerigonza, para proteger su mística desvanecedora.

En la política literaria un elemento igualmente importante para conjugar forma y contenido que propagaría desde *Esquema sexual* son los paratextos de su primera edición, las veinticuatro páginas sin numerar y de letra menuda anexas al final y tituladas «Algunas opiniones sobre los libros de Humberto Salvador». Esos paratextos —para Gerard Genette «aquello por lo que un texto se hace libro y se propone como tal a sus lectores, y más generalmente al público»— fueron incluidos por Salvador, o sus editores, en varios de sus libros. Otros tipos, epígrafes, dedicatorias, citas y lo afín, hubieran tenido un propósito más sutil o profesional, como los 58 extractos sobre la etimología de "ballena" que incluye Melville en *Moby-Dick*. Son decisiones editoriales, como la de incluir en la edición española un contestatario epílogo de Pynchon sobre *1984*, que fue la Introducción de la edición centenaria en inglés. Si para principios de los años treinta Salvador empezaba a presentir y sentir el rechazo relatado, el esfuerzo desmesurado por legitimarlo mediante los elogios de ciertas obras se convierte en un gesto irónico y revelador si se nota que provienen mayoritariamente del exterior.

Aparentemente, Salvador creyó que era su obligación seguir escribiendo hasta el fin de su vida novelas que tenían poco que ver con lo que quiso tematizar en *En la ciudad he perdido una novela...* Así, no practicó lo que observaba en los años cuarenta:

La [sic] Psicoanálisis ha creado una gran *revolución estética*, y ésta es una de sus obras mejores. Las investigaciones de la vida inconsciente y subconsciente, son un manantial de motivos estéticos. Los grandes maestros del pasado, tuvieron intuiciones geniales, acerca de la vida psicológica que está más allá de la conciencia. Esquilo, Sófocles, Dante, Shakespeare, Cervantes, Goethe, Schiler [sic], Moliére, Stendhal y Balzac, hicieron intervenir en sus obras a muchas realidades de la psicología profunda. Dostoiewsky y Marcel Proust, presentaron en sus creaciones la vida subconsciente, en una forma genial. La influencia de las investigaciones realizadas por el Psicoanálisis es muy honda en el arte de Pirandello; en las creaciones de Lenormand; en el teatro de Eugenio O'Neill; en el célebre *Ulises*, de James Joyce; en las producciones artísticas de Picasso, Wasserman y Ravel, así como es importantísimo el hecho de que, a raíz de la aparición del Psicoanálisis surgió una nueva forma de crítica de arte, basada en investigaciones de la vida subconsciente del autor a quien se estudia, y de los móviles secretos que determinaron la creación de la obra de arte (197-198).

Al día con las conexiones e indagaciones psicológicas (quizás leyó la tetralogía de asesinatos de Dostoievski), fue firme en su dinamismo, aun en su penúltima novela, que no tuvo éxito. Sabía que los motivos no son completamente racionales y que no se puede conocer todas las razones de un acto; o que las variedades extremas o caprichosas del comportamiento tienen patrones y causas observables. Pero la política literaria nacional es constante: no reconoce que percibió precozmente que el ritmo vital era demasiado rápido para ser analizado, y parece concluir que el problema con tratar de entender conflictos subconscientes es que son demasiados, y que tal vez el regreso a la politización de la literatura es *otra* manera de lidiar con ese aluvión vital, o su razón.

Los ecuatorianos se adelantan a la visión del artista letraherido de los mejores novelistas con que termina su siglo. Desde Vargas Llosa hasta *Los detectives salvajes* y *2666* (2004) de Bolaño, ni los *hippys* ni los guerrilleros sirven como héroes, solo el artista como en *Las metamorfosis* de Ovidio. Es más, el novelista hispanoamericano no ha asumido el papel de héroe contracultural, como ha sido el caso desde Jack Kerouac y Vonnegut hasta Wallace y Houellebecq, no el de Harwicz en sus novelas o no ficción. Según Carlos Granés, para los artistas nihilistas que critica Vargas Llosa, «el espíritu occidental no merece ser robustecido mediante alardes estéticos, sino degradado, ridiculizado, convertido en mera materia escatológica [...] El creador no es el ejemplo moral, sino quien ensucia de excrementos las conciencias, quien avergüenza, quien degrada todos los valores que sustentan la civilización occidental» (2008: 174).

En «La parte sobre los críticos» de *2666*, un narrador dice algo similar sobre la ininteligibilidad del intelectual latinoamericano: «Los otros espectadores no ven nada más allá del proscenio y se podría decir que tampoco les interesa ver nada. Por su parte los intelectuales sin sombra están siempre *de espaldas* y por lo tanto, a menos que tuvieran ojos en la nuca, les es imposible ver nada» (162). Bolaño, merecido referente permanente del mundo interpretativo al revés producido por la "nueva literatura mundial" de fondo anglófono, bendición pormenorizada en *Bolaño traducido*, es una "novedad" que permite creer a Borges el precursor de posmodernistas como Pynchon, Julian Barnes, DeLillo y otros. Pero no se determina a qué tipo de narrativa mundial se adelanta Bolaño. Detrás de esos juegos metaficticios, especialmente del Pynchon de *Gravity's Rainbow* (1973), *Mason & Dixon* (1997) y *Against the Day* (2006), hay relatos coherentes de cómo se globaliza la modernidad teconológica de Occidente.

Al escribir sobre Freud y la crisis de la cultura occidental, Trilling arguye «solo hay que leer [nuestras] novelas para entender que tenemos un sentido cada vez mayor de las virtudes cooperativas y un sentido disminuyente del ego que coopera. Como clase, estamos de acuerdo en la cantidad exacta de crítica desafecta, o de furia, que debemos dirigir hacia nuestra cultura, y nos hemos puesto de acuerdo sobre los aspectos de nuestra cultura que deben ser los objetos de nuestra crítica y furia» (1955: 53). Trilling, que entre 1945 y 1947 escribió su seminal «Arte y neurosis» de *The Liberal Imagination* sobre la salud mental del artista atormentado, escribe lo citado en 1955. Años antes, como Palacio, Salvador había comenzado a experimentar los efectos expuestos por Trilling, más la política literaria acomodaticia de los principios de equidad.

Poco después desaparecieron de la esfera pública que ayuda a construir novelas y su historia. Ahora se los encuentra, no por oposición a sí mismos, sino por una igualdad precursora. Es hora de recuperarl a Palacio y Salvador de otra manera, sin presentismo, porque sus novelas incitantes hacen posible que la erudición quede superada en una efectiva comprensión histórica del género, y que el compromiso del novelista hispanoamericano de hoy sea visto por lo que es: un eslabón en una cadena occidental en este siglo. Los dos caben mejor en el relato de una polémica un poco más reciente pero igualmente definitoria detallada en el próximo capítulo, porque en su época y en su país solo había un polo político, sin ninguna revolución estética que pudiera contrarrestarlo.

III

EL NOVELISTA Y EL COMPROMISO REVIVIDOS: CORTÁZAR, VARGAS LLOSA Y LA REVOLUCIÓN CUBANA

Vivimos dentro de una novela enorme. Para el escritor en particular es menos y menos necesario inventar el contenido ficiticio de la novela. La ficción ya está ahí. La tarea del escritor es inventar la realidad.

Ballard, 13-14

Una incógnita de la novelística hispanoamericana del siglo XX sigue siendo el compromiso real o percibido de sus autores, responsabilidad que no se suele exigir a otras bellas artes. Si en este siglo parece conveniente supeditar cualquier análisis de la política de un escritor afirmando que es uno de los "grandes", este capítulo examina un pasado supraliterario para Cortázar y Vargas Llosa, que asumieron progresivamente como intelectuales en la esfera pública. Hay abundante bibliografía sobre ellos y cómo asumen esa figura con credibilidad. Es superfluo comparar su recepción actual con la de otros autores del *boom*, porque su proteica no ficción supera a los otros. Al anunciar Vargas Llosa en diciembre de 2023 que dejará de escribir sus columnas quincenales, inevitablemente vuelve a la novela como protagonista de ellas (Andrea Aguilar, "'Uno sigue soñando novelas cuando deja de escribirlas'", *El País*, 17 de diciembre de 2023, 38-39). Si en la epopeya personal *El pez en el agua* puso en paréntesis la esfera del *boom*, en cavilaciones posteriores prueba lo poco fructífero que es querer ser objetivo sobre el grueso de su cohorte.

Al notar la dilatación pública de estos autores es incuestionable que en el mercado y esfera cultural europea (española sobre todo) o anglófona —que con paradoja y poco recelo también tratan de determinar un canon hispanoamericano— su par en la no ficción es Cortázar. La aceptación de ellos por el circuito académico y un público más amplio, debida a sus declaraciones políticas y activismo, permite ver más allá de sus novelas. Esa acogida es un testimonio del poder del mercado cultural occidental para absorber y desinflar aún a sus críticos más poderosos. Además de ser incluidos en evaluaciones o reseñas de "los mejores libros de...", o ser referentes permanentes en libros, artículos, notas y reseñas periodísticas; la difusión de sus obras permite considerarlos intelectuales críticos, efectivos, orgánicos o públicos, con las variantes del caso. En tanto instigadores y diseminadores de un cosmopolitismo contemporáneo, y sin ser profesionales de la abstracción, Vargas Llosa y Cortázar pertenecen a una nueva y amplia historia occidental; y al ser directos y dar ejemplos, se aprende lo que verdaderamente piensan, como haría después Zambra en sus primeras reseñas, tan elegante y feroz como Amis en las de *The War against Cliché* (2001) o los ensayos y reportajes de *The Rub of Time* (2017). Para ellos la historia cultural debe ser aprehendida estéticamente, expresando valores permanentes. Pero eso no significa que la historia cultural no tiene nada que ver con el cambio sociopolítico.

Cuando murió Cortázar, Fuentes lo llamó, en *The New York Times*, el Simón Bolívar de la novela hispanoamericana. Poco después dijo "Julio Cortázar y *Rayuela* colocan a la novela hispanoamericana en el umbral mismo de la novela potencial: la novela por venir de un mundo culturalmente insatisfecho y diverso" (*VMN*: 275). A sesenta años de su *Rayuela*, que llamó «contranovela», se puede afirmar que unas dos generaciones han percibido en ella fuentes inagotables de ideas jóvenes, por ser una novela iniciática por excelencia que "crea un mundo", por trillado que parezca al releerla. Entre 1963 y 1964, Blumenberg mantenía que la *posibilidad* de la novela yace en su afirmación de que no representa meramente *objetos* del mundo, o que quiere imitar *el* mundo, sino realizar *un* mundo (2007: 124, énfasis suyos). Vargas Llosa sigue haciendo tanto como Fuentes para mantener esa lectura que Cortázar sigue incitando y Blumenberg explica filosóficamente. El peruano escribió un sentido y emotivo tributo (muy reproducido y traducido) al argentino, que luego sirvió de prólogo para las ediciones francesa y española de los entonces "cuentos completos" ("La trompeta...").

Para la tesis que desarrolla este capítulo, la siguiente conclusión respecto al compromiso de Cortázar es primordial:

> En su caso, a diferencia de tantos colegas nuestros que optaron por una militancia semejante pero por esnobismo u oportunismo —un *modus vivendi* y una manera de escalar posiciones en el establecimiento intelectual, que era y en cierta forma sigue siendo monopolio de la izquierda en el mundo de lengua española— esta mudanza fue genuina, más dictada por la ética que por la ideología (a la que siguió siendo alérgico) y de una coherencia total (1991: 8).

El sutil análisis de la vida y obra de Cortázar en "La trompeta..." es también un deseo de poder volver al momento mágico de Deyá, antes de que la vida y la política posmodernas pulverizaran cierta inviolabilidad del arte. A la vez, más que otros, Vargas Llosa publicaba en los periódicos más prestigiosos del mundo, y con el Nobel de 2010 se convirtió en un *influencer* superior a «boomistas» y «posboomistas». La comparación no es casual, porque el medio en que los novelistas son leídos obviamente los define a ellos y a quienes los leen. Hay otra realidad paralela. Se citaba a Fuentes con frecuencia y sus opiniones eran respetadas en algunos círculos. Pero injusto o no, su voz no ha tenido una repercusión similar, tal vez por su tendencia a emitir juicios inmediatos, verter caprichosas opiniones sin sustento o demasiado ajustadas al público o al momento. Ese no es el caso de Cortázar y Vargas Llosa.

Vale un recorrido anecdotario: ahí está el gran Arguedas, malogrado autor de complejas novelas indigenistas favorecidas por Vargas Llosa, disculpándose con solapada ironía ante Cortázar por no ser una persona intelectualmente "cultivada". Poco después está Cortázar discrepando con Vargas Llosa y los críticos Collazos y Rama respecto a la función de la novela y del novelista en Hispanoamérica. Luego vuelve Vargas Llosa, dándole un puñetazo nada literario a García Márquez, o rechazando la invitación de Günter Grass a que pida disculpas por haber dicho que el colombiano es un "cortesano" de Fidel Castro. Más tarde aparece Cortázar, disculpándose ante Fernández Retamar por la postura adoptada por otros intelectuales en cuanto al caso Padilla. Así mismo, en la mesa redonda "El novelista y sus demonios" dedicada a él en la Universidad Complutense de Madrid en 1992, Vargas Llosa pidió que terminara la persecución de Rushdie (que sobrevivió un ataque por ella en 2022, en 2023 publicó otra novela, y en 2024 su relato del apuñalamiento que casi le costó la vida). Sus alianzas peligrosas continúan hasta sus advertencias respecto a las secuelas del chavismo, Evo Morales y candidatos presidenciales en el Perú.

Aunque Cortázar ocupa un lugar indiscutido en la historia de la novela del continente, su positiva recepción fuera de la Argentina es reforzada por la publicación en inglés y francés de un extenso corpus de trabajos póstumos (véase Gigena), los extensos volúmenes de sus cartas y sus nuevas "obras completas", giro editorial similar al que se da con la obra de Bolaño y sus albaceas y que hace preguntar cuándo la revisión póstuma se sobrepasa o peligra. El más allá de los novelistas es menos interesante que su arte y vida porque sirve como el terreno poco prometedor del que surgió su arte. Frente al canon y sus contextos occidentales, no es un cliché o afirmación exagerada proponer que, aparte de Vargas Llosa o Bolaño, no hay otro prosista hispanoamericano como el argentino, con una obra tan vasta y comprometida con la literatura como Flaubert. El peruano, admirador del francés, "ha reemplazado a Gabriel García Márquez en el papel del novelista sudamericano para consumo de los gringos" (Updike: 484).

Vale examinar cómo esta pareja representativa e igualmente dispareja novelísticamente es acogida, en tiempos en que una línea divisoria (la Revolución cubana) influía en los ánimos y libertades de los intelectuales hispanoamericanos. Comparar algunas de sus declaraciones más populares revela cómo estos novelistas prefiguran otros públicos y manipulan sus respuestas. En esferas culturales como las suyas, los hábitos públicos de lectura pueden cobrar un cariz político, logrando que el acto de leer sea tan político como cualquier otra práctica cultural. Aunque es imposible discutir cada obra en que Cortázar o Vargas Llosa va de la abstracción a lo particular, o fluctúa entre la imagen del novelista *engagé* o *dégagé* —en tanto vehículo de expresión cultural o de proyectos políticos utópicos a gran escala— vale examinar la prosa que revela sus itinerarios ideológicos y las volubles relaciones con sus públicos.

Esa dicotomía se sigue dando en un contexto harto violento. Cuando se le preguntó a Monterroso si había censura en Guatemala, respondió: "Allí [la censura] consiste en un balazo". Esto ocurre en un país en el que, como señaló Benedetti en su acalorado y memorable intercambio epistolar con Vargas Llosa, "cada cinco minutos ocurre un asesinato político" ("Ni corruptos ni contentos", 1984:156). Esas precisiones de variada repercusión —*Casa de las Américas*, por ejemplo, reproduce solo el primer artículo de Benedetti en el número que le dedica a Cortázar después de su muerte; mientras que *Vuelta* publicó únicamente las dos primeras salvas de la batalla que se dio en *El País*— son parte de una extensa y viva progresión de polémicas vargasllosianas. Unos años antes, Carpentier definió al intelectual latinoamericano como aquél que a menudo abandona la universidad para terminar en la cárcel.

En 2023, Vásquez asevera que "La historia de la novela moderna es una lucha por decir lo que alguien cree que no se debe decir e incluso por pensar lo que alguien cree que no se debe pensar" (153), mientras que el mismo año en *El ruido de una época* (Barcelona: Gatopardo, 2023) Harwicz, censurada defensora de la libertad en la novela (97-116), afirma "Cuando escribo acepto todo lo que es, veo todo, estoy dispuesta a todo. No evito ciertos adjetivos, no censuro ciertas tensiones, básicamente porque no soy juez, no estoy en un tribunal correccional. Una novela no es una audiencia judicial. No es una sentencia" (42). En la práctica novelística la sensibilidad de estos autores se conforma a una expectativa atisbada por Trilling: los lectores no deben esperar felicidad de la mejor literatura moderna. No es que América Latina fuese más feliz o menos violenta durante el siglo XIX sino que la cultura impresa era menor (y circunscripta a una minoría privilegiada), y ese tipo de mensaje no llegó a una esfera pública mayor.

Pero la magia de la novela impresa es que codifica el gran inventario humano en forma física; algo que ninguna pantalla puede hacer. Aun así, el período anarquista de la segunda mitad del XIX generó paulatinamente una desmesurada cantidad de manifiestos, pasquines, proclamas, volantes y textos insurgentes, que dificultaron distinciones claras entre esteticismo puro y compromiso militante, como se desprende del recorrido occidental en *The Politics of Twentieth-Century Novelists* (1974) compilado por Kurzweil y Phillips, *Writers and Politics* (1983), editado por Panichas, o la antología histórica *Writing Politics* (2020) de Bromwich. Para A. O. Scott, "La novela, más que ningún otro género, servía a [este] mercado. Como todo desarrollo en la cultura popular moderna, provocó cierta inquietud social. Las novelas —en el mejor de los casos una fuente de diversión inofensiva y leve instrucción moral, y en el peor de la pluma de malos escritores, o en las manos de malos lectores— eran invitaciones al vicio y un vicio en sí mismas" (2023: 15)

Scott se refiere a los siglos XVIII y XIX del mundo estadounidense y europeo. ¿Ha cambiado esa dinámica en la tercera década del siglo actual? Para Adorno en "Compromiso", la noción del mensaje en el arte, incluso en el políticamente radical, "se esconde ya el momento de fraternización con el mundo; en el gesto de dirigir un discurso una secreta complicidad con los interpelados, a los cuales únicamente se les podría arrancar de su enceguimiento rescindiendo esta complicidad" (412). Rescatar la estética no significa para él descartar el compromiso moral y político. Por esto su idea de que la regresión intelectual podría ser inherente al concepto de literatura comprometida funciona a la perfección para la Hispanoamérica decimonónica y del veintiuno, dada las fuerzas sociales regresivas que comparten.

Un legado importante de ambos contrincantes es el binarismo que adquiriría protagonismo en el siglo XX. Para Darío el arte es aristocrático, y lo bello en la política era la monarquía. Vargas Vila, anti-imperialista acérrimo y nada nacionalista, contrarrestaba aseverando que lo bello en la política es la libertad. En su historia *Adventures of Ideas* (1933), A. N. Whitehead argumenta que la insistencia en una claridad testaruda surge de sentimientos sentimentales, basados en pura superstición sobre cómo funciona la inteligencia humana. Comenzaba la contemporánea batalla *en* las ideas más que *de* ellas, y con aquella Vargas Llosa cerró el siglo XX con broche de oro, anticipando el puritanismo ideológico estadounidense actual, que Sergio Ramírez, entre otros, actualizó en abril de 2023 como "La nueva edad de la fe", concentrándose en las "cancelaciones" de autores y obras. Por mor de equilibrio la crítica debe tener en cuenta lo que el peruano omite y lo que examina, como cuando retoma y define ese acto de fe ineficaz e irracional en "El desafío de los nacionalismos" (1998: 5).

A pesar de la resonancia de tales desafíos, en las redes culturales Vargas Llosa, si se sigue a la crítica, nunca ha superado similares bataholas. Así se cree que *El pez en el agua* tiene mucho del intelectual decimonónico, a pesar de que allí menciona que los estragos nacionalistas se notan más en la cultura nacionalista. Esa lectura de su obra puede deberse a que el público anteriormente compuesto por campesinos, rústicos, el proletariado y dictadores decimonónicos —"tipos" latinoamericanos que más de un antropólogo considera definitorios— fue reconocido como fuerza lectora a partir de la expansión de los medios masivos de comunicación durante la segunda mitad del siglo XX. Esa es una fuerza en que creen los profesores politizados correctamente, porque generalmente no leen a Vargas Llosa, ni a ningún novelista de su época.

Para Gutiérrez Girardot: «El problema sólo puede resolverse históricamente: con otras palabras, la literatura hispanoamericana es, como cualquier literatura, un proceso histórico, esto es, lo que desconocen los formalistas y los parásitos 'críticos' del *boom*, no los lectores y esclarecedores de sus devociones, sino ante todo los consumidores lucrativos de las oportunidades que les da el *boom*» (185). Incluso un marxista empedernido como Jameson (ex alumno de Auerbach) ha señalado repetidamente que las novelas del modernismo anglófono (sinónimas del cosmopolitismo lingüístico para esa esfera) no deben entenderse "en absoluto como un elemento opuesto al realismo, sino como una experiencia artística y formal diferente e inconmensurable" (2006: 32). Como arguye el capítulo anterior, sobre novelistas periféricos sin la visibilidad de los de este capítulo, su público intelectual no entendió que hay modernismos fallidos que se puede examinar a la luz de categorías clasificadoras que terminan con la representación mimética. Así, la novelística de Cortázar y Vargas Llosa no se supedita a su no ficción, y es imposible dar cuenta debida de la tradición crítica que seguirán generando.

Cortázar y Vargas Llosa entran en la escena

Se emplea el término "intelectual" con mayor especificidad para referirse a estos dos novelistas, no porque hayan establecido alguna comunidad imaginaria antes de establecerse la cancelación en la crítica anglófona, sino porque, a menudo, en Hispanoamérica la "voz de América" no es exclusivamente la estadounidense o de críticos foráneos, sino la de algunos novelistas. No es que novelista e intelectual sean sinónimos, como cierta crítica argumenta débilmente. Lo que ocurre es que su tribuna a menudo compite o se fusiona con la del político, dándose la oportunidad de que el intelectual cree y defienda un debate público racional. Ramírez y Ernesto Cardenal ocuparon un lugar prominente en la política sandinista, pero terminaron perseguidos. Algunnos colombianos apoyaron la candidatura de García Márquez para la presidencia, y las condiciones de Vargas Llosa en el siglo XXI no le permitirían ser otra vez candidato a presidente. A pesar de enrolarse en filas predominantemente liberales, al politizarse los intelectuales exhiben enormes diferencias, aunque monopolizan la atención hacia ellos a lo largo de esos procesos, y por eso vale preguntar qué anima a un novelista a politizar sus obras, más allá de las crisis de su momento.

El clero y los oficiales de la monarquía colonial dejaron de ser parte de esos grupos. Hoy son los académicos, abogados, artistas, periodistas y escritores que pertenecen a las capas intelectuales y, de vez en cuando, especialmente en congresos, juegan un papel forzado de subalternos accidentales. A pesar de ese papel, según un antiguo intelectual marxista, en América Latina los intelectuales "Constituyen un sector no siempre claramente delimitado, que no se agrupa como clase en el sentido estricto del término, pero que influye decididamente en la sociedad" (Teitelboim 21).[23] Si así se piensa de los intelectuales de Occidente, y porque sería pleonástico ofrecer todavía otra tipología de la formación social del intelectual latinoamericano, una manera viable de abordar el problema es remitir al novelista en su relación con el público. Lentricchia discute lo abarcador que es el término "intelectual literario":

> No tan sólo los poetas, novelistas y demás creadores de ficción y críticos literarios según el sentido estricto del término; sino también todos los intelectuales tradicionalmente denominados humanistas; los críticos en general; y no sólo los humanistas de las universidades, sino también intelectuales literarios en tanto periodistas, publicistas, quienes trabajan en los medios masivos de comunicación y en lo que se llama 'las noticias': gente que lee, analiza y produce lo que la crítica avanzada denomina 'representaciones' e 'interpretaciones' (6).

Sin añadir a las tipologías que la crítica especializada seguirá encontrando, o examinar el efecto de haber trabajado en publicidad (F.Scott Fitzgerald, Rushdie, DeLillo, Valencia) se puede estar de acuerdo con el panorama citado, con salvedades.

---

[23] En el contexto presentado, la equiparación de Teitelboim de la complejidad técnica de las novelas contemporáneas con su opinión de que "son los novelistas latinoamericanos los que verdaderamente conocen las necesidades del lector general" (25) exige mayor discusión. Gabriel Zaid, "Intelectuales", *Vuelta* 14. 168 (Noviembre de 1990): 21-23, sostiene que no son intelectuales "Los taxistas, peluqueros y otros que hacen lo mismo que los intelectuales, pero sin el respeto de las élites" (21).

Primero, si es cierto que el público que consume "cultura" es mayor ahora que durante los siglos XIX y XX, resulta difícil afirmar que es más democrático o culto. Segundo, considerar una prevención de Said. En una declaración tardía sobre los intelectuales, se dirigió a su papel público, afirmando que "es grave y casi aterrador contrastar el mundo del discurso intelectual académico, y su belicosidad generalmente hermética *llena de jerigonza* y nada amenazante, con lo que toda la esfera pública ha estado haciendo" (1994:125, énfasis mío). Sin vaticinar, como Orwell en *1984,* que para 2050, por traducir "correctamente", la "nuevalengua" se habría generalizado e impuesto sobre la "viejalengua", Said tiene razón; y vale preguntar por qué le llevó dos décadas airearlo. Tercero, como ideología, el humanismo ha perdido la acepción de la *humanitas* romana, según la cual ser humano significaba ser refinado, culto, elocuente, generoso y educado. En ese contexto, los mensajes que los novelistas hispanoamericanos hacen circular, por poderosos que sean en las esferas artísticas, tienen poca influencia en los circuitos no intelectuales, a pesar de su expresión clara y honesta, como practicaba Orwell.

Como ejemplo mínimo de las expectativas que crea la capacidad sintética de varios novelistas contemporáneos, no se espera mucho para que aparezca traducida una obra de un "boomista" o la de otros de similar canonicidad occidental. La diferencia es que casi con similar rapidez las novelas de los últimos se venden en rebaja, mientras que las de Cortázar, Vargas Llosa y García Márquez cumplen con una demanda constante, y su popularidad no es efímera. Esto ocurre mediante una intrincada red de relaciones entre el éxito de su prosa en su lengua original y su recepción en lenguas extranjeras, como sigue ocurriendo con las adaptaciones cinematográficas, radiofónicas, teatrales y televisivas de la ficción continental, no solo austriaca, de Zweig. Debido a que sus posturas públicas suelen pecar de ostentación ideológica, con convicciones que asumen las consecuencias, los hispanoamericanos son ejemplos de cómo la historia literaria no se determina por la recolocación primermundista de una presunta identidad posmoderna o poscolonial. Así, en Occidente leer a Cortázar o Vargas Llosa traducidos conduce a descontextualizaciones casi permanentes, llenas de desencuentros y destiempos.

Es difícil determinar si el público de Cortázar ha variado a partir de su muerte, y si el de Vargas Llosa se expande uniformemente. Sin embargo, la atención a la no ficción del peruano, como a la del argentino cuando vivía, deben ser puestas en perspectiva, por aparecer en publicaciones escogidas cuidadosamente y consumidas por lectores reconocibles. Así, la recepción completa de su prosa revela las complejas interrelaciones desatadas cuando se percibe que adoptan una postura política bien determinada. Aunque los intelectuales hispanoamericanos no pertenezcan a una comunidad imaginaria, en el sentido con que Benedict Anderson caracteriza al nacionalismo, no difieren demasiado de los de Occidente. Al encontrarse con Iván Turguénev en Alemania en 1867, Dostoievski, nacionalista, le aconsejó comprar un telescopio para poder ver mejor a Rusia. La clase intelectual funciona como una comunidad elaborada y restringida por códigos sociolingüísticos privilegiados, en el caso de Dostoievski con su retórica de posesión y expansionismo imperial, como intentó hacer González Echevarría con Carpentier (1990).[24]

La noción de los intelectuales como comunidad lingüística es la sexta de dieciséis tesis propuestas por Gouldner para describir el funcionamiento de sus pronunciamientos (28-43). Gouldner considera que la intelligentsia y sus miembros comparten una ideología que denomina CDC ("Cultura del Discurso Crítico"). Era de esperarse que esta segregación del discurso intelectual sea seriamente discutida y criticada por la derecha y la nueva izquierda, que no sabe cómo dejar el tribalismo por el universalismo. El problema sigue siendo si el intelectual literario *per se* tiene un trabajo radical, si se constituye en un trabajador (en un sentido amplio) e ir más allá de su voluntad

[24] Véase Richard A. Posner, *Public Intellectuals: A Study of Decline* (Cambridge: Harvard University Press, 2001), particularmente el capítulo "The Literary Critic as Public Intellectual" (223-246); más las compilaciones de George B. de Huszar, *The Intellectuals* (1960), Philip Rieff, *On Intellectuals* (1969), Amitai Etzioni, *Public Intellectuals, an Endangered Species?* (2006), David Bates, *Marxism, Intellectuals and Politics* (2007), y Ron Eyerman, *Between Culture and Politics* (1994), que actualiza y entreteje las definiciones sociológicas de Lewis Coser, *Men of Ideas* (1965). Son paradigmáticos los dos tomos *Historia de los intelectuales en América Latina* (2008-2010), eds. Carlos Altamirano y Jorge Myers.

de autonomía. Los intelectuales padecerían de una nostalgia de lo absoluto, de un esquema universalmente abarcador. Vargas Llosa lo examina como fuga musical:

> Es cierto que los intelectuales han sido muchas veces también las víctimas de la intolerancia; han sido perseguidos, encarcelados, torturados, a veces asesinados por las dictaduras. Pero en muchos, muchos casos, con sus declaraciones políticas han reaccionado a este tipo de intolerancia con la misma intolerancia, promoviendo de tal manera una interpretación de nuestra sociedad y nuestra realidad que es dogmática y fanática (*A Writer's...*: 124-25).

Así el público real de los intelectuales se restringe a aquellos que entienden el profundo entramado de la ideología que propugnan, a pesar de que la circulación del discurso no obedece a simples reglas de remisión a una clase o ideología (un mundo en que todo está ordenado y siempre funciona). Si "todo es político", aun en las obras en que el argentino y el peruano no hablan de política, ¿cómo clasificar la política en *La fiesta del Chivo*, o *El examen*? Ambos son mucho más complejos, porque en varias de sus novelas se contradicen como críticos políticos, condición presente en los escritores políticos que agonizaban sobre el "compromiso" en los años treinta.

"Neo-Luditas" cubanos

El título de esta sección alude a los *Luddites*, los obreros ingleses que alrededor de 1811 protestaban destruyendo máquinas que en realidad les ahorraban trabajo. Por extensión se refiere a los que se oponen a los avances y mejoras tecnológicos y sociales, en los cuales ni la derecha ni la izquierda tiene monopolio, por lo menos en lo que se refiere a los adelantos humanos que aquellos cambios vienen acarreando, o a la actitud reacia de ambos polos políticos para aceptar los de características más generales. Es decir, la ética declarada intelectualmente no es idéntica a la que la sociedad practica. En un clásico ensayo un tanto sui generis de finales de los años sesenta, Cortázar hace una lectura laudatoria del *Paradiso* de Lezama Lima. Interrumpe su análisis para puntualizar que "[Si] la dificultad instrumental es la primera razón de que se ignore tanto a Lezama, las circunstancias de nuestro subdesarrollo político e histórico son la segunda. Desde 1960 el miedo, la hipocresía y la mala conciencia se aliaron para separar a Cuba y a sus intelectuales y artistas del resto de Latinoamérica" (1970: 49).

Esa visión no difiere demasiado de la de Vargas Llosa y Benedetti y lo que muchos otros dijeron acerca del bloqueo cultural contra Cuba antes del caso Padilla. La correspondencia de estos autores, alguna recuperada, no siempre refleja sus preferencias ideológicas, como algunos académicos (sin exceptuar sus incondicionales) han argumentado respecto al Vargas Llosa de finales de siglo o a las de Cortázar publicadas a partir de 1974. Por el contrario, el viraje político tiene que ver con los cambios en sus lectores; Cortázar como Vargas Llosa puede decir una cosa en sus ensayos y otra en sus novelas. No cabe duda de que las posturas ambivalentes en ambos acerca de las revoluciones cubana y nicaragüense u otras registran sus ideas sobre la función del novelista o sobre lo que ellos mismos devenían. Típicamente preclaro y sensato, notando que "la pintura intervino a la par de la literatura", para los años 1920-1940 Henríquez Ureña afirma "Como ocurre a menudo, los más radicales en su credo social y político no eran 'avanzados' en sus nociones de arte y literatura, y al contrario. Pero no duró mucho aquella elemental y clara separación. Una parte del grupo de los innovadores literarios empezó a interesarse los problemas sociales, y la mayoría de los socialistas aprendieron la técnica de la nueva literatura" (197), arco que va de Salvador a Cortázar, pioneros de estilos abstractos que transformaron ideas tradicionales sobre las formas narrativas y elementos formales constituitivos, con guiños a Freud y Carl Jung.

Aunque es cansino repetirlas o resumirlas, las acaloradas discusiones en torno a la Revolución cubana se centraron en la función de los intelectuales y en el tema de la elaboración de estilos alternativos de desarrollo para los estados poscoloniales, dado que la liberación implicaba *voluntad* de liberación y poderío. En Cuba, donde la fe en las clases populares como portadoras de la utopía socialista sigue intacta, se presta menos atención a los trabajadores intelectuales, a pesar de las discusiones de la década del setenta en torno al tema en los órganos culturales oficiales. La coherencia de la categoría "el pueblo" y su nebulosa relación con la de "clase popular" es crucial en esas discusiones. No obstante, la figura del intelectual cubano propone un papel para los sujetos inmersos en un sistema contradictorio. Padilla, que como Zola no fue el primer escritor hispanoamericano en lanzar un "yo acuso", vivió en momentos determinantes, definitorios si se quiere, de la Revolución, en que el lenguaje era muchísimo más que un medio de comunicación entre los intelectuales y el público, como pormenoriza Claudia Gilman en su sexto capítulo (2003: 233-263).[25]

Luego del caso Padilla, cuyo testimonio filmado se recupera en el fascinante y revelador documental de Pavel Giroud, *El caso Padilla* (2022), Cortázar, Vargas Llosa y sus pares del momento cambiarían la conexión política de la historia literaria. Se dedicaron a revisar posturas intelectuales previas, junto a otros fundamentalismos ideológicos. En la batalla pública, que incluyó a intelectuales cubanos en el exilio, Cabrera Infante y Arenas encontraron su viento en la marea ensayística ocasionada por Padilla, de manera ambigua, aunque siempre *pro domo sua*.[26] Estos, coadyuvados a regañadientes por el gorilismo y fanfarroneo de partes poco ilustradas del exilio cubano

---

[25] Solo los protagonistas en el asunto publicaron sus testimonios. Los parangones son Edwards (caps. 3 y 4, y el "Epílogo parisino" de la última versión de *Persona non grata*), Franqui, y Fernández Retamar, que critica a Cortázar y Vargas Llosa en "Calibán revisitado", los reportajes de *Entrevisto*, y "Casi veinte años después". Hay comentarios previsibles de Cabrera Infante, Arenas, Padilla y Franqui, recogidos por Anhalt en *Rojo y naranja sobre rojo* (1991), más la explicación de Vargas Llosa en "Cabrera Infante" (1997) y Rafael Rojas, "Anatomía del entusiasmo. La Revolución como espectáculo de ideas", *Encuentro de la cultura cubana* 45/46 (verano/otoño de 2007), 3-15.

[26] La mejor documentación sobre la polémica sigue siendo Casal, que incluye el largo *mea culpa* de Padilla, complementada por Verdès-Leroux (470-496). Compárese esos argumentos con algunos testimonios de este siglo, la mayoría en *Encuentro de la cultura cubana* 19 (invierno 2000/2001), que también se dedicó al caso en números anteriores (4/5, 16/17) y el seminal estudio de Gilman, el único que no quiere ser guía turística. Véase ahora el documental de Giroud, con su confesión filmada, restaurada y suplementada con comentarios de los "boomistas" y otros protagonistas cubanos.

en Estados Unidos, nunca dejaron de atacar directamente a Cortázar y a los que apoyaban a los connacionales que optaron por quedarse en la isla. Las estrategias que esa parte empleó aparecen ejemplificadas en el documental *Conducta impropia* (1984), y en el relato sexualizado (experiencia no quiere decir autobiografía) de Arenas *Antes que anochezca*, filmado y con problemas de verosimilitud que otros podrán discutir, y que no han llegado a tener la resonancia o los foros de que siempre gozan Cortázar y Vargas Llosa.

Aunque simpatice con los opositores del régimen cubano, ante el cual la intelligentsia progresista extranjera sigue sin cambiar su actitud, Vargas Llosa se ha negado a considerar artillerías burdas. Sin embargo, se detuvo para reseñar el último libro de Arenas, con quien comparte la repugnancia hacia los fraudes intelectuales de "ciertas supuestas eminencias intelectuales de la hora". A pesar del barniz positivo de su reseña, no se trata de una admiración tardía por los claros valores narrativos de Arenas, o por la homosexualidad sobrevalorizada por cierta crítica del cubano que desestima los arquetipos heteroflexibles de su narrativa. Se trata más bien de dar rienda suelta a dos de sus elucubraciones constantes sobre sociedades abiertas, cuyo meollo no discute a fondo la crítica desde su primera mención hasta hoy. Primero, el papel del escritor y su escritura; y segundo, la relación de aquél con el estado. Cuesta creer la relación casi moralista que trata de establecer entre lo que engendró el estado revolucionario y la actitud política elemental de autores como él. Como revela en su autobiografía, en *El color del verano* y en *Viaje a La Habana*, su «deformación» se dio mucho antes de la revolución, lo cual eliminaría cualquier nexo entre Arenas y el "hombre nuevo".

En lo que siempre se podrá estar de acuerdo con la reseña de Vargas Llosa es con su apreciación de la transgresión que Arenas pretendía practicar como impulso literario inicial. Como dijo el peruano en 1992, los libros malditos "deben su grandeza no, como las buenas creaciones literarias, a la pericia formal, a un arte de la palabra capaz de insuflar vida a la ilusión, sino a la inmolación del que escribe" ("Pájaro...": 15). En esto, un lector honesto de su no ficción lo sabe,

Vargas Llosa es consecuente. Llega a la brillantez con la continuación de la segunda elucubración de su ensayo:

> Para hacer la vida posible, la civilización ha elaborado múltiples formas de amortiguar, sublimar o reprimir aquellos deseos asociados a la pulsión sexual [...] La ficción es una de esas formas, acaso la más privilegiada, mundo alternativo o paralelo donde el hombre puede, aunque sea de manera ilusoria, mirar a sus demonios cara a cara, gozar con ellos y gratificarse con aquellas trangresiones y excesos arriesgados sin los cuales no se resigna a vivir ("Pájaro...": 16).

No es que retome *ab ovo* la teoría de la novela que propone, sino que dentro de la mundialización interpretativa no comulga, como Fuentes, con las teorizaciones polémicas del momento en que escribe. Más bien, acata una noción análoga a la de Blumenberg, mediante la cual todo lo que se puede saber de la vida encuentra su mejor expresión en determinadas metáforas, o "las metáforas por las que vivimos", teoría desarrollada por George Lakoff y Mark Johnson en *Metaphors We Live By* (1980) según la cual el pensamiento humano está estructurado por sistemas conceptuales que en su mayoría son de naturaleza metafórica, como "la literatura salva la vida". Ese proceder ocasiona reacciones violentas de lectores o críticos comprometidos, aunque en la mayoría de los casos sirve de gatillo para comentarios ingenuos.

Con lo que se sabe de él hoy, es penoso emplear calificativos que no significan mucho: "Cuando Vargas Llosa escribe acerca de su propio trabajo como novelista y establece una teoría sobre su propia obra, realiza una actividad que resulta *interesante* y *emocionante* para el lector y para el estudiante de literatura como una *introducción* a su método de creación" (51, énfasis míos).[27] Como intelectual, ordena

---

[27] Birger Angvik, "La teoría de la novela de Mario Vargas Llosa y su aplicación [sic] en la crítica literaria", *La narración como exorcismo. Mario Vargas Llosa, obras (1963-2003)* (Lima: Fondo de Cultura Económica, 2004), 21-52, texto no revisado de 1997. Como señala Robb (2008) en su reseña de la versión francesa de *La tentación de lo imposible*, la crítica académica que halla repeticiones y falta de "teorización" desde *Historia secreta de una novela* (1971) subestima el valor de sus análisis de García Márquez, Flaubert, Arguedas, Hugo u Onetti; o de

sus pensamientos con el espíritu de un artista total, no como ingeniero de almas humanas. La reacción crítica a *El viaje a la ficción: el mundo de Juan Carlos Onetti* (2008) fue ambigua, y se lo sigue acusando de politizar la literatura "incorrectamente", por comentarios sobre cómo Onetti construye un mundo a partir de experiencias universales no autóctonas o costumbristas (2008: 224-226), o aseverar que "Existe la ingenua creencia de que la literatura comprometida es sólo aquella que describe los antagonismos sociales, la lucha de clases, la explotación de los pobres por los ricos o los abusos contra los derechos humanos de los poderosos" (2008: 230-231). Se refiere, como hace directamente en otros ensayos sobre Arguedas, al pensamiento universitario que no se pregunta si los valores progresistas que inculca contribuyen solo a una movilidad social (su propio progreso) o a capacidades rentables.

El arco que va de Lukács a Bajtín, apostillado en estos capítulos, sigue siendo parte del horizonte hispanoamericano de expectativas al pensar en una teoría novelística, y para qué negarlo. Pero Cortázar y su teoría son la prueba del novelista que no se obliga a estar al tanto de actualizaciones teóricas para su prosa, y su recorrido es semejante al de los ingleses, de David Lodge a Amis, no hacia Bajtín o al Adorno que sin duda conocía el argentino. Su canonicidad es cuestionada ocasionalmente por narradores como Aira, que no se muerde la lengua al expresarse sobre su colegas (véase *Discípulos y maestros 2.0*) y algunos de la generación actual, pero no sus lecturas de novelistas mundiales de su siglo en "Las etapas de la novela" (74-77), "Cuatro décadas del siglo" (81-84) y en "Un cobayo: la novela" (85-88) de *Teoría del túnel*, ahora incluidos en la *Obra crítica* (2006). Sí se debe preguntar qué no se hace con su conocimiento de ellos. Rizzante concentrado en Kundera, reitera un axioma: "Cuando un escritor, un novelista, un artista escribe sobre sus lecturas, escribe sobre su propia obra. Es decir, nos revela cómo querría que su obra fuera leída, desde qué punto de vista, desde qué tradición" (2021:33).

---

artículos individuales sobre novelistas de Occidente, la mayoría recogidos en los tres volúmenes de *Piedra de toque* (2012), Véase mi reseña-artículo de esa suma de su no ficción, "El cuarto poder de Vargas Llosa", *Letras Libres* XIV. 172 (Abril 2013). 68-70.

Aparte de *Teoría del túnel*, casi siempre se recurre a "Notas sobre la novela contemporánea" (1948) y "Situación de la novela" (1950) como fuentes inevitables de su poética incipiente. Esa es la tendencia, desde intérpretes como Alazraki hasta Standish. Con su edición de la primera versión de la *Obra crítica* (1994) Saúl Yurkievich y Saúl Sosnowski mostraron la necesidad de no ver la teoría de Cortázar estancada en los finales de los años cuarenta (la *Obra crítica* de 2006, compilada por Yurkievich y Gladis Anchieri, recoge lo que publicó entonces en la revista *Cabalgata*, en su mayoría reseñas de novelistas de Occidente), sino de conectarla con su prosa no ficticia de los años setenta, cuando habla de manera más dinámica de "literatura" y "realidad" que de novela.

Hay un archivo reconocible en su teoría de la novela, o por lo menos de qué se debe componer, más una suma de qué era Cortázar como novelista. Así, recuperar su teoría *desde* la política contiene el principio de que una novedad puede ser rechazada por "anticuada" o insuficiente, o en el mejor de los casos permitir renovar lo que se intuye al leer, por ejemplo la relación entre prosa y poesía (como insiste Butor; y Alejandro Zambra y Fabio Morábito en español) o biografía y autobiografía en el caso de *Imagen de John Keats* (escrito en los años cincuenta, publicado en 1996) con metodologías que superan a la de la literatura mundial actual para comprender a un poeta ambiguo, o corrigen la noción de González Echevarría de que no hay nada nuevo o cautivador después del archivo (conveccional) que engulle todo. Al examinar la prefiguración de una nueva forma novelesca en *Divertimento* (1949, publicada en 1986) y en *El examen*, Yurkievich asegura "Si lo abordamos en tanto totalidad, este conjunto se muestra coaligado por evidentes lazos de parentesco, revela un vínculo placentario" (373), añadiendo que "presenta toda la problemática estética que pululará en las novelas posteriores" (379). La política de Cortázar es la de su ciclo novelístico.

En "La teoría en 'El Cuaderno'", Ana María Barrenechea fija que desde el principio de su pre-texto Cortázar "plantea la escritura como necesariamente experimental (Wittig la veía como taller literario), y su novela como antinovela" (1983: 93). Es obvio que tan pronto el novelista establece la ley, también constituye la trampa, incluyendo trampantojos para huir de la crítica. Como postula Barrenechea en torno a la teoría incipiente del autor, sus novelas contienen una teoría de la vida y de la escritura (1983: 94-96). En este sentido es muy pertinente una clásica entrevista para la revista *Life* en 1969, recogida en versión completa en *Papeles inesperados* como "Lo que sigue se basa en una serie de preguntas que Rita Guibert me formuló por escrito..." (226-248). Cortázar repasa con brillantez la totalidad interdisciplinaria de las consideraciones intelectuales que se prestan a la dicotomía entre política y literatura, concluyendo: "[...] pienso en el comienzo de esta entrevista, en parte por ese sentimiento de lo cíclico que gobierna mucho de lo mío, y en parte porque las consideraciones ideológicas o políticas de ese comienzo son el sustrato lógico y necesario de las consideraciones literarias de la segunda parte" (248).

Habría que contextualizar ese momento de Cortázar y su absoluto derecho a haber cambiado, como Vargas Llosa. El asunto es que la noción de salir a la *esfera pública* (según Habermas, un público político de personas privadas que razonan públicamente) se convierte en elemento generatriz del campo cultural en que los dos se mueven como ensayistas. Siguiendo con la comparación con el peruano, Cortázar, reconocido por siempre contestar sus cartas, sí les prestó atención a los cubanos, *in situ*, aunque no tanto como Hemingway, a quien le gustaba describirse como "escritor cubano". Como probó Padilla, la situación cubana seguirá siendo un tesoro económico para protestar contra la situación del intelectual en Cuba y la discordia entre una democracia deliberativa y la autocracia del estado absolutista para el cual Habermas imaginó la *esfera pública*. A diferencia de Arenas, Padilla murió sin presentar al público lo que creía que sería el futuro, y el problema es que siempre funcionó con redes intelectuales.

Arenas no menciona la campaña que desequilibrada y aprensiva-mente promulgó (instado por académicos cubanos y "amigos comunes" que supuestamente redactaron *El portero*) contra Rama y la revista

Review (Corral: 1999). Su actitud de entonces se puede contrastar con su afirmación de que "Nueva York durante los años 1981 y 1982 fue una verdadera fiesta". La "fiesta", aunque no se puede escribir de esa ciudad sin referirse a la emigración, tuvo que ver con la persecución estadounidense del uruguayo, engendrada por exiliados de derecha. En "Ángel Rama: la pasión y la crítica" (1983), Vargas Llosa considera a Henríquez Ureña su único par crítico, afirmando que sus convicciones, como ahora patentizan su diario y cartas póstumos, nunca lo "convirtieron en un dogmático ni en rapsoda de ningún partido o poder" (*CVM (II)*: 380). Baste decir que en el contexto de su pobre humanidad, la frivolidad e irresponsabilidad de él y sus manipuladores académicos no fueron menores que su vasto talento narrativo.

La polarización no es dialéctica, y se asemeja más bien a una contienda con almohadas entre compañeros que discuten asuntos pertinentes. Los lectores, como Gulliver en la novela de Swift, descubren que Cuba se ha convertido en Laputa, la isla voladora poblada por intelectuales demasiado preocupados con abstracciones o ajustar cuentas para lidiar con simples realidades. Pero aún después del levantamiento en Chiapas y la hegemonía de la izquierda sesentayochista en algunos gobiernos hispanoamericanos en décadas recientes, Cuba no ha sido relegada por los intelectuales hispanoamericanos de hoy, y estos siguen pretendiendo saber aplicar más de la antropología estadounidense políticamente correcta que de la sociología del continente. Como demuestra exhaustivamente Gilman para el ambiente latinoamericano y latinoamericanista, las disputas por el control de la cultura eran cada vez más evidentes en esos años, y los cubanos no eran la parte menor de, entre otros problemas, la formulación explícita del antiintelectualismo como subordinación a la directiva "revolucionaria" (204-218, 219-230). Eran los neo-luditas del trópico.

El hombre nuevo

El fracaso político y estético de la novela más ideológica de Cortázar, *Libro de Manuel* (1973), es un buen ejemplo de lo discutido respecto a Vargas Llosa y su idea del compromiso, que para él no es un proceso histórico en que las eras reclutan en vano a los agentes de su propia perdición. Hacia mediados de los años setenta, un novelista comprometido como Cortázar reenviaba su autoridad textual al contexto social de su público como parte de su lógica, persuasión y ética. Se basaba en la idea de que ninguna ley de reacción estética podía ser válida para todas las experiencias, a menos que los mismos lectores la impusieran al orden de las cosas, adelantándose al cuadro de todas las experiencias, odios, sensaciones y sueños que quiere trazar el pintor Serge Valène en *La Vie mode d'emploi* (1978) de Georges Perec. Consecuentemente, el argentino incluye la posibilidad de la elección ética razonada, reflexiva y de principios. Cortázar no era un ludita que se oponía al progreso, sino a la implantación de artefactos mentales que amenazaban a sus comunidades, empleos y valores.

A partir de este andamiaje, tejió su visión del hombre del futuro, que incluiría a los intelectuales en búsqueda de "otras maneras de comunicarse", situación complicada hoy por la conjunción de tecnología y otro tipo de utopianismo político. Simplificando un poco, el hombre nuevo, inmerso en una sociedad socialista ideal, podría canalizar sus energías hacia la justicia, logrando una mejora general y dando cauce al potencial revolucionario reprimido del hispanoamericano. En dos de sus últimos ensayos, sintetiza el ideario que lo llevó a tener la esperanza de lograr nuevos "puentes" de comunicación, desde su primera visita a Cuba hasta la Nicaragua sandinista anterior a su muerte. El primero, "El escritor y su quehacer en Latinoamérica" (1984), reúne sus esperanzas más conocidas, y puede ser leído ahora como el último deseo de un moribundo. En su exigencia de intelectuales "responsables", o sea políticamente eficaces, adjudica la falta de afinidad social al hecho de que éstos se apoltronan en los centros cosmopolitas e ignoran los problemas de la clase iletrada que no vive en ellos.

Con excesivo apego a ciertas consignas (no se ha discutido cabalmente el sexismo del "hombre" nuevo), Cortázar señala que "a nadie puede escapársele ya la importancia de esta etapa en la que los análisis teóricos parecen haber sido suficientemente agotados y abren el camino a las formas de la acción, a las intervenciones directas" ("El escritor y...", 78). Cuatro años antes, releyendo a "Sartre, veinte años después", el peruano expresó algo que varios siguen notando en Cortázar, que murió tratando de explicarlo a sí mismo: "Con la perspectiva que da el tiempo, uno descubre que la obra del propio Sartre es un rechazo sistemático del 'compromiso' que él exige al escritor de su tiempo" (*CVM (I)*: 327). Revisar cómo entender al "escritor comprometido" confirma que lo que Vargas Llosa nota en sus novelas, que se puede rastrear en los ensayos del francés. Desde *Qu'est-ce que la littérature* (1947), pasando por "Orphée noir" (1948), "Questions de methóde" (1960) y culminando con *L'idiot de la famille* (1971-2), Sartre cambia la forma de desarrollar sus conceptos y métodos para entender el compromiso. Vargas Llosa termina arguyendo que inclusive un escritor poco comprometido como Flaubert puede ser considerado *engagé*. Es más o menos lo que argüía en 1974, en "Flaubert, Sartre y la nueva novela" (*CVM (I)*: 216-24), favoreciendo al primero y mostrando la equivocación de la prognosis de Lukács en *La teoría de la novela*, que no se vislumbraba un nuevo tipo de novelística europea, que según Kundera está en obras; situación similar a la hispanoamericana de mediados del siglo XX examinada por Rama en el primer capítulo, o la actual según Moretti.

Benedetti, quien en su distancia de Vargas Llosa podría asumir el papel del "bandido" o el del "ser molesto" que Richard Rorty y Tzvetan Todorov han elegido respectivamente para la figura del intelectual moderno, cree que la acción es una presencia inevitable en la producción del intelectual latinoamericano: "El prejuicio generalizado contra el intelectual puede representar una actitud injusta y arbitraria. A veces parecería que el único expediente de que dispone un intelectual para que tales prejuicios y desconfianzas se transformen en confianza política y crédito moral, es pagar ese arduo certificado con su vida" ("Acción y creación literaria" 100). En sus admirables, por incesantes, defensas de los intelectuales de izquierda contra lo que llama los "ideólogos de la reacción", Benedetti, aún en sus últimos textos, no supera el esquematismo. Cortázar y Vargas Llosa pueden girar hacia una idea como bosquejo, y la reconocen como tal inmediatamente, sin reivindicaciones folletinescas y sin cronistas del sentimiento. Se trata entonces de cegarse con las convicciones, ya que según Benedetti, la acción define la especificidad de los géneros narrativos del continente. De acuerdo a él, el viejo esquema de que los intelectuales clarifican los asuntos mientras los hombres de acción los facilitan debe cambiar. Para que haya justicia, ambos roles deben ser complementarios. Dentro de este contexto, la loable idea cortazariana de crear nuevos canales discursivos para llegar a un público más masivo es una manera de curarse en salud, como la de Benedetti de reestructurar los canales sociales para la lectura. El que sí llegó a una acción efectiva es Vargas Llosa, no el éxito de ventas que fue Benedetti por su poesía menos política, complicando la visión crítica correctora que quiere que las masas no tengan gustos "burgueses", como si hubiera consenso sobre el "buen gusto" o este no fuera cíclico o cambiante.

Cortázar no percibe a los intelectuales como clase social, sino como seres que cuestionan su propio lugar en la sociedad, tradición que del siglo XX al XXI tiene un arco que va de *La metamorfosis* de Kafka a otros escritores de Europa central (otro Oriente) como Gombrowicz, y su "literatura menor" llena de crisis, hasta *Vértigo* de W. G. Sebald y su legado técnico. Pero subestima la diversidad y diferencias que aparecen, e incluso el valor de los intelectuales exiliados o refugiados para la cultura a la que llegan, y Estados Unidos y Francia serían un ejemplo. Para Vargas Llosa, en cambio, los movimientos socioculturales que luchan por una hegemonía alternativa deben reconocer las diferencias y fomentar definiciones pluralistas. En "El elefante y la cultura" (1981), recogido en los dos primeros tomos de *CVM*, dice tajantemente:

> Ninguna cultura se ha gestado, desenvuelto y llegado a la plenitud sin nutrirse de otras y sin, a su vez, alimentar a las demás, en un continuo proceso de préstamos y donativos, influencias recíprocas y mestizajes, en

el que sería dificilísimo averiguar qué corresponde a cada cual. Las nociones de 'lo propio' y 'lo ajeno' son dudosas por no decir absurdas, en el dominio cultural. En el único campo en el que tienen asidero —el de la lengua— ellas se resquebrajan si tratamos de identificarlas con las fronteras geográficas y políticas de un país y convertirlas en sustento del nacionalismo cultural (*CVM (I)*: 440; *CVM (II)*: 315).

¿Es éste el sentido común que admira en Berlin o una rectificación de lo que opinaba en los años sesenta? Parece, más bien, una admisión tácita de los cambios en los juegos de poder que las sociedades occidentales experimentan sobremanera en estos días. Conectados a literatura e identidad, en 1982 Cortázar los ve como sigue:

Supongo que de eso se habla o se trata entre líneas, pero frente a enunciados que exponen la cultura como 'in vitro', se siente la necesidad de preguntarse cómo se puede tratar de cultura y sociedad, de políticas culturales y de cooperación cultural entre tantos otros temas y problemas, sin plantearse previamente el del poder en sus formas presentes y activas, llámense imperialismo, políticas hegemónicas, nacionalismos agresivos, etc. ("Literatura e identidad": 75).

Vargas Llosa se distancia del relativismo que suele rodear a Cortázar. El pluralismo que propone —filtrado por el "pluralismo de valor" de Berlin y otras ideas de Popper— postula que esa multiplicidad no conduce necesariamente al conocimiento o relativismo cultural cortazariano. Desde Platón la distinción en Occidente entre ficción y no ficción ha producido un montón de abstracciones a las que, contrario a algunos novelistas contemporáneos, el peruano nunca se apegó. El asunto, ¿hay que repetirlo? no tiene una respuesta, y es incompleto en el mejor de los casos, por la buena razón de que desde su comienzo la novela ha sido una forma híbrida e impura, basada en otros géneros;

así Defoe y *Diario del año de la peste* (1722), Sterne, Joyce, Murdoch o Kathy Acker.

Con la publicación de sus notas y las pruebas de galera de *Libro de Manuel* tituladas *Epreuves* por su redactora y compañera Ugné Karvelis, se puede pensar que las presuposiciones del novelista no invalidan las hipótesis de su "lector-cómplice", y poner en perspectiva cualquier sospecha de que el novelista nunca pensó en su política de manera sistemática, o que hay algún placer perverso en ver cómo una novela se tambalea bajo el peso de sus contradicciones. En la novelística póstuma (que obliga a cuestionar la totalidad de la literatura mundial de Occidente) es obvio proveer codificaciones de lectura; junto a toda una historia de novelas y manuscritos inacabados publicados póstumamente: Jane Austen y *Sanditon* (la más reciente con adaptación televisiva); Dumas y *Le Chevalier de Sainte-Hermine*, novela histórica descubierta en 1990 y publicada en 2005; Dickens con *The Mystery of Edwin Drood*, detectivesca, incompleta y por entregas, como la de Dumas; James con *The Ivory Tower* y *The Sense of the Past*, seis de los veintiséis capítulos de *The Adventures of Augie March* tuvieron versiones primerizas en revistas, etc. Desde el siglo XIX, algunos de estos autores han pasado de ser mercadería y sus derivados a un mundo virtual que invadía al real.

Antes del metatexto sobre *Libro de Manuel* Cortázar publicó con Barrenechea su *Cuaderno de bitácora de Rayuela* (1983), lleno de croquis, diagramas y flechas.Como *Epreuves*, es un laboratorio de escritura para su poética de asociación libre, en la que la declaración más sensata es: "Yo no sé cuál será su reacción al establecer un diálogo con *Libro de Manuel* porque yo mismo reacciono de modo diferente cada vez, de acuerdo a las circunstancias" (25-26). En un "capítulo perdido" del mismo *Epreuves*, antes incluído en su *collage* genérico *Salvo el crepúsculo*, al especular sobre la reacción de otro personaje ante su relación con unas prostitutas, el narrador dice:

> Lo que Patricio no se toma el trabajo de pensar es
> que no bastará con la revolución para que entre otras
> cosas deje de haber putas, sino que las dialécticas socia-

les deberán volverse revolucionarias en una medida que ningún revolucionario que conozco hasta hoy ha tenido la osadía de postular, el triste coto de caza del erotismo heredado y malversado y compartimentado tendrá que darse vuelta como un guante y en ese guante dado vuelta, con su nueva piel por fuera, entrará un día la mano del hombre realmente nuevo" ("La noche...": 194).

Esta cita es, otra vez, un llamamiento al personalismo dentro de la revolución. En Arenas, similar experiencia se tradujo, en palabras de Vargas Llosa, en "ineptitud para amoldarse a las exigencias políticas y morales de la sociedad y su empeño de vivir a plena luz su acérrimo individualismo" ("Pájaro tropical" 1992: 15).

La letra impresa se ajusta más a las jornadas personales de los lectores sin imágenes ya hechas (como las novelas barrocas y poéticas de McCarthy filmadas), razón por la cual Kundera y García Márquez prohibieron adaptaciones de algunas de sus novelas. En sus obras más formalmente ensayísticas *Nicaragua, tan violentamente dulce* y la póstuma *Argentina: años de alambradas culturales*, ahora en los volúmenes *Obra crítica* de los años noventa y en el VI tomo de sus *Obras completas* (2006), la figura del intelectual es más evidente y compleja, con valores estéticos menos acentuados, ya que la definición del intelectual como figura pública se ha extendido en este siglo, como con Vargas Llosa, en que una persona privada se convierte en figura pública, voluntariamente o no, por involucrarse en controversias. Así como *Tristram Shandy* muestra con ironía ante los absolutos lo imposible que es conocer y escribir sobre toda una vida, Bajtín creía imposible una definición formal de la novela (véase Bewes: 262-263), la del novelista como intelectual es igualmente inalcanzable.

Entelequias del intelectual

Al revés que Cortázar, Vargas Llosa ha buscado legitimar el poder social a través de imperativos menos categóricos. Su descubrimiento en los años ochenta de lo que se podría llamar "el efecto Karl Popper" le ha ayudado a reunir sus deambulaciones intelectuales bajo un denominador común. No obstante, siguen un tanto desperdigadas por la inmediatez de su compromiso. Sus críticos no se cansan de repetir que ha escrito folio tras folio sobre su fascinación por la novela total, por el detalle o dato escondido, el elemento superfluo, el salto cualitativo, "los demonios" o el "liberalismo" (en su acepción estadounidense, o sea progresismo), cuyos orígenes e influencia en él contextualiza en *La llamada de la tribu* (2018). Esos escritos tienen filiaciones con sus nociones de la novela como *striptease*, la REALIDAD, "los vasos comunicantes", las "mudas", cráteres, y, desde los años noventa, su fascinación por la ficción como arte de la mentira. Las conexiones entre estas formulaciones son evidentes, y las hace sin anular el compromiso político, como explica en *El pez en el agua*. Aunque las desarrolla en sus estudios de García Márquez y Flaubert, y en un sinnúmero de artículos no coleccionados, no existe hasta hoy una colección orgánica de sus ensayos sobre teoría de la novela, y la crítica sigue generalizando, sin atención cabal a sus compilaciones de ensayos.[28] En ese contexto, hay que leer *A Writer's Reality* (esp. 2020) como un intento por resumir su poética, reinstalando registros cognoscitivos teóricos y literarios, el gran relato que Arthur O. Lovejoy llamó y definió en 1936 como la "idea-unitaria", que ordena las complejidades examinando continuidad, graduación y plenitud.

El tono cada vez más profético de sus novelas políticas, presente en algunos ensayos, corre el peligro de crecer incontrolablemente, igual que la visión honesta e ingenua de Cortázar sobre la represión en las sociedades socialistas. Como advierte Pynchon (uno de varios novelistas de diferentes ideologías escogidos para escribir paratextos a *1984*), "La profecía y la predicción no son la misma cosa y no es

---

[28] Así en homenajes como *Las guerras de este mundo. Sociedad, poder y ficción en la obra de Mario Vargas Llosa* (2008), u otros en *Mario Vargas Llosa: perspectivas críticas* (2010). Son excepciones Mariela Gutiérrez, "Mario Vargas Llosa: Essais d'ethique historique (1962-1982)" (236-242), y el testimonio de Jean-François Revel, "Mario Vargas Llosa et la politique", en *Mario Vargas Llosa*, ed. Albert Bensoussan (París: Éditions de l'Herne, 2003), colección traducida como *Mario Vargas Llosa. Vida que es palabra*, ed. Albert Bensoussan, trads. Susana Corchera Martínez del Río y Gabriela Gorches (Ciudad de México: Nueva Imagen, 2006).

bueno que el lector y el escritor las confundan en el caso de Orwell" (339). Estos novelistas conciben la organización social como arma que los capacita para practicar su *techne*, su conocimiento especial. Les cuesta reconocer que, como personas "educadas", tendrán que practicar su conocimiento como miembros de una sociedad organizada de otra manera. Con esos avisos hay un problema que persiste: con novelistas como Vargas Llosa ocurre lo contrario de lo que pasa con progresistas como Fuentes y otros más intransigentes como Mario Monteforte Toledo, Viñas y Dorfman, quienes por más que presumen ser de izquierdas, siempre parecen curas a la hora del sermón.

La crítica pretende mostrar cómo la eminente transparencia de *Historia de Mayta* no está del todo liberada del impacto de la crítica del marxismo. Generalmente leída como una sátira al compromiso de la izquierda, causó que críticos perspicaces como John Updike sostuvieran que escribir en clave política es la tarea inevitable del escritor latinoamericano. Para Updike, *Historia de Mayta* "es un modelo de lo máximo a lo que la ficción política puede llegar: una descripción de las condiciones sociales actuales y un bosquejo de personalidades motivadas por preocupaciones políticas" (487). Esta generalización, si no del todo incorrecta, se templa con una lectura de la prosa no ficticia de Vargas Llosa. Para Orwell, aristócrata socialista venido a menos, la única esperanza posible que tiene la humanidad se encuentra en una simpatía radical con el proletariado que el peruano nunca expresa. En *1984*, el protagonista Winston, que está escribiendo un diario, piensa: "¡Si quedaba alguna esperanza, estaba en los proles!". Como Orwell, Vargas Llosa critica la actitud de la clase media izquierdista solidaria con la trabajadora, que personalmente no quiere nada que ver con ella, o ser como Winston, que según una oración final de *1984*, "Amaba al Hermano Mayor", dejando una impresión pesimista corregida por el Apéndice (315-329) con que en verdad termina la novela.

En su no ficción, para seguir con la comparación con Cortázar, el peruano se ha explayado sobre el tema del intelectual barato ("traficantes de segunda mano de ideas" según Hayek), categoría en que nunca incluyó a su admirado Cortázar (según sus primeros ensayos y en "La trompeta de Deyá"). Vargas Llosa más bien dirige sus arengas contra intelectuales latinoamericanos que, manipulados por prebendas del «Primer Mundo», intentan identificarse desesperadamente con los subalternos y "colonizados", e ingresan en la política académica con consecuencias nefastas. En 1979, en un adelanto del capítulo de *El pez en el agua* sobre los intelectuales baratos, sostiene que "Mandar, ejercer influencia sobre los demás, decidir el movimiento de los hechos, participar en ese mecanismo que ordena y desenvuelve la historia, es la más fuerte de las tentaciones para un intelectual. Ello se explica por la atracción de los contrarios. Por su oficio y vocación —la crítica— el intelectual se ve casi siempre alejado del poder o confinado a sus estribaciones remotas" (*CVM (I)*: 335).

La metamorfosis de Vargas Llosa de vociferante marxista a vocero extra-oficial e interventor de daños y perjuicios de un tipo de orden neoliberal en Occidente es más difícil de especificar cuando se emplea "neoliberal" para criticar los efectos sociales de mercados que no revitalizan las economías o restauran un centro moral social. Ese Sartre (mentiroso profesional, según Revel, mal novelista para Nabokov) con que se entretuvo Vargas Llosa, tenía una idea exagerada del papel del escritor en la sociedad, pero pudo discernir bien que un grupo de lectores no configura un público, y que un cambio de perspectiva política no implica un cambio en la colocación social. Para Sartre —que observó "Un hombre siempre cuenta relatos" y "vive rodeado por sus historias y las de otros, ve todo lo que le pasa a través de ellas, y trata de vivir su propia vida como si estuviera contando una historia"— la literatura empieza pensando esencialmente a un lector universal, y considera que hay una distinción cambiante en el curso histórico entre el público virtual y el público real que sí lee novelas.

Esta acción recíproca entre públicos es el principio más pertinente para entender la relación entre lo ontológico y lo político, de la misma manera que se puede preguntar qué cuesta hacer a un personaje reconocido pertinente a los lectores contemporáneos. Aunque Cortázar se acerca más a la ilusión de peregrinos políticos a Cuba como Sartre (y su genuflexión ante Guevara), Beauvoir y C. Wright Mills, Vargas

Llosa demuestra una temprana afinidad con el existencialismo del francés. Se podría sostener que, al tergiversar las expectativas ideológicas de su público, Vargas Llosa se corrige a sí mismo. Su ex-esposa da una clave. En *Lo que Varguitas no dijo*, testimonio más comparable a un diario que a una novela de esposa motivada por un desagravio, Julia Urquidi relata que cuando vivieron en París durante los años sesenta, y él trabajaba para France Presse, la madre de Che Guevara se quedó en su casa casi tres meses.

Durante su estadía con los Vargas Llosa, Celia Serna de Guevara invitó a la casa a unos jóvenes que planeaban una revolución en el Perú, basada en el modelo cubano.[29] Aquellos murieron en el intento, y de acuerdo a Urquidi, ese hecho afectó muchísimo a Celia Guevara, y más que a nadie al peruano. Dentro del marco en que escribe, Urquidi determina que "El exterminio de aquellos muchachos nos afectaría muchísimo. En particular a Mario, que siempre se identificó con ellos, aunque ignoro si porque compartía sus mismos ideales, creía en ellos, o bien porque era joven y veía las cosas de distinta manera a como las ve en la actualidad, según tengo entendido" (237). En una entrevista, Vargas Llosa recuerda el incidente con la madre de Che Guevara de manera parecida, y aprovecha para añadir: "La madre estuvo alojada en mi casa en París diez días. La señora efectivamente no tenía un centavo. Y a mí eso me ha mostrado hasta qué punto el Che era una persona absolutamente íntegra, es decir, era el segundo hombre de Cuba, muy poderoso, incapaz de darle a su madre 200 dólares" (Setti: 151).

Urquidi y su ex-expuso se refieren a la desilusión histórica, ya que él se alejó de la intelligentsia latinoamericana radicalmente izquierdista en 1971, a partir del caso Padilla, como se dijo. A la vez, también se alejó del proyecto total de la Revolución con *La guerra del fin del mundo* y su crítica del fanatismo centrado en un líder omnipotente, y sigue criticando resabios de esa fogosidad en novelas

---

[29] Corroborado en el capítulo "Neruda y los cubanos" de la biografía *Adios, poeta....* (Barcelona: Tusquets, 1990), 144-151, de Edwards, que provee un marco mayor en "Vargas Llosa: los años de París", en Mario Vargas Llosa et al., *El autor y su obra: Mario Vargas Llosa* (Madrid: Universidad Complutense, 1990), 47-66, y en sus memorias. Urquidi lo repite en varias entrevistas.

con protagonistas militares, como *La Fiesta del Chivo*; y la crítica
canónica de *La guerra del fin del mundo* se ha encargado de reconocer
la acusación contra el fanatismo como elemento estructurante (más
que ideológico) de ella. Recordando que —como el decadentismo,
imperialismo, nacionalismo, socialismo y fanatismo— las ideas e
instituciones liberales surgen de Occidente (como la visión encontrada de la violencia de Fannon, o el Camus que se quiere cancelar, aunque
denunció el colonialismo); vaivenes que son parte de una dinámica
general de la prosa mundial, presentes en *La guerra del fin del mundo*
y en el repudio del socialismo radical de *Crimen y castigo*, con la
ironía de que Raskolnikov, hijo de padre autoritario, deje su radicalismo y se acerque a lo que era su padre.

Fuera de la literatura, estas percepciones siguen siendo aún más
claras. En una entrevista con el "faro" de Occidente que es *The New
York Times*, un ex-candidato a la vicepresidencia del Perú ofreció un
análisis de la homogeneidad de la oferta de Vargas Llosa: "Mario había
dicho que la literatura y la política no eran tan diferentes. En la literatura, uno debe dirigir a los personajes. En la política, uno debe dirigir
a la gente, hacer que vaya hacia donde uno quiere que vaya. La única
diferencia, decía Mario, era que en política no hay cabida para la
imaginación" (Marzorati: 100), regla desobedecida en mayo de 1968.
En 2001, reafirmó la consistencia de esa visión: "Creer que la literatura
no tiene nada que ver con la política y que si se acerca a ella, de alguna
manera se degrada, es creer que la literatura es un juego, una distracción,
un entretenimiento" (2003: 50), precisando que es inevitable que la
política aparezca en la literatura, porque es inseparable de la vida
de una colectividad (2003:58). En "Borges, político", publicado originalmente en 1999 en *Letras Libres*, añadió: "menospreciar la política
es una toma de posición tan política como adorarla" (2004:77).

Como sus pares intelectuales, Vargas Llosa baraja diferentes
esferas públicas para concretizar su mensaje. Recupera así un concepto
fuerte de la política, lejos de los procesos de adelgazamiento de los
que es objeto desde los años ochenta, cuando se metió de cabeza en
su refinamiento de las relaciones entre arte y política. En su parte

del encuentro con Benedetti, por ejemplo, no sobreestimó la importancia del escritor para la sociedad, quizás exagerando la recepción del público que lee. En "Entre tocayos" afirma: "En América Latina un escritor no es sólo un escritor. Debido a la naturaleza de nuestros problemas, a una tradición muy arraigada, a que contamos con tribunas y modos de hacernos escuchar, es, también, alguien de quien se espera una contribución activa en la solución de los problemas" (*CVM (II)*: 410). Es decir, como se desprende de Lovejoy, busca conexiones para rastrear/visibilizar el sentido de tradición.

Los críticos que tienen algo de artista se pueden contar en una mano, y los más son unos desesperados que persiguen una manera de tocar el arte sin hacerlo. Por eso, en "Caca de elefante" (1997), de *El lenguaje de la pasión* (2000), no critica el arte "malo" como algo que produce una derecha o izquierda, sino como ceremonias rituales que preceden al entierro definitivo de un estilo. Vargas Llosa se preocupa mucho de algo que no le debe preocupar: el carácter cíclico del estilo en el arte, y quiere darle un giro político. Según él, las excepciones surgidas de las filas conservadoras, al no tener que ceder ante presiones de compromiso social, han podido salvaguardar su vocación artística, como había asegurado en las primeras versiones de los capítulos de *La utopía arcaica*. En el siglo XXI, cuando la derecha redentora pretende ser de centro y la izquierda se queda sin argumentos para censurar, Vargas Llosa sigue insistiendo en que su bando produce pensamiento más original. Para Cortázar, la legitimidad proviene de otros matices: "En Latinoamérica (y en el resto del mundo) los intelectuales políticamente comprometidos pueden dividirse en dos categorías: quienes entienden sobre teoría política y saben, o creen que saben, por qué están comprometidos, y aquellos quienes no entienden de teoría política, pero que no obstante ello están igualmente comprometidos. Cualquiera que haya leído mis libros sabe que pertenezco al segundo grupo [...] ("Politics": 37).

Hay dos fallas en esa afirmación. La primera, presuponer que el público experimenta la misma dicotomía; la segunda, asumir que la política se traduce fácilmente al discurso de la novela. Esta no es la impresión que produjo la no ficción híbrida de *La vuelta al día en ochenta mundos*, por ejemplo, en un público lector anglófono menos conocedor del autor. Este, no obstante, pensó que esas categorías eran compatibles y persiguió sus objetivos de manera diferente a Vargas Llosa, aun cuando se aproximaba al punto de vista del peruano al considerar que, para los intelectuales latinoamericanos, el compromiso político es parte integral de su ADN mental y moral; y como novelista busca evidencia de cambios, no en eventos de gran público, sino en comportamientos y relaciones. Si el compromiso se ha institucionalizado, entonces la pregunta es si ciertos intelectuales tienen influencia o no, y si no, ¿hay que desechar el exceso? En "Ganar batallas, no la guerra" (1978), reproducido en los dos primeros tomos de *CVM*, tiende un puente que nunca le ofrecería a Benedetti:

> Cortázar tiene al menos el coraje de defender públicamente esta moral de la cólera selectiva. Otros se contentan con practicarla. Porque lo cierto es que hay millares de intelectuales en el mundo que, en su conducta diaria, en su furor unilateral —que estalla cuando el abuso se comete de un lado y desaparece y se convierte en tolerancia y benevolencia cuando las mismas tropelías se llevan a cabo en nombre del socialismo—practican esa moral tuerta que la sabiduría popular satirizó en el refrán 'Ver la paja en el ojo ajeno y no la viga en el propio'" (*CVM (I)*: 312; *CVM (II)*: 95).

Cortázar, contrariamente, funcionó en otro horizonte de experiencia, limitado por una idea de comunidad que apremia absolutos éticos en momentos de irresponsabilidad histórica. Esclareció su horizonte en "Del sentimiento de no estar del todo": "Mucho de lo que he escrito se ordena bajo el signo de la *excentricidad*, puesto que entre vivir y escribir nunca admití una clara diferencia" (1970: 17, su énfasis). Vargas Llosa, aunque sabe que Hispanoamérica se enfrenta a las mismas dificultades que señala Cortázar, y a pesar de su fascinación con estar en otro lado, piensa que no se discute libremente ni se analiza en público las que constituyen la realidad cotidiana más inmediata. El peruano cree que a menudo se las niega y calla, enfatizándolas en su muy reproducido y polémico "La utopía arcaica", núcleo del libro homónimo. Allí culpa a los vicios del pensamiento academicista (hoy apoyado por una Policía del Pensamiento, como en *1984*), la prensa y los medios masivos de comunicación por ese ocultamiento, porque los que pertenecen a esos grupos privilegiados conspiran para ocultar la realidad con un estilo apresurado y descuidado. ¿Cómo se hace para denunciar a los medios sin cesar de utilizarlos? En ese sentido, el poder de la prensa es como el de los académicos: no está respaldado por una fuerza real, sino por cierta fe en lo que creen.

Sin embargo, Cortázar y Vargas Llosa siempre recurren a las grandes bases históricas que provee Hispanoamérica, porque en ese terreno la "Cultura del Discurso Crítico" acuñada por Gouldner no está exclusivamente relacionada con la nueva traición de los intelectuales. Sus argumentos presuponen la posibilidad de una realidad latinoamericana compartida más abarcadora, cuyo dominante cultural sería la ansiedad causada por una modernidad reacia a ser definida con precisión. Su público continúa usándolos para producir una oposición discursiva entre los escritores que representan al "pueblo" y los que se oponen a quienes no pertenecen a su clase social. Gramsci percibió esa oposición como "el proceso de creación de intelectuales es largo, difícil, lleno de contradicciones, de avances y retrocesos, de dispersiones y reagrupamientos; un proceso durante el cual *la lealtad de las masas es a menudo puesta a prueba duramente*" (334; énfasis mío). En la época de *Papeles inesperados*, Cortázar asevera "Al poncho te lo dejo/folclorista infeliz", para luego descubrir y adherirse a otra sensibilidad, supeditando el mensaje de esos versos. Vargas Llosa, aparte de sobrevivir a Cortázar, siempre supo acercarse a opiniones públicas más representativas de Hispanoamérica, aunque tampoco especifica extensamente sus compromisos iniciales. Pero siempre expresa que la lucha entre la cultura universitaria y la realidad es la historia de un organismo que se comporta como un negocio y una manera de vivir que nunca se ha podido convertir en institución cultural que forja cambios reales. Estas tautologías y contradicciones borran las marcas de control al extremo de no saber quién controla a quién en qué contexto social.

Cortázar y Vargas Llosa han pertenecido abiertamente a grupos, o los han armado informalmente. Lo hicieron de modo tal que, desde sus centros de operaciones en París, Londres o Madrid, no siempre les era necesario adentrarse en la actualidad. Esto a pesar de que el peruano estuvo insertado en un sector poco privilegiado durante su estadía parisina, según relata Urquidi, y de nunca haber menospreciado su "peruanidad". Mientras no estén en casa, novelistas internacionalizados como ellos no se dan debida cuenta de que, en su alienación, piden prestados bienes culturales que detestan. Como intelectuales, se definen por las contradicciones ideológicas que abrazan, por su labia, más que por quiénes son en verdad. Cuando su campo intelectual se independiza de influencias externas, se convierte en un campo de relaciones gobernadas por una lógica específica: la competición por la legitimidad cultural. Este no es el caso estricto con los dos novelistas que se compara aquí, ya que son mucho más que dos intelectuales bajo dos banderas. Si ambos hicieron algo respecto al intelectual de Hispanoamérica ante el público letrado de Occidente, fue templar las ínfulas que no tienen cabida en las esferas sociales que representan en sus novelas. Los dos lucharon contra la suposición, en círculos progresistas de las Américas, de que se tiene que seguir siendo "los de abajo" para que los novelistas tengan algo que escribir o hacer.

Para Vargas Llosa, el público —masa anónima de receptores efectivos o potenciales en que todo autor puede pensar— rara vez le confiere al escritor, en tanto intelectual, la autoridad de un guía moral y espiritual. Tampoco cree que el público empuja al autor hacia el compromiso social, señalando cómo los hispanoamericanos comenzaron a escribir alejados de un compromiso político, para abruptamente cumplir la tarea de orientar sus escritos hacia el compromiso, y "La razón puede ser que, en determinado momento, descubrieron la magnitud de la injusticia social y decidieron combatirla con la literatura" ("La utopía arcaica": 15). Pero es más interesante notar que la progresión del autor se ocupa de anularla como argumento, como se observa en las interpretaciones que culminan en *La utopía arcaica*. Mientras Vargas Llosa cree que ha resistido, Cortázar nunca lo intentó o logró. Para el argentino:

> Si en otro tiempo la literatura representaba de algún modo unas vacaciones que el lector se concedía en su cotidianeidad real, hoy en día en América Latina es una manera directa de explorar lo que nos ocurre, interrogarnos sobre las causas por las cuales nos ocurre, y muchas veces encontrar caminos que nos ayuden a seguir adelante cuando nos sentimos frenados por circunstancias o factores negativos ("Realidad y literatura": 7).

Vargas Llosa se ciñe a un guion ideológico que conoce muy bien, y comparado con la volatilidad de Cortázar, presenta una habilidad mucho más abundante para seducir, improvisar, simpatizar o atacar. La diferencia es de grados de emotividad, no de adaptabilidad o de fuerza para discutir. Acopiando política y ficción, y homologando su no ficción con apariciones televisivas o ante académicos, ambos perfeccionaron la habilidad para atraer a diversos públicos, comunidades y opositores. De acuerdo a Said ("Opponents..." 1983), el uso de esas tres esferas es útil para hacernos recordar que nadie escribe exclusivamente para sí mismo, especialmente en el campo intelectual regido por académicos. Más tarde, Said señala sagazmente que el empobrecimiento cultural de los intelectuales poscolonizados ha sido determinado por "el solapado y complaciente alineamiento de los intelectuales con las instituciones de poder imperantes" (1986: 60). Hay una analogía con cómo las llamadas historias literarias marginales o periféricas entran en las canónicas: ingresan gracias a la asimilación de su otredad al proyecto colonial que atribuyen a la historia literaria hegemónica (Arac).

Gilman, en el estudio más contextualizado y vigente de los años sesenta y setenta literarios, señala que "Entre 1969 y 1971, lo político-revolucionario pareció encarnarse mejor en la poesía que en la novela. La pérdida de legitimidad ideológica de los narradores del *boom* (por su, en el mejor de los casos, ineficacia), por la predisposición del género a incorporarse al mercado y su aparato de publicidad, permitió ese *pasaje*" (2003: 345, énfasis suyo). Hoy hay que cotejar esa pérdida con la crisis de legitimidad de la academia y su efecto en la movilidad socioliteraria. La complejidad del tema del compromiso político en este capítulo es bastante clara, especialmente en cuanto a su representación literaria. Como se puede deducir de los casos de *Libro de Manuel* e *Historia de Mayta*, las alianzas político-literarias se convierten en un asunto de precisar la falsa conciencia de los lectores, especialmente de los que viven de la lectura académica.

Una característica es patente. Si la prosa de Cortázar generalmente cabe dentro del registro fantástico, y la de Vargas Llosa entre los confines de un neorrealismo sui generis, paradójicamente Cortázar parece tener una imagen realista de su público, que no es el "pueblo". En su muy reproducida carta al Papa del poder cultural en Cuba, Fernández Retamar, Cortázar dice: "Jamás escribiré expresamente para nadie, minorías o mayorías, y la repercusión que tengan mis libros será siempre un fenómeno accesorio y ajeno a mi tarea: y sin embargo hoy sé que escribo *para*, que hay una intencionalidad que apunta a esa esperanza de un lector en el que reside ya la semilla del hombre futuro" (1984: 65, su énfasis).[30] Paralelamente, los críticos de Vargas Llosa tampoco matizan la presunta ruptura de los intelectuales con el régimen cubano, y se puede señalar la gran diferencia, desde los años setenta, entre el peruano y Cabrera Infante, e incluso la que existió entre Fuentes y Cortázar al respecto.

---

[30] "Acerca de la situación del intelectual latinoamericano", título que le da Cortázar en *Ultimo round*. Dos años después, Fernández Retamar organiza un intercambio con Dalton y otros intelectuales, para mostrar que teoría y praxis coexisten en la Revolución. El resultado es *El intelectual y la sociedad* (1969), que Vargas Llosa llama "manual del perfecto escritor-domesticado" ("La excepción" 1976: 20).

El problema de los intelectuales latinoamericanos contemporáneos es cómo llegar al público para ampliarlo más allá de un interés específico y de sus intenciones morales. Los adelantos morales no son subproductos beneficiosos de la economía o la tecnología sino un asunto de inevitabilidad progresiva. Por ende, es más importante hacerse entender que usar las convenciones que el auditorio privilegiado. Así las notas al pie que confunden, los documentos que faltan y los extractos redactados de escritos apócrifos en *Lo demás es silencio: La vida y obra de Eduardo Torres* (1978) de Monterroso, parodia de los intereses y convenciones biográficas apegados a hechos y cifras ("pornografía del libro" según Pron, 69-72). El procedimiento es similar al del "Post-scriptum" de *La Vie mode d'emploi* (1978) en que Perec lista autores reales o desconocidos de Sterne al *Nouveau roman* y Borges, sin que falte Freud, señalando "(Ce libre comprend des citations, parfois légèrement modifiées, de...)". También se asemeja al de *Pale Fire* (1962) de Nabokov. Estos autores sabían que los biógrafos adoptan técnicas narrativas para que parezcan novelas, y si los historiadores lo hacen, como arguía Barthes, se está en el reino de la no ficción creativa.

Al escribir sobre cómo el peruano no hace el rídiculo ni es prisionero de su propia leyenda al retirarse del articulismo y la novelística, comparándolo a Mick Jagger, Javier Cercas opina que "La vejez no está reñida con la novela", concluyendo que "No hay normas: ni en el arte ni en la vida; ahí está la gracia" (6). La relación entre conocimiento, verdad y poder se extiende más y más, para quedarse, en el campo de la política del intelectual universitario, como teme el peruano. Se podría asimismo preguntar si la prosa de Cortázar o Vargas Llosa llega a alguien que no sea un burgués, divulgador culto, especialista o intermediario privilegiado de la cultura y su público; y hoy hay que imaginar la presión en la especialización en términos de la economía política de la universidad contemporánea. No es arriesgado afirmar que atraen imperfectamente a un público que los ve como pensadores o intelectuales fabuladores. Si Cortázar y Vargas Llosa fueran leídos por un público no privilegiado, su identidad pública se beneficiaría.

En las antípodas de la insistencia en la diversidad, equidad e inclusión identitaria actual (que distraen de los fracasos del capitalismo), están más cerca al público "común" a través de la literatura, no la posliteratura occidental que analiza Finkielraut. Una comunidad de la "Cultura del Discurso Crítico" hace poco por un público popular, porque solo la consumen intérpretes con similar competencia, que no alteran la historia *extraliteraria*. En este sentido, estos novelistas no son educadores, organizadores o dirigentes de base, tal como Gramsci concebía a su intelectual "orgánico". Son, más bien, los descifradores básicamente pasivos de la ideología, según la conocida visión pesimista de Mannheim que el pensador italiamo corrige.

Dado el contexto político y cultural hispanoamericano que presento, estos novelistas no serían más que intelectuales tradicionales, remanentes de organizaciones sociales anteriores. El público general pide que se lo comprenda en su complejidad, no lo que los novelistas piensan que éste quiere oír. Si se considera los ejemplos presentados, lo que más atrae del periplo ensayístico de Vargas Llosa o Cortázar en su búsqueda de una identidad intelectual y de una colocación social, es la pasión con la cual la llevan a cabo. Pero la retórica del poder aún permanece en el mundo de las ideas y su contagio; nunca abandona la *weltanschauung* de los intelectuales; y los que ocupan un puesto político y tienen un interés activo en la batalla pública dedicada al estado, no se dan cuenta de que pronto se convierten en parte de un proceso de normalización de su horizonte ético.

La experiencia de Vargas Llosa confirma que no se puede fusionar estos polos fácilmente, ni tampoco se debe tratar de juntarlos. El siglo XXI es el período oportuno para releer sus ensayos en contrapunto a la novelística que le facilitó la entrada a la historia literaria occidental. Hay algo aparente que no entra en las discusiones sobre los intelectuales en América Latina y que los une más de lo que quieren: Vargas Llosa, Benedetti, Cabrera Infante, Cortázar, Jorge Edwards (que mezcló géneros abiertamente en novelas semibiográficas como *El inútil de la familia*, o en ensayos novelados como *La muerte de Montaigne*) y luego Aira, Bolaño, Enrique Serna, Valencia y pocos más tienen un rasgo peculiar: escribir tentando irrespetuosamente a la solemnidad crítica. En comparación con otras culturas literarias, ven la suya como irremediablemente rancia, y por eso intentan que se preste mayor atención a sus cavilaciones críticas.

En el entresiglo, Vargas Llosa no fue el de *La ciudad y los perros*, como aseveró a los treinta años de su publicación, sino el de *Historia de Mayta* y *La fiesta del Chivo* (véase la sección "Las ciencias sociales en la obra de Mario Vargas Llosa" en Saba et al.). Cortázar no es el de *Libro de Manuel* o los ensayos panfletarios de su última década, sino el de los textos híbridos, que como revelan sus novelas póstumas y los inéditos descubiertos hasta hoy, eran la práctica que más le interesaba. Los dos son polos y emblemas permanentemente en contrapunto de cómo la novelística hispanoamericana entró en la mundialización *occidental* sin ceder o hacer venias a las presiones de las "culturas hegemónicas". Por su independencia y energía innovadora, ambos siguen siendo parte de la cultura occidental, y a diferencia del colombiano o Fuentes, *mutatis mutandis* no se entregan al comercialismo que ve mayores entradas en la recepción de realismos mágicos, en la concentración en una "otredad" identitaria, , insensible a la novela comercial, a las formas clásicas y la corrección narrativa.

Hoy casi al ¿fin? de la publicación de ediciones póstumas del argentino (véase Gigena), cuando se arman ediciones definitivas de la no ficción temprana y actual del peruano, considerarlos "polos" ideológicos revela mucho más de lo que se creía que tenían en común. Ambos siempre han sabido que el hispanoamericano ha sido maldecido por tradiciones culturales y políticas basadas y mantenidas por ciertas falsedades. Como manifiesta en "El viaje a la ficción", prefacio para su libro sobre Onetti, "Este es un tema largo y complejo sobre el que no debo ni puedo extenderme aquí, sólo apuntarlo en este somero croquis de la antigüedad y razón de ser de la ficción en la vida de los seres humanos" (2008: 29). La hispanoamericana no es la única cultura occidental afectada por esa condición, y sus novelistas la aceptaron antes de las noticias falsas y posverdades que distorsionan deliberadamente creencias y emociones hoy.

En la esfera política, es inevitable la certeza de que las intenciones que expresan los novelistas no siempre coinciden con las que apoyan públicamente, porque por más que digan que están más allá de la ideología, hacen enfrentar la suya al pasar la página. Se ha visto que había que precisarlo para Cortázar, casi nunca para Vargas Llosa; y ese hecho es un problema, no de ellos, sino de sus críticos. Por ende, las nuevas o renovadas campañas literarias y suposiciones políticas respecto a ambos protagonistas y sus contrincantes pueden ser objeto de interpretación, tanto como la historia crítica de su discurso. Si los dos vacían sus novelas de descripciones, escenas, personajes y tramas convencionales, no es para matarlas, sino para mostrar que el autosabotaje de un género asegura su futuro. Los dos tienen razón, no porque quieren escribir un epitafio permanente del giro izquierdista o derechista hispanoamericano del momento.

Según su correspondencia reunida y algunos textos de *Papeles inesperados*, cuando Cortázar se enteraba de que no era leído a causa de ideas grandiosas de su no ficción política, quería ser leído como novelista. Los componentes textuales nimios, como actos de conciencia del lector o crítico, son dares y tomares, más que concesiones mutuas, y los polos que simbolizan Cortázar y Vargas Llosa son una prueba de los excesos del novelista que a menudo caracterizaron al género hasta el entresiglo, como muestra el penúltimo capítulo. Es revelador examinar cómo, de una manera u otra, estos dos polos se juntan en un solo novelista cuando trata de construir su propia cartografía teórica de Occidente, colocando su novelística y no ficción en un centro conceptual que se contradice al ampliarse.

IV

TEORÍA NOVELÍSTICA
VIAJERA, GLOBALIZACIÓN Y
LA PROSA DE FUENTES

E n 2010, cuando Fuentes llevaba casi seis décadas de novelista, la diferencia entre la recepción generalmente positiva de su prosa fuera de México y la acerbidad con que se la analizaba o subestimaba en su país era evidente. Es inútil añadir al entierro o resucitación de Fuentes, y emblemática de esa dinámica es la nota de la Nobel Nadine Gordimer al elegir la traducción al inglés de *La silla del Águila* (2002) como unos de los libros del año 2006 para el prestigioso *Times Literary Supplement* londinense. Según ella, una de los sesenta y seis autores de varias generaciones que lo homenajearon en *Nexos* por su octogésimo aniversario en 2008, Fuentes muestra cómo "se debe escribir si uno de los dones de uno como escritor es exigir integridad en el compromiso, a su país y a la moralidad política cuando el mundo la traiciona" (9). Al hablar del desencuentro de Occidente con la novela hispanoamericana, vale hablar de destiempos entre originales y traducciones (aunque Fuentes mandaba capítulos de sus libros a sus traductores para que salieran más o menos al mismo tiempo que los originales); o de leer la traducción de *1984* de 2003, llena de españolismos innecesarios. Lo mismo se pudo decir en 2023, con las nuevas traducciones al inglés de *El reino de este mundo* y *El siglo de las luces*.

El polo opuesto de Gordimer se encuentra en las reseñas de sus novelas, o en notas y cartas en revistas como *Letras Libres*, que si ocasionalmente se esfuerzan por presentar una visión mesurada de sus logros, por lo general socavan cualquier visión que se quiera armar sobre Fuentes como el novelista nacional más importante de su época, con críticas a veces previsibles, feroces e inexactas, como la de González Torres (74) al discutir *La voluntad y la fortuna* (2008). Como imagen cultural, Fuentes yace entre los polos resumidos, pero es una verdad a medias, porque su esencia sigue residiendo en la visión de lo que es o debe ser el género, que le dio una fama merecida no traducida en ventas, y criticarlo no significa menospreciar la validez de algunas de sus obras, especialmente las de los años cincuenta. Una de las últimas revisiones de Fuentes sobre este tema es la nota «Novela» de *En esto creo* (2002).

Su argumento, reciclado, es que la novela se ha internacionalizado, y entre tautologías archiconocidas sobre la relación entre el género y la Historia hay un teórico nonato más preocupado por expresarse de manera políticamente correcta para un público anglófono que aprecia palabras y frases desechables (así, llamar a algunas novelistas mundiales «afroamericana», «cubano-americana», «indoamericana», «sinoamericana», etc.). Lo rescatable de su argumento sobre la diversidad es que «es la crítica de la novela por la novela misma lo que revela tanto la labor del arte como la dimensión social de la obra» (2002: 180), aunque recicle el protagonismo del lenguaje en ella, que junto a entradas como «Wittgensttein» (2002: 268-279), revela la consistencia de sus esfuerzos por estar al día. También vuelve a la dudosa idea de que se está en el Siglo de Oro del género, resumiendo su visión de la historia de la novela, actualizándola sin plena conciencia de su trayectoria. Para González Torres, que le recrimina ser previsiblemente telenovelesco y políticamente didáctico, «estos matices pueden parecer muy atractivos para un académico, pero sospecho que se soslaya que, a medida que la narrativa de Fuentes se acomoda de maravilla en los esquemas teóricos, la verdadera materia prima de su literatura, el lenguaje y la imaginación tienden a volverse más pobres» (75). En realidad, se repite como cualquier novelista de su talla, recurriendo a dictámenes que podrían mostrar consistencia o intransigencia.

Esos vaivenes no siempre se concilian con el acto creativo o, sin más, con el creador. La entrada «Novela» de *En esto creo* se despliega desde la cansina relación entre ficción y realidad, sostenida con ideas, citas y planteamientos archiconocidos. Por eso, no criticar hoy la vigencia conceptual de Fuentes es ignorar o, en el mejor de los casos, despreciar su trayectoria acomodaticia respecto a qué es una teoría de la novela y cuál es la suya. ¿Quién sino Fuentes pudo lanzar la primera piedra sobre el edificio de la «nueva novela» que sus contemporáneos han dejado como legado a la historia continental del género? Pero un obstáculo es que Fuentes —que atribuye el origen de la multiplicidad de la novela moderna (Cervantes) a un país que entonces rehusaba la modernidad (España)— apresuradamente quiso estar al día con los postulados de los teóricos del género de otros países «más modernos».

Esa fijación ocasiona destiempos y desencuentros en el modo de percibir su novelística y, en el peor de los casos, un menosprecio estimable respecto a su quehacer crítico, que no es magro. Como aconteció en el tercio final del siglo XX, algunos críticos académicos escribieron novelas con pretensiones metatextuales o eruditas, e incluso «realistas», sin ningún éxito. Cuando el viaje ha sido a la inversa, el de los novelistas convertidos en críticos de la novela, ha resultado generalmente fructífero, aunque desigual, como comprueban Vargas Llosa, Updike y Lodge. En ese desarrollo es interesante notar que incluso en la última compilación de Fuentes sobre el género, *La gran novela latinoamericana* (2011) no hay compromiso teórico, solo triunfalismo respecto a sus herederos ungidos, como rastrea *Discípulos y maestros 2.0.*

La dialéctica entre novelista y crítico es desigual, porque si hay autores que luchan por escribir, Fuentes lucha por no parar, como ilustran las trabas «occidentales» de su prosa cuando pretende universalizarse a la manera de los escritores de la antigua periferia del imperio británico. Su «teoría» novelística no puede o no quiere liberarse del Occidente al que obviamente pertenece, y no sorprende que en *En esto creo* recurra a «nuestro gran amigo Milan Kundera» (180), para quien la novela occidental provee toda posibilidad de ver el mundo como el novelista que acepta todo, desde su puesto asegurado en París, cuando hablaba de la literatura y las "naciones pequeñas". Al discutir, en *Los testamentos traicionados,* la «tropicalización de la novela» y Rushdie (a quien le dedica un capítulo), García Márquez y Fuentes (en términos de su propia obra), asevera: «Las novelas creadas por debajo del paralelo treinta y cinco, *aunque sean algo ajenas al gusto europeo*, son la prolongación de la historia de la novela europea, de su forma, de su espíritu, y están incluso sorprendentemente cercanas a sus fuentes primeras; en ningún otro lugar la vieja savia *rabelesiana* corre hoy tan alegremente como por las obras de esos novelistas *no europeos*» (39, énfasis míos).

En "Teoría de la novela" de *El telón*, Kundera afirma "Fielding fue uno de los primeros novelistas capaces de pensar una poética de la novela; cada una de las dieciocho partes de *Tom Jones* empieza con un capítulo dedicado a una especie de teoría de la novela (teoría ágil y placentera; porque así es como teoriza un novelista: conservando celosamente su propio lenguaje, huyendo como la peste de la jerga de los eruditos)" (2005: 17). La "no contemporaneidad" (Bloch) de esa picaresca de 1749, traducida al español (del francés) en 1796 como *Tom Jones o El expósito*, aumentan porque el narrador cree que los críticos se perciben como una orden de profesionales superior a los escritores; cuando estarían desempleados si no fuera por los artistas (Libro 5, cap. 1). Además acusa a los críticos de difamación e hipocresía, porque, apresurados, condenan a un libro sin leerlo (Libro 11, cap. 1). Fielding se adelanta a los críticos de su nueva práctica, y si en su *Joseph Andrews* (1742) había dicho que fue escrita "a la manera de Cervantes", las venias al español en *The History of Tom Jones. A Foundling*, son similares a las de los novelistas de los dos últimos siglos. En "La narrativa moderna" (1919) Woolf dice "Dadas sus herramientas sencillas y materiales rudimentarios, podría decirse que Fielding lo hizo bien y que Jane Austen lo hizo aún mejor, ¡Pero comparemos sus posibilidades con las nuestras!" (105). En su tesis de licenciatura (1951), *Jane Austen y la elegancia del pensamiento* (2022), Donoso asevera que una de las heroínas de Austen "es la personificación de virtudes femeninas como la fidelidad, la moderación, el recato, la modestia, el desinterés y la tolerancia" (94), opinión que lo cancelaría hoy, aunque la editora García Huidobro Mc correctamente recuerda, vis-à-vis argumentos posteriores de Said, que "En 1951 no era una sensibilidad que se visibilizara en la academia en que se insertó Donoso" (59, n.56) .

Globalización y descolonización como novelería

La descolonización y la globalización (teniendo en cuenta las salvedades señaladas en páginas previas), tanto como el realismo mágico y el cosmopolitismo, han estado presentes en la historia literaria hispanoamericana desde mucho antes del ataque con jerigonza posmodernista a varias tradiciones críticas occidentales. La práctica de descolonizar los componentes o marcos que legitiman una cultura literaria tiene una tradición más antigua que la académica que trata de descolonizar solo *en* las aulas, reinventando archivos, no corrigiéndolos. De hecho, la confluencia de disciplinas en que se apoya el "nuevo" enfoque fue esencial en la crítica sociocultural de Fernando Ortiz, Alfonso Reyes, Henríquez Ureña y Rama. Con la Revolución cubana, la dicotomía entre colonialismo y neocolonialismo se convirtió en un hecho más tajante para la política social de Hispanoamérica (al fin y al cabo, por más de quinientos años se ha maldecido en español).

Si dentro de una misma cultura la globalización de uno significa la colonización de otro, hace más de medio siglo Manuel Pedro González polemizó que el «verdadero» escritor latinoamericano era el que vivía en su tierra y explotaba su temática sin ninguna sumisión estética externa, expresando sus problemas particulares. Esa crítica percibió en los novelistas del *boom* y en las primeras dos novelas de

Fuentes (*La región más transparente* y *La muerte de Artemio Cruz*) una falta de originalidad y un «abuso infantil» de influencias extranjeras. Esta acusación se amplificó con la insistencia en que «ninguna renovación técnica será válida y fecunda si no es auténtica y autóctona, es decir, si no es ingénita y secuela del genio creador nativo» (González: 76). De lo contrario, sostiene, lo único que se logra «es demostrar nuestra incapacidad para forjar un arte propio de tamaño mayor y nuestra vocación colonial –tanto literaria como política–» (76). Si González fue el más severo de los críticos hispanoamericanos de la nueva novela de los años sesenta y el gatillo de críticas comprometidas igualmente inflexibles,[31] es irónico que la crítica poscolonial vuelva a ese revanchismo nativista

Como arguye Klor de Alva de manera convincente, la ideología nativa fue usada originalmente de múltiples maneras por mestizos europeizados para proclamar su «independencia» nacional durante el siglo XX, cuando, en realidad, jamás fueron colonizados (259, 270). ¿Quiere decir esto que en momentos de "cancelación" los novelistas mestizos solo podrán escribir sobre mestizos y problemas que solo afectan a ellos, desde una perspectiva mestiza? Lo que se derrumbó durante el siglo XX fue una historia particular sobre los orígenes míticos de la modernidad de Occidente, apuntando en una dirección hacia los relatos grecorromanos; y en otra hacia reinos no de este mundo. Klor de Alva rechaza el término «poscolonial» porque no parece ser más que una respuesta por parte de los críticos posmodernos de ese momento a hegemonías interpretativas cíclicas. Said, quien estaría a favor de los estudios poscoloniales para combatir el imperialismo cultural, no con el distanciamiento o desdén de factores estéticos, coincide con Klor de Alva, al recordar en *Culture and Imperialism* que:

---

[31] Es fulminante, aunque acogedor de las nuevas formas de la novela, Ángel Augier, "Polémica de la novela", *Unión* VI. 2 (junio, 1968). 139-146. Sensatamente Augier nota el tradicionalismo y clasismo de las tesis de otros participantes en el coloquio en que publica González, como Loveluck y el comprometido Alegría, concluyendo que "Es deseable que el escritor latinoamericano encuentre esos recursos de la propia expresión y se despoje de su complejo de subsedarrollo cultural. Pero *es posible que una etapa de ese proceso radique en su utilización de los recursos y experiencias ajenas*" (146, énfasis míos).

Aceptar el nativismo es aceptar las consecuencias mismas del imperialismo. Abandonar el mundo histórico por la metafísica de esencias [...] es abandonar la historia por esencialismos que tienen el poder de hacer que los seres humanos se opongan unos contra otros; y frecuentemente ese abandono del mundo laico ha conducido a cierto tipo de milenarismo si el movimiento ha tenido una base masiva, o ha degenerado en una locura privada de escala menor, o en una aceptación irreflexiva de estereotipos, mitos, animosidades y tradiciones alentados por imperialismo. Esos programas difícilmente son lo que los grandes movimientos de resistencia habían imaginado como sus metas (1993: 228-229).

Fuentes es un precursor de la descolonización y globalización reduccionistas practicada por algunos novelistas posteriores de compromiso ambivalente, como Jorge Volpi. Sus críticos vieron en sus primeras novelas una región poco transparente, mientras que las últimas del siglo XX y las del veintiuno huelen a laboratorio antropológico con máquina de escribir en torno al compromiso y la política en las digresiones ensayísticas. Para Callinicos, un recuento antropológico de ese tipo se enfoca "menos en los atributos formales de los relatos que en el papel que tienen en permitir a los humanos darle sentido a sus propias vidas y sus relaciones con otros" (54). Hace treinta años, Marc Augé aseguró que el siglo actual sería antropológico, "no solo porque las tres figuras del exceso [sobreabundancia de eventos, sobreabundancia espacial e individualización de referencias] no son más que la forma actual de una materia prima perenne que es la materia misma de la antropología, sino porque en el contexto de la sobremodernidad [...] los componentes se añaden sin destruirse" (55-56).

El mensaje teórico de Fuentes no comenzó en los medios cinemáticos que han servido para mantener viva la novelística de autores clásicos. En una carta del 7 de septiembre de 1958, discutiendo sus ventajas y desventajas al leer *La región más transparente*, Cortázar le dice que una de las primeras es «la falta de compromiso con esa realidad en que usted está comprometido y, dentro del mismo juego, todos los lectores mexicanos.» Por eso, añade, «puedo leer el libro como si leyera una novela de, digamos, Joyce Cary o Boris Pasternak» (Solana Madariaga: 10). En este pasaje y otros de su carta (incluida en las obras "completas" de 1974 del mexicano y homenajes posteriores), en que le da consejos y le hace salvedades respecto a la técnica narrativa, Cortázar aboga por una *internacionalización* de la novela, consciente de que sus contemporáneos hispanoamericanos jamás han sido subalternos que no pueden hablar.

Sabía, además, que el colonialismo se supera con una verdadera descolonización mental que apueste por un pluralismo como eje de la literariedad actual, cuando el subalterno decide qué decir o no decir. Cortázar apuntaba hacia un panamericanismo al fin renovado o liberado de dependencias estéticas, que construyera una novelística que no despegara exclusiva o estrictamente del palimpsesto paneuropeo y su prolongación. Según Monge en la diatriba citada en el primer capítulo, sugerir que la mejor literatura latinoamericana se escribe en inglés es una "ética de la amenaza que asfixia a la estética y que busca colonizar, desde su idioma de origen, es decir, el inglés, al resto de idiomas, antes incluso de actuar en su interior". La idea de liberación de un pasado pre-colonial es para Cortázar más una fuente de inspiración que un modo de identidad, y por eso, diferente del crítico Manuel Pedro González, encontró una manera elegante de decirle a Fuentes que buscara su propia técnica, porque no la hallaba todavía. Cortázar y sus congéneres demuestran que una teoría no es poscolonial o copia fiel del discurso de Occidente, a pesar de cómo lo practiquen, como examinó el capítulo anterior.

Para ellos y Fuentes, la esencia de lo «poscolonial» no es nueva ni se limita a la cultura afectada por el «Imperialismo» español («Mi casa hispanoamericana», *Nuevo tiempo*...: 177-186). Ese término abarca los residuos que amenazan con resucitar un imperialismo cultural que surge del mundo anglófono, celeridad que Fuentes anotó en *Contra Bush* (2004). La cuestión por resolver es dónde se entre-cruzan cultura e identidad, en vez de «dónde encajamos en las batallas culturales académicas y la política de identidad de los Estados Unidos». Serna toma a Fuentes como prototipo del novelista cuya política es escribir para «doctores en narratología de las universidades nortea-mericanas» (295), para los que «entusiasmado con las nuevas corrientes de análisis literario, cambió su instinto de narrador por un programa de computadora» (291). En una charla televisiva de 1993 citada por Callinicos, Said declaró su impaciencia con las confusiones y equivocaciones de la política de identidad, aseverando que "el asunto de la identidad, enfocado en uno mismo, ¿somos esto, eso o lo otro? es a fin de cuentas uno de los menos interesantes en el mundo", compa-rado al de "la ilustración y emancipación" (199).[32] Harwicz precisa latinoamericanamente: "La identidad es una regresión propia del siglo XXI [...] Por vías de EE.UU, se ha impuesto la identidad de género y raza como el tema central de nuestro tiempo" (Vicente: 8).

El crítico mexicano Guillermo Sheridan notó un proceder parecido en torno a las identidades desencontradas, sobre todo en *Gringo viejo*: «La narrativa sirve para escapar de esas prisiones, no para encerrarnos más en ellas. La corrección política en éste, como en otros casos, no pasa de ser un lugar cómodo y común. Un lugar común lo es porque hospeda la certidumbre y obvia la crítica. ¿Cabe ahí la teoría, la crítica de la identidad?» (129). Es decir, la política de la identidad no cree en el progreso. Fuentes siguió haciendo oportunas venias políticamente correctas («Jornada de un escritor», 70-71) para auditorios que comprendían imperfectamente las implicaciones de esas empresas identitarias para una teoría de la novela, o para la cultura futura en que no tener identidad es una identidad. Malva Flores las resume estupendamente:

---

[32] Es inocente desestimar la contextualización que proveen su política personal y la identidad nacional, verbigracia la polémica con Enrique Krauze, discutida acríticamente por Volpi. En el apartado "1988, el año más nublado" (493-539) del capítulo "Una comedia y un linchamiento" Flores provee una matización brillante y exhaustiva del contexto mexicano, concluyendo que era típico para Fuentes no opinar públicamente a polémicas (2020: 16-18, 538, 540).

Su obra se acomodaba a los preceptos dictados por las teorías inmanentistas de las décadas de 1960 y 1970 o, más tarde, a los señalamientos de los apólogos de la posmodernidad, las categorías narratológicas y los afanes teóricos del multiculturalismo, entre otros. / Siempre al día, Fuentes era un auténtico escritor profesional; sin embargo, su relación con *la crítica no laudatoria* quedó marcada en una frase, hoy ya famosa: 'Me desayuno a mis críticos' (537, énfasis mío).

Ese proceder, que Flores atribuye a cálculos sobre en qué revista colaborar o no (593), no excusa la proclividad de sus críticos a posturas intolerantes, y uno como Bada reconoció que desde hace muchos años había venido rechazando las novelas del mexicano que tendían a ser muy extensas (47).

Los paralelos poscoloniales y analogías occidentales no se circunscriben a su novelística, porque hay conexiones similares en su no ficción, especialmente en la que quiere depender de alguna «teoría». Es transcendental recordar que desde la Posdata/Disculpa de Fernández de Lizardi a su versión definitiva de *El Periquillo Sarniento* (1819), la modernidad y la conciencia crítica forman parte integral de la no ficción producida por los novelistas hispanoamericanos. Su compatriota Octavio Paz reafirmó la adherencia de Fuentes a la modernidad occidental que asumió (al fin de *El laberinto de la soledad*) ser la condición mexicana: "El cosmopolitismo de Cortázar es el producto extremo de un proceso de abstracción y depuración: una cristalización; el de Fuentes es una yuxtaposición y combinación de distintos idiomas dentro y fuera del español" (10). Incluso en las esferas sociales ambiguamente hispanizadas de los Estados Unidos autodefinidas como poscoloniales, es evidente que siempre ha habido constantes cruces culturales, preguntas cruciales y viajes a varias fuentes heterogéneas.

Detrás de las lecturas sociológicas de novelas como las de Fuentes está la falta de reconocimiento de que una novela filosófica o subjetiva solo *parece* borrar por adelantado la tentativa de ese tipo de lectura, posible a condición de suspender momentáneamente el efecto de los dispositivos mayores que estructuran una novela y que apuntalan su verosimilitud particular. Al analizar las pretensiones de la "novela pura" con base en las correspondencias estrictas en que se basa, Blanchot observa que

> Visto que la regla de la verosimilitud no tiene valor, la novela tiene la libertad de transformar la realidad; no solo de pintarla de otra manera sino de cambiar su estructura, tergiversar sus leyes y extinguir su entendimiento. Oculta su propio mundo. Es la maestra de sus propias apariencias. Ordena sus figuras e incidentes en un nuevo conjunto, en torno a una unidad que escoge sin la necesidad de justificar su marco de referencia. Esta libertad puede parecer absoluta, no obstante está limitada por la necesidad fundamental de armonizar, sin efectos *tromp-l'oeil*, el interior y exterior de la creación de la novela. (1995: 39).

Cuando la novela deja de cambiar no es seguro que muera como género, o que esté lista para ser embalsamada por la academia. Por esa libertad, cuyos avatares son enmendados en *Nueva cartografía occidental de la novela,* enfatizar las lecturas ideológicas es ir a contracorriente de ella o esforzarse por hacer brotar elementos generlamente refundidos, aun cuando el novelista no tenga conciencia de ellos o los lectores los capten.

Los esbozos teóricos de Fuentes no son paradigmáticos para discutir esas yuxtaposiciones. Lo que distingue específicamente a «máquinas novelísticas» como él y Vargas Llosa de otros es su producción de prosa no ficticia sobre la novela y sus entornos, lo cual establece una relación simbiótica con la totalidad de su obra. Incluso cuando la prosa no ficticia de Fuentes no le sirve de andamiaje para su práctica, aquella funciona permanentemente como telón de fondo y contextualización necesarios. En ese sentido es común hablar de la conexión transparente entre *Terra Nostra y Cervantes o la crítica de la lectura* (ambos de 1976), vínculo examinado por el propio Fuentes, adelantándose a sus críticos. Son relaciones provisorias, y hay homologías similares entre *La campaña* y los ensayos de *Geografía*.... En el epílogo de esta última colección, por ejemplo, anunció otra colección de ensayos sobre novelistas estadounidenses, proyecto ahora inconcluso cuyas bases se puede rastrear a ensayos de principios de los años setenta (Reeve, «Carlos...»), y hay similar aplazamiento en la dilatada y celebratoria atención crítica a su no ficción después de su fallecimiento.[33]

Con la publicación del díptico *Terra Nostra / Cervantes*..., que varios críticos vieron como emblema de su paso de la novela al ensayo, y viceversa, la cita anterior se convierte en una protoalusión, con un significado más amplio. Es el tipo de autoayuda que solo le puede gustar a su propio autor, y un deseo de totalidad que caracterizó y definió a los "boomistas" y a una parte importante de la novelística del siglo XX, como demuestra el próximo capítulo. Esa avidez fue observada y admitida por sus contemporáneos. En el Prólogo a *La muerte de Artemio Cruz* del primer tomo de la edición de las *Obras completas* de su coetáneo, Donoso se explayó al respecto:

> La tentación de «interpretar» todo [esto] es grande. Pero Carlos Fuentes no ha montado una alegoría. El valor de *La muerte de Artemio Cruz* es muy distinto a la intención de «fresco», tan a la mexicana, de *La región más transparente*, lo que constituye la mayor debilidad de la primera novela, quizá demasiado abstracta e intencionada. (1974: 1063)

Como señala el próximo capítulo, el deseo de totalidad engendra excesos, porque lo que parece una novela pluralista, con su calei-

---

[33] Tres de los nueve opúsculos impresionistas en *Carlos Fuentes, ensayista* —excepción hecha de "El ensayo político de Carlos Fuentes" (109-120)— tratan su periodismo. Mencionando *La gran novela latinoamericana* (135) el editor Valadés exagera al compararlo con Sontag y Broch, llamándolo "un verdadero autor polifónico [sic]". Aparte de "Carlos Fuentes's Reading on Latin American Traditions: From the New to the Great Latin American Novel" de Anadeli Bencomo, es acrítico el tono de las nueve colaboraciones del homenaje "Carlos Fuentes: A Tribute", *PMLA* 128. 3 (May 2013), 698-726.

doscopio de ensayo, periodismo (algo parecido al *New Journalism* estadounidense), poesía, epistolario y hasta canciones, es en verdad profundamente singular, porque esa novela se define a sí misma por *oposición* a prácticas previas, como ocurrió con buena parte de la novela de los años noventa. Contrástese la visión que Donoso da de Fuentes con la de Cortázar, porque el desarrollo del mexicano muestra que fue fiel al cosmopolitismo que define a toda novela de Occidente en el siglo XX, como afirma Donoso para su contemporáneo (1974: 1058).

En 1974, Donoso notaba que novelas como las de Fuentes inventaban una nueva gramática. Si no percibe en *La región más transparente* los procedimientos que Claire de Obaldia define y examina tan bien en *The Essayistic Spirit: Literature, Modern Criticism and the Essay* (1995) como definitorios de la «novela ensayística», vale notar que una práctica superior actual es la de Lalo, cuyas híbridas *Simone* (2011) y *La inutilidad* (2004), ya traducidas al inglés y disponibles en ediciones nacionales o independientes, son modélicas respecto a la posterior *Donde*. Si según Jason Childs, "también se puede percibir obras recientes de escritura ensayística-novelística menos como un regreso o repetición que como la continuación de una tradición que ha persistido a través de la era moderna, aunque habitualmente en los márgenes" (211), un antecesor de Lalo, es su compatriota José Isaac de Diego Padró.

En 1988 Donoso relata haberse molestado con Fuentes respecto a unas anécdotas que el mexicano empleó para una nota publicada en *The New York Times*. Donoso menciona que Fuentes le contestó «'¿Qué importa? ¿No te das cuenta que todos nosotros estamos escribiendo partes distintas de la misma novela?' Creo que las palabras de Fuentes son verdad» (1998:334). Cornejo Menacho pensó en algo parecido al escribir *Las segundas criaturas*, empleando y mejorando, como detalla *Discípulos y maestros 2.0*, el palimpsesto que dejaron Donoso y Fuentes, mostrando además que las metáforas no aparecen simplemente en el lenguaje, y no yacen en las palabras sino en las ideas, y la gramática no las puede hacer desaparecer, insistencia reduccionista de Paul Valéry que se adelanta a las de Barthes o Derrida sobre el lenguaje y el autor. Así se enhebran la práctica y la teoría novelísticas en Fuentes, y *Aura* no es solo una clara referencia a la atmósfera inmaterial de la narración, sino que el título, benjaminiano a pesar de Fuentes, explicaría la experiencia subjetiva de la obra de arte o de las condiciones de su producción, exhibición y recepción.

Así como Benjamin llegó a proponer que el efecto o la tradicional singularidad del aura de una obra de arte se pierde progresivamente, mientras el original es reproducido por la fotografía o el cine, la traducción de las obras de Fuentes muy bien podría estar gastando su *aura* de autenticidad, éxito o culto que había adquirido al ser insertada en el canon de obras occidentales veneradas similarmente. Pasaba lo mismo cuando escribía de sí mismo sin hacer una autocrítica.[34] Teóricamente hablaba más de sí mismo que de la novela, como si ésta se definiera por ejercicios estrictamente personales. Incluso al hablar de *Un encuentro* (2009), cuando Kundera elogia a Anatole France, dice: «Yo recuerdo que para mi padre y mi abuelo era un autor funda-mental y yo me uní al universal desprecio» (2009: 13), o de Curzio Malaparte (exaltado por Kundera): «Recuerdo, también, con qué interés era leído este autor por la generación de mi padre» (2009: 13), sin problematizar el valor documental de la narrativa de ese simpatizante del fascismo.

¿Qué tiene que ver ese tipo de recuerdo con Kundera? Se trata de protagonismo ante un novelista cuya obra, mayor que la de él, admira. Pero quizá se adelantó a la abundancia de libros del tipo "*Rayuela* y yo" o "Kundera y yo", en los que un novelista o crítico encaja información pertinente o narcisista sobre un autor u obra clásica, tergiversando al "Borges y yo"; en que según una anécdota, Rodríguez Monegal creía que ese *yo* era él. Ese desarrollo hizo transitar

---

[34] Entre las fuentes que registra sobre su noveleta, a veces de manera lapidaria, está Miss Borde-reau (de *The Aspern Papers* de James), mencionada como una de las cinco "brujas" que engendra-ron a Aura. No se refiere a la protagonista Miss Tina, cuyo doble calcado puede ser Aura. La an-gustia de la influencia aparte, es revelador pensar en "The Real Right Thing" (1899) de James, cuento en que una viuda contrata a un joven periodista para escribir la vida de su amigo Ashton Doyne, escritor fallecido tres meses antes. Otro cuento de James similar y anterior sobre el artis-ta es "The Real Thing" (1892). Sería generosidad al revés creer que el prefacio de James a *The Aspern Papers* (1908) es el equivalente de "How I Wrote One of My Books".

mal su obra, porque las exigencias de la «población global» se imponen sobre las de la «población local», como afirma en *Tres discursos para dos aldeas* (1994: 23), noción que retoma y expande en la entrada sobre «Globalización» de *En esto creo*: «Porque junto con los vicios de la aldea global, han resurgido los vicios de la aldea local. El tribalismo. Los nacionalismos reductivos y chauvinistas. La xenofobia. Los prejuicios raciales y culturales. Los fundamentalismos religiosos. Las guerras fratricidas» (94-95). ¿Pero qué habría hecho con el comportamiento de mariachi del *Crack*?

En «El nacimiento de Carlos Fuentes», parte de la edición de *La región más transparente* de la Real Academia Española, Vicente Quirarte la llama fundacional, clásica, ejemplar. Como otros incondicionales, recurre a clichés al aseverar que «no es unívoca y menos cuando se propone como un sistema de signos que exige la relectura y la interrelación entre todos sus elementos» (lvi). Y si eso no bastara, como Tomás Eloy Martínez, le atribuye inaugurar «ese linaje de obras que crea un estilo, propicia seguidores» (lvi). En términos de su evaluación, no es inconsecuente que Martínez repita palabra por palabra un párrafo (2008: 6) de un texto anterior que sirvió de prólogo a *Tres discursos...*, estimación a la que volveré. Se puede estar de acuerdo con su conclusión de 1994 de que Fuentes no es un cínico (9), pero también se puede comprobar que su optimismo, que no debe confundirse con el pesimismo del lenguaje del discurso poscolonial trazado por Dirlik (342-343), no siempre depende de la teoría con que en otros momentos quiere legitimar su discurso. Fuentes no era un novelista para alumnos, sino para profesores, y estos no pueden viajar sin maletones teóricos para cada estación de su carrera. Hay que estar preparado para reconocer que se podría estar enseñando segundones, y que los alumnos no sepan la dificultad de distinguir lo estético de lo ideológico.

Viajes con Fuentes

Vale orientarse entonces hacia otra fase de esas teorías dispersas que, según sus críticos contrincantes, lindan con el solipsismo y la autoparodia. Si Fuentes fue un viajero de culturas y literaturas, no fueron menores sus viajes de una teoría novelística a otra, o entre ellas. Sus incursiones fueron regulares, progresivas o circulares, u obligatoriamente hispanoamericanas. Si su posición crítica fue estar en toda incursión cultural, llenando las brechas con breves referencias a una multiplicidad de lecturas, no hay un ímpetu sino más bien una confirmación de su constante posición ex-céntrica. Su lectura «derridiana» de Rulfo (1993) o su re-lectura histórica de Donoso (1995), por ejemplo, son muestras de los volteos que tomaron sus intereses teóricos. La descripción anterior no implica un juicio de valor. Todo lo contrario, los cambios y matices que un novelista experimenta o aplica al adaptar o adoptar una teoría son parte de un proceso natural hacia la actualización de sus presupuestos y quehaceres conceptuales. Las contradicciones son fáciles de captar y no invalidan su proyecto sino que depuran, eliminan, mejoran y frecuentemente determinan los criterios con que fue armando un plan de reunir su obra. Esos beneficios y maleficios, especialmente dentro de una carrera tan productiva, forman parte de una corriente mediante la cual los novelistas hispanoamericanos buscan otro *discurso de autenticidad*, noción teóricamente antigua, pero que sigue funcionando para las interpretaciones más politizadas de la novela.Para hallar ese discurso, le fue inevitable establecer una fenomenología de la falsificación y la imitación en lo que se refiere a la política y a la superación de las defensas autóctonas, basadas en quejas que se pueden catalogar bajo la rúbrica "victimismo" (cf. su carta al Subcomandante Marcos en *Nuevo tiempo*...: 171-176), aun considerando los intereses compartidos y opuestos en la esfera política de escritores como él y Vargas Llosa, como se nota en *La silla del águila* y *La Fiesta del Chivo*, que develan en buena parte los ardides ejecutados por hombres corrompidos por el poder. Ambos novelistas se encuentran en una situación precaria, porque su trayectoria les exige manifestarse por una u otra corriente cultural. En el siglo actual, la homogeneidad cultural se refiere a la dimensión económicamente materializada del concepto de cultura. En referencia a una definición de la cultura mucho más amplia, es preferible hablar de la mundialización y la desintegración simultáneas. La mejor forma de explicar el proceso de lectura de Fuentes y sus conclusiones críticas o teóricas yace en un concepto de mayor alcance.

Se trata de la *teoría viajera* (1983), expuesta por Said, quien comienza por la teoría novelística que Lukács desarrolló a fondo en un libro que después criticó y denegó, *History and Class Consciousness* (1923). Said reconsideró su propio concepto, y revisó su argumento desde esa doble articulación. Para él, cuando las teorías se desplazan a otros períodos y circunstancias pierden algo de su poder y rebeldía originales, desarrollo obvio que Marcelino Menéndez Pelayo comprobó a principios del siglo XX en los volúmenes de *Orígenes de la novela* (1905-1915), con citas similares y conceptos iluminadores. Ese proceso, claro para Said, implica giros de representación e institucionalización que difieren de los originales. Teniendo en mente que una teoría implica resistencia a otras, la originalidad de la de Said yace en detectar cuatro patrones recurrentes en sus trayectos: 1) el punto de origen, 2) la distancia recorrida, 3) las condiciones de aceptación u obstinación y 4) la transformación completa o parcial de la idea acomodada o incorporada («Traveling...», 1983: 226-227).

Aunque algunos aspectos específicos de este concepto se relacionan a la teoría novelística de Fuentes, es importante recordar que en su reconsideración Said concluye: «El trabajo de la teoría, la crítica, la desmitificación, desestimación y descentralización que [los teóricos] implican nunca se acaba. El punto de la teoría es entonces viajar, siempre moverse más allá de sus límites, emigrar, permanecer en cierto sentido en el exilio» («Traveling...Reconsidered», 1994: 264).[35] Vale remarcar, en términos de su relación con esa teoría de Said, que para el clarividente Benjamin las comodidades industriales y técnicas que sirven para imitar y multiplicar destruyen el aura del original, del

---

[35] La "teoría viajera" se complementa con la idea de "lectura de contrapunto", que Said desarrolla en *Culture and Imperialism*. Sin distinguir entre primeras y segundas lecturas estas últimas permiten entretejer, sopesar mutuamente, y sobre todo superponer las afirmaciones legítimas de lecturas internas o intrínsecas de una obra, al igual que las afirmaciones de varias formas de crítica externa. Auster se quejaba de que hay una tendencia entre los periodistas a ver las obras que primero llaman la atención del público como las mejores.

trabajo de arte, más que cualquier demanda por cambios sociales, homogeneidad y ubicuidad. Asimismo, y siguiendo al Lukács de *Teoría de la novela*, para Benjamin la novela es el género idóneo para una era de «desamparo trascendental».

Un recorrido por la teoría novelística de Fuentes pasa por varias etapas. La primera comienza con los ensayos de *La nueva novela hispanoamericana*, estropeada por errores de datos, tramas y énfasis excesivo en la política, se cierra con el «Apéndice: muerte y resurrección de la novela», fechado «1969» e incluido en la ya mencionada *Casa con dos puertas*. En ese «Apéndice» concluye que los antagonistas del desarrollo de la novela son la saturación del existencialismo, freudianismo y marxismo y, en décadas más próximas, la televisión (antes de la popularidad de las telenovelas). No es oponerse ciegamente a la innovación o una cuestión ludita, sino existencial, preguntar si la Inteligencia Artificial dejará al escritor sin trabajo, matará al autor y degradará la calidad por generaciones. ¿Pensaría Fuentes que sus suposiciones serían válidas cuatro o cinco décadas después? Tomando en cuenta otros aspectos específicos de la teoría viajera, no parece posible. Por ser insuficiente detallar las relaciones entre sus colecciones, algo que Vargas Llosa puede hacer, es preferible señalar su vinculación con miles de artículos, cartas, conferencias, editoriales, entrevistas, ensayos dispersos, notas y prólogos. De esa prosa difusa se desprende la imposibilidad de examinar toda la prosa no ficticia de un autor proteico, que escribía piezas periodísticas en las que sistemáticamente analizaba los males sociales de su país y el resto del mundo.

Frente a esa variedad de fuentes posibles y reales, conviene detenerse en la conocida reacción de Fernández Retamar a *La nueva...* en *Calibán* (63-75), ya que esclarece mucho respecto a la ubicación nominalmente poscolonial de algunos críticos posteriores de Fuentes. El crítico cubano censura al mexicano por abandonar sus ideas izquierdistas originales y sucumbir a especulaciones lingüísticas «capitalistas», refiriéndose específicamente a la visión formalista y subsecuentemente estructuralista de pensar la novela principalmente como *lenguaje*. En consecuencia, «la manera como Fuentes sienta las bases de su abordaje lingüístico tiene la pedantería y el provincianismo típicos del colonial que quiere hacer ver al metropolitano que él también puede hombrearse con los grandes temas a la moda *allá*, al mismo tiempo que espera deslumbrar a sus compañeros, en quienes confía encontrar ignorancia aún mayor que la suya...» ('71, su énfasis). Como cualquier intento teórico altamente político, el de Fernández Retamar «viajó» mucho entre la izquierda académica. Incluso cuando sus argumentos no fueran reconocidos, el posicionamiento ante el colonialismo fácilmente encontraría similitudes en la «distancia transversal» que Said menciona, pues más y más los críticos poscoloniales o lo que pasa por ellos también son teorizados y dependentistas (Russell Jacoby). Esta encrucijada es bastante clara en una lectura de la época de *La nueva*..., así como en una contextualización de su papel en la cultura literaria mexicana, publicada por su discípulo ungido, Volpi, aunque convenientemente muy recortada y modificada para una versión posterior en *La imaginación y el poder* (1998).

La premisa de Fernández Retamar es que *La nueva*... es simplista y nada revolucionaria, en términos de la función del lenguaje en la novela. Según otra lectura de esa época, los argumentos de Fuentes se debilitan por su caricatura de la crisis de la novela burguesa y de lo que es «escribir desde la izquierda». En la teoría de Fuentes: «Se da por hecho el fracaso del 'realismo socialista' y no parece resultar ya necesario volver a plantearse el problema que significa el que, teórica y estrictamente hablando, la 'novela burguesa' solo puede ser 'superada' por la novela socialista» (Blanco Aguinaga: 90). Pese a los cumplidos izquierdistas de esa larga crítica, típica de su momento, a lo mejor tiene razón en pedir una mayor descolonización del lenguaje (106), porque la tesis reduccionista del progresista Blanco Aguinaga es que Fuentes es «esquemático» y, en consecuencia, desdeña la historia y el socialismo. Leído en el siglo XXI, cuando Fuentes repitió el deseo de «una izquierda responsable, moderna, propositiva, y no solo rabiosa, demagógica o desmayada», en un artículo de *El País* del 26 de julio de 2009, el argumento de Blanco Aguinaga es divertido por su anacronismo y no ver que una crisis o virus cultural también es una crisis de la imaginación, y el tránsito de Fuentes hacia una globalización primermundista de la teoría novelística comprueba la equivocación del crítico.

Lo que los críticos siguen sin notar en la teoría novelística del «Tercer Mundo» es que la historia figura en ella como una revisión de técnicas aceptadas, de tal manera que mientras uno lee esa teoría, uno también piensa en la novela y su historia. Para Fuentes, el olvido, la nostalgia y el revisionismo le recuerdan de manera casi surrealista que si la memoria se puede disolver, lo mismo puede ocurrir con la historia. Con esa visión puede argüir que, para sustentar una experiencia histórica completa, la novela del que llama Nuevo Mundo Indo-Afro-Ibero-Americano tiene que criticarse a sí misma antes de criticar al mundo, y «ha tenido que devorar enormes bloques de historia, saltar sobre profundos abismos y consumir gigantescas síntesis en forma de novelas [...]» (1992: 11).

En 1990, cuando propone que la memoria en las crónicas coloniales (específicamente la de Bernal Díaz del Castillo) se puede equiparar con la memoria del novelista moderno, lo plantea porque «está inmersa en diversos *afectos* narrativos inseparables de la novela en el momento de la gestación» (*Valiente mundo nuevo*: 80, su énfasis), sin problematizar que el imaginario europeo también fue colonizado por los indígenas, produciendo un contraimaginario. Para José E. Santos esos afectos —la caracterización, el detalle y la atracción por el chisme (que, como la anécdota, diluye la realidad)— se conectan por una mezcla insólita de retórica y optimismo. Tanto como notar la función e importancia de ellos en la novelística general, cabe ver cómo los conecta con el mundo de Joyce, algunos novelistas franceses, Kundera y otros hispanoamericanos actuales. Fuentes no puede salir de su mundo occidental o producir un contraimaginario, por más que trate de independizarse para algún público progresista, por lo menos cuando intenta teorizar sobre la novela; y la verdad es que no tenía por qué hacerlo.

Algunos reseñadores iniciales de *La nueva...* señalaron que sus esfuerzos teóricos se resienten por generalizaciones o esquematismo sobre la mitificación y personalización de la novela contemporánea. Más que una teoría, *La nueva...* es un servicio comunitario, una descolonización en la que el autor se convierte en portavoz y defensor de una época decididamente importante en el desarrollo de la novela hispanoamericana (Kadir: 76-78), que Rita Segato actualiza diferenciando entre patriarcado comunitario de baja intensidad y patriarcado colonial moderno de alta intensidad. Para Fuentes, cierta izquierda no había muerto, y abogó en artículos no recogidos por la «doctrina Sinatra», para que Latinoamérica hiciera sus cosas «A su manera». Es el tipo de descolonización sociopolítica que transplantó de su no ficción a intentos fallidos de teoría novelística.

Otra parada teórica frecuente es el tratamiento de qué es la cultura nacional, como arguyen el primer capítulo y el dedicado a Palacio y Salvador. Fuentes es tan mexicano o hispanoamericano como cualquier novelista, pero no lleva esa insignia en el hombro, ni como deseo utópico. Dice, desmintiendo a sus críticos nacionales, que escribió *La muerte de Artemio Cruz* como una respuesta crítica a las demandas nacionalistas, porque para él «la nación es más grande que su poder. Es su cultura, donde la verdadera nacionalidad se hace y se mantiene. Si en Latinoamérica no hay separatismos del antiguo tipo yugoslavo o soviético, es porque la nacionalidad de la diferencia se ha gestado en la creación de la cultura, por debajo y por encima del nacionalismo oficial, como un proyecto colectivo» (*Geografía...*: 24-25). Es más, cree que la cultura lo hace todo y, como la novela lo es todo (*Nuevo tiempo...*: 64), y su doble político es la nación (*Nuevo tiempo...*: 91). Al no defender la patria (nació en Panamá) sino recurrir a la defensa de la cultura como proyecto engendrado por la memoria y el deseo (*Nuevo tiempo...*: 93), solo está matizando ideas afines previas.

Al nivel teórico y práctico, su ficción no muestra cambios, que según una crítica estadounidense, «nos hace preguntar cuánta energía ha dedicado Fuentes a crear un mundo, real o imaginario, en el que podemos creer».[36] Su continuidad se afianzó con la construcción de

---

[36] Francine Prose, "Traditions of Suffering", *The New York Times Book Review* (September 28, 2008), 16.Con base en la versión en inglés de *Todas las familias felices*, Prose critica severamente la gran brecha entre intención y realización, y expresa el estatismo de la prosa: "Con demasiada frecuencia la construcción de las tramas y la presentación de los personajes parecen simplemente desatentas o perezosas, y hay dejos de telenovela, aunque parecería que no son deliberados" (16).

una historia personal, y siempre quiso descubrir una vez más el artefacto que le permitía acordarse de sí mismo. Como otros, sabía que esa historia podía adquirir la forma de mito, si la dejaba, y sin duda luchó para que fuera así. Como novelista le quitó la «etnicidad» a la nación y, en una clara paradoja, afirmó lo étnico como tema político que busca soberanía. Parte de este tipo de «globalización» es que él no se sintió obligado a habitar su nación en todo momento, sobre todo cuando el conflicto entre nación e historia se resuelve con la "aldea global". Mientras tanto afirmaba: «Yo voto por el progreso con memoria y por la nación con democracia» (*Nuevo tiempo...*: 10). Como sucede con otros novelistas, la nacionalidad lo inspira cuando ética o estéticamente se ve forzado a reconocerla. Ser mexicano o hispanoamericano le es interesante solo cuando la actitud sobre lo que es una nación se dispersa, y en esa actitud intervienen las versiones éticas que se tiene del particularismo y universalismo.

Hasta los años setenta, sus aserciones acerca del género surgieron de una combinación de lo que se podría llamar una política de la identidad ex-céntrica (que pretende resolver el problema de los mitos de origen) y la importancia del protagonismo del lenguaje para entender algunas novelas metatextuales de ese periodo. Aquellas metaficciones totalizantes agrandaron la brecha entre las novelas «literarias», la identidad y la cultura popular; y ese resultado, contrario al posmodernismo que se habría esperado de él y otros novelistas que querían estar a la moda, es una de las razones por las que en esa década se comienza a publicar las «nuevas novelas históricas» que circulan hoy con menor regularidad, sin los ribetes señalados por King. Fuentes escribe sobre el tipo anterior en Martínez, Aguilar Camín, Volpi y Franz. Con ese giro busca una globalización verdadera de la novela hispanoamericana y su nueva identidad, en un momento histórico en que los modelos para satisfacer las estructuras de deseo emergen en los diferentes nichos del sistema global primermundista, no del local.

Esa aspiración democrática se reduce a sus allegados mexicanos, y no es necesaria una teoría para notarlo, porque en «Jornada de un escritor» vuelve a ellos: «Tan contemporáneos son el *Popol-Vuh* anónimo como el *Klingsor* de Volpi [...] Tan actual es la Galia de Julio César como el Galio de Aguilar Camín» (59). Y estos y otros lo elogian en reediciones y traducciones de sus novelas. O en reimpresiones, como ocurre con Luis Rafael Sánchez (cuya experiencia "ricano-americana" [sic] elogia en *A viva voz*, 273) y *Gringo viejo*, o con el historiador John Elliott y su prólogo especial para la edición de 2003 de *Terra Nostra*; la única novela de Fuentes que le interesa a Kundera, según sus notas en *Un encuentro*. Ninguno de esos textos discute una teoría para o de Fuentes, y algunos acólitos no sopesan alguna contribución suya al género, como en el homenaje de *Nexos* (octubre 2008), al que contribuyen Juan Villoro, Franz, Cristina Rivera Garza, Xavier Velasco, Ángel Palou, Ignacio Padilla, Vázquez y Volpi (cuyo empleo de la ciencia con tono de libro de texto Fuentes celebra en *La gran novela latinoamericana*).[37]

Si *Discípulos y maestros 2.0* discute la dificultad general de atribuir maestros, es cierto que no solo por diferencias cronológicas y estéticas, la novelística de Fuentes no influye en la de Bolaño, Valeria Luiselli, Herrera o Melchor, particularmente al tratar temas regionales como los avatares del crimen violento, la migración del Sur Global, la pobreza o el narcotráfico, pasando de la mirada literal a la literaria. La fusión borrosa de los temas del «Tercer Mundo» con sus novelistas es otro factor que Fuentes combate en su prosa no ficticia. El exotismo o neoexotismo, a pesar de la mala fama que le dieron Said y los poscolonialis-tas, sigue atrayendo a lectores mundiales de novelas hispanoamerica-nas. Esa fijación usualmente resulta en una crítica banal que se propone interpretar las culturas representadas en esas novelas, y Fuentes se distancia de esa sujeción.

---

[37] A su vez Volpi sobre *Terra Nostra* en "El teorema de Fuentes", *Mentiras contagiosas* (Madrid: Páginas de Espuma, 2008), 177-185. En "Jornada de un escritor" Fuentes idealiza sin matizar: "La escritura del diablo depende de la cercanía del ángel; por ello saludo también a los nuevos novelistas que hoy ocupan el centro de la escena: Ignacio Padilla y Pedro Ángel Palou, Juan Gabriel Vásquez, Carlos Franz, Arturo Fontaine y Sergio Missana. Y dos Santiagos: Roncagliolo, Gamboa. Ellos son el nuevo día" (72-73). Esa lista y las de *En viva voz* son imprecisas e incompletas respecto a género sexual, ideología o venias.

De los años ochenta a los noventa

La «geografía» es una metáfora para describir la configuración de la novela como objeto estético, suelo y clima de la cultura. *Geografía...* explica cómo el fenómeno novelístico hispanoamericano no estaba tan aislado como se pensaba, y que respondía a una globalización general muy anterior a las del *boom*. Sobre todo, la geografía se refiere a la cultura como asiento de distintas manifestaciones de la vida humana. A veces esa cartografía se distorsiona. Cuando le da demasiada importancia a ciertos aspectos metafísicos de la cultura, esa metáfora tiene un efecto corrosivo en su no ficción, porque reconfigura todo en un asunto trascendental. Tales fugas teóricas lo tornan abstracto. Es como si él creyera que una guía «accesible» de los mecanismos de la ficción escrita por un novelista significa perder prestigio o acólitos. Que *Aspects of the Novel* (1927) de Forster sigue sin agotarse prueba lo contrario. Vistas positivamente, las reescrituras de Fuentes y sus reformulaciones verbales son menos circunlocuciones que esfuerzos por evadir la perífrasis interpretativa o problemas reales con un estilo.

En *Los testamentos traicionados* Kundera precisa: "Si soy partidario de una fuerte presencia del pensar en la novela eso no quiere decir que me guste lo que suele llamarse 'novela filosófica', esa servidumbre de la novela a una filosofía, esa 'puesta en narración' de las ideas morales o políticas. El pensamiento auténticamente novelesco (tal como lo ha conocido la novela desde Rabelais) siempre es asistemático; indisciplinado [...] es experimental; fuerza brechas en todos los sistemas que nos rodean; examina..." (1994: 190), actitud similar a la de novelistas asociados con cierto tipo de novela de ideas: James, Mann, Robert Musil, Sartre, Murdoch (que no creía en la filosofía como base estructural del género), Coetzee, Wallace, Aira o Vargas Llosa. Como Kundera en *El arte de la novela*, Fuentes intuyó la necesidad de «un arte del ensayo específicamente novelesco», no de la crítica. Así se presenta como un novelista "dialógico" que necesitaba un arte ensayístico de la novela, como revelan las que escribió al fin de su vida. A diferencia del checo, cuyas novelas exhiben un torpe interés filosófico en la memoria, el mexicano no juntó la máxima seriedad del asunto con la máxima levedad de la forma, como Rulfo.

La progresión de su teoría no fue tan lineal. En el texto de 1985 (al recibir el Premio Nacional de Literatura en México) habla de una «geografía de la novela». Pero su interés teórico permanece básicamente intacto: *Valiente mundo nuevo* tiene como subtítulo «Épica, utopía y mito en la novela hispanoamericana» y reintroduce las preocupaciones temáticas de *La nueva*.... Algo similar ocurre con su visión de la «muerte de la novela». En 1993, hablando de su generación, declaraba: «el problema se desplazó de la pregunta '¿Ha muerto la novela?', a la pregunta '¿Qué puede decir la novela que no puede decirse de ninguna otra manera?'» (*Geografía*...: 12). ¿Pero cuál es la diferencia entre la afirmación del mexicano y la declaración de Kundera de que «lo esencial para una novela es lo que solo una novela puede decir» (1994: 180). Esa es la empresa de la novela: darse cuenta, grabar, recordar y tejer, conferir plenitud y unidad a ciertos relatos y reconciliar; no puede hacer otra cosa.

Si hay novedad teórica en Fuentes, hay que rebuscarla en su análisis de la geopolítica iberoamericana. El Quinto Centenario se convirtió en pretexto inevitable para discutir las culturas, tecnicismos, política, naciones y lenguajes de «Indo-Afro-Ibero-América» en *The Buried Mirror*, publicado el mismo año que su original, *El espejo enterrado*, ejemplo del tipo de texto producido al combinar intereses históricos. Sus axiomas y metáforas recurrentes revelan una *geografía* cultural que tiene el poder de borrar, desposeer y supravalorizar esa Indo-Afro-Ibero-América, conglomerado basado en las funciones de nombrar, en la voz, la memoria y el deseo. Sus novelas son así parte de un proceso mayor continuo, en que la narrativa es «un movimiento de la utopía con que el viejo mundo soñó al nuevo mundo, a la épica que destruyó la ilusión utópica mediante la conquista, a la contraconquista que respondió tanto a la épica como a la utopía con una nueva civilización de mestizajes, barroca y sincrética, policultural y multirracial» (*Valiente*...: 27). Para esa historia, la Conquista comprobó que, al abrir un canal, la influencia cultural fluye de varias partes, entre mexicas e incas que colonizaron el imaginario español, así como la mayor civilización occidental es híbrida desde la base griega que los romanos adoptaron, creando contraimaginarios.

Contrariamente, la idea principal de Fuentes es un calco no reconocido del capítulo de Lukács (59-72) sobre la diferencia entre épopeya y novela, en que asevera, resumo, que las dos son formas mayores de la literatura épica. Arguye que ambas no se diferencian por las intenciones fundamentales de los autores, sino por las realidades histórico-filosóficas que confrontaron, siendo una novela la épica de una era en que la totalidad de la vida ya no se da directamente, porque la inmanencia dela vida se ha convertido en un problema. Sin embargo, sigue pensando en términos de totalidad. Después de 1968, como muestran los nuevos novelistas examinados en los capítulos finales, y los nacidos al final de esa década discutidos en *Discípulos y maestros 2.0*, se pasó de la utopía a la «heteroutopía» en cuanto a la relación entre la sociedad y la vida cotidiana, y sin mayor precisión el Fuentes sesentayochista asocia ese sentimiento con la cultura.

Tres años después de *Valiente...*, en 1993, el multiculturalismo utópico de la geografía cultural que mencionaba desemboca en *Geografía...*, cuyas discusiones se concentran en novelistas europeos. En esa colección, solo cuatro hispanoamericanos merecen su atención: Borges, aquél que en 1983 publica el ensayo «Argumento de una novela que no escribiré» (en Corral y Klahn, II, 650-651), Sergio Ramírez, el historiador y novelista Aguilar Camín y Goytisolo («hispanoamericano» para *La nueva...*), todos amigos devotos. Como esa devoción, la circularidad es definitoria para Fuentes. *Geografía...* se abre con el ensayo «¿Ha muerto la novela?», cuestionamiento que había iniciado con el mismo título en la tercera sección de *La nueva....* Siguiendo ese hilo, *Geografía...* se cierra con un texto titulado «Geografía de la novela», de 1974.

En esas transformaciones cartográficas quería seguir probando que el fenómeno novelístico de los setenta años anteriores no era tan aislado como se suponía, y su énfasis en el carácter occidental hispanoamericano y su mundialización es un mérito que hay que reconocerle por encima de la manera en que expresa sus convicciones, como agradecer a autores mexicanos "su cordial interés en presentar a los autores extranjeros" (2019: 246), en una lista sin pies o cabeza. En una reseña muy objetiva de *A viva voz* Fernando García Ramírez afirma «en medio de frases brillantes, incisivos párrafos de crítica literaria, agudas observaciones sobre el papel de la novela y el novelista en nuestro tiempo» (2020: 69), con "frases arbitrarias, altisonantes, fáciles, tontas, huecas, chabacanerías y cantinflismo puro" (2020: 69). Una manera generosa de evaluar ese proceder es calificarlo de descuido, no como la voz del maestro cuyos logros no necesitaban confirmarse con publicaciones precipitadas llenas de clichés.

Lo que Fuentes creaba con la novela hispanoamericana y su teoría era sinergético con la mundialización del género y los discursos que competían por crear identidades teóricas continentales. Pageaux describe bien el papel del mexicano en esa progresión, sin cuestionar el efecto de su ligereza teórica, justificándolo por su monumentalidad: «El propósito del novelista crítico se sitúa –se entiende– más allá de la tesis o de la demostración: se trata de distanciarse del proceso histórico y cultural de orientaciones mayores, de las tendencias dominantes, y de darles sentido y validez» (189). No puede detener esa actitud, cuya traba es crear patronatos críticos o teóricos que puedan ajustarse al compás moral que establezca la globalización. Son movimientos transnacionales (Fuentes le dijo a Guy Scarpetta en 1990 que se comprobará que la *Weltlitteratur* de Goethe está en lo correcto, sin especificar por qué) que desmantelan varios componentes novelísticos definitivos, al grado de ser superados por el modelo y sus copias. Fuera de la academia anglófona, sus guerras culturales e implicaciones para el declive de Occidente, la descolonización de la teoría es muy diferente de ese proceso, por la necesidad del colonizado de sostener un argumento por medio de politizar y privilegiar un solo punto de vista (Kadir: 37-42), o de usar la violencia epistémica para deshacerse de su complejo de inferioridad "moral" (Fannon).

Globalización de la teoría

La imperfecta globalización hispanoamericana de la teoría, de adentro para fuera, es a fin de cuentas un ejercicio intelectual que no logra captar que todo esfuerzo descolonizador puede convertirse en global, especialmente si se considera sus antecedentes locales. Desde *Tiempo mexicano* hasta *Latin America at War with the Past* y *Nuevo tiempo…*, sin embargo, el argumento cerrado de que el colonialismo occidental ha exacerbado esa condición no deriva de los problemas sociales, históricos y culturales de Hispanoamérica. Más bien, se trata del privilegio que le atribuye a la literatura para iluminarlos, opción que enfatizó al recibir el ahora venido a menos Premio Rómulo Gallegos (el último cuya calidad literaria no fue cuestionada fue otorgado a Eduardo Lalo en 2013 por *Simone*). No es inusual que repite esa prerrogativa en su discurso metaficticio desde *Aura*; o que en *Diana o la cazadora solitaria*, su alter ego afirma de manera emblemática:

> Con razón o sin ella, yo he vivido para escribir. La literatura, casi desde la infancia, ha sido para mí el filtro de la experiencia, desde el temor a un castigo paterno hasta la noche de amor más reciente. Sexo, política, alma, todo pasa para mí por la experiencia literaria. La expectativa del libro refina y fortalece los datos de la vida vivida. Quizás nada de esto sea cierto o, en realidad, sea al revés: la imaginación literaria es la que determina, provoca, las demás situaciones 'reales' de mi vida (107).

Lo más significativo de las metaficción autobiográfica es que el estilo novelístico se convierte en el tema de la experiencia y no en la experiencia del tema, aunque dependa de un discurso cuya cursilería fue embestida para *Diana o la cazadora solitaria*.

La teoría implícita en su novelística está en su narrativa metatextual y en la no ficción que escribió a destiempo o bajo pedido. Sin duda llega un momento en que los presupuestos teóricos se convierten en materia prima para un novelista. Pero aparte de esa continuidad, o su obsesión o consistencia con ciertos temas, ¿dónde está la teoría como teoría en sus escritos? Menciones de Hermann Broch, Cervantes, Vico, Kundera («el otro K» en *Myself...*), Diderot, Bajtín, Jean-François Lyotard, Derrida y otros aparecen y desaparecen de sus escritos. Incluso si uno arguye que el deseo, el amor, el poder y la revolución lo asemejan al checo, no se puede argumentar que éste o uno de los teóricos citados se hayan convertido en un pilar de las especulaciones teóricas de Fuentes. En realidad, sus suposiciones inverificables se caracterizan repetidamente solo por un dinamismo urgente y revisiones someras de los escritos de aquellos autores.

Diderot y Kundera son «escritores de escritores» y lo que dicen sobre la novela, en teoría y práctica, es más útil para Fuentes que las extensas teorías académicas a las que acudió. Veneraba la *política* de la teoría veladamente, puesto que sus decisiones teóricas coinciden con la tendencia occidental de institucionalizar diversas «posiciones críticas de sujeto». La teoría, como las cavilaciones de Fuentes sobre ella, está siempre entre la elocuencia y la locuacidad de alguna política académica, y quizá tenga razón Kundera, en *El arte de la novela*, al maldecir al primer periodista que tergiversó las ideas de un escritor, razón por la que no daba entrevistas.[38] Es un proceso continuo que generalmente desautoriza intentos por conectar teoría y práctica. Y si el prisma con que se podría leer a Fuentes incluye a los estudios poscoloniales, recuérdese esta conclusión: «Mientras los estudios poscoloniales dicen ser subversivos y profundos, su política tiende a ser banal; el lenguaje basado en la jerigonza, el radicalismo que intenta ganar la partida infantil; la obsesión con sí mismo fastidiosa; y la teoría hinchada» (Jacoby: 37).

---

[38] Excepción hecha del novelista británico Ian McEwan, conversaciones con Philip Roth o su traductor al italiano de *El telón* y *Un encuentro*, Massimo Rizzante, "El arte de la fuga. Diálogo con Milan Kundera", trad. Carmen Ruiz de Apodaca. *Inundación Castálida* I. 1 (noviembre, 2016), 48-51, que aclara distinciones genéricas del checo. Con base en una biografía maliciosa y mezquina de Jan Novák, en "Milan Kundera. El escritor que no es profeta en su tierra", *Ideas, La Nación* 24 de octubre de 2020, 8, Juan Pablo Bertazza se ocupa de los ataques personales y rumores contra el checo, repasando cómo "generó una polarización al mejor estilo argentino". En "Under Western Eyes", del boletín en línea *Sidecar* de *New Left Review* (1 de septiembre de 2023), Leo Robson provee un detallado análisis de la encontrada recepción anglófona del checo, mientras en las cinco entradas de "Momentos kunderianos" (169-181) Finkielraut conecta las advertencias de las novelas del autor al momento actual.

Aunque su itinerario crítico-novelístico parezca particularmente accesible y políticamente correcto, también es contradictorio y fragmentado, que no es generalmente el caso con las teorías europeas clásicas con que apoya sus escritos. Sus lecturas no son variaciones sobre un tema, como se podría suponer en un primer repaso de las coincidencias mencionadas. Más bien, su conceptualización progresa hacia refinamientos estéticos predominantemente iberoamericanos, y hacia una concomitante descolonización de la teoría novelística occidental. Así, una conexión entre Bajtín y Lukács que podría fortalecer los argumentos de Fuentes sobre la voz narrativa es que, si para el húngaro el ser novelístico «habla» a pesar de estar desamparado y mostrenco, para el ruso el novelista es el primer ser literario que habla con la voz verdadera (no literaria) de los seres humanos, y establece un coloquio real con ellos. La conexión o continuación teórica que exista entre Lukács y Bajtín no es algo enteramente nuevo (cf. Bernstein 1988, Davis); tampoco la reacción contemporánea al efecto de lo políticamente correcto en la novela, por lo menos desde Robbe-Grillet, sexualmente incorrecto. El lukacsiano *Narrativa y neocolonialismo en América Latina* comprueba que el compromiso crítico nativo antecede a la dictadura de las modas de "el otro Occidente". Enfocarse en escenas borrosas de bordes, límites y fronteras culturales es típico del poscolonialismo acrítico, apoyado en teorías agotadas como la deconstrucción, permitiendo que sus prejuicios disminuyan el alcance deseado.

Vista *desde* Fuentes, se abre por lo menos una nueva esfera crítica que raras veces parte de un hispanoamericano, porque generalmente la teoría ha tenido un boleto sin retorno para Hispanoamérica. Fuentes retoma parte de estas teorías europeas, tergiversándolas o adaptándolas al contexto hispanoamericano que conoce tan bien como sus pocos pares. Pero, así como ya se ha dicho que, como Kundera desde *El arte de la novela* hasta *Los testamentos traicionados* (ensayo sobre la novela escrito como novela), *El telón* y *Un encuentro* (que no es una teoría global de la novela), en *Myself*... Fuentes no propone una teoría *per se* (Rafferty), y sus colecciones sobre el género tampoco revelan un deseo de producirla. En verdad nunca explícita tal intención, pero tampoco es algo que se le pueda exigir, porque ese propósito no siempre está en las expectativas de los que leen a un autor más reconocido como novelista que como teórico, cuestión que su más audaz contemporáneo Robbe-Grillet puso sobre la mesa.

El deseo teórico de Fuentes se basa en citas pasajeras, guiños, referencias directas, observaciones y homenajes alusivos o no acreditados a pensadores de la novela afines, como William Styron, Roth, y en particular Kundera, buscando algún tipo de originalidad o experiencia que no tiene para ser incluido entre ellos. En *El libro de la risa y el olvido* (terminada en checo, pero publicada en francés en 1979) afirma: "El novelista le enseña al lector a entender el mundo como pregunta. Hay sabiduría y tolerancia en esa actitud. En un mundo construido de certezas sacrosantas la novela está muerta. El mundo totalitario, sea con base en Marx, el Islam o cualquier otra cosa, es un mundo de respuestas en vez de preguntas. Allí, la novela no tiene lugar". Llega a esa conclusión después de aseverar "Cuando don Quijote salió al mundo, ese mundo se convirtió en misterio ante sus ojos. Ese es el legado de la primera novela europea a toda la historia subsecuente de la novela". La canadiense Margaret Atwood también sostenía que la novela hacía preguntas y no daba respuestas. Fuentes se aprovecha de esas ideas; otros determinarán su ética al respecto.[39]

No convence armar una teoría cuando las expresiones de ansiedad, devoción, deseo, indiferencia e irritación, ordenadas en un contrapunto delicado, no logran una elocuencia que entienda un público culto pero no especializado que haya leído a James, Vargas Llosa, Cortázar, Vásquez, Updike, Kundera. Si la teoría poscolonial se opone por naturaleza al canon, la paradoja mayor de sus adeptos es tratar de

---

[39] *Myself and Others*, por ejemplo, está dedicado a Roth y su esposa. Styron (leído en *Casa con dos puertas*), como Buñuel (que en su momento quiso llevar obras del *boom* al cine), aparece levemente ficcionalizado en *Diana o la cazadora solitaria*, y menciona a ambos con frecuencia como espíritus afines. La simbiosis con Kundera no necesita explicación hasta *Un encuentro*, en que al felicitarlo por sus setenta años llama a *Terra Nostra* una "archinovela". Cada uno de los nueve "cuentos" de *La frontera de cristal* está dedicado a amigos, algunos incluidos en los relatos con sus nombres propios. Su ideal novelístico (de *Aura* en adelante) gira en torno a las posibilidades de la memoria y el deseo, fuerzas que también estimulan a los varones en Roth.

construir un canon alternativo, sin notar que las personas y las ideas pueden excluirse con base en una teoría, advertencia de Said en la reconsideración (1995) de su obra seminal sobre el Orientalismo. Él ya había prevenido que, más que teoría, se requiere es «el reconocimiento crítico de que no hay una teoría capaz de cubrir, cerrar o predecir todas las situaciones en las cuales podría ser útil» («Traveling...», 1983: 241). Como matiza después, no se trata de escuetas zonas de contacto sino de afiliaciones de una comunidad intelectual y quiza moral («Traveling... Reconsidered», 1994: 265). Fuentes, como cierta crítica, da la impresión de querer autorizar su estatus cultural con menciones constantes de «amigos» críticos relevantes, como Hélène Cixous, a quien le dedica *Casa con dos puertas*, sin discutir sus teorías feministas o literarias, o que sus cavilaciones son un arma potente en el arsenal de la mente heterosexual (Wittig).

La transposición de esos esquemas a Fuentes se asemeja a la de Said: reforzar la creencia en la permanente apertura de la teoría. Aunque la no ficción de Fuentes no analiza detalladamente teorías novelísticas, indagar en la epidermis de una teoría occidental es aproximarse a una globalización basada en la descolonización. Ésta no es una práctica negativa, aunque fragmentar una teoría termine socavando el conocimiento que quiere implantar, colonizar o censurar. Así Said distingue entre «teoría» y «conciencia crítica». Esta es saber las diferencias entre varias situaciones y que «ningún sistema o teoría agota la situación de la cual emerge o a la cual es transportada. La conciencia crítica es «conocimiento de la resistencia hacia la teoría, reacciones a ella ocasionadas por esas experiencias concretas o interpretaciones con las cuales esté en conflicto» («Traveling...», 1983: 242), como Coetzee y algunos hispanoamericanos hoy. Said comprueba que un crítico puede reconstruir las novelas como teorías, y concluye, respecto a la construcción de lo novelístico, que hablar de «préstamos y adaptación es inadecuado» («Traveling... Reconsidered», 1994: 265), idea menos convincente por la infinitud de esos procesos o porque a veces son coincidencias de genio o involuntarios. Si la teoría es un conjunto congruente de una política de adaptaciones, coherencias, hipótesis y verificaciones, la de Fuentes no pretende serlo, pero «teoriza». Que su lectura de Bajtín no se base en más de unos pocos ensayos no quiere decir que no lo conozca. Verlo así no es invocar el espectro del relativismo sino que la interacción entre las tradiciones teóricas que maneja es una interacción abierta, no irracional.

¿Hay una progresión teórica en Fuentes? La pregunta no es retórica u, como dijo de las suyas, ociosa. En el Prólogo a *Tres discursos...* Tomás Eloy Martínez sobreestima el credo de Fuentes, al escribir que regresa firmemente a la disidencia con la que comenzó, porque «Fuentes fue el primero que se propuso imponer a la narrativa latinoamericana la conciencia de que era única, universal, libre de falsas tradiciones telúricas y de fantasmas campesinos; el primero que la salvó de su secular complejo de inferioridad y la forzó a respirar el aún temible oxígeno del mundo» (14). Teniendo en cuenta que tres décadas después Moretti atribuye las diferencias teóricas entre tragedia y novela al placer estético producido por esos géneros (2021: 20-23), compárese esa amplificación cuando, al hablar de Rulfo, Fuentes dice, en *Valiente...*: «La novela occidental no regresa a la tragedia: se apoya en la épica precedente, degradándola y parodiándola (el *Quijote*), pero vive una intensa nostalgia del mito que es el origen de la materia con la cual se hace literatura: *el lenguaje*» (155, énfasis suyo), que es como argüir por una épica dentro de la épica.

Es improductivo, no ya discutir si las novelas de Fuentes son universales, sino más bien la noción misma de universalidad, en un continente que no la asume completamente, teniendo en cuenta que es muy diferente de lo que cree un artista, y que «nuestras» culturas y literaturas pueden responder de otra manera.[40] Hoy la izquierda feminista y la derecha proponen que la ausencia de valores universales lleva a que solo se aprecie el poder personal. Ahmad aclara: «Como idea, la universalidad no se puede negar, porque los derechos particula-

---

[40] Así, Mejía Duque afirma: "A esta altura de los tiempos, la universalidad, cuyo foco había sido Europa —más que todo porque ella se negaba a reconocer la universalidad humana al hombre extraeuropeo—, vale decir, el contexto del Mediterráneo, incluido el mundo griego, se ha *descentralizado* a medida que el dominio colonialista se rompía en las estructuras materiales y en la conciencia de los pueblos tradicionalmente discriminados y sojuzgados" (1986: 335, énfasis suyo).

res existen solo en la medida en que existen los derechos universales»
(Repovz y Jeffs: 49), y repudiarlo conduce a guetos de autenticidad
simulada. Si la relación entre novela e interpretación es más bien
sincrónica, ¿no se podría establecer la misma relación al leer teoría
y su interpretación? Al representar viajes teóricos las novelas tematizan
su ubicación en la cultura, pasando de una esfera de pasividad a una
de actividad mientras improvisan su tránsito. Por ende, una semejanza
entre la teorización de Fuentes y la de Lukács es que llegan a sus
conclusiones con un tipo de oscurantismo cuyo subtexto es el
idealismo y la brillantez crítica.

En *Pour une sociologie du roman* (1964), Goldmann resucita
varias ideas centrales de *Teoría de la novela* de Lukács para instar
que la clave para entender la «nueva novela» (europea) es la desaparición de la mediación activa en el mundo capitalista contemporáneo,
al que le falta unidad y que trágicamente destruye al alienado que,
con heroísmo, busca un significado inmanente. En el mundo teórico
estas ideas –tenaces como la globalización– están en el aire de los
terraplenes intelectuales que Fuentes y otros aprovecharon con estrategias y códigos descolonizantes. Fuentes sabía que una teoría de la
novela necesita *discutirlas* a fondo, basándose claramente en un
amplio conocimiento sobre ellas para que se lo tome en serio, y reconoce
ese procedimiento: «Trabajando con el vasto proyecto universal de la
novela contemporánea, el escritor latinoamericano, mientras comparte
la carga, sueños y exigencias de los novelistas de todas partes, añade
algunas características específicas a este trabajo común» (1992: 6).
Ahmad recuerda una condición actual relevante:

> Para cuando una novela latinoamericana llega a
> Delhi, ya ha sido seleccionada, traducida, publicada,
> reseñada, explicada y asignada un lugar en el crecien-
> te archivo de la 'Literatura del Tercer Mundo' por
> medio de un juego complejo de mediaciones metro-
> politanas. Es decir, llega aquí con esos procesos de
> circulación y clasificación ya inscritos en su propia
> textura (1992: 45).

Si los estudios poscoloniales y "descoloniales" (su insurgencia real es resistir, reexistir y revivir como práctica académica privilegiada) son industrias anglófonas medianas transplantadas al academicismo hispanoamericano, también son un despliegue oportunista que manipula y vigila conflictos sociales como autoungida «agencia política posmodernista socialista», así como el cerebro puede engañarse y convertir a su usuario en protagonista de relatos narcisistas. Cândido (1972) siempre sostuvo que las literaturas de las Américas (norte y sur) son fundamentalmente ramas de las metropolitanas. Concentrándose en tres historias canónicas estadounidenses de la hispanoamericana, Danny J. Anderson traza un mapa de la práctica que teoriza Ahmad, actualizada con la proliferación de crítica escrita e investigada exclusivamente con angloglobalismo, (noción de Jonathan Arac) sin referencias a la cultura novelística nativa que interpreta, contradicciones que explica Guillory (224-243).

Ese desarrollo se ignora en intentos comparativos que terminan por amalgamar a escritores del «Tercer Mundo» como subalternos hegemónicos: «Si consideramos el poscolonialismo en términos diacrónicos, entonces las largas luchas de escritores norte y sudamericanos [sic] en los siglos dieciocho y diecinueve por crear su propia literatura pueden ser comparadas a la lucha de escritores africanos y latinoamericanos contemporáneos por hacer lo mismo» (Bassnet: 76). Esta conjunción equivocada — por ignorar que *Moll Flanders* (1722) o *Fanny Hill* (1748) se escaparon de la censura— es típica en la comercialización académica del poscolonialismo (Dirlik: 329-331), esfera donde, según Jacoby (34), realzar a otros teóricos parece ser el esfuerzo crítico más posmoderno. Cuando la crítica no puede distanciarse de esa fiebre de formar subclases de lo exótico, el problema puede convertirse en idealismo tautológico por razones que aún dominan la esfera intelectual (Ahmad: 1992: 205). Contrarios a esa progresión, los novelistas hispanoamericanos de hoy intuyen bien que el deseo romántico y de tipo nietzschiano que Goldmann examina en el segundo capítulo de *Pour une sociologie du roman*, por ejemplo, no es un monopolio europeo. Por eso no sorprende que Goldmann, y Fuentes, sitúen el desarrollo de la forma novelística contemporánea entre los valores de los personajes y la posición del sujeto individual en una sociedad que sirve al mercado.

Las etapas de la novela occidental rozan temáticamente con lugares comunes sobre Hispanoamérica, como en *The Oxford Handbook of the Latin American Novel*, pero no significa que no contengan historias que engarcen, o evocaciones de la historia reciente o vieja que hagan devorar sus páginas por estar llenas de personajes, eventos y momentos vitales (como los éxitos de venta de Walter Scott y Somerset Maugham), es decir obras en que el posmodernismo apolítico no se opone a la alegoría nacional que Jameson ve como condición primordial de la literatura del «Tercer Mundo». Según King, "Cualquier teleología de una alegoría nacional es desfigurada por el fluir cíclico del capital global" (139), y las sucesoras de la novela histórica clásica demuestran una visión más pesimista del progreso histórico (140), en el caso hispanoamericano la de las migraciones recientes al Imperio estadounidense, aunque no pueden comenzar a novelizar la asimilación de pueblos y culturas subalternas como parte del rumbo necesario del desarrollo histórico. Pero mucha veracidad puede hacer que las invenciones parezcan errores fácticos.

Said publica su primer ensayo sobre la teoría viajera como parte de un libro donde expone la necesidad de una *crítica laica* que se enfrente al dogmatismo de estar cómodo dentro de la cultura dominante, una que se oponga a toda forma de abuso, dominación y tiranía (*The World...*, 1983: 31-53), cuando la literatura es el arte de incomodar (Vásconez: 60). Fuentes define sus fundamentos críticos como una casa cultural con dos puertas, por las que entra y sale cómodamente, como Said. Como «extranjeros» en un Occidente al que reaccionan pero no definen, el mexicano y el palestino tienen ventaja sobre los multiculturalistas anglófonos que pretenden hermanar opiniones apropiadas sin gastar adrenalina, sudor o conciencia directa. Cuando hablan de raza, color o género sexual (preocupación tardía para el palestino y Fuentes), estas categorías no penetran en su piel o se pierden en batallas académicas para decidir cuál es más desigual. Sin la falsa «compostura» de críticos académicos progresistas, ambos abrazan mundos donde los «otros» tienen igual habilidad de definir la cultura y regir e incomodar a academicistas multiculturales recién convertidos. Dice Tabarovsky "el progresismo sigue hablando en términos de 'defender la democracia' y otras expresiones de una vaguedad apabullante, que solo nos informan de su desorientación, su precariedad intelectual, y su absoluta aceptación de la vida de derecha" (75).

Como novelista globalizador, Fuentes practicó e intuyó lo que Bajtín predica, he ahí su confianza en algunas de las ideas de él de *Valiente...* y *Geografía....* Desde una perspectiva descolonizadora, se podría argüir que Bajtín afirma algo que Cervantes ya había dicho con otras palabras sobre la novela, y que el ruso y Fuentes tamizan, transmitiéndolo en un lenguaje actual. En relación con la práctica de Fuentes y Kundera, Bajtín hablaba también del «ensayo insertado», en términos del «deseo» de la novela contemporánea de ser engendrada por su propia conciencia digresiva. Para Lessing, refiriéndose a la tradición británica desde *Tom Jones*, la novela "no puede aceptar restricciones sobre lo que debe ser. Es esta flexibilidad que le ha posibilitado adaptarse a cualquier cultura" (290). Para Byatt (165-167) la ficción-dentro–de-la-ficción de *The Golden Notebook* (1963) de Lessing "crea el ejemplo más complejo que conozco del estudio de esas tensiones completas, niveles de 'realismo' o visión" (167), conduciendo a evitar el esteticismo y hacer que el comunismo y el sexo femenino moderno sean más importantes que la Gran Tradición (de F. R. Leavis para la novela británica) ficticia.

Lo que Fuentes puntualiza no es arbitrario ni carece de instrucciones o historia. Como crítico, revela variantes de características generalmente asociadas con el intérprete viajero total: análisis formal, exhortación, persuasión y sobre todo seducción. Como hispanoamericano no-colonizado que escribía para un auditorio cosmopolita, recogió ideas no siempre para partir de ellas, sino para negociar el juego de la unidad y la diversidad respecto a la identidad, o para escapar de ella (Aira es el polo contrario), posicionamiento binario paradigmático de la prosa hispanoamericana. La identidad que no surge del victimismo es forjada con transmigraciones subjetivas fragmentadas; y nuestras añadiduras o correcciones a ese concepto son, en resumidas cuentas, asuntos que siempre han sido parte de teorizaciones nativas y parte del «flujo de ideas occidentales». Por eso el vasallaje académico a ideologías de diversidad, equidad e ideología es tan ubicuo que pierde su significado, institucionalizando una deshonestidad performativa. Son los calcos de autoras menores subidas en la que Flores llama, en otro contexto, "la ola provechosa de la denuncia", angustiadas razonablemente por el género sexual, como que han visto demasiadas películas que requieren una "coordinadora de intimidad".

Para Fuentes, el género es más o menos lo mismo que para Bajtín («Epic and Novel», 35-40), y sorprende que no recurrió a nociones de Blanchot, cuyo *L'espace littéraire* (1955) estaba disponible en español desde 1969, y en inglés desde 1982, lengua a la que sí se ha traducido sus ensayos sueltos sobre la novela (Blanchot, 1995). Vale reiterar que la novela es todo y para todos. Como discute el último capítulo ¿no es lo mismo Bajtín para la historia de la crítica de la novela: un artefacto teórico empaquetado con cierto oportunismo para caminar sin rumbo alrededor del mundo interpretativo? Al tratar, en *Tres discursos...* los problemas del nuevo orden mundial después de la Guerra Fría, asegura que fue invitado para hacerlo porque se creía que el novelista podía ofrecer una cosmovisión, «puesto que la novela, por definición, postula la identidad de conocimiento e imaginación» (69). Así, en las hispanoamericanas que analizó confluyen voces y conocimientos paradójicos: la occidental (que coloniza) y la del «Tercer Mundo» (que dejó de ser unívoca, regionalista, monovalente o poscolonial). Éste es el pasaporte que le permite establecer su propio itinerario de viajes teóricos.

Hay cálculo en su prosa teórica, como si siempre pensara en su próxima oración para sorprender a sus lectores y a sí mismo. El carácter cíclico y el andamiaje siempre literario de sus ensayos que se puede denominar «sociopolíticos» ayudarían a redondear la visión general que se pueda tener de su propósito ensayístico y su efecto teórico de largo plazo. Se trata de una práctica inevitable: ver la literatura en la política, en vez de la política en la literatura, aunque los resultados de este proceder en la novela no son siempre felices, como en la futurista *La silla del águila*. Viajar, la pérdida, la búsqueda de una comunidad, la llegada de un extraño, la pobreza, el intercambio desigual de signos y temas similares, son pregonados por algunos de sus críticos extranjeros como indisputables para imaginar novelas coloniales y poscoloniales.

¿Cuántas de estas metáforas migratorias emplean las nuevas generaciones de novelistas nómadas (examinadas por Valencia en *El síndrome de Falcón*), o sus discípulos nacionales, en quienes percibía la continuación de su legado cosmopolita? Séneca rechazaba el viajar por viajar, y hay que recordar su advertencia de que no tiene sentido escapar, porque inevitablemente se está escapando con uno mismo. Bada, con mucha cizaña, al reseñar *La voluntad y la fortuna*, señala otro aspecto del mexicano: «cuando aborda un tema en el que quiere desempeñarse como pensador, como profeta, como candidato al Nobel, ahí la prosa se le va de las manos» (47), y Bada la compara a un tango. Quizá sea el deseo de totalidad discutido en el próximo capítulo, pero la reacción inmediata que causa Fuentes es que pontifica extensa e innecesariamente sobre su país, el que más de uno de sus lectores conoce bien.

Una conclusión pre-futura

Desde los tempranos textos sueltos que transformó en colecciones sobre la novela, Fuentes calculó lo que era para él y cómo su no ficción podía contribuir a una teorización. Cualquier teoría que evaluó sobre el género es templada por ese encuadre inicial. Al proponer el cosmopolitismo de la novela hispanoamericana y rescatar sus contribuciones *a priori* a la de Occidente, no aboga por una continua dependencia en modelos foráneos. Lo que hace en realidad es explayarse respecto a los hispanoamericanos como ciudadanos del mundo, con su propio discurso de autenticidad, basado en la modernidad conflictiva que discutió desde *La nueva...* (28, *et passim*).

Con esa exhortación termina el último ensayo de *Tres discursos*..., pidiendo que, ante los problemas del nuevo orden mundial, los hispanoamericanos asuman como meta ser parte de «la superpotencia mundo» (96). Es decir, el capital transnacional ya no era solo euro-estadounidense, ni tampoco lo es la modernidad (Dirlik: 354), y por lo menos la geopolítica de su propio país apunta hacia esa meta en el siglo XXI.[41]

Solo entendiendo este deseo de buena fe con salvedades se puede llegar a una evaluación sensata de la sumisión de este novelista tan hispanoamericano a «valores universales». No sorprende, décadas después, que en una entrevista de 1962 para la revista chilena *Ercilla*, Fuentes haya dicho: «El problema básico, para nosotros los escritores latinoamericanos, es superar el pintoresquismo». Lo que sí podría sorprender hoy, y considerando la reacción cubana de 2003 a Fuentes y su crítica al asesinato y detención de disidentes, es que en los años sesenta Benedetti defendió a Fuentes contra los ataques provincianos de sus compatriotas (custodia que mantiene Volpi y algún académico), y que haya dicho: «Si se las compara con las frecuentes muestras de seudoliteratura comprometida, o literatura seudocomprometida, que se dan en América Latina, las novelas de Fuentes resultan ejemplares en más de un aspecto» (1967: 206).

Negociar entre las varias articulaciones y fundamentos mediante los cuales se revisa la teoría novelística de Occidente es desarmarlos. Fuentes cuestiona si es la novela o la teoría la que escribe la historia de las naciones, porque de una u otra emerge un mundo mayor, mientras Benjamin (2008), para quien las tradiciones orales cedieron el paso a la interioridad capitalista aislada, pregunta si esas cosmovisiones en verdad emergen de la riqueza o pobreza de experiencia del narrador. Es obvio que las tradiciones orales europeas adquieren nuevos significados si se las cuenta a través del prisma de la cultura, historia o política nigerianas, o relatos inscriptos en pictogramas amazónicos. La

---

[41] Se asume la occidentalización porque se la cuestiona, como arguyen las salvedades del último capítulo. Junto a sus artículos sobre el "nuevo universalismo" de la narrativa del siglo XX, véase Fernando Aínsa, "Matices del *otro* Occidente", *Cuadernos Americanos* III. 121 (Julio-Septiembre 2007), 11-25.

conciliación teórica que Fuentes llevó a cabo es diferente, y sus ajustes permiten relecturas semejantes en las entrevistas con él, testimonios inexactos que Kundera evitaba. Esta deducción no requiere reformulación, como se desprende de comentarios de Fuentes sobre la posibilidad de una geografía de la novela, etc. (Scarpetta: 177).

Si Granés machaca que "negar nuestra pertenencia a Occidente resulta absurdo" (2024: 42), para Fuentes, «el fin del regionalismo latinoamericano coincide con el fin del universalismo [sic] europeo: todos somos centrales en la medida que todos somos excéntricos» (*La nueva...*, 97). Esta visión del localismo, que se asemeja a la del Pitol que distinguía entre excéntricos y vanguardistas, prefiriendo a los primeros, es compartida por novelistas de Occidente que buscan sedes culturales que no son «suyas». Así, la mitología apocalíptica de Fuentes en *Terra Nostra* y la de Pynchon en *Gravity's Rainbow* y sus más de cuatrocientos personajes, deben diferenciarse de la de *En busca de Klingsor* (1999) de Volpi y lo que les debe. Aquellas dos son primerizas novelas «posmodernas» de un ambiente cultural específico, llevado a otros extremos por la versión fílmica de 1996 de *Crash* (1973) de Ballard (véase su introducción a la versión francesa de su novela, 10-15), ecos de cuyas novelas se puede hallar en las distopías apocalítpicas de Yuri Herrera, o anteriores como *Plop* (2002) de Rafael Pinedo.

El «problema» del engarce teóricode la novela hispanoamericana con Occidente se desvirtúa si se plantea una occidentalidad a rajatabla, sin matices respecto a agotamientos, cambios, cánones e influencias. En las mencionadas y otras de Occidente la historia es, en potencia, una metáfora del presente. Leer al Fuentes teórico es observar a un no subalterno luchar por ubicarse en el «Primer Mundo» teórico. Pero al ser «novelacéntrico» y creer que la novelización es la base de la diligencia literaria, sus tentativas teóricas se alejan de la lógica externa a la novela. Al distinguir entre épica y novela, Bajtín habla de la novelización de otros géneros. En su fervor por armar un relato teórico descolonizador, Fuentes pinta un cuadro reducido de contrastes dramáticos y agudos. Agazapado detrás de un idealismo que siempre quiso estar al día en su alcance teórico, no logró democratizar una teoría que sus detractores —soldados más por lo que rechazan que por lo que afirman— tanto necesitan para mostrar que se colonizan.

Todavía se lee a Fuentes en un ambiente académico que tiene que ver más de lo normal con el que pretende re-colonizar la teoría literaria. En esta, la democratización no es un proceso definitorio de la descolonización que informa a ciertas teorías de la novela del «Primer Mundo», que generalmente asumen que las locales son "artesanales", de alcance conceptual limitado; y aunque emplean una retórica no descriptiva son prescriptivas, limitando el campo interpretativo. Fuentes se paseaba *alrededor* de la teoría en ese contexto, sin ocuparse de sus crecientes excesos. Esa desproporción autoral, como muestra el próximo capítulo, adquiere perspectiva cotejándola con la novelística hispanoamericana durante un siglo de excesos subjetivos mundiales.

v

NOVELISTAS SIN TIMÓN: EXCESO Y SUBJETIVIDAD EN LAS 'NOVELAS TOTALES'

Todo novelista sabe que su arte avanza sin dirección. Cuando tentado por la didáctica, el escritor debe imaginarse a un pulcro capitán marino mirando a la tormenta que se aproxima, moviéndose de instrumento a instrumento en una rueda de Santa Catalina de trenzas doradas, mandando órdenes secas por el tubo. Pero no hay nadie bajo la cubierta; nunca se instaló la sala de máquinas, y el timón se quebró hace siglos.

Julian Barnes, *A History of the World in 10½ Chapters* (1989)

D esde el último tercio del siglo XX, la voluntad de fundir subjetividades define a la mayoría de las novelas hispanoamericanas, especialmente a las que tienden a la fantasía de «reproducir» un realidad, aun con plena conciencia del trabajo utópico que implica renovar esfuerzos que llevan siglos. Como consecuencia, la novela es hoy más imaginada que observada, más sueño que realidad, confirmando así cierta percepción occidental de Hispanoamérica. En 1965, por ejemplo, cuando Rama, Fuentes y otros empezaron a fijar una «nueva novela» hispanoamericana, Vargas Llosa comenzó a distinguir entre novela «total» y novela «totalitaria», matiz que desarrolló en el culminante capítulo VII de *García Márquez: historia de un deicidio* (1971), «Realidad total, novela total (*Cien años de soledad*)». Su novelística y no ficción subsecuentes revelan las falsedades que entiende por realidad (véase el capítulo III), y ha dejado para la crítica y otros novelistas la precisión técnica de lo que es la segunda.

Desde su añoranza sensata de años recientes sobre los valores tradicionales del género, para el peruano las de Cervantes, Balzac y Tolstói representarían a la total; y la pérdida del sujeto en el mundo caóticamente reduccionista de Kafka, Sartre y Robbe-Grillet a la totalitaria (1965: 17). La novela total, cuya poca aceptación Vargas Llosa y Fuentes resienten, compite con el sentido amplio de la realidad al adoptar y tergiversar todo subgénero novelístico posible; mientras la totalitaria, «inferior» y cargada de ideologemas, es parcial y menos extensa. Especular sobre el efecto mundial que una novela tendría es soñar despierto con un sueño despierto que nutre la soberbia necesaria para escribir ficción. Pero al despertarse queda la realidad: que leer novelas es optativo, y pocos lo hacen si sospechan que la agenda de una novela inmensa es hacerla morir de vergüenza.

Estos criterios no convencen a la crítica especializada, o al idiosincrático Bloom al compilar *Modern Latin American Fiction* (1990), arbitrario como su póstumo *The Bright Book of Life. Novels to Read and Reread* (2020) que no incluye ninguna hispanoamericana, aunque comience con el *Quijote* y reitere que los grandes escritores estadounidenses son Roth, DeLillo, Pynchon y McCarthy. Al reseñar *La voluntad y la fortuna* de Fuentes, Ricardo Bada la califica de «ladrillo» parecido a sus novelas de gran aliento y a las que más muestran su tendencia al «hormigón armado» (47), como *Cristóbal Nonato* y *Terra Nostra*. Aun así, los intentos de totalidad atraen. Para Lukács "La novela contiene lo esencial mismo de su totalidad entre su principio y su fin; por ese hecho, eleva al individuo hasta la altura infinita de aquel que debe crear todo un mundo por su vivencia y mantener esa creación en equilibrio [...] Pero, en razón de esa ruptura, el individuo se reduce a no ser sino un instrumento cuya situación central depende exclusivamente de su aptitud para revelar una cierta *problemática* del mundo".

Aparte de creer en la totalidad, distinto de Fuentes, Vargas Llosa no pretende sostener su noción con avances en teoría de la novela, o aprovechar la práctica de una generación inmediatamente posterior a la suya. Al decir, en 2000, que su novela sobre Flora Tristan sería «de gran aliento», su intuición se basaba en la práctica, como Gide, que en *Interviews imaginaires* (1943) afirmó que la palabra «perfecta» es inapropiada para la novela, porque lógicamente solo puede ser aplicada a una obra de arte que debe obedecer *leyes definidas*. Para Gide, que no obedeció esas reglas (ya las había quebrantado Colette, más popular y famosa que él y Proust), la novela es una forma con perfiles tan vagos que no puede pretender ser perfecta. Sin clichés interpretativos, Lessing actualizó esa percepción, afirmando "No hay leyes para la novela. Nunca las ha habido ni las debe haber".

Diferenciar entre pequeñas y grandes estimula a pensar en otras inseparables de la práctica real de los novelistas, porque la novela abrió la vía para las formas breves, que a la vez abrió el camino temático. Tampoco es raro separar al novelista de su política (Peter Handke, Vargas Llosa, etc.), o al *thriller* de la fábula cerebral en *El proceso*, *Lolita*, Graham Greene, o a los narradores no fiables de sus novelas, como Bolaño o el irlandés John Banville. Vargas Llosa tampoco ha podido abandonar su insistencia en cierta materialidad en su propia práctica, o defenderla en «Un mundo sin novelas» (2000). Al preguntársele: «¿Sigue pensando que una gran novela tiene que tener muchas páginas?», contestó:

> Creo que hay un elemento de cantidad en la gran novela. Esa gran novela suele ser grande, aunque haya excepciones como *La metamorfosis*. En general, el género narrativo, al desarrollarse en el tiempo, a diferencia de lo que ocurre con la poesía, implica un elemento puramente cuantitativo. Admiramos *El Quijote*, *La Regenta* o *Fortunata y Jacinta* porque compiten con la realidad de igual a igual, porque son novelas deicidas que quieren rehacer la obra de Dios. Eso no ocurre con otros géneros (Val 1999: 44).

Es una discusión mundial, y limitándose a la práctica anglófona en *The Novel. A Biography* (2014) Schmidt analiza la pertenencia de la "longitud considerable" para redefinir el género.

Se dice que Calímaco, bibliotecario, epigramista y poeta neotérico (alejado de modelos clásicos) rechazaba los extendidos arcos narrativos de la *Ilíada* y la *Odisea* de Homero (reconocido por sus errores) y declaró "un libro grande es un mal grande". En un artículo para *El País*, (11 de julio de 2010) basado en una visita a la finca-museo de Tolstói, Vargas Llosa afirma que el calificativo que más le conviene a *La guerra y la paz* es "total", porque cualquier definición resulta pobre comparada con la miríada de experiencias y situaciones que contiene y a la que no le falta o sobra nada, porque "ha materializado el anhelo imposible de todo novelista: recrear un mundo a su imagen y semejanza, en su totalidad" (13). ¿Pero es necesario que la versión fílmica (1967) de *La guerra y la paz* de Sergei Bondarchuk dure más de siete horas?

Estas afirmaciones –que mantienen las nociones matrices de los ensayos del peruano sobre García Márquez, Flaubert, Hugo y el totalizante Balzac– se distancian del mestizaje transnacional hispanoamericano del siglo XX. Tal como se fue concibiendo la novela total durante la segunda mitad de ese siglo y como ella «piensa» en Occidente, si se sigue al peruano y a Kundera (2005: 88-91) se creería que la forma irrumpió en el siglo pasado y que siguen vigentes *sus primeras intenciones*. Esa fue la impresión errónea de la crítica hasta el fin de ese siglo: ver en los modernismos locales anteriores al *boom* una refracción a priori de éste, como si todo fuera engendrado y dirigido exclusivamente por una comercialización y una sola esencia estética unificante. El problema es mayor. Goethe también concibió una «novela del universo», pero se dio cuenta de que una novela cósmica o posible tendría la misma «irrecusable unicidad», dice Blumenberg (2000: 226), y por ende la legibilidad de ese tipo de novela es ambivalente (2000: 231) y fracasa, especialmente en un multiverso.

El siglo XXI latinoamericano necesita otra subjetividad que emancipe a la esfera literaria de la tradición con una verdadera revolución transnovelística, aun cuando no hay revoluciones permanentes. Si no, se seguirá en una contemporaneidad occidental de segunda mano, más como consumidores que creadores. Los novelistas totales quieren ser secretarios del mundo, como Tolstói y su admitida visión privilegiada y anticientífica del amor "universal", o Balzac o Dickens; pero aparte de C. P. Snow, casi nadie en la crítica de Occidente les ha pedido solicitar el puesto. Hasta *Un encuentro*, Kundera incluye a pocos iberoamericanos en la tradición de «escribir de otra manera», y en *El telón* recupera a Carpentier, y Goytisolo, conecta a Sterne, Diderot, Fielding, Cervantes, Stendhal, Joyce y Broch como «literatura mundial» fundacional (2005:49-51). Pero pregunta qué quedaría de Rabelais si Gombrowicz, Kiš, Rushdie, García Márquez, Fuentes y otros "no hubieran emitido el eco de sus locuras en sus novelas" (2005: 200). Mientras tanto, James Wood se dedica al chileno Zambra, que los desbarata a todos. Con el cambio de siglo se da una lucha de poder entre lo que se sabe y lo que se puede imaginar. El público se acostumbró a que creara mundos reconocibles, a comportarse novelísticamente y participar plenamente de la conciencia novelística de la época (Culler: 23-25).

Por las crestomatías novelescas enamoradas de sus transgresiones y alentadas por varios posmodernismos (Astic: 18-24), desde los años ochenta hasta el fin de siglo no se concebía la necesidad de leer una novela de más de setecientas páginas (como la cortazariana *La Vie mode d'emploi*) con chistes privados o preocupaciones esotéricas para leer, por enésima vez, del sinsentido de la contemporaneidad. Eso, a pesar de que confundir y complicar mundos es a menudo una manera de entenderlos. Sin ofrecer un modelo redentor, el exceso «puede tratar de recordar fijamente lo que podría hacer el sentido actual de inclusión del mundo en el texto, el sentido de la búsqueda de una totalidad» (Samoyault: 14). Si en los años noventa hubo todo tipo de esfuerzo en Occidente por evitar distinciones estéticas entre culturas establecidas, marginales, liminales (que ocupan centro y margen a la vez) o populares, el choque actual entre las derivas de formas institucionalizadas escleróticas y las nuevas vanguardias es tan obsoleto como un duelo por el honor de un arte o por una etiqueta conceptual, incluido el miedo de confrontar la propia obsolescencia ante la Inteligencia Artificial.

¿Qué era o sigue siendo la novela total?

¿Cómo distinguir ese tipo de las que se llama indistintamente fragmentada, novela-suma, enciclopédica, novela-río, novela-delta, novela-vida, dialógica-polifónica (la mejor quizá sea *Trilogía de los sonámbulos* de Broch y sus estilos múltiples), multivalente, auto-suficiente, mega-novela? ¿O de la "monstruo" como *Casa de campo* (1978), híbrida (toda novela, según Bajtín en *Teoría y estética de la novela*, 1989); la novela ensayo, novela-galería, intertextual, experi-mental, posmoderna, polihistórica (para Broch); la "planetaria", la de «ambición panorámica» (Caillois), la épica moderna (Moretti) o una forma que mezcla todo bajo la inútil rúbrica de «nueva»? Según Buchen, que acuñó el término «supra-novela» en los años setenta, para los teóricos otro valor de engranarse con la supra-novela es impulsar una reposición de la teoría, porque si esta habita principal-mente en el reino altivo y eterno reservado para la Ur-novela, «entonces podrá o desdeñar buenas novelas medianas que no tienen pretensiones olímpicas, o arriesgarse a articular y definir esencias que exceden su capacidad de formulación» (93).

En una época de extensiones diligentes de la misma marca y resurgimientos inútiles, cuando la Historia se ha hecho insoportable vale la pena repetir, ¿hasta cuándo se refrendará que en Occidente la historia de la novela es la historia de la antinovela (idea recogida por Morelli en *Rayuela*)? Michael Wood, hablando del checo y su teoría de la novela (hasta ese momento), asevera que «tenemos, o tendremos, las antinovelas que merecemos» (71). La mayoría de los intentos por definir la novela están condenados por adelantado a una vaguedad insignificante o a una visión restringida. No sorprende que los novelistas recurran con frecuencia a la analogía y el lenguaje metafórico para matizar la forma y hablar sobre las metas esenciales de sus propias novelas, superando así la «resistencia a la definición» de ellas.

He ahí la diversa conceptualización propuesta por los de los siglos XIX y XX en *Los novelistas como críticos*, o la insistencia de Bessière, en *Questionner le roman*, en que las reflexiones sobre el género vuelven a temas constantes: la novela en sí, el mundo, el autor, el narrador, las voces narrativas, la representación, el tiempo, asumiendo, como todos los libros de ensayo de Amis (a quien Lalo recurre con frecuencia en *Donde*), que la crítica es tan esencial para la civilización como la literatura. El concepto de novela total retiene su poder porque sigue siendo definido por sus practicantes, no como una teoría elaborada o metodología imitada. Si no pertenece a una escuela crítica combativa o fundó una, ha pasado por adhesiones absolutas, comentarios críticos o refundiciones como las de la «teoría viajera». Así, en *Essais sur le roman,* Butor sostiene que viajar es otro tema constante y dominante, y he ahí Rulfo sin novela total, Vargas Llosa y un largo etcétera.

Por su parte, en *La nueva novela hispanoamericana,* Fuentes definió el «afán totalizante» de Vargas Llosa como «totalidad de gesto y lenguaje» (46), y anhelo « que quisiera medir, doblegar, resistir esa permanencia del trasfondo inhumano que lo traspasa en todos los sentidos» (37). Esta percepción es previa a las salvedades políticas añadidas por algunos críticos al concepto de totalidad. Pero también era un momento en que se preguntaba, como hizo Nicolás Rosa de manera precisa y profunda en su reseña del primero de los dos clásicos tomos de *Nueva novela latinoamericana* compilados por Jorge Lafforgue, si la nueva novela requería una nueva crítica, diversa, que por lo menos interrogara la inmediatez de su ética.[42]

En su primer ensayo sobre Bellow en *The Moronic Inferno,* Martin Amis, nada tradicional en sus novelas y crítica omnívoras, regaña a los críticos ingleses que consideran «vulgares» las extensas, comparándolas a la fascinación estadounidense por los autos y hamburguesas inmensas. Para Amis «Sí, las novelas americanas son grandes, pero

---

[42] Rosa exige menos ideología en «Nueva novela latinoamericana ¿nueva crítica?», *Los libros* I.1 (Julio de 1969), 6-8. Robert Brody, "Mario Vargas Llosa and the Totalization Impulse", *Mario Vargas Llosa,* ed. Charles Rossman y Alan Warren Friedman (Austin: U of Texas P, 1978), 120-127, repasa la magra recepción del concepto hasta entonces. Descifrar mundos opuestos no se reduce a narradores y las crisis fácticas de sus niveles epistemológicos, como postula Sabine Schlickers (203) en *"Conversación en la Catedral y La guerra del fin del mundo* de Mario Vargas Llosa: novela totalizadora y novela total", *Revista de Crítica Literaria Latinoamericana,* 24. 48 (2do. semestre de 1998), 185-211, al sostener que Vargas Llosa colectiviza subjetividades.

en parte porque Estados Unidos también lo es» (1). Las opiniones de Fuentes y Amis *no* surgen de una predilección por objetos elefantiásicos, sino de una intoxicación con el lenguaje, o sea por novelas como las que escriben ellos. La queja es semejante a la de Wolfe, patriarca del «Nuevo periodismo» que en sus últimos ensayos abogó por ampliar el realismo social, vislumbrando los excesos populistas performativos y virtuosos de hoy.

Hace un medio siglo, Etiemble aseveró: «... cuantas síntesis se han elaborado hasta ahora sobre la novela han estado falseadas por el eurocentrismo. Solo se piensa en la novela europea, y aún más: en la época moderna o contemporánea» (146), como en el número "Regards sur le roman contemporain en Europe" de *Europe* 99. 1105 (Mai 2021). Así se contextualiza la desacertada y polémica pregunta atribuida a Bellow durante los años ochenta y noventa: «¿Quién es el Tolstói de los zulúes, el Proust de los papúas? Me gustaría leerlo». Hace más de medio siglo, Caillois arguyó que si la primera mitad del siglo XX perteneció a la novela estadounidense, la segunda sería de la hispanoamericana, avance reconocido por pocos críticos mundiales. Esos desacuerdos actualizan la diferencia entre novelistas y críticos, aunque no hubo una reacción similar cuando George Steiner preguntó en *Errata* (1997) por qué no podría haber un Proust caribeño. La divergencia fue más patente en la crítica convencional en los años sesenta y su queja de que varios novelistas se distanciaban de lo "literario" hacia otras disciplinas.[43] En *El escritor y sus fantasmas* (1963) Sabato aseveró que la nueva novela era oscura, y enumeró y definió los factores que determinaban esa oscuridad, viendo en Joyce un tipo de realismo.

Después, en *Abbadón el exterminador* (1974), hizo que el charlatán Quique diga de Joyce: «El tipo se mandó el invento del jet y durante

---

[43] Era crítica que quería ser entretenida y que el novelista mantuviera ciertos estándares "ampliamente compartidos por lectores europeos" (4), o a los que estaban acostumbrados (8). Aun cuando opone las novelas de Fuentes a las de Gallegos e Icaza, C. A. Jones, halla fallas técnicas en todas ellas, reaccionando de manera condescendiente y paternalista en "Three Spanish American Novelists - A European View" (Londres: The Hispanic & Luso Brazilian Councils, 1967), que cundió en otros excesos. Una gran excepción es la compilación de John King, *Modern Latin American Fiction: A Survey* (1987).

cincuenta años 236 escritores de estatura decreciente se dedicaron a introducir modificaciones en los ceniceros o en los sombreritos de las azafatas» (1978: 220). O sea, novelas que se sostenían más por lo que pretendían contar que por cómo lo hacían. Pero no le dan la razón el celebrado centenario de *Ulysses*, o que Eliot le dijera a Joyce "Usted ha aumentado enormemente las dificultades de ser novelista". Por razones poco caladas, la «total» *Abbadón el exterminador* —revisada en 1978, apogeo de la «nueva novela histórica»— no entró en ese canon, quizá por «novelizar» que la nueva novela solo reciclaba tradiciones y crisis conocidas, desarrollo que matiza King al definir el comienzo de "la novela histórica mundial" con Joseph Conrad y *Nostromo: A Tale of the Seabord* (1904), influencia para Vásquez, su traductor.

Sabato apuesta por una novela metafísica y novelesca a lo Dostoievski y Kafka, y diferente de Robbe-Grillet (121), quería representar una constelación de ideas en que la totalidad de la novela se equilibrara con una *anthropoïesis*, que enfatiza Bessière para la problematicidad del mundo en la novela contemporánea, partiendo de la premisa que las afirmaciones específicas del poder de la novela corresponden a mayores o menores grados de problematicidad (54) y que el potencial de totalización y experiencia total caracterizan al género (52-53, 56-58). Lukács argumentó que la epopeya formaba una totalidad de vida acabada en sí misma, mientras la novela buscaba descubrir y edificar la integridad secreta de la vida. Para él es necesario que esa forma incorpore todas las fallas y abismos que comportan la situación histórica, que no pueden ni deben ser recubiertos por artificios de composición.

En *Totalidad e infinito* (1961), Emmanuel Levinas critica la visión totalizadora de los sistemas filosóficos, defendiendo la subjetividad que percibe como aceptación del Otro y hospitalidad en que se consume la idea de lo infinito. Para Levinas, saber significa entender la realidad sin totalidad, poder rebasar siempre los marcos de un contenido pensado. Hacia el final de su vida, Ricouer propuso la "hospitalidad lingüística" para aproximarse al Otro, destacando las paradojas de la traducción al vivir en la palabra del Otro, recordando que se existe junto a recibir la palabra del Otro en el hogar de uno. Al advertir que el anfitrión nunca debe capturar al invitado en su casa, y que a veces este debe irse para seguir siendo invitado, quiere decir que se debe prestar atención al léxico, al texto total y el uso lingüístico superior a las oraciones, irreducibles a la lógica y sus verdades.

Junto al poder conceptual de *Abbadón el exterminador* y de la menos apocalíptica *Sobre héroes y tumbas*, y lo que Claudio Magris llama la «odisea épica en la totalidad de la vida» (quizá contra Lukács, para quien la novela «contiene lo esencial mismo de su totalidad entre su principio y su fin» [87]), si se acata la fijación colectiva crítica respecto a qué era una novela total hasta la penúltima década del siglo pasado, las muestras eran casi exclusivamente *La región más transparente, Rayuela, Paradiso, Tres tristes tigres, Museo de la Novela de la Eterna* (cuyos interminables prólogos, posprólogos, guía de ellos y otras codificaciones serían "novelas cortas" escritas por Macedonio desde 1925) *Cien años de soledad, Conversación en La Catedral y El obsceno pájaro de la noche*. En ellas los protocolos de la memoria se funden con los indicadores lingüísticos del exceso para imposibilitar las distinciones entre conocimiento subjetivo y objetivo.

Extensa no quiere decir «total», y lo demuestran algunas novelas de Elena Poniatowska, *Tinísima* (1992), *La piel del cielo* (2001), y *El tren pasa primero* (2005). En una crónica de los núcleos narrativos de *El obsceno pájaro de la noche* para la edición chilena de su novela más famosa, Donoso conecta la depuración de su estructura a su memoria del efecto del contexto sociocultural del *boom* en su creatividad, y explica:

> ¿Cuáles son las reglas que gobiernan *El obsceno pájaro de la noche*? La duda, la inseguridad, no solamente como una realidad sicológica (que es solo una parte de mi biografía, y por tanto insignificante), sino como espacio literario; no la postulación de este universo como historia, sino un reconocimiento de esos ocho años que demoré en escribir el libro, como

objetividad pura, y un reconocimiento a la dinámica
de lo inconsciente, capaz de producir una coherencia
que, me gustaría creerlo, yace más allá –y quizás detrás–
del tiempo, fraccionada y reconstituida en un *todo*
(1997: 596, énfasis mío).

Está hablando del papel de la memoria, no de haber intentado
proveer a los lectores una totalidad sobre Chile, el continente
americano, o toda la condición humana. Tanto en los novelistas como
en los críticos, el inconsciente recoge osmóticamente ideas que la
mente ha olvidado hace tiempo, y se sabe que la mente es un bulto
desordenado de expectativas, impresiones, memorias, mitos,
opiniones, proyecciones y virus.

Su epílogo, con la obvia ventaja de la retrospectiva, se concentra
en cómo varias anécdotas, imágenes, obsesiones y visiones se mezclan
para producir un todo, no una novela total. Si la memoria es una
creación social, dar un salto que le atribuya valor universal a una
novela ayudaría a *pensarla* como total. Si los marcos sociales afectan
la memoria, no ocasionan el mismo tipo de ruptura en todo el mundo
y se puede caer en el relativismo. Donoso era de otra escuela crítica,
pero notaba que, en un ciclo de extremos, darle a la novela un desplazamiento maximalista implicaba cierto alarde para intelectualizar
adicciones, y él y sus coetáneos no participaron de esa estética. Si
los cruces genéricos afectan a toda generación de novelistas, al hablar
de la inundación de memorias anglófonas, Rushdie cree que esa "moda"
roba "la técnicas de novelistas para crear un nuevo tipo de no ficción.
Este no es la 'veracidad' del que se glorifica sino un esfuerzo, a través
de la artesanía, para expresar más de la verdad" (164).

Al ser panorámica y recopilar exhaustivamente, la novela total
no es infinita. Si *La vida breve, Los pasos perdidos* y *Hombres de
maíz* (catalogadas en algún momento como «novelas exageradas»)
pueden ser precursoras del *boom*, como han sugerido varios críticos,
ello no quiere decir que sean totales para todo parámetro y cambio
de paradigma que se pueda señalar. Por otro lado, las del *boom* no

cuestionan directa o sistemáticamente el acto de novelar, como *Rayuela* y las descubiertas o recuperadas como precursoras de ella y sus pares. Según Volpi, que recurre a la práctica excesiva con *El fin de la locura* (2003), la totalidad no se puede desprender de la exuberancia, y su paradigma es el Fuentes de hace unos setenta años: «Estéticamente, *Cambio de piel* es una novela que se plantea el exceso como meta: todos los detalles que Fuentes percibe como inherentes a la modernidad burguesa son llevados a sus límites con un desenfado que pretende anular toda intención 'psicologista.'» (58). En esa opinión el lazo entre la subjetividad de la canonicidad o la extensión permite preguntar qué hacer con novelas «breves» de grandeza artística como *Pedro Páramo*, *El arpa y la sombra*, *Zama* o *El entenado* de Saer, totales en otros sentidos. Estas tres, como arguye Saer, muestran la historia de la novela como un progresivo desmantelamiento de la epopeya, no como una entrega a alguna posmodernidad. La crítica, especialmente la anglófona, no reconoce que el fin de siglo empleó la ironía del posmodernismo contra sí mismo, para llegar a una sinceridad no irónica y un metamodernismo teórico.[44]

Con demasiada frecuencia las novelas étnicas o de temas autóctonos nativistas piden que se las aprecie por la grandeza de sus afiliaciones, presunta pureza y virtudes; y lo mismo podría decirse sobre las que se concentran en la clase media o alta, como en Proust o Powell, asunto "de crianza" que Orwell rechazó y corrompió estéticamente. Popularidad, como ha explicado A. O. Scott al hablar del Nobel de 2024, no quiere decir grandeza. Contrario a ese minimalismo conceptual, para Vargas Llosa las grandes novelas proveen «el sentimiento de pertenencia que mantiene unido al todo social», y que «ese conocimiento totalizador

---

[44] Cf. las distinciones de Donald L. Shaw que culminan en la versión ampliada de *Nueva narrativa hispanoamericana. Boom. Posboom. Posmodernismo* (1999). *A Companion to Modern Spanish American Fiction* (2002) calca al libro anterior, aunque el capítulo "The 1940s, the Pre-Boom: The Changing View of the Writer's Task" renueva su genealogía. Shaw provee interpretaciones individuales valiosas, como la tensión en torno al realismo, y reprueba razonablemente varios excesos críticos. Al reemplazar autores con cierta arbitrariedad, o limitar su elenco a Borges, Macedonio, Mallea, Felisberto, Asturias, Sabato y Arguedas, infravaloriza que detrás de las polémicas en torno a terminologías postizas hay una complejidad formal que no es monopolio de autores canónicos. Al preferir binarismos al afán totalizador de Del Paso, Shaw desatiende la compleja lógica interna producida al agrupar obras que son el resultado de problematizar cambios culturales.

y en vivo del ser humano, hoy solo se encuentra en la novela» (2000: 39). Sin embargo, habría una similitud entre el novelista reduccionista y el maximalista: por atraer la atención del público: ambos muestran que las barreras que separan a un tipo de novela de otro simplemente se han evaporado. Para el checo y Vargas Llosa, la novela es incompatible con los universos totalitarios, leninistas, giro anglófano basado en la relatividad y ambigüedad del ser humano. Esta tradición occidental no debe clausurar sino abrir ventanas hacia un universo donde todos están detenidos, donde ninguno sabe quién le puso las cadenas. Con las crisis de hoy, no sorprende que el público mundial vuelva a Orwell y sus prevenciones contra tiranos que posan como líderes democráticos.

Una occidentalización definitiva

La visión que los novelistas mencionados postulan en su no ficción es ignorada o malentendida, máxime con la crítica perdida en los rumbos de cierto colonialismo y la mala costumbre de recurrir exclusivamente a comentaristas comprometidos. Los avatares del colonialismo se bifurcan en la dependencia de modelos ideológicamente intransingentes (de izquierda y derecha) y en una hostilidad ante la novelística que no quiere tener nada que ver con patrones prefijados. Basando los orígenes y transmisión de nuevas influencias literarias en Joyce, Fiddian (1989) argüía que además de Cortázar las novelas totales que calcan al irlandés debían incluir a *Adán Buenosayres*, *José Trigo* de Fernando del Paso, y *Obsesivos días circulares* de Gustavo Sainz. Las postula y festeja con alguna venia a las precursoras *Al filo del agua* de Agustín Yáñez, de Elizondo y otras. Los lazos genealógicos que establece entre los hispanoamericanos y el irlandés son factibles si se cree que Joyce y sus pocos pares sobrevaloran lo trivial, que su dificultad surge de estrategias de autores no de conceptos intelectuales para duplicar los patrones nebulosos de la conciencia humana, o que las novelas del modernismo europeo se preocupaban más por indagar en el yo que mostrar el paisaje social y sus personajes. Salta a la vista la dependencia de

Fiddian de la conceptualización de Borges y, a pesar de su insistencia en lo contrario, en la de Joyce, sin el matiz político o estético que ambos requieren.

Se nota la misma falta en los teóricos de la novela del siglo XX. Bajtín nunca explica exactamente cómo la novela puede ser convertida en algo productivo para el discurso político institucionalizado, o cuestiona su creencia de que ningún discurso domina sobre otro (Culler: 32). Lukács nunca negó el valor literario del modernismo de Joyce, aunque subrayó la diferencia entre su sofisticación formalista y profundidad del mensaje. Al despolitizar la subjetividad modernista (anglófona) Fiddian descarta encontrar algunas de sus características en una novela realista (sintetizarla con el idealismo es una preocupación central de Ortega y Gasset), explícito en las instancias en que Borges despotricó contra el género, o implícito en las charlas de Barthes sobre la "Preparación de la novela", verbigracia la que nunca pudo escribir.[45] El silencio en torno a la total *Adán Buenosayres* (cuya lectura codificó en los años sesenta con "Novela y método" y "Claves de *Adán Buenosayres*", ahora en *Los novelistas como críticos*) no fue por su peronismo u objeciones formales, sino por su visión irreverente de los martinfierristas; y la cancelación de Mallea fue por "liberal" (con críticas de Borges y Gombrowicz). Por más de dos siglos, percibir a un novelista hispanoamericano como reflejo de europeos o angloamericanos ha sido emplear un embrague subjetivo que no supera el deseo de un angloglobalismo estético. Si Proust *es* el Rulfo en siete volúmenes que no todo el mundo lee, Amis es el Bolaño que no dejó pasar una a los críticos de la novela anglófona.

Si históricamente Europa fue el primer continente moderno, ello no quiere decir que haya sido el único o que sus formas literarias son necesariamente las mejores (Etiemble: 143-146). La estrechez

---

[45] La más consistente es la ya mencionada "Argumento de una novela que no escribiré". Juan-Jacobo Bajarlía adjudicó a Borges la paternidad de la novela policial *El enigma de la calle Arcos*, folletín publicado por el diario *Crítica* con el seudónimo de "Sauli Lostal". Fernando Sorrentino refutó esa hipótesis convincentemente en "La novela que Borges jamás escribió", *La Nación, Cultura* (17 de agosto de 1997), 4. En *Borges y la novela* (Rosario: Editorial FAS, 1998), Julio Chiappini trata esa situación y provee 48 juicios (y sus fuentes) de Borges sobre la novela (19-38).

o ligereza global de esas visiones estéticas se relativiza con una mezcla difícil de mitificación y desmitificación de otras novelas totales que cierran el siglo XX. Un problema adicional e irresoluto de esa estrechez es que, en una época de reivindicaciones de toda índole, el chauvinismo florece al preguntar a los novelistas cuáles serían novelas totales para ellos. Esa actitud obstruye valorar a novelistas periféricos, notar paralelismos entre sus excesos y transgresión, captar el fin del sujeto clásico en el objetivismo tipo *Nouveau Roman*, o notar más que un eslabón en el desarrollo de la novela nacional o continental. La crítica de la novela tendrá que evaluar esa occidentalidad, porque el acatamiento de dicho modelo puede ser contraproducente, así como la agenda teórica se desconecta más de la realidad objetiva.

En "Alain Robbe-Grillet y el simulacro del realismo" (1963) Vargas Llosa matiza la "revolución" del francés, notando un teoría objetiva iconoclasta, la liquidación del psicologismo, el abolir del tiempo, la libertad para personajes no individualizados, el optar por describir y explicar, y la inexactitud de la "abdicación y repliegue" en Robbe-Grillet, concluyendo que "Lo menos que puede decirse de esta afirmación es que hay en ella mucho de subjetivo" (2023: 247), y ese irracionalismo es "viejo como Occidente" (2023: 246). Admitir nuestra occidentalidad evita seguir inmersos en tautologías totales. Así, al hablar de Genette como "El policía bueno del estructuralismo" Domínguez Michael parafrasea a Antoine Compagnon, para quien la nueva crítica resultó ser "un conjunto de recetas, trucos y artimañas utilizados, a manera del legendario 'acordeón' o 'torpedo estudiantil', por los profesores franceses urgidos de ganar sus colosales concursos académicos" (126), aspecto examinado por Vargas Llosa para las Américas.[46]

Un problema más, perenne e ilustrado por las novelas del boliviano Jaime Saenz (1921-1986), es la indiferencia a que la edición nacional

---

[46] En *Ateos, esnobs y otras ruinas* (Santiago: Ediciones Universidad Diego Portales, 2020). Informado y cosmopolita, Martín Cerda evita procederes "teóricos" en los años en que surge esa novela. Bajo la rúbrica "Nueva novela & nueva crítica" dedicó cuatro artículos al tema en el semanario *PEC* (1967), recogidos en *Ideas sobre el ensayo*, 130-146. No menos hace sobre Lukács, Barthes, Sartre y Duras, o "Los inicios de la época novelesca" (241-243). Vargas Llosa continua explicando el que considera esfuerzo quimérico de Robbe-Grillet en 1964, en "Una narración glacial" (2023: 247-251).

condena a los autores de países que no influyen en la lógica de la abundancia mercantil de la que habla Vargas Llosa. Así Wallace, fallecido en 2008, pudo publicar las 1.079 páginas de *Infinite Jest*, solo su segunda novela, en una editorial conocida de Estados Unidos. Saenz, clásico instigador desaparecido cuando decidió recuperarse con la escritura, simboliza cómo se condena al no canónico a ser promulgador de un canon que no quiere ni puede admitir el creciente estado menopáusico de la crítica poscolonial, a pesar de sus quejas tardías a favor de la novedad del autor u obra «periférica» o «subalterna». Eagleton, nada reacio a la alta teoría aunque aboga por el realismo, afirma en un archicitado artículo que en algún lado debe existir un manual para los críticos poscoloniales, cuya primera regla aconseja: «Comience rechazando la noción entera del poscolonialismo». La segunda: «Sea lo más oscurantista con que pueda escaparse decentemente». Para Terry Eagleton, criticando a Gayatri Spivak, «la teoría poscolonial habla mucho del respeto hacia el Otro, pero aparentemente prescinde de esa sensibilidad ante su Otro más inmediato, el lector».

En 1979, Saenz publicó *Felipe Delgado*; la breve *La Piedra Imán* (1989, ed. corregida en 2018) y *Los papeles de Narciso Lima-Achá* (1991/2008), estas dos póstumas. La primera es autobiográfica respecto al alcoholismo y los mundos oscuros; la segunda trata la confluencia del alcohol, la muerte y la escritura; mientras la tercera emplea el recurso del manuscrito hallado para explayarse sobre la homosexualidad. La primera y la última son de orfebrería desbordante, e incluyen varios perfiles del género. Extensas, no son totales en el sentido precisado. Es evidente que su dimensión no es proporcional a la del mundo ficcional que proponen, y que revelan una instancia concreta sobre la duración del tiempo de la escritura, publicación y lectura (Samoyault: 51-52), por no decir nada de la dificultad de comercializarlas. En *La muerte de Virgilio* (1945) de Broch, el "tiempo del autor" se divide equitativamente entre las 48 horas en que Virgilio se está muriendo. Pero dentro de cada una de ellas el ritmo narrativo cambia, y es solo en los últimos 18 que se describe la vida del poeta y la historia como degradación de valores. Es decir, toda comparación de duración o extensión es relativa.

Similarmente, cuando sale la edición definitiva de *Umbral* de Emar en 1996, sus 4.134 páginas en cinco volúmenes ponen en perspectiva a *Infinite Jest*, publicada el mismo año, a las 770 de *Mason & Dixon* (1997) de Pynchon y sus novelas posteriores como *Against the Day* (2006) y sus más de 1.000 páginas y más de cien personajes, entre los que, como en Arlt, sobresalen los rebeldes, anarquistas y anti-capitalistas que censuran todo un sistema. En ese Occidente hay poco nuevo bajo el sol porque en 1934 —cuando coincidió en París con Rhys, que en su autobiografía dice "Una novela tiene que tener forma, y la vida no tiene ninguna", y Djuna Barnes— Gertrude Stein publicó *The Making of Americans: The Hersland Family*, adelantándose a la mezcla de la autobiografía con la vida de otros, meditación, anecdotario, saga y metanovela (por la imposibilidad de la "autora" de escribir una) y exceso que caracterizaría a buena parte de la ficción anglófona posterior. Sus apretadas 925 páginas —concebidas en cuadernos escritos entre 1902 y 1908, publicadas por entrega en 1924 y traducidas parcialmente al francés en 1929— son poco leídas. Como la de Emar, la versión final de Stein deja en claro que fue escrita durante varios años y es tan inconsistente y mudable como la vida.

Moretti cree interesante analizar «algún día» la consecuencias de la dilatación, y aunque cree que se debe al mecanismo de las aventuras, «por ahora aceptemos la simple noción de que son largas» (2008: 115), perspectiva contraria a la de Ortega y Gasset, para cuya "Meditación primera" la novela era morosa y tupida. El interés estadístico de Moretti, comenzando con el *bildungsroman* inglés decimonónico y hoy en las "redes" de personajes ("Two Theories"), no le incita a ocuparse del número más dilatado de ese tipo de novela y su relación con el aprendizaje, tema afin a la relación discípulo-maestro (Corral: 2019). Basada en las *redes* que propuso en "Network Theory, Plot Analysis" (*New Left Review*, 2021), su "teoría" depende de modelos computerizados de intercambios y relaciones textuales para situar las acciones y encuentros de personajes en un gráfico, llamando a cada actor *nódulo* o *vértice*; y *bordes* a sus interacciones con otros. Pero nunca se vislumbra qué haría con los 559 personajes nombrados de *La guerra y la paz*, o las novelas sin personaje que Robbe-Grillet propuso en *Pour un Nouveau Roman* (1963), cuyas propias novelas muestran que no pudo hacerlo.

El hecho es que la crítica de Occidente desdeña lecturas iberoamericanas «nativas» de la novela, como *Orígenes de la novela*, en cuyos volúmenes los descubrimientos más notables son las filiaciones inesperadas e infinitas que Menéndez Pelayo logra establecer, como sigue demostrando Domínguez Michael en varios análisis de la novela. La elegante erudición de esa obra, menospreciada por el presunto conservadurismo político o "filológico" de Menéndez Pelayo, revelaba hace más de un siglo a un crítico total independiente, cuando hoy la crítica de la novela tiende a depender de conocimientos espurios, anclados en doctrinas. Es pertinente notar cómo los panoramas o ensayos de Rama no prescriben hasta hoy, mientras que varios de Rodríguez Monegal y otros más recientes han sido desechados u olvidados, aun cuando escribían en momentos no pedagógicos en que la crítica literaria parecía importante.

Hay otras conexiones con los excesos. La «Noticia» explicatoria inicial, en principio no atribuible a Saenz en *Los papeles de Narciso-Achá*, no cumple un papel disimilar al del «compilador» en *Yo el Supremo*, aunque éste se desencaja de los hechos «reales» desde la fijación textual de la primera página: «*Yo el Supremo,* por Augusto Roa Bastos». Las formas monstruosas empleadas por ellos escrutan el saber para desacralizarlo, como analiza Valencia en "Ensayo sobre la dinámica del continuo narrativa" (2023: 371-405) y otros ensayos.[47] Cuando una novela es autobiográfica no es

---

[47] La novela es autobiografía por esquivar todo tipo de previsión, y porque los novelistas que escriben sobre ella o sus avatares—verbigracia Lessing (90-103), Rushdie (148-165), Vargas Llosa *ad infinitum*, o en diarios extensos como los de Woolf, Ribeyro, Bioy Casares o Donoso—no se reconocen titulares de nada ni nadie, de ningún derecho, precepto o saber. A nivel institucional novela y novelista son devenires clandestinos, condición que asume la total. En "Le roman comme autobiographie", *Tel Quel, Théorie d'ensemble* (París: Éditions du Seuil, 1968), 212-213 *et passim*, Jean Thibaudeau matiza estas nociones, contextualizadas ampliamente por Philippe Forest, *Histoire de Tel Quel 1960-1982* (1995).

una autobiografía *per se*, porque los novelistas, escépticos, dependen de ella. A pesar de las conexiones obvias, la pregunta de cuándo, cómo y por qué Saenz compuso su novela no parece importar para novelistas como él y varios de sus pares discutidos aquí, que no aparecen al revisar las historias o manuales del género, sean nacionales, de nivel continental, o de comparatistas limitados por depender en traducciones.

A pesar de estas salvedades que siempre han estado a la vista, Fiddian aboga por la necesidad de una tipología revisada de la novela *después de* Joyce (36). Se puede preguntar qué queda de esos émulos, porque la «influencia» no funciona de la manera mimética o genética que quieren algunos críticos, y más bien tiene que ver con el origen y recepción inicial de un modelo. Es revelador que un abastecedor de novelas totales como Fuentes mencione a Joyce como plantilla de su obra, aunque Cabrera Infante lo haya traducido y novelistas «posboomistas» como el peruano Gutiérrez (1996:5-11 et passim) vean en el irlandés la génesis utópica del género (1996: 42-43). En Hispanoamérica, para Balza, Fernando del Paso, Fuentes y numerosos ensayos de novelistas canónicos o no, no fueron Proust o Joyce, sino la lectura del *Quijote* (que no convenció a Nabokov), de novelas de caballería y prosas latinas afines que condujeron a los giros «nivolescos» iniciados por Unamuno. Ese disenso, e incluso error, otorgó un adelanto a la totalidad, permitiendo legitimar la novelística sin el relativismo de influencias y la colonización de otras lenguas (los novelistas sin timón de Barnes).

González Echevarría se apega a esa tradición refinando su visión de 1990 acerca de la totalidad: «El núcleo que se despliega de la narrativa latinoamericana se ocupa de la singularidad, diferencia y autonomía de una entidad que se define dentro o contra una totalidad poderosa, real o inventada, que podría llamarse el discurso de Occidente» (2004: 298). Según Guattari (21) la subjetividad es una manera de centrar al yo alienado de la comunidad, y su política es tan antigua como la mimesis en Occidente (en los últimos cincuenta años la subjetividad e materia prima de la crítica literaria, y sus polos serían Georges Poulet y Shlomith Rimmon-Kenan). Asimismo, a finales de los años treinta y principios de los cuarenta, Jan Mukarovski argüía que el poder de una obra estética fuerza el nivel comunicativo de una comunidad en virtud de su exceso de significado, y señalaba que el concepto de totalidad era un concepto «básico» para el estructuralismo.[48]

La comparación entre la novelística hispanoamericana y la anglófona como modelo occidental hegemónico evidencia las brechas y peligros de concentrarse en el estudio de un año y de enfocar todo cotejo desde lo que pasa en la metrópoli. ¿Qué relación debe tener con Hispanoamérica la advertencia de Wood, en *The Guardian* de 2001, según la cual después del 11 de septiembre de ese año no habría más novelas enciclopédicas como las de Wallace o DeLillo (el más leído en el mundo hispanohablante), porque obras tan intelectualmente confiadas de sí mismas no tenían futuro? ¿Qué novelista se atrevería a proyectar que controla todo sobre la política y la sociedad del nuevo siglo? En una entrevista en la *Letras Libres* mexicana [XI. 128 (agosto de 2009), 76-81], James Wood asevera que no aprecia el «realismo histérico», discutido en el segundo capítulo, añadiendo: «lo que no me gusta de algunos de esos libros –y de nuevo, pienso cuán grandes son: *Submundo* de DeLillo, o las novelas de Foster Wallace, o *Against the Day* de Pynchon– es que los veo parcialmente dentro de la tradición del realismo estadounidense» (79).

DeLillo, cuya novelística es llamada profética, tiene otra visión, y ha dicho "Es mi opinión que cada libro crea su propia estructura y extensión. He escrito tres o cuatro libros pequeños. Puede ser que la próxima novela sea grande, pero no sé". Los hispanoamericanos matizan problemáticas y prevenciones similares. ¿Pero qué pasa con una novela, quizá la más total de todas, escrita entre 1937 y

---

[48] Véase"El concepto de totalidad en la teoría del arte", *Signo, función y valor. Estética y semiótica del arte de Jan Mukarovský*, ed. y trad. Jarmila Jandová y Emil Volek (Bogotá: Plaza & Janés/Universidad Nacional de Colombia, 2000), 290-302, análisis contextualizado por su "Antropología fenomenológica en Jan Mukarovský y el lugar del sujeto", *Despistemes: la teoría literaria y cultural de Emil Volek*, ed. y trad. Andrés Pérez-Simón (Madrid: Verbum, 2018), 322-335.

1964, publicada en forma definitiva en 1996? Se trata de algo más que encontrar modelos hispanoamericanos (entre ellos el poco recuperado pero respetado novelista argentino Juan Filloy, fallecido en 2000) para poner en perspectiva la noción borgiana sobre Kafka y sus precursores. Se trata, también, de autores que sufren un exceso de anonimato, pero que a pesar de estar muertos tantos años, sus novelas siguen pareciendo mejores que las que se puede leer hoy de novelistas que intentan ser parte de un grupo. Es una paradoja parecida a la de los novelistas de larga experiencia, que pueden ser más globales y rentables que nunca, pero sus mejores, obras, su relevancia, ha quedado muy atrás.

Regreso al futuro

La novela total, cuya genética y problemática recepción discuto, es *Umbral*. Junto a ésta, dos dínamos combinatorios más obligan a cuestionar o reestructurar seriamente el corpus de la novela total, *En la ciudad he perdido una novela...* (1930) de Salvador (examinada con más detenimiento en el segundo capítulo) y *En Babia. El manuscrito de un braquicéfalo* (1940), de de Diego Padró. La conceptualización cabal de la novela total no yace en un cronotopo particular, sino en los cruces de una mentalidad occidental compartida durante varios siglos. Como consecuencia, y según Fiddian, descriptiva y provisionalmente, la novela total se caracteriza así:

1. La novela total aspira a representar una realidad inagotable, y cultiva una gama de referencias enciclopédicas como medio para esa meta.
2. La novela total se concibe como un sistema independiente o microcosmos de significación que acomoda la ambigüedad rutinariamente.
3. La novela total se caracteriza por una fusión de perspectivas míticas e históricas, y por la transgresión de normas convencionales de economía narrativa.

4. La novela total despliega una textura verbal que tiende a lo barroco y típicamente exhibe desbordes paradigmáticos del lenguaje. (33)

Fiddian se queda en el nivel lingüístico, en el que sin duda la novela hispanoamericana ayudó a reinventar el español del siglo XX, una de las razones por las que casi cada novela total es insigne para la historia literaria mundial. Según *La nueva novela hispanoamericana*, la totalización ocurre cuando el lenguaje presente reactiva todo el lenguaje y habla del pasado; y Guattari recuerda que ese intercambio totalizante tiene un carácter colectivo en las ciencias, las artes y la sociedad (50), como en la narratología posterior. Ante tanta preocupación actual respecto a los discursos críticos, de Diego Padró, Salvador y Emar permiten aseverar que el exceso novelístico dejó de ser privilegio del «Primer Mundo» mucho antes de lo que cree la crítica renuente. He ahí Donoso, que en sus diarios expresa que para preparar su alegórica *Casa de campo* va a leer a Lezama Lima para aprender de su barroquismo linguistico.

Estaban en el aire la desmesura, el desborde, la experiencia de límites y las tentativas de mundos posibles que, entre otros, Woolf (que, influenciada por T. S. Eliot, pulió su visión negativa de Joyce y reconoció su genio), Simon, Queneau y Gaddis —parte del canon occidental de la segunda mitad del siglo XX— lanzaron a las corrientes continentales (Samoyault: 147-182).[49] Son los años en que en *Journal des faux-monnayeurs* (1927), Gide lanza al aire la noción posflaubertiana de la *roman pur*, eliminando toda narración directa a favor de recursos ingeniosos puramente novelísticos que es, para el Benjamin de 1930, pura interioridad, y para Etiemble una purificación de cuanto no le es propio al género (147). Por esa

---

[49] Más que al optimista Doctor Pangloss de Voltaire la noción de mundos posibles retrotrae a Leibniz, para quien todo lo que podría existir de hecho existe, y ya que el mundo contiene todo tipo de actualidad posible, éste es el mejor mundo posible. Si los mundos posibles contienen alguna maldad (Leibniz), y por contraste la maldad mejora lo bueno, los novelistas totales emplean esa metafísica para explicitar en qué medida los mundos que crean difieren de los posibles, en sentidos que están más allá del bien y del mal.

razón, Benjamin prefiere rescatar cierto tipo de epopeya (sin optar por el «análisis verídico» de la representación social, como quería Lukács) y convertirlo en contrapunto de la *novela pura*, noción que el novelista francés había acuñado y practicado, y que el alemán explicita aún más en términos de lo que puede o deber hacer una narrador dado el estado de la novela.

Tiphaine Samoyault, que estudia con perspicacia las formas del exceso en la novela canónica del siglo XX, propone que esa abundancia puede ser de materia, tiempo, lenguaje y saber. Samoyault examina obras de Broch, Butor, Elias Canetti, Céline, Gide, Joyce, Mann, Musil, Nabokov, Proust, junto con el ruso Nabokov, el más ameno, y Perec; en cuyo enorme rompecabezas o manual que son las "novelas" (pluralizado en la portada) *La Vie mode d'emploi* el saber yace entre lo mundano y lo subversivo, realista y romántico. Calvino, que en los años cincuenta discutía "los destinos de la novela" partiendo desde el *Nouveau Roman*, manifestó que en cierto sentido la totalizante e inacabada *El hombre sin atributos* de Musil era muy corta. Si es desatinado atribuir una virtud en sí a la prolongación (se sabe que el archivo de esa novela incompleta contiene unas veinte mil páginas de borradores), es inevitable ignorar las preguntas que impone la longitud, como hacen Monterroso y Borges (que nada afín a las novelas totales, escribió sobre Musil y Broch, este héroe de la "archinovela" para Kundera), o que en *Moneda al aire. Sobre la novela y la crítica utilitaria* (2017-2018) Valencia matice que la totalidad de la novela es una impresión que no obliga a los novelistas a justificar sus incursiones, como Musil y su deseo de describir *todo* (como Perec, que se aleja de los grandes eventos en los ensayos de *L'Infra-ordinaire*, 1989) en las 161 secciones de las tres partes de su gran novela, antes de Macedonio y su estética del aplazamiento. No se trata de extensión, sino de si está bien que el novelista, luego de enfocar su relato desde un ángulo, deambule y vuelva a él por un recodo distinto.

La forma artística intenta contestar esas preguntas con su propia existencia. Hace siglo y medio, en *Diario de un escritor*, Dostoievski aseveró: "Diré francamente que muchas historias y novelas contemporáneas ganarían si fueran condensadas. Qué se gana con que un autor te arrastre por unas cuatrocientas ochenta páginas y, entonces, sin razón alguna, abandona su narración [...]". Hace siete décadas, en *La tumba sin sosiego* (1944, ed. rev. 1950), Cyril Connolly (compañero de colegio de Orwell y Powell) afirmó que Flaubert (su par ruso es Turguénev), James, Proust, Joyce y Woolf acabaron con la novela, y después de ellos todo tendría que ser reinventado desde el principio. Si el esfuerzo novelístico adánico llega así al siglo XXI, Samoyault tendría que considerar que hay obras que por ser excesivas de otra manera no están en el canon de las totales.

Lo que Samoyault bien llama «la enciclopedia abierta» (162) se halla en esas novelas, y por cierto está presente en casi todo intento de «gran novela latinoamericana» (perenne sueño de Fuentes y el ego requerido para intentarla; ilusión vana según Zambra y sus breves novelas finas) o la «novela de novelas» (esfuerzo que implica que el autor crea un género nuevo). Entre esa ilusión de totalidad en que no hay distancia entre la descripción y su objeto *Umbral, En la ciudad he perdido una novela...* y *En Babia* ocupan un lugar genealógico privilegiado. En toda gran novela hay un anticipo de lo que no está pasando y la posibilidad de encontrar al novelista que es el eslabón perdido para ella, posibilidad aumentada cuando se reconcibe las vanguardias, así como Bolaño hizo repensar la contemporaneidad del fin de siglo con *Los detectives salvajes*, otra novela total precursora de las del siglo XXI. Su póstuma *2666* revela otra valoración cabal:

Ya ni los farmacéuticos ilustrados se atreven con las grandes obras, imperfectas, torrenciales, las que abren camino en lo desconocido. Escogen los ejercicios perfectos de los grandes maestros. O lo que es lo mismo: quieren ver a los grandes maestros en sesiones de esgrima de entrenamiento, pero no quieren saber nada de los combates de verdad, en donde los grandes maestros luchan contra aquello, ese aquello que nos atemoriza a todos, ese aquello que acoquina y encacha, y hay sangre y heridas mortales y fetidez. (289-290)

En *Entre paréntesis*, Bolaño define la novela total como aquella que "se sumerge en el caos (que es la materia misma de la novela ideal) y que trata de ordenarlo y hacerlo legible" (307). En el continente la gran novela escrita por hombres, con pocas mujeres complejas, es puesta en perspectiva por el canon de mujeres novelistas en la novela corta y la literatura fantástica o el llamado neogótico tropical o andino (discutido en *Discípulos y maestros 2.0*). Pero no se han registrado novelas totales memorables de autoras con una re-territorialización de todo lazo colectivo.[50] Sería injusto reprocharle a Samoyault la ausencia de consideraciones de género sexual, pero la realidad es que el exceso, por lo menos en el siglo XX, refleja la modulación que los hombres le quisieron dar al mundo occidental representado, y al poder y al deseo que construyen para que sea así. Por otro lado, hay que considerar el hecho de que para muchos lectores si la novela es buena, nunca puede ser muy larga, escrita por mujeres u hombres.

Si Macedonio y sus pruebas novelísticas contra la totalidad son canónicas, ¿qué pasa cuando el autor y la obra son «macedonianos» pero de un país «menor», donde no hay muchos ejemplos canónicos, como Saenz? Es el caso de Salvador, cuya *En la ciudad he perdido una novela...* revela el registro incompleto de novelas totales. En 1993 se publicó en Quito una edición crítica de ella, que recibió mínima atención. ¿Cómo proceder del canon nacional al mundial, cuando diccionarios de estudios culturales, además de no incluir una entrada para la novela, emiten torpezas como "los escritores consagrados en el llamado *boom* de la novela latinoamericana son todos varones, blancos, cultos y habitantes de 'la ciudad letrada.'"?, prestando mayor atención a telenovelas. Supravalorar lo patrio no es la solución,

---

[50] Así *Ifigenia* (1924) de Teresa de la Parra. Aparte del subtítulo "Una carta muy larga donde las cosas se cuentan como en las novelas" de la primera parte, no se concreta ninguna totalidad, y la interioridad novelizada se apropia del discurso en una *Bildungsroman* restringida a un sexo y la idea de la nación, valiosa pero similar al reduccionismo masculinista. Entre 1930 y 1946, la chilena Inés Echeverría de Larraín publicó la "novela monstruo" *Alborada* en 5 volúmenes. Las paradojas de su feminismo aristocrático e indecisión discursiva ancladas en dogmas immanentistas merman el historicismo que plantea como totalidad, según Bernardo Subercaseaux, "Las mujeres también escriben malas novelas (sujeto escindido e híbrido narrativo)", *Revista Chilena de Literatura* No. 56 (Abril 2000): 93-103.

como arguye el segundo capítulo. Aquella novela, ensayística y fragmentaria por excelencia, no cumple con varios requisitos posmodernistas que ven en la potencialidad genérica la esencia de la modernidad (De Obaldia: 186); y por ser heterogénea apunta a la del siglo XXI que anima su hibridez (verbigracia *Donde* de Lalo) con un deseo de seguir contestando las preguntas fundamentales de los humanos, presentes en algunas «apolíticas» como *Memorias de Adriano* (1951) de Yourcenar, cuyas *addenda* son una larga nota bibliográfica, reflexiones sobre su composición, y cavilaciones sobre la ambición, capacidades políticas, liderazgo y el potencial y límites del poder.

Para Leenhardt, una cultura híbrida de «criollización» promueve valores sincréticos en que la legitimidad que viene de la metrópoli cesa de ser opuesta a la de producciones locales; y una cultura nacional, en efecto continental, emerge como síntesis de lo metropolitano y lo vernacular (2012 : 75), corrección al colonialismo que estudia Said en *Culture and Imperialism. En la ciudad he perdido una novela...* anticipa esos procedimientos, desbordando la exigencia de que la novela sea heterogénea, abierta e intensamente autorreflexiva, aparte de pasar el examen bajtiniano de ser polifónica, de varios estilos y a menudo de varias lenguas (De Obaldia: 236). Salvador fragmenta su obra con un pastiche criollo total. Su densidad no es una parodia que aleja a los lectores, como en algunas del pos-*boom*, ni un pastiche como el que condujo a la crítica foránea a incorporarlas al posmodernismo mundial, o como metáforas del caos posmoderno que imposibilita hallar una buena. Este desarrollo requiere saber qué secreto de qué saber conlleva la novela (Samoyault: 129-132), y en este caso saber más de Hispanoamérica, de su crítica y de las trampas locales y falsas dialécticas de sus varias lenguas y hablas.

El de Salvador es un arte adelantado al que le es inevitable criticar la esterilidad e insensibilidad de la vida moderna (43-45), y no solo en centros urbanos, porque la subjetividad de las relaciones humanas permite constituir novelas en cualquier latitud, sin lenguaje regionalista. La de Salvador «piensa», pero en ella el pensar no es un fin en sí sino el fruto de una especie de mundo exterior malogrado por las palabras.[51] El contenido referencial de estas novelas cumple con los valores atribuidos al qué, quién, cuándo, cómo, por qué y dónde de los personajes. Para Dufour, el novelista explica porque no entiende (76), y porque las lenguas, al estar en la historia, se corrompen (60). Para Pavel, esa explicación significa una inflexibilidad formal, un arte de la indiferencia que, empero, no olvida a los seres humanos (357 *et passim*). La lengua de *En la ciudad he perdido una novela...* obvia la condena social, impulsada sin humor.

En efecto, los vuelcos novelísticos autor-izados de la novela (83-84) implican un distanciamiento de leyes, reglas, pautas y normas que revelan la importancia de los descarrilamientos y desherencias para la subjetividad. Los críticos o lectores deben descifrarlos, porque como arguye Poulet, toda actividad subjetiva presente en una obra no se explica completamente por su relación con las formas y objetos que contiene (298). Piénsese otra vez en los prólogos, que desde Cervantes y los tres que Dickens emplea en *Los papeles póstumos del club Pickwick* han servido como anunciación y codificación. Es decir, en la de Salvador los géneros dejan de existir solo cuando se reducen a pura parodia o simulacro bastardo sin sentido, o cuando sus apropiaciones carecen de los motivos ulteriores del parodiar, como en Cervantes, Henry Fielding (de Samuel Richardson), William Thackeray (de Walter Scott), Flaubert (de los provincianos), Rabelais, Sterne (de todo), Joyce, Rushdie, Bolaño y Lessing en *The Golden Notebook*, que presenta una novela dentro de otra y parodia versiones fílmicas de ella.

También está presente, cuando entra el personaje Carlos, la visualización en el papel de lo dicho. La palabra «Carlos» queda literalmente encerrada en un cuadro dibujado a su alrededor en la página 49 de la edición original. Apartes, conjeturas, cuadros, diálogos

---

[51] Poulet concibe el desplazamiento del lector en la obra así: "Que la obra piense en mí ¿quiere decir que durante una pérdida total de conciencia de mi parte, otra entidad pensante me ocupa y se beneficia de ese eclipse para pensarse sin que yo la pueda pensar? Evidentemente no" (1971: 285). Rimmon-Kenan estaría de acuerdo (27), porque cree que la subjetividad es teorizada en las novelas por estrategias narrativas similares (24-26). La discusión en torno a Poulet en *The Structuralist Controversy*, ed. Richard Macksey y Eugenio Donato (Baltimore: The Johns Hopkins UP, 1972), 73-88, traduce su texto como "Criticism and the Experience of Interiority" (56-72).

teatrales, episodios aislados, pontificaciones, razonamientos, otros personajes (Matilde, otra encuadrada, 85) y «subpersonajes» (112-171), contribuyen a potenciar la «novela» (por eso está «perdida») y establecer lo epistemológico como dominante que caracteriza a las muestras más desafiantes del género durante el resto del siglo. Además de que, en *Un encuentro,* Kundera se queja de cómo la posmodernidad se olvida de ciertas novelas totales, el checo defiende el tonelaje epistemológico de ellas y sus pares, sin basarse en tamaño o discutir sensibilidades occidentales compartidas. El segundo capítulo tilda de "proustiano" a Salvador porque, como el francés, estaba en sintonía con los olores, gustos y sonidos. Más que sinestético era un escritor instintivamente visual; quizá recordando que, según Proust en *El mundo de Guermantes,* el pintor o escritor original sigue las líneas del oculista.

El próximo capitulo muestra que novelas no totales como el tríptico *El jardinero, el escultor y el fugitivo* (2022) de Aira, aceptan su subjetividad, la miden y escriben un informe novelesco sobre ella, con el yo como laboratorio inagotable para digresiones, elipsis, el pensamiento como fuga narrativa y deseo de seguir pensando, con disyuntivas éticas y morales: la totalidad como solución al problema de la celebridad. En "Intento de entender *Fin de partida*", queriendo entender cómo lo abstracto surge de un momento en que la realidad no tiene sentido, Adorno arguye que Beckett reduce lo filosófico a "basura cultural" (270), y que "El pensamiento se convierte tanto en un medio para producir un sentido no inmediatamente sensibilizable como en una expresión de la ausencia de éste" (271). Los novelistas adquieren su subjetividad relacionándose con el mundo exterior (los yos no son propiedad privada). La interpretación de la discrepancia mimética entre el yo y el mundo requiere otro lenguaje (Gebauer y Wulf, 275); y «la producción de legibilidad es un fenómeno que está en íntima conexión con la interpretación de lo real a partir de lo posible» (Blumenberg 2000: 167). La ficción desestabiliza el imaginario colectivo heredado y reproducido, y la proximidad a mundos bien pensados, escritos y soñados enaltece la vida, lazo inexistente en los voluminosos *best sellers* de lenguaje utilitario que convierten a sus autores en marcas.

Otra novela cuyo *incipit* y palimpsesto es contemporáneo al de Salvador, con una historia editorial similar a la de Emar, es *En Babia. El manuscrito de un braquicéfalo*, por de Diego Padró. La versión original de 757 páginas fue publicada en 1940 por la Biblioteca de Autores Puertorriqueños, cuando Macedonio publica *Una novela que comienza* (la portada de la edición de Ercilla dice 1941). Si *Umbral* tiene su origen en *Miltín 1934* de Emar, la «nouvelle» *Sebastián Guenard* (1924), es el anticipo de la novela total del puertorriqueño. En 1961, luego de publicar *El tiempo jugó conmigo* (1960), novela de corte psicológico, se publica *En Babia* en México, sin mayor repercusión, en una edición corregida de 641 páginas en octavo, añadiendo el refundido relato «El caso de Daniel Lascourt» (342-353), texto que se forma de varios pasajes del relato «El enano amarillo». Esa recuperación se debe a la campaña de restauración que llevó a cabo un novelista compatriota, Pedro Juan Soto.[52] Maravillosamente agobiante, por incorregible y desmitificar el lenguaje con su habla representada, *En Babia* ha desaparecido y aparentemente nunca existió para las historias del género.

Esa desaparición retrae a novelas que no tienen fin, acto no siempre deliberado o que engancha, entre otras Joyce y *Finnegans Wake* (su última línea es el principio de la primera), Wallace e *Infinite Jest* (sus páginas finales no resuelven nada); o la manipulativa y psicológicamente tramposa *The Magus* de John Fowles, que termina con *cras amet qui numquam amavit quique amavit cras amet*, que su autor enredó más con el fin de los amantes protagonistas. Según Byatt sobre Fowles, "La relación con novelas pasadas aproxima algunas obras firmemente 'realistas' a ciertas obras declaradas experimentales" (154). Esa confluencia sigue con Pynchon y su

---

[52] Véase *En Babia de José Isaac de Diego Padró. Novela total* (2013), lectura convencionalmente bajtiniana de Alberto Ameal-Pérez que la percibe como antinovela precedente del *Nouveau Roman*, y como "literatura hispana de inmigración", sin deiferenciarla de obras precursoras del mismo Soto o José Luis González, o matizar el concepto de novela total. Cf. Elidio La Torre Lagares, *Textoci(u)dad: la erosión de la modernidad en En Babia, la novela de José I. de Diego Padró* (2016).

detectivesca *The Crying of Lot 49* y, respecto a las conexiones clásicas, el estado de inconclusión va de la *Eneida*, cuyo manuscrito Virgilio pidió quemar, por humildad, neurosis perfeccionista, o por dejar que otros decidan formar su reputación literaria. Como muestra la manipulación de Brod con los de Kafka, ser curador conlleva decisiones de qué coleccionar, cómo, qué mantener o descartar, qué proveer y qué mantener guardado por cierto tiempo. Una de las frases más citadas de la censurada *El maestro y Margarita* de Mijaíl Bulgakov es "Tonterías, los manuscritos no se queman", aunque el diablo Woland mágicamente reproduce el del Maestro. Esos actos son mayores con una novela total y su traducción.

En *En Babia* está toda vanguardia, y olvidarla revela limitaciones críticas. Ella absorbe todo como papel secante y lo transfiere como tinta fresca a otra página, y a otra, y así sucesivamente. Unamuniana, macedoniana, borgiana, marechaliana y cortazariana, cleptómana de *tropos* y *topoi*, es una de las grandes novelas totales sobre la novela; y hay que aguantar mucho pero vale la pena. Para Samoyault: "Lo propio de la novela digresiva es en efecto ser más que una novela, en el sentido que pasa su tiempo proporcionando aperturas a otras novelas posibles. Se presenta, literalmente, como suma de novelas, y por esa razón frecuentemente se pone en evidencia su función crítica" (113), idea análoga al pensamiento de teorías corrientes sobre la total. Desde el breve tratado de Huet de 1670, los críticos del género escriben como que quieren ser novelistas, sin el poder de ellos. Para los filósofos Rorty y Martha Nussbaum, criticar novelas es una manera principal de expresar la adquisición de un carácter moral, porque se vive en una cultura que no distingue claramente entre escribir la sensibilidad moral y exhibir sensibilidad literaria. No sorprende que Murdoch hablara del novelista como metafísico en una charla de 1950 recogida en *Existentialists and Mystics*.

La ciudadanía de de Diego Padró y la condición periférica de su país también hacen controvertir los delirantes cánones primermundistas, como muestran Josu Landa en *Canon City* (2010) y Dante Liano (2013) y los estudios de la recepción de novelas y novelistas «menores» y las sociedades que las engendran. Un análisis sociológico (el de Caillois centrado en lo novelesco, 298-337, es un antecesor) de *En Babia* podrá concluir que expresa la libertad busca-da en una unidad social heterogénea, no en la libertad tan de moda hoy de las diferencias individualistas, presente en *Los detectives salvajes*, novela total de madurez de otro tipo de revolución «mexicana». En este los 26 episodios centrales de varia distensión giran en torno a individuos que no dejan de converger psicológicamente, creándose a la vez una antinovela de iniciación en clave. Esa opción continúa en *2666*, y la crítica actual vislumbra cómo estas novelas podrían determinar la visión de la novela total mundial del siglo XXI, por no decir nada del valor de la artesanía episódica que hizo que Calvino venerara a Rabelais y Cervantes.

En Babia se adelantó a esas opciones, relatando los encuentros de Jerónimo Ruiz —especie de alter ego que vuelve al mundo de de Diego Padró en la existencialista *El Minotauro se devora a sí mismo* (1965)— con Sebastián Guenard, un insistente cubano misógino. Ruiz es un poeta, marihuanero esporádico, que trata de escribir algo parecido a una novela (viejo truco) mientras trabaja en el departamento de facturación de una oficina en Nueva York, escenario principal e inicial de la obra (el ir y venir a ella recuerda los "lados" de *Rayuela*). Guenard es bisexual, coleccionista de arte (también es rico), ocioso y sádico (aunque de buen corazón). Si el mundo libresco es la razón de ser de casi cada ente real y ficticio de la novela, aunque sea de un crisol de extracción popular, no sorprende que Guenard le haga leer a Ruiz unos apuntes novelescos, como ocurre con los cuadernos de Cesárea y las listas de libros robados, leídos o criticados en *Los detectives salvajes*. Guenard lo agrede, reanudan la amistad; y cuando Ruiz encuentra ahorcado al cubano decide volver a su tierra. En el segundo capítulo de la séptima y última parte (621-635), Ruiz se tropieza con el «muerto» en el buque que lo lleva a casa. Guenard le explica (es una novela «coral», pre- Bajtín y su teoría) cómo le hizo la broma, y continúan viajando, borrando todo tipo de borde o frontera y compartiendo aventuras picarescas que incluyen a ciertas mujeres.

Dentro de ese marco flexible se hallan adelantos temáticos de novelas convertidas en «prototipos» de la total, como *Rayuela* (Ruiz vive en un apartamento con otros inquilinos raros). Hay también una mención a la mentalidad del momento, que retrae a Emar y su plantilla novelesca de poner todo en evidencia o embaucar: «Nueva York es la gran quincalla mundial del *bluff*» (148), percepción relacionada al hecho de que la novela fue escrita en Nueva York entre 1927 y 1929, donde ejerció de periodista, vitalismo de hispanoamericanos que usan esa ciudad como trasfondo (desde José Luis González a Luiselli), sin remedarla como *Manhattan Transfer*, la trilogía neoyorquina del afrancesado Paul Auster, las de Jay McInerney o las del irlandés Colm Tóibín. Los personajes, marginales que quieren «existir» menos, viven en *En Babia* como en otras comunidades agobiantes (no es raro que en las totales sus creadores se rindan en ellas). Es una época en que los personajes comienzan a adquirir psicologías trascendentes más «vivas», que aparecen y desaparecen en varias novelas de un mismo autor, y sus manifestaciones o poses verbales se convierten en el lenguaje de la vida interna.

En de Diego Padró hay una visión casi marxista en que cada formación social es una totalidad compleja y estructurada, con una pluralidad de prácticas y modalidades irreductibles a una totalidad expresiva. *En Babia* incentiva divagaciones, y la ansiedad que producen sus desconexiones tiene paralelos con las novelas híbridas *La inutilidad* y *Simone* de Lalo, más las ideas, búsquedas y transformaciones generadas por los espacios oficiales en ensayos de él *Los países invisibles* (2008), *El deseo del lápiz: castigo, urbanismo, escritura* (2010), *Intemperie* (2016) e *Intervenciones* (2018); o la prosa del mexicano Daniel Sada. Si *En Babia* piratea varias ciencias sin vulgarizarlas (su autor quiere *entender*), lo literario rige sus siete secciones. Así el narrador afirma «y a estas horas ignoro lo que va a salir de tan abrumadora cantidad de papeles. Algún adefesio, es posible; *cualquier cosa menos una novela*» (273, énfasis mío). Desorientado —subjetividad sustancial de una novela total— solo llama la atención a sí mismo.

En Babia contiene discursos sobre todo, y como en Macedonio y Levrero después, es un *proyecto* de novela que quizá quiere fracasar; porque es un manuscrito que comienza (19), que resulta ser la novela de Ruiz (prologada por un heterónimo de de Diego Padró). Nada de esto distrae, más bien, enaltece la lectura. Sabiendo que Calvino apreciaba a Felisberto y Monterroso, sin disputas sobre apropiaciones, influencias, intertextualidades, correspondencias, homenajes, repercusiones y temas afines atendidos por la crítica para encontrar originalidad en las nuevas literaturas mundiales, vale preguntar si el italiano pensaba en Macedonio en *Si una noche de invierno un viajero* (1979), en la que leer un comienzo tras otro se convierte en una búsqueda prolongada marcada por frustración, aplazamiento y posibilidades interminables. Esta descripción, de la crítica Merve Emre, al reseñar unos ensayos de Calvino, no considera alguna posibilidad hispanoamericana. Y tal vez no sea su obligación, así como no es la del hispanoamericano pensar en Calvino. Todo novelista depende de una segunda mano novelística; y es razonable, incluso aconsejable, comparar valores antes de comprometerse a una novela total.

Como en Salvador, *En Babia* tiene capítulos de novelas que se quedaron solo en capítulos. También bobina la búsqueda de un personaje específico (Rulfo, Emar, Marechal, Macedonio, Cortázar, Bolaño), digresiones sobre retórica, estética kantiana (liberar al mundo del colonialismo a través de la razón), astrología y antropología, moscas, filatelia, impresiones, recuerdos, etc.; ostentados antitéticamente para los valores burgueses representativos de las sociedades hispanoamericanas de entonces. Pero la retórica no pertenece solo a una época pre-moderna. Como comprueba el crítico renacentista Brian Vickers, es una parte primordial de la persuasión que pretende la totalidad (409). Vickers recurre a Joyce y las figuras retóricas en cada episodio (y a veces página) de *Ulysses* (389), y no solo porque pasó ocho años recogiendo palabras, frases, ideas, alusiones y detalles (404); tarea fácil con tuits que copian titulares, dificultando entender la fuerza cultural de la tradición retórica recogida.

Por suerte el irlandés se detuvo, porque quería publicar su primera novela al cumplir cuarenta años, objetivo que hoy no es una sensación. Vickers también examina obras del crítico Randall Jarrell (conocido por aseverar que "La novela es una narración en prosa de cierta extensión que tiene algo mal"), Queneau y otros para concluir que la retórica es pertinente a la literatura actual debido a las ramificaciones de su sistema (433). Este tipo de metalepsis que viola niveles narrativos define solo a la primera parte de la «novela» (19-116) del puertorriqueño, sin desaparecer. Voluminosa y universal, atrevida y lujuriosa, auténtica y desconcertante, pionera y poco conocida como otras totales, *En Babia* se resiste a las lecturas, lectores y críticos convencionales, e incluso a los teóricos repasados. Por eso ninguna percepción segura de estos polos, aunque evolucione hacia una renovación, es menos válida que otras para *En Babia* y su prole.

Cabrera Infante declaró a la prensa, «lo que amenaza a la novela no es la dificultad de leer sino justo lo contrario, el exceso de facilidad». Serna, que equipara la novela total con la autorreferencial (290), considera que siempre hubo y habrá una gran literatura difícil (295), hecho que no debe acentuar la «falsa polarización entre narrativa *light* y narrativa para entendidos» (295). En esos tipos, como en la vida, las personas, los personajes y las personalidades se fragmentan entre los discursos y subgéneros ante los que se rebela la novela, en una dialéctica en que el sarcasmo intelectual y varios aspectos del conocimiento humano luchan por protagonismo. Es una lucha por imbuir la novela de pensamiento sostenible y hacer del modo de pensar el foco del dilema del héroe, como en Musil, Mann, Bellow y la prole de Cervantes, Unamuno y Proust. Estos se ocuparon menos de lo particular que de lo universal, y su sucesor truncado Wallace en *The Pale King* (2011), extensa, póstuma e inacabada, propone que "Los verdaderos enemigos del héroe verdadero son la rutina, la repetición, el tedio, la monotonía... el desorden, el aburrimiento, el desasosiego, el hastío". Las primeras novelas totales ofrecen como «estilo» un tesauro de cualidades para lidiar con la vida y la ficción, entre ellas pasar del héroe público al privado al teorizar la novela y

los modos en que sus límites cognitivos se han eliminado secularmen-
te. Los cuatro siglos de *Bomarzo*, los de *La historia* del argentino
Martín Caparrós, o la recreación de siglos en Broch serían el «antes».

Como en Salvador, la segunda edición de *En Babia* muestra un
penoso esfuerzo ¿editorial? por legitimar su valor: el «A manera de
prólogo» resume opiniones y críticas puertorriqueñas sobre la primera
edición (9-12). En una antología de teoría del género del siglo XX,
alejada a propósito de la narratología y visiones «tradicionales» según
su compilador, la discusión «latinoamericana» (McKeon: 859-881) es
patentemente colonizada. Un posterior ensayo hispanófilo falto de
información hispanoamericana escoge 1940 como el punto de inflexión de la novela del continente, y resume incompleta y selectivamente
las novelas "experimentales" influenciadas por la literatura europea
(357). Aunque obviando la tradición española (de Unamuno a Cercas)
tiene razón al afirmar "Los grandes escritores sudamericanos [sic]
están entre los más importantes críticos contemporáneos en lengua
española, en parte porque no se limitan a la crítica literaria, sino que
practican una crítica que abarca problemas sociales y temas científicos.
Sus ensayos críticos y ficciones fusionan habilidad artística y asuntos
teóricos, borrando los límites entre géneros" (358).[53]

Para Moore, las formas novelescas grecorromanas revelan hibridez
genérica, pero cancela contribuciones "nativas" al afirmar que eran
una forma elástica "en que lo realista y lo fantástico se mezclan. (En
otras palabras, el 'realismo mágico' no fue inventado en los años sesenta
por los escritores latinoamericanos del *boom*, sino que siempre ha
sido una propiedad de la novela)." (3-4). Por desconocer las que no
hicieron *boom*, esa crítica se limita a esa celebrada familia, no a logros
anteriores, esforzándose por ponerse al día con los centros de poder
y, paradójicamente, para independizarse. Para la idea lapidaria de
que "las artes son muy importantes en América Latina" (I, 295),
Doris Sommer se basa en una elemental "doble consciencia barroca"

---

[53] Manuel Barbeito Varela, "Spanish and Spanish American poetics and criticism", *The Cambridge History of Literary Criticism*, IX, eds. Christa Knellwolf y Christopher Norris (Cambridge: Cambridge University Press, 2001), 349-358.

(I, 305), sin relacionarla a esa literatura mundial, a definiciones de Borges, a la burla del occidentalismo en *El recurso del método*, a Lezama Lima, o a cómo Gainza noveliza el potencial de la mujer en el intercambio del arte y la celebridad según gustos corrientes. Esa crítica inventa una novela.[54]

¿Fines de siglo tardíos?

Si la «falta de algo» en el género es la máquina del deseo de la subjetividad, no debe sorprender encontrar a ésta en la historia, en la teoría y en la práctica temprana de las novelas que no se conceptualizaba como totales. Si definirlas es un propósito inestable, por los tentáculos infinitos del surgimiento o abolición de la subjetividad, o el papel de intermediarios de los lectores, no debe olvidarse otro factor: tan pronto se produce una "teoría" del género, una fila internacional de novelistas se dedica a desmentirla o a exhibir sus palinodias, como hizo Caillois con la novela policíaca (254-297). No menos ocurrió con *Aspectos de la novela* de Forster, como recuerda Vila-Matas, en una nota sobre una reciente versión en español de ese clásico. Vale recordar que, así como su compatriota interesado en el Otro (Somerset Maugham), no era un estilista preciso, el británico no era un novelista para novelistas (después de 1924, dejó de escribir novelas), y por eso su visión del género, «superada teóricamente», sigue siendo una proclama de sensatez sobre cómo un autor amplifica sus recursos estructurales y simbólicos. Leído hoy, el ensayo de Forster podría ser un antídoto anticipado a los excesos posmodernistas del siglo XX, e incluso a los del último tercio de ese siglo, en que novelistas como Fuentes y Roa Bastos acudieron a una que otra gran teoría académica de Occidente.

Según la propuesta de Diana Sorensen de cómo releer novelas del *boom* en este siglo, hay que considerar que despliegan la simultaneidad de lo heterogéneo, confrontan sus contradicciones y las de

---

[54] Así, en "Reading World Literature through the Postcolonial and Diasporic Lens" Ato Quayson (II, 804-820) sopesa a García Márquez, Paz y Vargas Llosa como "poscoloniales" (814-815n11). Para Quayson el "latinounidense" Junot Díaz (Henríquez Ureña prefería "hispánico") y Vargas Llosa representan "la condición de estar fuera de lugar [sic] por desplazamientos geográficos u otros [sic]" (II, 815). en *The Cambridge History of World Literature*, ed. Debjani Ganguly, (Cambridge: Cambridge University Press, 2021)

la historia europea, y sobre todo escrutan un papel en el sistema mundial, con interés, novedad, aventura y sorpresa (177); sin infracciones artísticas novedosas que hagan pleitesía a la noción relativista de la «variedad esencial» de toda lectura de una misma novela. Sorensen va correctamente contra la persistente corriente de la crítica anglófona actual, para la que la estética de la alteridad define lo novelesco para la «mayoría» de los lectores, y que una nueva «ética» ayuda a reconocer la estética novelística como fundamentalmente política en años de crisis (Hale). Otra realidad es que no se relee algunas novelas, no solo las del *boom*, por "exigentes". El arte siempre es readaptado en épocas turbulentas, y la veneración es reemplazada por la eliminación de fetiches y las medidas profilácticas que típicamente rodean al arte.[55]

La saturación de los novelistas que hicieron caso omiso de esas prescripciones se da en un contexto diferente, y la única novedad teórica forzosamente tenía que ser conjugar la extensión con dispositivos narrativos que no se dejaran arrastrar por el subjetivismo transparente que tanto disgustaba a Ortega y Gasset (McKeon: 265-269, 271-316). Los teóricos de la novela son como un sistema de posicionamiento global roto; no importa a dónde se les pregunte que conduzcan, lo llevan a uno al mismo viejo lugar, como explica el próximo capítulo. Puede ser productivo concentrarse en teóricos de la novela que publicaron en la misma década examinada como el inicio de la novela total del siglo XX. Como se dijo, el aire que respiraba Hispanoamérica no era nada diferente del europeo occidental, y los novelistas aprovecharon el oxígeno estético que existía para producir una novela todavía más diferente. Por ese desarrollo, el rechazo del *boom* o de sus autores, por parte de algunos novelistas que irrumpen después de los años setenta, contiene varios absurdos.

---

[55] Por su presentismo cuesta coincidir con Sorensen en que la falta de atención al género sexual limita el sentido revolucionario de la narrativa hispanoamericana (207). Si algunas representaciones de la mujer en la novelística actual le dan la razón, pocas revoluciones son polivalentes en sus premisas, o totalizantes en efecto y alcance; abriéndose a lecturas irresolutas y reacciones reivindicativas. Cf. *Me gustas cuando callas...: los escritores del 'Boom' y el género sexual*, ed. Ana Luisa Sierra (2002) y otros revisados en "La crítica española, el *boom* olvidado, el testimonio de los 'discípulos'" (Corral 2019: 201-291).

Dos novelistas que opinan desde sus respectivas generaciones, Valencia y Vásconez, coinciden al respecto, y los parafraseo: ¿para qué rechazar a esos novelistas si la misma tradición, redescubierta, los pone en su sitio? Vásconez, sin conocer a Samoyault, mantiene que en más de una ocasión una novela adquiere resonancia y sentido por sus excesos, mientras Valencia los noveliza, para cuestionarlos. Estas visiones, cercanas al "eco" que teorizaron los estructuralistas checos en los años cuarenta, dificultan convenir en que las novelas totales "boomistas" fueron gestaciones adecuadas para una novela diferente ("novelesca", o sea de cartas, conversaciones, ideas, fragmentos, paseos, notas, detalles, deseos y acrobacias que asisten a su *preparación*, según Barthes), o que sus autores fueron intérpretes de primera línea de versiones modelo de un repertorio común, o que hay solo una «edad de oro» del género. Es justo examinar en qué condiciones y dónde se reconoce una novela "totalizante", publicada cuando ya había un público demasiado familiarizado con otras.

El ejemplo del chileno Juan Luis de Dios Martínez y su *La nueva novela*, de 1977 (su edición facsimilar de 1985 tiene 147 páginas), es primordial para entender propuestas más derivativas de la novela total. *La nueva novela* es un *collage* polifónico que no es totalmente diferente de otros de su época, o aun de los de los años veinte y treinta que tenían similar extensión. Si el que haya sido escrita entre 1968 y 1975 ocasionó que la crítica nacional sobredimensionara sus logros (valiosos, si no existieran obras precursoras en el mismo país) en términos de la condición chilena de la época representada, creer que Martínez descubre la pólvora es ignorar que la historia literaria sirve principalmente para poner en perspectiva sus propios elementos, y cuestionar la continuidad de las letras, sobre todo cuando esos componentes se muerden la cola.

Bastaría volver a Emar para notar que el deseo adánico de Martínez respecto al lenguaje —más la parodia, la postergación del narrar (sombra de Macedonio y de Diego Padró), venias filosóficas y la inclusión de toda transparencia novelesca— es menos innovador que su atención a la paternidad de la forma, que Martínez eleva sabiamente de lo literal a lo literario. Los tipos de novela total que emula Martínez ya eran herméticamente intercambiables cuando sale la suya. A pesar de la entusiasta recepción del genial Enrique Lihn, autor de las perdurables y «sui generis» *La orquesta de Cristal* (1976) y *El arte de las palabras* (1980), *La nueva novela* no va más allá de ser otra antinovela más, concentrándose en un sujeto interactivo que mimetiza y parodia la autoridad del libro total, y hoy sigue olvidada. Es, a fin de cuentas, una lección sobre el arte de no saber cuándo detenerse, aplicable por extensión a sus críticos.[56]

En los intentos de novela total *ensimismados* no hay relaciones autobiográficas empíricas o una cartografía de las estructuras del poder, como se dice de Vargas Llosa, sino un mapamundi de dramas menores. Es "una travesía con destino pero sin mapas" (Amis citado por Lalo, 23); un catálogo de las defensas adoptadas cuando el narrador se sabe culpable, pero quiere sentirse virtuoso, como en *Libro de Manuel*. Así, *Entre Marx y una mujer desnuda* de Jorge Enrique Adoum es una regresión a la lucha entre esteticismo y compromiso, macilenta cuando aparece esa novela. Ésta parte del protagonista Galo Gálvez, caricatura del novelista Gallegos Lara, abanderado del realismo social, y enemigo acérrimo del «pirandellismo» de su compatriota Salvador y otros (véase Valencia, "El síndrome de Falcón"). Vásconez, lector del canon occidental del siglo XX, afirma que esa actitud de los poderes literarios de su país le hizo vivir en un estado de desconfianza, "descorazonado por la manera cómo aquí se enfocaba y se entendía la literatura dominada por el realismo social. Me resultaba difícil asimilar día tras día esa especie de manual elaborado por algunos poetas y escritores supuestamente comprometidos políticamente que hacían de comisarios, de inquisidores..." (58)

El novelista que escribe una novela «total» encuentra soluciones en el poder de la mimesis para producir un mundo, a la vez que se

---

[56] De Lihn véase "Juan Luis Martínez, *La nueva novela*" [1985] (177-180), y, en colaboración con Pedro Lastra, "Señales de ruta de Juan Luis Martínez" [1987] (197-201), recogidos en *El circo en llamas. Una crítica de la vida*, ed. Germán Marín (Santiago: Lom Ediciones, 1996), excelente tesauro crítico de los novelistas del *boom*, sobre todo de Lihn, como en "Entretelones técnicos de mis novelas" (569-584).

distancia de él. El juego de perspectivas, que conjuga la calidad del mundo social como composición mimética con el papel de la imaginación individual en ese proceso, permite llevar a cabo esa empresa (Gebauer y Wolf: 219). Construir mundos se convierte en una conocida meta de la novela, y en las totales se da una mezcla de deseo, economía y lucha en que lo mimético contiene una estructura agonística y lo agonístico una estructura mimética. En Emar y luego en Cortázar y otros, no hay un diagrama en que las relaciones sociales duren mucho tiempo, produciendo la impresión de que los intercambios novelizados no son los más, no por cómo se construye su mimesis sino por cómo se subjetiviza.

Como toda novela, la total no obedece ninguna ley, *parece* satisfacer a muchos y sus formas subsisten como enciclopedias narrativas o de estilos, con un recuento de una ciencia. Son relatos de forma indeterminada y peculiar, una historia del discurso indirecto libre, la construcción de la fragmentación y mucho más.[67] El género desarrolló —según Queneau, co-fundador en 1960 del experimentalista OULIPO— estructuras que transmiten los últimos reflejos de la «Luz Universal» y los últimos ecos de la «Armonía de los Mundos», afrancesamiento notable en *Rayuela*. Para Vargas Llosa, no menos afrancesado, siempre ha sido de minorías que creen en otros mundos, sin estar en conflicto con la epopeya, mientras las *light* no harán otra cosa que disminuir el número de lectores (1999: 16). Entretenidas no significa fofas. La novela puede quebrantar cualquier regla, o todas, y seguir siendo novela. El título original de *Finnegans Wake* de Joyce era *Work in Progress*, y esos excesos inacabados las convierten en el género bastardo que acabó con todos los géneros, recordando que estos son

---

[67] Según Richard House, "The Encyclopedia Complex: Contemporary Narratives of Information", *SubStance* 29. 2 (2000), 25-46, que enfatiza la contemporaneidad teórica de relatos de información, con Burroughs y Pynchon como precursores posmodernos. En un estudio mecanicista y dialéctico que consolida los términos que describen a la novela total, *The Maximalist Novel* (2015) de Stefano Ercolino, los criterios que definen que la definen son flexibles: extensión, un modo enciclopédico, coralidad disonante, exhuberancia diegética, completitud, omnisciencia narrativa, imaginación paranoide, inter-semiología, compromiso ético y realismo híbrido. Su muestra de siete novelas (Pynchon, Wallace, Zadie Smith y otros) solo incluye una hispanoamericana, *2666*. En *The Novel-Essay 1884-1947* (2014), Ercolino percibe ese híbrido como la forma narrativa ideal de la crisis de la modernidad.

una denominación de origen, o estigmas y coartadas imperfectas para refrendar fórmulas de toda clase.

Como ejemplo del ambiente en que se publica la novela total en el siglo XXI, aun pensando en las de Rushdie o en los continuos intentos anglófonos de novelistas nominalmente latinos, no hay novelas totales de lengua o cultura popular (esta no es el problema, sino la imposición al por mayor de sus métodos y valores) que se definan como ejemplos poscoloniales químicamente puros. Estos desarrollos frustran las esperanzas de varios críticos latinoamericanistas indoctrinados fuera del ámbito hispanohablante para hablar de lo poscolonial. No obstante, esas inquietudes sirven para fortalecer otro tipo de recuperación actual, paradójicamente concentrado en algunas formas tradicionales, como si la crítica se hubiera cansado del relativismo, aun en sus pretensiones abarcadoras. Para Moretti, en una conclusión fácilmente aplicable a la hispanoamericana, "la forma más distintiva tomada por la teoría de la novela muy bien podría ser la cartografía no prevista de subgéneros específicos" (2021: 20). Como consecuencia, otras disciplinas subsumen la novela total porque su crítica, indecisa ante alguna banalidad o afasia lingüística, es agobiada por su propio deseo de excesos.[58]

Vale así ahondar en el novelista y ensayista peruano Gutiérrez. Su obra surge a contrapelo de circunstancias editoriales e históricas del nebuloso *miniboom* de novelistas hispanoamericanos en España, examinado por numerosos periodistas y académicos, de ese país. La menor de esas circunstancias no es que *La violencia del tiempo* (1991), saga familiar en la superficie, se publicara o tuviera una positiva

---

[58] En *Historia de la novela hispanoamericana* (1980), Goic discute veinticinco "tipos" afines a la total en la segunda mitad del siglo XX, los "de conciencia", "de la novela", "dentro de la novela", "espacial", "infinita", "irrealista", "laberíntica", y "neorrealista". Goic intenta liberar sus categorías de la camisa de fuerza formal o temática que previene hallar diversidad en una paradójica singularidad. Su *Brevísima relación de la historia de la novela hispanoamericana* (2009), que actualiza su estudio de 1973 sobre las generaciones novelísticas, se refiere a la "nueva novela total", ausente en estudios individuales (Gerald Martin) y recopilaciones como *América Latina: palavra, literatura e cultura* (1995), *The Cambridge History of Latin American Literature* (1996), *Encyclopedia of Latin American Literature* (1997), *Literary Cultures of Latin America* (2004), la limitada *The Cambridge Companion to The Latin American Novel* (2006) e *Historia de la literatura hispanoamericana* (2008), aunque uno que otro artículo la mencione imprecisa e incómodamente. No menos ocurre en *The Oxford Handbook of the Latin American Novel*.

recepción solo en el Perú (brilla por su ausencia en *The Oxford Handbook of the Latin American Novel*, por ejemplo), cuando se prefería publicar novelas *light*. Como ocurre con la adopción de otras estéticas de Occidente, siempre hay un giro histórico. Nuestras sagas no se limitan a una familia como épica nacional, como *Los Buddenbrook* de Mann, las de Tolstói o Hugo, las de John Galsworthy o las *roman-fleuve* de Martin du Gard, o Sartre. Las nuestras (incluidas las de Isabel Allende) no cumplen con dinastías apegadas a democracias liberales burguesas y su énfasis en la corrección política que abandona la virtud fundamental de la tolerancia. En Gutiérrez, es significativo que la circunstancia histórica que lo propulsó —junto a que con *El mundo sin Xóchitl* (2001) reescribiera su novela *El viejo saurio se retira* (1969)— fue el ambiente cultural de Sendero Luminoso; y *La violencia del tiempo* tuvo tan buena acogida que al año apareció en otra edición de dos tomos.

La saga quiere reconstruir y entender históricamente el mestizaje de los Villar, y los cruces espacio-temporales llevan a Piura, Barcelona, la Comuna de París, la Lima finisecular y reciente, y a las guerras con el Ecuador. Son periplos similares a los de *Los detectives salvajes*, desarrollada principalmente en la subjetividad colectiva de España, México, Estados Unidos, Liberia, Israel, Nicaragua, Viena, Angola, Francia, etc. *La violencia del tiempo* no se ramifica de manera mágico-realista, o con los molinetes autobiográficos de la serie novelística *El río del tiempo* (1985-1993) del colombiano Fernando Vallejo, antecesora de la "Pentalogía de Colombia" de su compatriota Daniel Ferreira. Más bien, hay un ir y venir politizado entre campo y ciudad, y esta no está para ser fundada o fundacional sino refundida como urbanismo mágico. Se mezclan hablas (el mito es habla justificada en exceso, dice Barthes), relatos sobre mujeres que saben que cambiar un pacto social es «nuevo» solo para una subalterna accidental, dando a entender que mezclar lenguaje y cultura nacional no se menospreciarlos. Producir esa subjetividad por una transmisión oral de historias es posible en la contemporaneidad, y la oralidad de *Los detectives salvajes* y sus pocos pares también lo comprueban.

Sin embargo, experimentar la sociedad como totalidad, en un sistema étnico progresivamente subjetivo, es complicado. Estas redes las organiza el protagonista de Gutiérrez, Martín Villar, en trece capítulos y un largo y polémico epílogo, para intentar narrar su vida y dar forma novelesca a su subjetividad, pesquisas eruditas e históricas y a la violencia circundante. Como saga, culmina un ciclo narrativo quíntuple que creó expectativas de otra «gran novela» en el Perú. Si *Hombres de camino* (1988) y el «ensayo-novela» sobre la relación entre historia y novela *Poderes secretos* (1995) son los polos de ese ciclo, a pesar de poder leerlas como tomos individuales, queda la pregunta de si *La violencia del tiempo* es total, cuando lo notable en ella es la voluntad de forma más que de estilo. Esa forma se totaliza al explorar tradiciones novelescas «experimentales» del *Quijote* a las novelas de la «Generación X» estadounidense, tradiciones que según Villar le permitirán crear una forma ideal que, como cree Gutiérrez, es un devenir determinado por la historia sin realismo adocenado.

No extrañará que Gutiérrez y Bolaño (su novela comienza como homenaje y adopción de variantes del «realismo visceral», parodia del «infrarrealismo» de los años setenta fundado por él) participen del deseo de tener la revolución y las utopías a su alcance, recurriendo a formas que no se ha trascendido. Aún así, las novelas de ambos no desarrollan una perfección paranoica, conscientes de que no tener suficiente experiencia vital arruina a la mayoría de los novelistas talentosos. Forster pregunta, en *Aspectos de la novela,* qué hace una novela, y contestó casi a regañadientes que «cuenta una historia». Como muestran Vargas Llosa y García Márquez, falsos y fríos para Donoso (2023: 245-246), las buenas transposiciones de la vida a la novela mantienen el interés en el género.

Con Gutiérrez, se vuelve a la metaforización que propone Blumenberg. Si se puede hallar en *La violencia del tiempo* una teoría de la novela con rimbombancias esotéricas, Gutiérrez eleva esa subjetividad a otro poder con *La generación del 50: un mundo dividido* (1988, 2088), *Celebración de la novela* (1996), *Faulkner en la novela latinoamericana* (1999), los diez primeros capítulos de *Narrativa peruana del siglo XXI: hacia una narrativa sin fronteras y otros textos* (2014) y el breve *La novela y la vida* (2014). *Celebración...* es un díptico cuya primera parte incluye el largo capítulo «La novela después de Joyce», que pregunta si la hispanoamericana tendrá una segunda oportunidad después del *boom* (77), aun cuando Faulkner o Joyce no estén en el marco referencial de novelistas emergentes, como con los "boomistas" o en los autores mexicanos de "La Onda", como anota Gutiérrez en *Faulkner... Discípulos y maestros 2.0* arguye que sí se ha dado esa oportunidad, y vale preguntar por enésima vez por qué el resto de Occidente no está enterado de estos desarrollos. «Celebración de la novela», la segunda y más extensa parte de *Celebración...* es en su gran mayoría (tres capítulos extensos y un Epílogo) una disertación totalizante sobre *La violencia del tiempo*.

Respecto a la "ensayo-novela" o "novela-ensayo", Gutiérrez insiste en que se lea *la historia de la novela al revés*, y esa ilusión también fue una intención verificable de Wallace, que publicó *Infinite Jest* (con cuatrocientas notas finales que tienen sus propias notas al pie) cinco años después. La posterior *Babel, el paraíso* (1993), que Gutiérrez llama incesante e infinita o especie de "posibilidad" de novela, genera "El nacimiento de Martín Villar" y culmina con *La violencia del tiempo*, como especifica en *Celebración de la novela* (131). Con *Babel, el paraíso*, según una autoentrevista de su ensayo, se dio cuenta de que "técnicamente eran posibles 21 variantes" de novela (228). Al preguntar para qué saturar el mundo con infinitas historias, contesta que las novelas mediáticas o de entretenimiento (*light*) "tienden al ocultamiento y a la banalización de la existencia humana, como bajo su creciente influencia lo hacen las novelas consumistas que en realidad son la negación de la novela, son seudonovelas" (228).

Gutiérrez no se preocupaba de las distinciones genéricas que privilegia un novelista crítico como Forster. La segunda parte del segundo capítulo de su novela es un «autorreportaje» (123-138), un proceso de resignificar y sobrevivir sus propias fórmulas, práctica limítrofe en Lalo. Los capítulos que sirven de polos al segundo, relatan cómo se inició en la forma (81-102), con un detallado autodiálogo sobre *La violencia del tiempo* y las posibilidades genéricas, sus grandes transformaciones y los apasionados rescates de una tradición que emprenden los novelistas emergentes, que no significa que no puede haber nuevos «archivos», como cree González Echevarría (1990: 178). Así, en 1996 Gutiérrez presentó un «proyecto de novela» sobre el Inca Garcilaso, un año después de publicar su ensayo-novela *Poderes secretos*, en que con el personaje Santiago Osombela cuestiona la etnohistoria en torno al Inca Garcilaso.[59]

Si *Discípulos y maestros 2.0* explica similares peregrinajes a París por Santiago Gamboa o Volpi (ya antes habían estado allí Vila-Matas y Auster), aquellos se enriquecen añadiendo el desasosiego y desilusión que hacen que el protagonista de *La inutilidad* de Lalo vuelva de allí a su país de origen, posibilitando analizar cómo tales novelas desfamiliarizan identidades, prácticas culturales y la lengua misma, para el extranjero y el nativo, produciendo otro tipo de neoexotismo. Gutiérrez no se explaya respecto a a similares sentimientos de autoexilio, y para qué exigírselo. Dice haberse liberado de la parodia (156), y que nunca abandonó la exploración de las raíces históricas de la violencia peruana (174), como en los ensayos *Vallejo narrador* (2004) y *Estructura e ideología en Todas las sangres* (2006). Como Bolaño y el guatemalteco Rey Rosa, Gutiérrez noveliza violencias inacabadas, poética poco apreciada o practicada en el Occidente anglófono, excepción hecha de McCarthy —para Wallace, *Blood Meridian* es una novela extremamente menospreciada del último tercio del siglo XX— cuya influencia, no síntesis, se nota en el chileno. Esas condiciones tironean

---

[59] Resume su proyecto en "Un argumento de novela en torno al Inca Garcilaso de la Vega", *Historia, memoria y ficción*, ed. Moisés Lemlij y Luis Millones (Lima: Biblioteca Peruana de Psicoanálisis, 1996), 13-36. En *La invención novelesca* (Lima: Fondo Editorial de la UCH, 2008) advierte que será una "reestructuración radical" (14) de *Celebración de la novela* y *La novela en dos textos* (2002), e incluye textos inéditos autocríticos, uno sobre *Babel*, y otro sobre "el revés" de *El mundo sin Xóchitl*. Cf. Victor Vich, "El secreto poder del discurso: notas sobre Miguel Gutiérrez (y sobre el Inca Garcilaso)", *Del Viento, el Poder y la Memoria. Materiales para una lectura crítica de Miguel Gutiérrez*, ed. Cecilia Monteagudo y Víctor Vich (Lima: PUCP, 2002), 187-206; excelente colección típica de recuperaciones nacionales que el exterior ignora al calibrar el valor de novelistas como Gutiérrez. La selección más representativa de su ensayística, con textos autorreferenciales no publicados en las otras, es *El pacto con el Diablo. Ensayos 1966-2007* (Lima: Editorial San Marcos, 2007).

a novelista hispanoamericano: suministrar historias nuevas con cierta vertebración «real» mundial que no sea percibida como folclórica.

Eso ocurre con *La Historia* (reeditada y "recuperada" en España en 2017) de Martín Caparrós, unos ocho años después de la de Gutiérrez, y uno después de la sardónica, postergada (diez años para escribirla; dieciséis para publicarla) y extensa «epopeya» de 1.200 páginas *Los Sorias* (tirada de 350 ejemplares en 1998; 1.500 cuando se la reeditó en 2008) del argentino Alberto Leiseca y su «realismo delirante» en novelas como *Las cuatro Torres de Babel* (2004), falsa torre de novela que juega con los estilos de los historiadores antiguos. La de Caparrós es un fin cabal para la novela total que pasa del siglo XX al presente. Propenso a inventar, reescribir o tergiversar cualquier historia o ficción, sus «Agradecimientos» revelan que escribió sus 943 páginas entre 1988 y 1998, cuando se creía innecesaria una novela total. ¿Pero puede un autor escribir más de una novela total? ¿Qué revela una entrevista en que Caparrós machaca que le llevó *trece* años escribirla? En el último capítulo, un narrador cuyas iniciales coinciden con las suyas, dice haber dedicado ocho años a depurar el manuscrito de *L'Histoire*, versión francesa (la «edición Thoucqueaux») de un texto previo escrito por un argentino decimonónico. Otro, Mario Corvalán-Ruzzi, rígido maestro marxista de «M.C.» en el siglo XX, glosó el texto con notas, dejándolo inconcluso hasta su suicidio, y luego «M.C.» lo convirtió en *La Historia* (937-939), aprovechando y afectando la totalidad de otra "novela" cuya trama comienza en el siglo XVI.

Como en otras novelas totales, los juegos de percepción se desdoblan y multiplican con cruces de citas, apócrifas o no, de Bakunin, Kryakov, Nietzsche, Martínez Estrada, Quevedo, Voltaire y otros. Sin Bajtín, o a pesar de él, como sus coetáneos, Caparrós ve en el género una nueva manera de conceptualizar tiempos y espacios históricos e inventarse su propia civilización épica, rellenándola de todo. Con base en su periodismo, terminó el siglo abogando por el tipo de novela contrapuesto al fragmentarismo y minimalismo que intentaron reemplazar a sagas como *Cien años de soledad*, y así el único giro "posmoderno" de *La Historia* es criticar las totalizaciones históricas al parodiar sus quiebres epistemológicos. *La Historia* comparte el humor, las alusiones y la remitificación de esa novela total, revelando que si el género continuará en este siglo, será en otra clave, aunque hoy, aun con la nueva edición de 2017, *La Historia* no aparece todavía en algún balance fiable de la novela del continente.

Si la "historia total" de la escuela de los *Annales* sostiene que *todo* es potencialmente relevante para entender el pasado, los novelistas tratan de manejar los hechos que quieren para *su* totalidad, y teniendo ese proceder en mente prolongan y determinan el sentido del presente. Liberar esas y otras formas y darles cierta autonomía realista, aun cuando confluyen varios géneros, como en Caparrós, periodista y autor de libros de viaje, es apuntar hacia la epopeya futura. Caparrós aprovecha esa irresolución y permite percibir las notas –más extensas que las cuatro partes convencionalmente «principales» del texto (otras, «Mi Vida» [885-936], «Unas palabras» y los «Agradecimientos», son paratextos)– como glosas copiosas del intento fútil de buscar el buen gusto o dar una forma apropiada a la totalidad de los mundos sociales subjetivos y caóticos representados con formas algo «realistas». Así, en las notas (83-228) de «M.C.» a la primera parte, la 27 (144-163) se explaya los apéndices de las prácticas sexuales de La Ciudad en la cultura Calchaqui (la «indígena» del texto-en-el-texto del siglo XVI). La nota es una disquisición antropológica y metafísica sobre las imágenes y variantes de una cultura compartida, basada en apostillas y subrelatos adicionales de referencias entrelazadas. Considerando que la voz narrativa, como observador-participante antropológico *dentro* del relato es incómodamente independiente de él, ese material se va desmenuzando aún más y se intertextualiza y subjetiviza de manera espontánea, intuitiva o consciente, como *La Historia* y la historia, porque el novelista siempre construye en torno a un sí y no de la memoria.

Las de Emar, de Diego Padró, Salvador, Miguel Gutiérrez y Caparrós son conglomerados excesivos, mediante los cuales el género seguirá desafiando lo secuencial para favorecer lo simultáneo, sin acceder a

los recursos morales (no moralistas) de la empatía, respeto o la identidad que provee el amor propio. Si son logográficas, es porque la
tendencia humana al exceso hace que el placer verbal no se encadene
o esté en paz con los valores de su mundo. Si estas novelas no le
hubieran gustado a Lukács, él por cierto habría entendido que son
propias para épocas de crisis, en un mundo dominado por las luchas
entre el poder y el deseo, que hacen preguntar qué esperanza hay
para la novela en un mundo formado por filisteos y burócratas. Desde
Cervantes, arguyen Said y varios críticos, el género persiste al cumplir
una función: ser referencia o significado en el mundo, y por su deseo
de convertirse, si no directamente en habla, como *Umbral*, por lo
menos en discurso circunstancial. Hay que alertar sobre novelas
tempranas y finiseculares desdeñadas en la tradición occidental e
hispanoamericana, y en torno a los continuos efectos disruptivos de
la subjetividad crítica y de los lectores que esperan algo más que
nuevas irrupciones del género.

Desde los años noventa hasta hoy, los "boomistas" han parecido
conscientes de estar escribiendo grandes novelas del siglo XXI. Tabarovsky afirma "Frente a una novela 'intelectual' debemos rápidamente
aclarar 'pero es divertida'" (66), añadiendo que las más anodinas e
insípidas son mayoritarias hoy. Conscientes de que la sociedad tiene
otros papeles para el novelista, superan soluciones actuales para
problemas novelísticos de los años setenta, problema de Piglia (véase
Discípulos y maestros 2.0), para Tabarovsky "el fundador de esa
tradición, y el grado extremo de esa línea" (55). Si Joyce se convirtió
con *Ulysses* («la novela más peligrosa del mundo») en embajador,
traidor, espía y miembro desleal del grupo social «el novelista», hoy
esos roles no son los más importantes o únicos. En el primer tercio
del siglo XXI, la esfera pública no se cansa de buscar un novelista
que lo exprese todo, porque la sociedad, al no entender cabalmente
la complejidad actual, busca grandes relatos de sabiduría antigua,
casi una conciencia nacional, como los rusos en Dostoievski, Tolstói,
Turguénev y sobre todo Bulgakov.

Para las novelas discutidas en este capítulo, su calidad de «total» se determina por su literariedad, por su manera convincente de desplegar perspectivas idiosincráticas e incluso desquiciadas, sin que la distorsión cognitiva ponga en entredicho su mensaje o lo reduzca a pura parodia. Los pastiches y montajes de las novelas analizadas carecen del aspecto convincente (si bien subjetivo) que suele definir a la parodia. Son como el pastiche actual; una práctica amputada de su impulso satírico (imposible, para Wallace, si el novelista se preocupa por la corrección política, porque por definición la sátira ofende a alguien o algo), despojada de humor y de la convicción de que, junto a la lengua anormal, aún existe una saludable normalidad lingüística llena de los tabúes que se quiere cancelar hoy. Son irónicas, evasivas y combinan otros tipos en un giro anti-lukacsiano, por no limitarse a una aproximación «realista» a la totalidad vital.

Como la convencional, la total no deja de conjeturar otros géneros novelescos que, desde Huet (Etiemble: 140-142) hasta Margaret Anne Doody y su exhaustiva *The True Story of the Novel* (1996), significa *releer* la huella grecorromana (fácil de descentrar) por tres razones. Uno: revaluar la soberbia y dependencia de la academia en patrones presentistas y críticamente correctos, como en Culler. Dos: confirmar que, desde tiempo inmemorial, el género es el adalid de la diversidad y la apertura de forma, seguimiento complicado al exigir diversidad crítica en una época de oportunidades reducidas. Tres, para indagar cómo era la novela antes de la que Doody llama la «Novela de Ahora», porque no se debe releer demasiados clásicos solo en momentos de crisis contemporáneos, o "lavarlos" expertamente como restauradores de arte. Así, en "Sobre releer novelas" (1922) Woolf (61-72) aconsejaba releer las clásicas para captar la comprensión y emociones que no se consiguen con las primeras lecturas, Amis decía "Uno no lee a Saul Bellow. Uno solo puede releerlo", nociones anticipadas por Kermode en un ensayo de los años setenta, "On Reading Novels", aunque en 1965 se expresó sobre la muerte de la novela, partiendo de Fielding y Richardson.

Cuando Macedonio afirma en "Teoría de la novela" (escrito entre 1928 y 1940 y de redacción superpuesta): «La idea que voy a exponer es absolutamente mía: nadie la encontró antes que yo en otro autor» (254), se refería a los epígonos de la novela total.[60] Contra la crítica poscolonial plañidera, confirma un cúmulo de más de quinientos años de novelística no colonizada. En "Kafka, el uruguayo", Zambra habla de sí mismo al afirmar "Mario Levrero no escribía para impresionar a los estudiantes de teoría literaria o para desconcertar a los críticos, sino para cumplir con mandamientos internos y caprichosos. Mientras sus contemporáneos seguían firmando versiones rutinarias de la gran novela latinoamericana, él construía una literatura nueva, irreductible a los patrones de lectura por entonces vigentes [...] (60-61).

Si el *Quijote* desterró los libros de caballería, no es cierto que con ella Cervantes extinguió el esplendor de la novela futura. El *Quijote* y *Madame Bovary*, dice Etiemble, «son novelas que pretenden poner en el banquillo a lo novelístico de su época, pero que, al ser obras maestras, recrean lo que destruyen» (148), y no menos se dice de cómo el aburrimiento de las de Proust eclipsó al de Goethe. Se puede volver a esos autores o a tempranas novelas totales sin defender *ismos* sin peso, porque ninguna quiso probar que en ella se podía meter todo tipo de información sobre la realidad de su época, llevándola a extremos épicos para evitar lo ridículo. Para Macedonio: «Si falla la novela como novela, puede ser que mi estética haga de buena novela», aprensión que no apunta a reactivaciones genéricas o a novelas posibles, sino a la crítica. Los resbalones que se les disculpa a las excesivas del siglo XXI, como *2666*, que sigue renovando lo que se entiende por nueva literatura mundial, no importan en el contexto total, porque lo que más gravita es la visión subjetiva de la referencialidad que contienen.

---

[60] En Macedonio Fernández, *Teorías*. Obras completas III. Ed. Adolfo de Obieta (Buenos Aires: Ediciones Corregidor, 1974), 252-258, en que se refiere a novelas "sensacionales (y *largas* como a mí me gustaban..." (257). Véase las notas a esos paratextos en la edición genética de *Museo de la Novela de la Eterna*, eds. Ana María Camblong y Adolfo de Obieta (Madrid/París: ALLCA XX, 1997), cuyo dossier incluye "Macedonio Fernández y su humorismo de la nada" (472-480).

Las nuevas novelas totales hispanoamericanas —*La escalera de Bramante* (2019, reestructurada en 2023) de Valencia es la más representativa— embragan permutaciones desde su nacimiento con una maleabilidad rara: son tan elásticas e ingeniosas (sin el humor que puede afilar, clasificar y restaurar visiones morales) que pueden sobrevivir la interpretación ellas, incluso con el «Fantasma de Métodos Narrativos Por Venir» de la crítica o letanías sobre el determinismo tecnológico, pesimismo político y relativismo cultural. Es el balance y liquidación al que obliga el descubrimiento desinteresado y objetivo de novelas totales y sus novelistas sin timón que cambian la historia de la novela occidental, si fueran más leídas. Este capítulo comenzó citando *A History of the World in 10½ Chapters* (esp. 1991), uno de cuyos temas principales es cómo sobreviven las culturas a pesar del frecuente cuestionamiento de sus relatos. Como las de Byatt, que pasaba fácilmente de Freud a Derrida, al discutir el arte o novelizarlo, las de Barnes encuentran energías análogas entre la narrativa y el arte pictórico (el capítulo sobre el naufragio en *A History of the World in 10½ Chapters* estudia las complicaciones socioculturales de "La balsa de la Medusa" de Géricault), así como Aira reparte sus relatos como pintor en distintas galerías/editoriales del mundo

Sin vaticinar, *Discípulos y maestros 2.0* sostiene que esa novela compleja y completa surgirá, más allá de las de Bolaño y las de Zambra, con Mariana Enríquez y su novelización de sociedades ocultas, el terror, Lovecraft y los viajes en su novela neofantástica *Nuestra parte de noche* (2019); en Samantha Schweblin y su neogótico nada cinemático, o con la venezolana Michelle Roche Rodríguez, quizá Mónica Ojeda (poco convincente al "teorizar" ese giro o fragmentar la psique humana con tecnosexualidad coyuntural); y mucho más con Vásquez, Herrera, Julián Herbert, Pron, Valencia, Harwicz, Gainza, Melchor e Indiana, sin las limitaciones estructurales de la posliteratura. En ellos no hay frases hechas, y como las de Bolaño, sin querer ser totales insisten en interconexiones, polinizaciones cruzadas y confines porosos de mundos superpuestos, narradas por costureros con alfileres en la boca que hacen pruebas filosóficas, como Thomas Carlyle, que influenciado por Goethe parodiaba en *Sartor Resartus* el idealismo de Hegel (que derretía al individuo en colectivos como gente, historia, nación y naturaleza), o Macedonio y su anárquico humorismo metafísico.

Esos novísimos son precursores cuyo impulso desborda el lenguaje hacia varios aspectos culturales, haciendo que cada novela sea una liana para lanzarse a la próxima, y así a otra liana. Es útil constatar que la teoría de la novela afecta poco a su futuro, como explica el próximo capítulo. Las novelas excesivas recientes, elogiadas como "normales" por otros lectores, exhiben posturas morales y desafíos deliberados a un pilar histórico de la identidad hispanoamericana: creer que es *pura,* problematicidad que no aclara la crítica en los muros de lamentaciones de los medios sociales. Es poco original proponer que la identidad hispanoamericana es una querella entre lo local y global. Para Guillory, es un problema "estimular la producción de novelas de 'literatura mundial' estandarizadas que pueden tener la misma relación superficial con lo local que el turismo" (238). Ese punto muerto fue resuelto por la novela del dictador, según Rama, y por la dialéctica libresca de *Poeta chileno* (2020) de Zambra. Como cree Bessière, lo contemporáneo contradice el tiempo y espíritus locales (147-151), teorías incluidas, como se explica a continuación.

VI

NOTICIAS (CRÍTICAS)
FALSAS DE LA TEORÍA NOVELÍSTICA

Este capítulo constata que el jardín de teorías sobre las novelas referidas no se puede bifurcar para siempre. Wilde, que tuvo poco bueno que decir sobre la novela británica de su época, afirmó "No siento el menor deseo de ser un novelista popular, es demasiado fácil". Aquí se remplaza novelista con *crítico*. Con ánimo revisionista y autocrítico, y en base a *Discípulos y maestros 2.0* analizo unas siete décadas de crítica o teoría occidental/latinoamericana de la novela, renovando ideas para esta nueva cartografía. Por la simbiosis entre los mundos posibles de la teoría y la práctica del "primer" y "tercer" mundos (las "noticias"), también actualizo las de estudios anteriores, dialogando con la crítica publicada subsecuentemente y estudios divulgativos que llevan varias ediciones. Las teorías sueltas sobre cómo se una novela pueden ser absurdas, pero una de ellas podría ser correcta, y esa es una meta aquí.

Paralelamente coincido, con salvedades, con una lectura materialista de Neil Lazarus, para quien el actual empleo de Occidente "no tiene un referente coherente o creíble. Es una categoría ideológica disfrazada como geográfica" (44). El pensamiento del "multiverso" novelístico explicado en los capítulos previos puede resultar en tedio, porque puede estar tan atestado que las realidades alternas que establece peligran perder su significado por la necesidad de renovar a los personajes y reconciliar apuestas publicadas anteriormente. Además, mientras más se lee lo que toda travesía comparte, lo menos que cada una importa. Discutir las maneras en que las grandes novelas se desvían de una consistencia interna no debe causar indignación. No se sabe si de aquí a cien años no habrá novelas cuyo centenario se celebrará como las que lo han cumplido en 2024, o si la teoría en torno a ellas ayudará o disminuirá su recepción.

Es más productivo *dialogar* con oposiciones críticas, atendiendo a "polémicas ocultas" que Jorge Panesi reduce a una esfera ideológica argentina. Esas querellas adquieren un sentido amplio rescatando su idea de que su resonancia se reduce o enclaustra porque "el intelectual sólo se convoca como especialista a la discusión mediática cuando la índole más o menos abstrusa del tema lo requiere" (39). Panesi alude a temores de la crítica domesticada y traducida que firman latinoamericanistas estadounidenses, conocidos por donde trabajan, no por su obra y sumisión hiperteórica, falta de atención/respeto a la crítica nativa para analizar novelas poco representativas del desarrollo del género (sus noticias falsas), venias a poderes de turno para certificar su conocimiento u obtener credenciales, fantasías apocalípticas (la crítica no puede estar de duelo perpetuamente), o por fantasear que su esfera institucional y anuencias, *menos ellos*, perpetúa jerarquías y morales absolutistas de luchas de clase, género sexual o raza, conduciendo toda discusión a una parálisis.

Esa condición, precisada para novelistas recientes en *Discípulos y maestros 2.0*, se reafirma con una precisión de Ignacio Echeverría de hace una década. En "La cautela de los novelistas" [www.el cultural. es/articulo_imp.aspx?id=33312] nota que a la hora de juzgar a otros varios críticos se dedican casi exclusivamente a reseñar novedades traducidas, "a escoger libros y autores extranjeros, con el argumento de que así no entran en conflicto con sus colegas". No es muy es diferente en el mundillo anglófono. Si Echeverría nota que es "algo distinto" en Hispanoamérica, es porque allí abunda la crítica complaciente. Aunque se pueda distinguir filosóficamente entre novelistas y críticos u organizar su pensamiento, sus crisis contienen otras superpuestas, colectivas o ideológicas, individuales o generacionales, sin que la derecha e izquierda eviten ser atrapadas en la pobreza de ellas.

En "Literatura comparada" (1988) Cândido, cuya crítica integrista se puede rastrear a su ensayos "Le roman latino-américain et les novateurs brésiliens" (1973) y "El papel del Brasil en la nueva narrativa" (Rama 1981), señala que en el Brasil ese campo, propiamente dicho, comienza a establecerse a mitad del siglo XX (213), aunque había habido manifestaciones de ese ánimo anteriormente. Relacionado al resto de América Latina y específicamente a la sumisión crítica y metodológica que aumenta en este siglo (véase Loy), Cândido menciona la "tutela del epígrafe", añadiendo que así el discurso crítico se constituye con "aproximaciones confortantes" (212), y explica:

> O primeiro sinal disso se encontra na *mania de referencia por parte dos críticos*. Eles pareciam sentir melhor a natureza ea qualidade dos texto locais quando podiam referi-los a texts estrangeiros, *como se a capacidade do [brasileiro] ficasse justificada pela afinidade tranquilizadora com os autores europeus*, participantes de literaturas antigas e ilustres, que, além de influírem na nossa, vinham deste modo dar-lhe um sentimento confortante de parentesco (211, énfasis míos).

En esa subyugación al Otro todopoderoso, analizada en capítulos anteriores, no hay gran diferencia entre el autoritarismo de progresistas y populistas, en países caracterizados por un intenso cruce de culturas (Cândido: 1993, 215). Ambos lados piensan en el poder no en el proceso, en la libertad del grupo, no en la del individuo. Cuando no sorprenden los críticos y sus novelizaciones (véase Loy), nadie mejor que Cândido para formular la resistencia del crítico nativo a los excesos ya discutidos que se tiene que soportar.[61]

En "Prefacio-conversación a *Littérature occidentale*" (1976) Barthes señala una carencia que él subsanaría: "En nuestra cultura occidental, la literatura se hizo durante mucho tiempo sin que se emitiera verdaderamente una teoría de la literatura, una teoría del ser de la literatura" (207). En su "Introducción al análisis estructural de los relatos" (1966) Barthes comienza afirmando que los relatos del mundo son innumerables, gesto fundacional de los análisis de recursos analépticos, prolépticos y extradiegéticos de la narratología, terminología que desairó Kermode. Una preocupación perenne en esos despliegues deslumbrantes para expresar técnicas básicas, es si la novela es inextricable de problemas políticos, si debe represen-tarlos, o si es el deber de los novelistas presentarlos, y cómo. Otra es si los novelistas deben dejar que sus novelas sirvan a una sola ideología. Que un novelista prolífico tan dedicado a su teoría como Vargas Llosa consistentemente matice que el involucramiento político es crucial, y que la novelística hispanoamericana de este siglo es generalmente apolítica, no impide que la crítica comprometida hable solo sobre esos temas, o que en nombre de alguna ideología se elabore novelas de campaña ideológica para "el pueblo" que explícita o implícitamente no van a cambiar.

Salambó no es Flaubert (arguye Sarraute en su libro sobre él), y junto a Aira (su *modus operandi* es ser reconocido sin ser entendido) hay contemporáneos que quieren probar que ellos *son* sus novelas, y decir lo indecible no es el capital exclusivo de los políticos, sino de los grandes novelistas, cuyas obras resuenan en otros artes. Explican-

---

[61] En "Literatura comparada", *Recortes* (São Paulo: Companhia das Letras, 1993), 211-218. En "Utopía intelectual" de su *La seducción de lo diverso. Literatura latinoamericana comparada* (11-67), Croce provee una exhaustiva revisión que mundializa al campo desde contextos lati-noamericanos. Cf. Zilá Bernd, ed., *Antologia de textos fundadores do comparatismo literário interamericano* (Porto Alegre: UFRGS, 2001), que incluye "El *boom* en perspectiva" (1979) de Rama. Aparte de ensayos de Sarlo y el compilador, poco revela *Antonio Candido y los estudios latinoamericanos* (2001), ed. Raúl Antelo, ed. Gilman precisa los problemas de la excesiva entrega del comparatismo estadounidense a axiomas multiculturalistas (41) en "Informe para una academia (norteamericana)", *Filología* XXX. 1-2 (1997), 33-44; mientras Guillory resca-ta la filología y las bellas artes de paradigmas más recientes (168-198).

do cómo lo político se filtra en su ficción, y añadiendo las novelas sobre dictadores a las obras en que lo político es totalizador, Castellanos Moya advierte "aunque aquí sea interesante subrayar lo de las fronteras maleables entre novela política, biografía novelada y novela histórica" (38). Ni él ni Vásquez están interesados en una novela histórica sobre un novelista histórico por un novelista temeroso de escribir una novela histórica, giro de Bulgakov en la novela histórica dentro de la satírica *El maestro y Margarita*. En un croquis de *Diarios centrales* para *Historia personal del "boom"* (2023: 209-212) Donoso matiza "Novela totalizadora pero no de intención. Esa es la gran diferencia. Lo totalizador viene por añadidura" (2023: 212).

El problema mayor es que, a pesar de pretensiones revolucionarias estéticas o apolíticas, sus procedimientos —término favorecido por Aira, afín al de "ejercicios", acuñado mucho antes por José Balza— parecen más preocupados con preservar su poder creativo, el caso de casi todo novelista. Para Hispanoamérica, las dicotomías cruciales son menos entre derecha e izquierda puritanas que entre las soberbias libertades democráticas o populistas, como patentizan en su no ficción y narrativa Abad Faciolince, Rey Rosa, Castellanos Moya, David Toscana, Vásquez, Valencia o Zambra (para quien la novela pertenecía a los padres, mientras su generación jugaba a la desaparición que experimentó la generación anterior), verificando una definición de Benjamin según la cual "es común a todos los grandes narradores la facilidad con que se mueven subiendo y bajando, como sobre una escalera, por los peldaños de su experiencia" (2008: 86), para que su prosa tenga la frescura de una transmisión en vivo.

Diferente del énfasis excesivo en análisis temáticos (nada deleznables sino de alcance limitado), en un congreso de 1968 dedicado a "La novela iberoamericana contemporánea", actas discutidas en el primer capítulo, Rodríguez Monegal analizó "eficaces fabricantes de máquinas de novelar" (Medina: 37). La crítica puertorriqueña María Teresa Babin y la prosista ecuatoriana Rumazo expresan mayor conciencia de que hay que examinar novedades con otro tipo de crítica, llamado que no se acató. En "Ideas y formas" (Medina: 111-116) a

Babin, relativamente tradicional, le parece curiosa la abundancia de calificativos compuestos para designar ciertas obras literarias, y afirma: "Ante todo esto, el crítico literario, que cada día tiene que ser menos literario y más crítico, tiene que preguntarse [...] ¿Podemos seguir intentando o tratando de aplicar las normas valorativas aprendidas en los ámbitos académicos, a la consideración, estudio y valoración de la novela actual? [...]" (Medina: 114, énfasis míos).

Para Babin "Parece como si la literatura quisiera tomarse la revancha de la filosofía, que sucesivamente fue empleando en su provecho la poesía, el diálogo, la tragedia, la epístola, el apólogo, la confesión, el tratado, la novela, el ensayo ..., pero en esta tarea la novela sale perdiendo" (Medina: 114). Esa postura puede cotejarse con el ensayo de Mary McCarthy "Ideas and the Novel: Henry James and Some Others" (1980) en que arguyó que la novela del siglo XX era una especie literaria en vías de extinción porque al ser "novelas de imágenes" (o sea símbolos, no hechos), como preferían James y Eliot, no se comparaban a las del siglo XIX (en su crítica, Eliot rara vez encontró algo que recomendar en los precursores decimonónicos). Su argumento no convence, porque es difícil creer que había suposiciones compartidas sobre lo que era la realidad entonces. Ante aquel desplazamiento de géneros, mencionado, pero no analizado por Babin, Rumazo, al día con las ideas estructuralistas y filosóficas que influyeron en sus novelas de los años setenta y ochenta, nota la ventaja de la multiplicidad y el revisionismo en su "Teoría del intrarrealismo" (Medina: 249-259), adelantándose al Bolaño que entonces tenía unos catorce años.

Las conclusiones y estándares interpretativos pasados nunca son perfectos para ningún crítico, y en vez de corregirlos pueden ser fortalecidos al ofrecer teorías con poca evidencia, procedimiento del mexicanista Sánchez Prado al esforzarse por historiar *una* teoría latinoamericana de la novela, *para anglófonos*. Sus errores sugieren un apresuramiento claramente chauvinista, adyacente a la xenofobia, que hace cuestionar la exactitud de sus fuentes. Estos intentos significan algo diferente desde la era crítica fundacional que comienza con *América*

Latina en su literatura (1972), sus exclusiones, y una advertencia posterior de Leenhardt, para quien ese volumen y otros que él mismo compiló muestran bien que nuestra literatura "era menos un objeto establecido en el saber que una forma que adquiría la necesidad de producir ese objeto" (2012: 68).[62]

Desde "Diez problemas para el novelista latinoamericano" no hay reflexiones teóricas que problematicen visiones encontradas de nuestra novela sin tratar de estar al día con "teorías" colonizadas o traducidas de lo que debe ser el producto local, que según Croce (2015) Rama tomó y sintetizó para que tuvieran otra resonancia y produjeran reflexiones que muestran que en ellas hay más de lo que se cree, sin obsesionarse con la transculturación, como algunos admiradores que reducen sus complejos desarrollos a muletillas despojadas de su contexto y significado inicial. Pocos críticos está al tanto de las teorías más influyentes o representativas o de la novela occidental, en particular las refundiciones hispanoamericanas y anglófonas del siglo pasado, progresión acorde con una señalización de 1968 de Martín Cerda: "Si se describe, en efecto, el proceso formativo de una *conciencia crítica* sobre la novela, resulta fácil reparar que éste conoció, entre los años 1914-1929, uno de sus momentos más ricos e incitantes [...] Entre las mismas fechas coinciden, además de los citados, los trabajos de Lukács, Thibaudet, Wharton, Lubbock, E.M. Forster y de otros teóricos e investigadores de la novela" (174, su énfasis). ¿Cómo emplear lo discutido hasta aquí para proponer una teoría latinoamericana de la novela?

Las extensas revisiones sin sustancia de Sánchez Prado (357-359) subestiman la complejidad politizada y semántica de ideas que anteceden a la transculturación, escudriñadas por Gilman (2016), que cuestiona su *utilidad*, tal como la usa Rama, porque la transculturación, como proceso de pasar de una cultura a otra, no

---

[62] En esos años, al hablar de "narrativa" la crítica se refería a la novela, con conciencia de la necesidad de otros enfoques. Así Nelson Osorio T., "La nueva narrativa y los problemas de la crítica en Hispano América actual" (65-83) y Desiderio Saavedra, "Nueva crítica para una nueva narrativa. Problemas y perspectivas" (85-91), en *Actas del Simposio Internacional de Estudios Hispánicos. Budapest, 18-19 de agosto de 1976*, ed. Mátyás Horányi (Budapest: Akadémiai Kiadó, 1978).

afecta para nada a la cultura dominante. Según una comunicación de Gilman, "Eso perfectamente se hubiera podido hacer analizando cómo se afectan las literaturas de España en contacto con las de los libros del *boom*", empalme para el que sugiere consultar *La emancipación engañosa. Una crónica transatlántica del boom (1963-1972)* (2009) de Pablo Sánchez. Sánchez Prado minimiza cómo las asimetrías de poder entre colonizador y colonizado teórico (360-361) distorsionan el reconocimiento de conceptos esenciales, o los vuelven inoperantes, fracaso sugestivo del discurso descolonizador: ignorar cómo los "colonizados" se apropian de lenguajes coloniales, socavando sus promesas de autenticidad y pureza del imaginario con un activismo incongruente. Granés resume esas imposturas cínicas: "Renegamos de Occidente después de pasar por alguna capital europea o por alguna universidad anglosajona. Somos tan occidentales como los ordenadores Mac en los que escribimos *papers* decoloniales y manifiestos *nuestroamericanistas,* en gran medida porque al igual que la tecnología, esas fantasías de diferencia radical y autenticidad exótica también llegan de Occidente" (2024: 43).[63]

De ese escrutinio se desprende que considerar décadas específicas o años particulares con novelas representativas —una excepción, se vio, es *La novela hispanoamericana del siglo XX. Una vista panorámica* de Brushwood— en la crítica del género depende de tumultos sociopolíticos que engendran abarcadoras historias explicativas culturales y políticas. Además de garantizar consignas, inscribir novedades en la memoria popular y "verdades" comunes, esa crítica permite un sentido de descenso, o que se celebre las novelerías observadas (casi siempre asociadas a nuevos novelistas de dudosa consistencia). Esos apetitos indiscriminados, compuestos con prejuicios de académicos y su tedio, e incluso de discriminación por edadismo, comprueban que si la crítica solo interpreta, su efecto es mayormente retórico, como arguye Felski, en *The Limits of Critique* al examinar cinco cuali-

---

[63] Véase también su "Descolonizar la mente", *ABC* [España] (19 de enero de 2024), 8, y "Las contradicciones del pensamiento decolonial", *Letras Libres* XXIV. 283 (Julio 2022), 8-10.

dades grandilocuentes que entran en juego (121-150), limitándose a la tradición novelística anglófona.

Sánchez Prado exhibe similar apetito, con lecturas o conocimientos pasajeros del tema mundial (parte de una teoría de Fernández Retamar, sin cuestionarla, 347-349) y sin la diligencia sobre la crítica en su lengua nativa (los conatos de González Echevarría o Goic), novelistas/ reseñadores (Bolaño, Vargas Llosa, Fuentes, Vásquez, Valencia, Pron) o la no ficción de los mexicanos que privilegia. En vez de dialogar con esa erudición, recurre a frases hechas para allegados y un público anglófono que desconoce su muestra. En un sentido, sus trabajos anteriores quedan invalidados al no reconocer aquellas fuentes. Más embarazoso, puede suceder que nuevamente incurra en errores de ese tipo para ser consistente en su ninguneo, aunque tiene razón al referirse a la falta de comparatismo (que no practica) al intentar una teoría de la novela (350). Si no es una estrategia profesional de olvido conveniente, es un agravio a la ética que asume una comunidad interpretativa, mal ejemplo para discípulos posibles.

La vaguedad teórica de su "The Persistence of the Transcultural: A Latin American Theory of the Novel from the National-Popular to the Global" pretende explicar las teorías de Rama a un público anglófono de manera panglosiana. Junto a destilar arrogancia, catecismo y presunción interdisciplinarios, su mayor desventaja es depender selectivamente de novelistas o críticos mexicanos (exceptúese a Alfonso Reyes) para su muestra, citando o haciendo venias a amistades, enfoque que no explica la recepción real de Bolaño, por ejemplo, de quien el mexicanoVilloro aseveró la "mexicanidad" superior de *Los detectives salvajes*. Más grave es ignorar totalmente dos textos fundacionales de Rama, "Diez problemas para el novelista latinoamericano" (1964) o "Tecnificación de la narrativa" (1981), recogidos in *La novela en América Latina. Panoramas 1920-1980* (1986). A su favor, discute (353-357) el extenso prólogo de 1981, que Rama escribió para *Crónica de una muerte anunciada*, poco citado por tardío, o por creer que no tiene mucho que ver con la teoría del uruguayo.

Su meta real es sobrevalorar "El realineamiento de la narrativa mexicana hacia 1999-2000" (358), para reflexionar cómo "las condiciones neoliberales [sic] de la producción literaria remodelan el legado de la teoría [sic] de la novela latinoamericana" (358) que condujeron a repensar "la transculturación narrativa y una literatura nacional-popular y fomentaron la emergencia de la novela global [sic]" (358), supeditando la total (356; véase el capítulo anterior). Las citas son clichés críticos, y recuerdan que no hay lugares comunes que no sean desconocidos gracias a siglos de novelas y críticos, obligando a descolonizar la mente, como arguye Granés. Por otro lado, presenta esa narrativa como perfecta e infalible, y cualquier latinoamericanista sabe que no lo es. Si tiene razón en escoger a Sada y su incustionable valor transcultural, no es así con Volpi, a quien coloca por encima de otros, ocupándose selectivamente de su recepción, sin mencionar la negativa o el hecho de que el *Crack* lleva décadas en decaída.

Si sobredimensionar las notas al pie no es un defecto en sí, legitimarse y autocitarse (como mexicanista) es temer decir algo sin autorizarse; y es lo mismo descubrir la pólvora ante un público bien informado sobre Lukács, Jameson u otros (347-349, 350, 369), conduciendo a una calcificación teórica, porque interesa qué se puede hacer con las notas, no ellas en sí. El ensayo tiene una calidad excesivamente enfrascada, sin duda el resultado de tratar de sintetizar vastas cantidades de literatura secundaria que han llegado con la marea. Con ese exceso de andamiaje cualquier percepción crítica es sofocada por un atolondramiento hecho a expensas de la claridad, tratando de discernir o imponer patrones donde no hay ninguno. Afortunadamente, una novela es lo que es, no una teoría, y no hay que descartar las partes que no satisfacen, manera de pensar que envalentonó a la crítica a evitar novelas totales.

Menciona novelas para apartarlas demasiado rápido, con una sobredependencia en literatura secundaria que ocupa el espacio de ideas que podrían haber sido más sustanciosas. Así, los términos "transcultural", *national-popular* o "global" son sobredimensionados al tratar de explicarlos a su público. Para los primeros dos, aplana perspectivas geográficas e históricas, presentando la existencia de desigualdades globales como perennemente divididas en opresores y víctimas económicos (su estribillo es "el capitalismo", en que vive), maestros y esclavos culturales, como si reconocerlo fuera otro descubrimiento novedoso, cuando mucha teoría tiene como trasfondo mercados intelectuales, en los que el paradigma paralizante del victimismo virtuoso es necesario para que sus visiones hegemónicas se fortalezcan.

El esfuerzo por cubrir cuestiones complejas de identidad se agrava al ser presentado sin gracia, ocasionando que se extravíe su argumento, que es menos una estructura que un monólogo urgente, estructurado en torno a un problema sin solución. Aparte de autotraducciones torpes (353-359 *et passim*) y falacias como "leer la escritura de Sada como el opuesto directo de la novela global es, en mi opinión, incorrecto" (362, no dice quién la percibe así), ciertas frases se quedan en el aire banal, como al observar que las novelas del *Crack* son notables por sus "redes sofisticadas de referencias literarias" (364) o "rehusar el imperativo 'mágico realista'" (364). Los boomistas nunca se estancaron en esos mundos, y numerosos novelistas hispanoamericanos posteriores hicieron caso omiso a esos llamados. Aparte de repetir literalmente varios argumentos (de Guerrero por ejemplo, 358, 362), o sobre la novela global, concluir que "la función de la novela es escribir contra la corriente de teorías universalistas (y por consiguiente eurocéntrica), y afirmar la especificidad de América Latina y sus tecnologías culturales" (367) es una postura supina ante la teoría, llena de hipérbole y selectividad.

La épica *redivivus*

Los avatares de esas condiciones y distinciones continúan y si, desde las épicas de Malraux y Hemingway, se pregunta qué hace que una generación madure políticamente, mientras otra sigue en su adolescencia, es justo preguntar si para la crítica teórica hay novelas de generación o novelas *para* un género sexual, porque la crítica actual se decanta aplicadamente por una de dos direcciones: hacia ideales del pasado (que son más que una fuente de estilo literario) o hacia utopías futuras. Vale repensar hipótesis. Para Adorno en "De la ingenuidad épica", el problema de la épica [hoy] es la empresa contradictoria del narrador, su subsunción ante el "ilustrado estado de conciencia al que pertenece el discurso narrativo" (38), y recarga los vínculos modernos con "En la ingenuidad épica vive la crítica de la razón burguesa" (37), porque su fallo mayor es otorgar una voz individual al narrador (36-37, 40), concluyendo: "La conversión objetiva de la pura exposición lejana de significaciones en alegoría de la historia es precisamente lo que se manifiesta en la disolución lógica del lenguaje épico" (41).[64]

Hoy, los conatos épicos en la crítica teórica suelen seguir el modelo de los filmes de Cecil B. DeMille: son efusivos, melodramáticos, panorámicos, con miles de extras, y exageran o simplifican ciertas partes de la historia; y son igualmente limitados como los estudios descriptivos e impresionistas de antaño, cuya metodología y terminología han sido superadas conceptualmente. Vale la pena ilustrar otros desarrollos leyendo en contrapunto dos estudios teóricos de este siglo, por críticos nativos de distintas generaciones y de similar compromiso ideológico e inquietud por el papel de lo épico en la novela hispanoamericana. Como contrapunto está la práctica de novelas como las de Bolaño o del nada épico Aira (a pesar de su predilección tardía por los clásicos), y su propulsión relajada en una narratividad elevada casi al nivel de arte, si no fuera por las digresiones que no son tan relajadas.

En "La 'novela épica'. Nacionalismo carismático y vanguardia en América Latina" Ricardo Roque Baldovinos plantea que la producción novelística más innovadora persigue "una expresión adecuada para la experiencia latinoamericana de la modernidad", argumentando que la perspectiva característica de ese tipo de novela es que "la autoridad última no es la del conocimiento racional, sino la voz de

---

[64] En *Notas de literatura*, cuyos "El ensayo como forma", "La posición del narrador en la novela contemporánea" y "El artista como lugarteniente" siguen siendo fuentes obligatorias de la crítica occidental desde entonces (cuarenta años después se publicó en español una edición definitiva, basada en la "combinada" alemana, que cito). No menos se puede decir de la primera edición (parcial) de *Notas de literatura* (1962 [1958]), su *Teoría estética* (1971 [1970]) y *Mínima moralia* (1971 [1962]).

la memoria colectiva, la encarnación de la ancestral comunidad carismática", entendiendo por esta una conciencia nacional anti-imperialista con ribetes de relación cristianos (2006:120-121), supeditando la idea bastante aceptada de que la modernidad bajó a los dioses de sus pedestales. Aparte de Proust, el protagonismo de la memoria se confirmó mundialmente con *Todo se desmorona* (1959), escrita en igbo, no inglés, del nigeriano Chinua Achebe y *El sistema periódico* (1975) del italiano Primo Levi, metarelatos de la composición, pérdida y redescubrimiento de su propia memoria. Añadiendo la responsabilidad personal ante el exilio autoimpuesto, el colonialismo y empezar de nuevo en un mundo desconocido, el funcionamiento de la memoria se noveliza con el lenguaje del exilio, mundializado respecto a cuál es estable o digno, en *The Four-Gated City* (1969) y *The Enigma of Arrival* (1987) de V. S. Naipul, o *Un encuentro* (2009) de Kundera, procedimiento rara vez encontrado en algunas novelas recientes de la nueva camada de novelistas hispanoamericanos radicados en España.

Para Roque Baldovinos, ese andamiaje del siglo XX es un embrujo logrado en América Latina a través del ámbito estético, por medio del énfasis en la decadencia de la cultura europea y criticar, no sin razón, el eurocentrismo (122). La convicción de este tipo de crítica proviene de pensar que la interpretación virtuosa debe jactarse de las posibilidades de su compromiso, sin reconocer que provee una ilusión de realidad, que *no* es lo que quiere el crítico empedernido, decía Sontag en 1964; o que el efecto de parecer natural requiere mucho esfuerzo, que la negligencia solicita atención, que la indiferencia demanda concentración, y que la simplicidad y naturalidad exigen amaneramiento. El problema de conformarse con las normas de una tribu ideológica es que no se escucha a la voz interna. Otro problema es que no se transmite ansiedad, sino convicción ilusa. La honesta utopía propuesta queda socavada por las consignas e ideas perdidas entre varias palabras clave de esa crítica, y por desarrollos recientes en la interpretación de la novela alejados del colectivismo, como detalla este capítulo.

No es claro que, al tratar el surrealismo, "Los intelectuales latinoamericanos estaban ansiosos de diferenciarse de un continente europeo que consideraban intimidante a causa del esplendor de su tradición cultural" (123), o que "El escritor del Sur tendría la oportunidad de un protagonismo social activo que no tiene paralelo en el Norte" (124), a pesar de que la hegemonía del Norte Global *parezca* llegar a su fin. Más bien, el surrealismo andino discutido en el capítulo sobre Palacio y Salvador fue sui generis, como el de Asturias en *Hombres de maíz*, y hoy se manifiesta en la lucha populista de la zona, presentada como archienemiga del neoliberalismo. Roque Baldovinos tiene razón al afirmar que *Cien años de soledad* reactualiza la "novela épica", y que el corpus crítico en torno a ella es "una suerte de testimonio de la esterilidad de la crítica académica" (137). Pero no cuando considera modélicas obras de Asturias y Carpentier, o percibe *Pedro Páramo* como no más que una parodia de la búsqueda de Telémaco, o sigue profesando la incomunicabilidad de civilizaciones y culturas (Bolaño prueba lo contrario). Vale acreditarle a Fuentes sostener en "La épica vacilante de Bernal Díaz del Castillo" (*Valiente mundo nuevo*, 71-94), que "Bernal pertenece *más* a esta épica *en movimiento* que describen Hegel y Simone Weil, que a la épica *concluida* que evocan Ortega y Bajtín" (77, énfasis suyos), aunque se contradice sobre la "novedad novelesca" del cronista español y termina con lemas seudofilosóficos (92-95), proceder detallado en el capítulo sobre sus intentos teóricos.

En "El viaje del último Ulises. Bolaño y la figuración alegórica del infierno", capítulo de su *Sin retorno. Variaciones sobre archivo y narrativa latinoamericana* (2015), Raúl Rodríguez Freire señala valerosamente las limitaciones del pesimismo y conservadurismo de González Echevarría (37-95) arguyendo que el archivo idealizado por él podría ser una "biblioteca" sin ribetes de Foucault, o "un canon reducido y fijo" (21), característica de cartografías identitarias que matiza para Franco y Julio Ortega; recurriendo a la crítica occidental (de Vico a Derrida) para mostrar cómo Bolaño tergiversa los nexos estéticos de *Los detectives salvajes* con varios clásicos de Occidente (Homero, Dante, Joyce, Borges) y los temas del viaje y la búsqueda (desde Gilgamesh y la *Odisea* a Rulfo), incluidas la odisea vagabunda de Auerbach y novelistas como Sebald (paradigma de la posficción para Bewes, 39-67).

Paralelamente, Becerra sostiene que la principal limitación del cubano es que "su propuesta sólo considera las obras cuyo mundo referencial se inscriba en un ideario americanista, de ahí que construya un canon específico de esta tradición" (2008: 26), sin tratar otro tipo de novela de los años sesenta, enfatizando que la principal carestía de esa teoría "está en que se trata de una hipótesis sobre la historia de un tipo de novela, en absoluto la única..." (2008: 27). Rodríguez Freire lee al nuevo clásico Bolaño "como la más radical deconstrucción (y no simple inversión) del amor a Ítaca, como la narración del agotamiento de aquella política de filiación que vinculaba hasta la muerte [...] tierra y destino, patria y vida" (32). A través de *Questionner le roman*, para Bessière todo tipo de novela se caracteriza según una alianza constante y contradictoria de un juego de enseñanzas y conocimientos que la han convertido en un género literario global.

Su lectura es comparatista en un sentido actualizado, por medio de una especie de filología renovada en que las relecturas presentes no denigran las del pasado crítico y cultural inmediato, enfoque recuperado con la vigente advertencia de Bruno Latour en 2004: la crítica ha perdido ímpetu. Pensando en la lectura que hace Felski de Latour y las conexiones con la práctica que sugiere ella, se puede pensar que los lectores no son transeúntes inocentes barridos por una ola magnética de afinidades teorizadas. Es así porque, si no lo lleva a cabo Rodríguez Freire explícitamente, hay más y más llamados urgentes en las humanidades por responder a la crítica nihilista que sigue dominando en los recintos académicos. Latour, propone Felski (129, 138, 214), es pragmático y relacional, y en su ontología de un mundo híbrido, el conocimiento se conecta a textos que ayudan a crear, permitiendo que la sociedad y el discurso crítico se relacionen en vez de negarse. Hay una conexión metodológica iberoamericana que años antes llevó a Becerra a considerar la teoría transculturadora de Rama como "la más útil para trazar una historiografía diversa y dinámica con la que lograr un panorama de gran amplitud en el estudio de la novela contemporánea en Hispanoamérica" (2008: 27).

Rodríguez Freire lee procedimientos como la alegoría vis-à-vis la democracia, según los críticos más reconocidos de esos términos, y advierte que, sin emplearlos, Bolaño "se ha convertido para nosotros en un escritor alegórico, y ello porque su época es alegórica" (286). Ese giro incluye opacidad, como se observa en las novelas recientes de Coetzee (otrora matemático y programador). Se puede preguntar si el andamiaje academicista de tesis doctorales es necesario para una importante conclusión de Rodríguez Freire: "Bolaño ha escrito el viaje sin destino, lo que produce una escisión o impide más bien inscribir su obra dentro de una 'historia literaria latinoamericana", ya que si *Cien años de soledad* y *Los pasos perdidos* responden a una 'literatura nómica' o a un 'archivo terrícola' [sic], *Los detectives salvajes* representa su ruina" (245). En un apunte para la nota sobre *Berlin Alexanderplatz*, Benjamin asevera, vislumbrando su conocido ensayo sobre el narrador y la crisis de la experiencia: "El novelista se ha vuelto narrador. Es el fin de la forma novelesca [...] En la memoria que es propia del épico hunde su materia el narrador" (2007: 260). Bolaño no descartó esos cruces, a veces fortuitos, y con su autonomía inflexible e incapacidad para dormirse en sus laureles o dejar de reinventarse adquirió su aura de integridad.

Roque Baldovinos y Rodríguez Freire son representativos de sus generaciones, porque hay grandes diferencias en cómo colonizan o descolonizan sus metodologías y autores de referencia, partiendo del lenguaje crítico que escogen y de la premisa de que se han acabado los grandes relatos o los metarrelatos críticos. Compárese esos esfuerzos con los proverbialmente filológicos sobre "La épica en el mundo hispánico (Siglo de Oro)" del *Bulletin Hispanique* 121. 1 (juin 2019), recordando que en "Breve tratado de la novela", anticipo comparatista de "Ideas sobre la novela", Ortega y Gasset la presenta como polo opuesto a la épica, porque "Ya es hora de abandonar las opiniones sobre Homero de la filología de hace cien años". Si el análisis de contribuciones literarias específicas provee su propio lenguaje y referencias críticas, todavía hay reductos filológicos iberoamericanos de prosa insípida que no están al tanto de las ricas ambigüedades del uso de categorías amplias como "clase", "identidad", o "novela".

La épica no es un acto de memoria porque la humana dura pocas generaciones, y no se recuerda más allá de los vínculos con los abuelos; en Hispanoamérica no más allá de los novelistas del *boom,* aunque las nuevas generaciones rescatan a Borges, Onetti y Rulfo. *Discípulos y maestros 2.0* sostiene que en la contemporaneidad "La novela de Occidente se adueña de la épica porque la interiorización de los personajes, por lo general seres nómadas sin mapa o itinerario fijo, se convierte en la gran materia novelística, y porque la libertad humana ya no depende de dioses que no son los autores" (46). En *El síndrome de Falcón* y *Ensayos en caída libre,* Valencia analiza cómo los novelistas nómadas engarzan sus periplos con poca atención al paisaje físico (el desasosiego actual se crea con la acumulación monstruosa de material distópico), enfatizando más sus esperanzas y actitudes vitales. Queda cotejar así la relación entre las novelas de pensadores idealistas del nomadismo (que no es deriva o fuga) como Bruce Chatwin, Sebald, y Lalo en Hispanoamérica y su distanciamiento de las realidades interiores instaladas en lo local que prefieren una exteriorización diferente.

En 2012, el novelista experimental inglés Tom McCarthy, prologuista de la noficción de Ballard, publicó *Transmission and the Individual Remix: How Literature Works,* simulacro en línea del ensayo seminal de Eliot, sosteniendo que Eliot no quería privilegiar la tradición occidental, sino reorientarla (en su conservadurismo, Eliot inculcó un gusto por antiguos textos místicos de la India), y que tanto el artista como el crítico son alteradores perpetuos de valores convencionales y restauradores de lo real, aunque, según Woolf, sean afectados de otra manera cuando la sociedad se hunde en el caos. Teóricamente, también se puede leer *Amberes,* de Bolaño, como la novela de un poeta letraherido, propuesta que se alinea con varios ensayos de Zambra sobre su compatriota, recordando que en *Orígenes de la novela* IV (Madrid: CSIC, 1962) el filólogo Menéndez Pelayo afirmó «Y género poético es también la novela por más que comúnmente emplee la prosa como instrumento» (206-207).

McCarthy —que en 2015 manifestó que, si Joyce estuviera vivo, trabajaría para Google (su facilitadora de escándalos es Goodreads)— desestima que desde hace siglos existe el *remix* de clásicos occidentales, particularmente las épicas. En las inagotables Atwood, Madeline Miller, Pat Barker o las traducciones para lectores comunes de Emily Wilson el *remix* no es solo editar, interpolar, parafrasear, redactar, reorganizar o reescribir en la tercera lengua de prescriptores variopintos. La reescritura de ellas es novedosa por la durabilidad de sus preocupaciones centrales, que parecen transcritas de la prensa de hoy. No en Hispanoamérica, en que hay una gran diferencia entre la reescritura de *Nostromo*, de Conrad, por Vásquez, en *Historia secreta de Costaguana* (2007), y la de Vargas Llosa sobre intrigas políticas conspirativas y la novela centroamericana y/o la del dictador en *Tiempos recios* (2019). ¿Cómo teorizar la competición, rebelión e incluso hostilidad de la reescritura "oficial" (cuando los herederos contratan legalmente a escritores reconocidos como *doppelgängers* o "negros" que continuan la obra de Christie, Ian Fleming y otros); con *El negro de Vargas Llosa* (2023) en que Eduardo Riestra parte de la idea de que los compromisos sociales del Nobel no le permiten terminar una novela, la delirante *La vida secreta de Roberto Bolaño* (2024) de Montero Glez; o *La última de César Aira* (2012) de Ariel Idez?

En su análisis del arte y la conexión elemental entre conceptos de realidad y la posibilidad de la novela (no precisamente su futuro), además de notar la racionalidad esencial y legitimidad de la modernidad (ingenuidades para el progresista Trilling), Blumenberg advertía en los años sesenta, pos-Lukács, que "el anhelado resurgir de la épica griega, y la exigencia de que esta establezca el estándar absoluto, fracasó frente a una visión de la realidad que tomó el mundo por *un* mundo, el *cosmos* por un *universo* [...]; la novela no podía ser una 'secularización' de la épica..." (135, n12, énfasis suyos). Así, novelas fraternales, como *Los detectives salvajes* y *2666,* no cumplen con las convenciones de la épica, remplazándola con la de la necesidad de que los héroes emprendan una búsqueda para probar su poderío, condiciones que también se encuentra en géneros "menores" como la novela de espionaje, la negra o la de viaje, homenajeadas por Vásconez en su novela de corte existencialista *El viajero de Praga* (1996).

Si las épicas, creadas antes de la memoria y la Historia, atraen a Rulfo y Bolaño (sus relatos claustrofóbicos del artista son retratos de una épica), hay que concebirlas en su carácter extenso, contradictorio, repetitivo, lleno de anacronismos, registros y tabúes lingüísticos orales que cautivan (como las listas y glosarios de Ballard); y en su brutalidad gráfica, como si no fueran de un autor único sino de varios, consenso desde que los clasicistas Albert Lord y Milman Parry establecieron en el siglo XX su oralidad autoral. Esa visión, cuestionada hoy al problematizar la propiedad y la virtud de la autenticidad del autor o la apropiación, es compartida y fundamental en novelas anglófonas sobre el plagio. *Discípulos y maestros 2.0* examinó esos vericuetos en Abad Faciolince, Eduardo Berti y Rivera Garza, y no sorprende que haya un corpus en constante expansión de obras autorreflexivas que exploran nociones mutantes de la apropiación, sea el plagio descarado, el robo de ideas, usar experiencias personales (sin consulta o permiso) o, como se ha visto, adaptar clásicos de autores ilocalizables por estar muertos. Si cada lectura de una novela es recontarla, un novelista necesita una muy buena razón para proveer un "recuento contemporáneo" de un clásico.

La novela no tiene el monopolio de la corrección histórica, haciendo ineficaz teorizar una nueva expresión como añadido o corrección de lo que manda un canon, cuando otras prácticas con objetivos prefijados recuperan las que Goethe llamaba literaturas subnacionales. La crítica desatiende esos valores cuando es posible desprovincializar la novela ubicándola en paisajes no cosmopolitas, como hace la argentina Selva Almada en su "Trilogía de los varones" (2012-2021), añadiendo su crítica del machismo tóxico. Es inútil creer que el habla representada es otra, cuando es una variación necesaria de una misma literatura nacional. Teorizar los excesos y riesgos de percepciones descontextualizadas, en que los pecados pasados anulan logros y manchan reputaciones, revela que se juzga *a priori* el comportamiento de novelistas por su olor a hipermasculinidad u obras abrumadoras o ásperamente machistas, sin sopesar el odio a los hombres. Si se va a cancelar, condenar, denostar, purgar, señalar o ver mal a novelistas de cualquier sexo por su conducta personal, confundiéndolos con sus narradores, es mejor no leer; según esa lógica, Stephen King sería un asesino en serie. Esas diferencias aumentan con la falibilidad de prescriptores (que para Marling surgen en los años sesenta, cuando se pasa de "literatura traducida" a "literatura mundial"), y falta analizar cómo los medios sociales, que predican que uno puede ser lo que quiera, fomentan una cultura mecánica de distracción y escrutinio implacable.

Noticias (críticas) falsas de hace unos setenta años

Desde hace un siglo, los contextos en que se teoriza sobre la novela tienen que ver con la promesa de la automatización total, que reforma las nociones de trabajo, producción y creación de valor en el mundo del libro impreso. En ese mundo importa el peaje crítico. En "Crisis de la crítica literaria hispanoamericana", de *La emancipación literaria de Hispanoamérica* (1975), que actualiza un artículo de 1949, Portuondo relata que un artículo suyo de 1951 fue rechazado por una revista norteamericana "a causa de las implicaciones políticas del trabajo" (49), lo que para él explica "por qué con tanta frecuencia, los críticos literarios, en el Norte y en el Sur del continente, 'no hablan francamente'" (49). Si se puede entender raíces y traspasos de la interpretación actual de la novela desde una prehistoria específica, es evidente que las diferencias entre la crítica local y la mundial aumentan por la presencia de la escrita en otras lenguas. Si la crítica intenta construir o imponer un lenguaje global para entender la novela, no es evidente que la de Occidente lo necesite hoy. Así se puede preguntar qué significa una novela hoy, sin pensar que si los novelistas hubieran tenido más palabras para explicarlo, las habrían usado en sus novelas.

La tercera de las cuatro causas de la crisis que examina Portuondo (56-60) es la "Falta de preparación adecuada en los críticos jóvenes" (58-59), queja recurrente en el espectro ideológico (verbigracia Benjamin), en que nadie tiene el monopolio de escribir demasiado en "nuevalengua". Si hubiera media docena de ellos que entendiera el oficio *comparativamente*, o escribieran tanto sobre la novela como Cândido, Rama, Beatriz Sarlo, Domínguez Michael en *Ateos, esnobs y otras ruinas*, o Echevarría en *Desvíos*. *Un recorrido crítico por la reciente narrativa latinoamericana* (2007)— sopesando academicismos sin falacias biográficas, historia reivindicativa, vías transitadas, juicios globales o simple *performance*— otros seguirían el ejemplo, y mejoraría la visión que se tiene de la crítica, como logró Trilling en los años cuarenta. Esos críticos intrépidos apremian hacia novelistas y obras en que no ha habido interés, haciendo reconsiderar opiniones mientras siguen impredecibles, invariablemente estimulantes, ocasionalmente exasperantes, y necesarios. Hubo algunos de esos giros en los años cincuenta.

En "Anticipaciones sobre la crisis del concepto de literatura" (1951), de su *Doctrina y estética literaria* (1970, 74-76), de Torre rastrea la inquietud moderna a un texto de Jacques Rivière de 1924 —año en que nacen Donoso y James Baldwin, mueren Conrad y Kafka, y se publica en inglés (publicada en ruso en 1952) la distópica *Nosotros* del ruso Yevgueni Zamiatin— y se explaya en "La crisis del concepto de literatura" del mismo año (77-97), refiriéndose a la contemporaneidad de Wittgenstein (actualizada por Peña, 70-83), Joyce, y a tesis de Sartre. Para 1955, en "La novela. Perspectivas de la novela contemporánea", de Torre habla de "Hispanoamérica, como novela" (538-539). Semejante al Blanchot de una década y media antes, en la "Novela pura, suma de impurezas..." (545-548), se refiere a *Los monederos falsos*, para afirmar que Gide "No conformándose con lograr una novela de estructura tradicional, ni alcanzando tampoco a crear una supernovela, hizo un gran libro frustrado" (546), percibiendo las limitaciones artísticas como un signo de fracaso.

De las máquinas de producir teoría surge la moda de novelizar el sufrimiento, convirtiendo traumas personales violentos en clave vital, conducta calcada de manera facilista por algunas novelistas recientes, excepción hecha de la mexicana Guadalupe Nettel. La realidad de ese sensacionalismo es que el pánico moral de algunas es a menudo la emergencia moral de mujeres menos privilegiadas que las novelistas, apropiación que no deduce que no existen significados clínicos específicos para los traumas. Como arguyó Parul Sehgal, en *The New Yorker* (27 de diciembre de 2021), esas tramas se aplanan, distorsionan y reducen los personajes a síntomas, a la vez que insisten en su autoridad moral, obstruyendo que lo más vital en ellas sea lo más ficticio. En esas novelas los lectores se ven obligados, en pocas líneas, a creer en personajes y escenarios monocromáticos, a tener empatía no pericia. Ante ese giro, que sigue, la crítica seria se esfuerza por no ser empresaria de una identidad local o global que pretende ayudar al público a recuperarse de traumas psíquicos (hoy, cuando el estrés postraumático es común) o darle una identidad colectiva perpetuamente vulnerable que le haga sentir que sus vidas, como las de la novela, tienen dignidad; en contrapunto a oportunas novelas de autoayuda en un mercado bien puesto y basado en la necesidad humana de ser cuidado.

¿Por qué no releer hoy al tan informado y al día de Torre, que además de conceptualizar en varios ensayos las literaturas experimentales y la universalidad frente al compromiso, en 1949 debatía sobre "Goethe y la 'literatura universal'" (324-335)? Es fácil suponer que se quiere descubrir la pólvora, sin creer necesario atender a tradiciones propias dinámicas y occidentales, que comprueban, como Lovejoy, que la idea-unitaria es que no hay *una* gran idea. Es productivo proceder como de Torre: que el crítico sepa más que el escritor o el profesor universitario y su red de redes o plataformas (proceder de Moretti), que aprecie la experiencia y tenga la naturaleza de expresar verdades contundentes. La complejidad de una discusión no tiene tan solo que ver con qué posición ideológica toma la crítica o el estado de un arte históricamente dinámico. Como teoriza Hale para la novela anglófona de hoy, "el arte de la novela es ante todo una *performance* e instrucción para la preocupación que se debe tener [...] por la alteridad, la particularidad, la complejidad, la emoción, variedad e indeterminación" (2009: 898). Se observará seguidamente que, por no atender a esas características una "teoría latinoamericana" de la novela se ubica en un terreno inestable entre actuación y acción, gesto y realidad, entre señales transmitidas y señales recibidas.

Desde el fallecimiento de Rama, la crítica liante en español (excepción hecha de Domínguez Michael y Echevarría) supedita a la novela actual, o privilegia la de su país de origen, verbigracia Sarlo. No es así con los grandes críticos en otras lenguas, y se dispone de una crítica centrada en el mundialismo en la selección *El leve ruido del piso de arriba* de Kermode, cuyo par sería *El nivel alcanzado. Notas sobre libros y autores extranjeros* (2021) de Echevarría. En una reseña de los años sesenta, "Sartre y la antinovela", concentrado en los ensayos del francés sobre el existencialismo, Kermode contextualiza "No deja de incrementarse la literatura sobre la manera adecuada de relacionarse con las formas de creación propia del pasado (o, dicho de otro modo, sobre la relaciones entre la forma y la libertad)" (2014: 131). Si Sartre fue el primero en emplear el término *anti-roman*, al reseñar *Portrait d'un inconnu* (1948) de Sarraute; desde entonces asociado con el *Nouveau Roman*, ese tipo de novela está en Sterne (que hoy resulta ser un *influencer*), mucho antes de que la crítica analizara la antinovela como escritura homeopática.

Auerbach, gran antecesor de Kermode, escribía con incuestionable autoridad sobre el pasado grecorromano y el presente occidentales, y en un ensayo de 1927 anterior a *Mimesis*, percibió y enfatizó esas conexiones. En "Marcel Proust and the Novel of Lost Time" (2014: 157-162) asevera sin tapujos que ante la novela de Proust "casi todas las novelas que conocemos parecen ser no más que novelas cortas" (162), expresándose sobre un aspecto que se tiende a creer privilegio y punto ciego del último cambio de siglo: "La gran falta de finalidad y aparente falta de coreografía que caracterizan a la novela de Proust, que nunca exige nada de sus personajes en términos de lo que tendría que pasar para que la trama se desarrolle de una manera u otra, les da la libertad para hacer lo que crean conveniente" (162), concluyendo que "La novela es la auténtica épica del alma; la verdad misma atrapa al lector en un largo y dulce sueño en que sufre mucho, por cierto, pero en el cual también disfruta de una liberación y sentido de calma" (162). Consciente de que no hay comisiones de autentificación de la novela, no es casual que Auerbach comience *Mimesis* (su capítulo sobre Cervantes solo fue añadido en la traducción al castellano) con la *Odisea* y termine con la hoy cancelada *Al faro,* de Woolf, mostrando que las grandes obras se apegan a tradiciones, percepción de novelistas que escriben prólogos para las grandes novelas que les anteceden.

Desde esa perspectiva, algunas celebradas novelas occidentales reivindicativas, o latinoamericanas como las de Diamela Eltit, Luiselli, o la más cotizada Rivera Garza, son tan memorables y prisioneras de un subgénero literario como cualquier otra, por no crear una empatía trascendente o ennoblecedora más allá de los conflictos de su propio género sexual, enredándose de tal manera que parecen parálisis pensativa. Eso basta para la teoría académica, que ve el sufrimiento real como "estética migrante" global, mientras se supedita conflictos activos como las guerras de agresión territorial, insurgencias terroristas y violencia étnica. Precisar qué se teoriza presenta dilemas que múltiples lecturas no desvanecerán, y argumentos que no examina Gay: 1) cómo el novelista de un género sexual puede vivir dentro de personajes de otro; como Tolstói en *Anna Karénina* o las mujeres protagonistas de Mallea, Pitol o Bolaño; y 2) descolonizar estanterías es censurar quién tiene el derecho de contar nuestras historias. Hay que pensar en cómo Laura Restrepo, Oloixarac, Schweblin o Harwicz asumen con todo derecho introducirse en la mente de protagonistas varones, a la vez que, como Harwicz, actualizan archivos que no caben en patrones críticos.[65]

---

[65] En "Hit Me, Baby", *The New York Review of Books* LXX. 18 (November 23, 2023), 33-39, Namwali Serpel examina qué quieren las mujeres retratadas en la novelística anglófona actual. Según ella, la nueva relación "maestro y esclava" de novelas escritas por mujeres desde comienzos del siglo son soporíferas comparadas con las de Woolf o Acker. El guion feminista se

La comparación negativa con los rendimientos de novelas "menores" se abre a acusaciones de ser imperialista, colonizada o racista. Según un conocido argumento de Deleuze y Guattari, la verdadera medida del mérito literario no es la grandeza sino la pequeñez, en el sentido de no aspirar a ser monumentos culturales, o a ser obras que descosen el lenguaje de una cultura hasta que se esfuma, haciendo visibles las condiciones revolucionarias para cada novela calificada como grande o establecida. En la sección "Narración y espacio" de *Culture and Imperialism,* Said mantiene que el imperialismo y la cultura con que se lo asocia requieren leer en contrapunto el apoyo y resistencia a esa doctrina (1993: 66-67). Si ese es el caso, los planes artificiosos del capitalismo global, que para King definen a la nueva novela histórica *mundial,* tienen su semilla hispanoamericana en el antiimperialismo de *Doña Bárbara* (1929) de Rómulo Gallegos, *Tunsgteno* (1931) de Vallejo, y en dos novelas de 1941, *Luna verde* del panameño Joaquín Beleño y *Mamita Yunai* del costarricense Fallas.

La cuarta y última consecuencia interpretativa de la actitud y referencias al género occidental por Said es pertinente para una teorización hispanoamericana de la novela: "Al insistir en la integridad de una obra artística, como debemos, y rehusar plegar las varias contribuciones de autores individuales en un esquema general, debemos aceptar que la estructura que conecta a las novelas no existe fuera de ellas mismas, que significa que sólo se extrae la experiencia particular y concreta de lo extranjero en novelas individuales" (76). Consecuentemente, solo novelas individuales pueden animar, expresar bien o encarnar la relación entre un lugar y otro, sin recurrir a estadios coloniales. Es decir, la invención de un lugar o espacio pasa por la retórica y el discurso, sin olvidar «la máquina antropológica» (Agamben) que produce «lo humano» en comparación a lo animal o inhumano frecuentemente monstruoso (término que en una época de cancelación fácilmente

---

calcifica (34), porque la crisis ya no es entre géneros sino entre formas ideológicas del feminismo (39), y se trata de "remasterizar—repetir, remezclar, vengarse de— ese señorial gran relato que llamamos La Novela" (34).

denota éxito, tamaño, anormalidad), he ahí *Casa de campo* de Donoso y los lazos que revela entre estética y esnobismo.

Novelas como *Los papeles de Narciso Lima-Achá* de Saenz no son una mera protesta estética que deja a los lectores y teóricos en una tierra baldía existencial, en medio de una batalla feroz por el poder interpretativo en que importa más quién se cita, cuándo o cómo, que lo que se debate. Criticando a su amigo y mentor Richard Wright y su canónica *Native Son* (1940) en un ensayo de 1949, "Everybody's Protest Novel" de *Notes of a Native Son* (1955), Baldwin, homosexual negro consciente de su polivalente desigualdad, se queja de los autores de novelas de protesta, aseverando que se les perdona sus "panfletos" según la fuerza de sus buenas intenciones, no importa qué violencia le impongan al lenguaje o qué exigencias le imputen a la credibilidad. Se supedita novelas maleducadas, monumentales y estrafalarias, como las de autores de primera sin un puesto de primera, como Saenz o Harwicz, porque ofenden el buenismo de la crítica académica comprometida, que no puede soldar el sentido común con la imaginación, o escribir desde la experiencia, como exigían el desengañado y auto-exiliado Baldwin; o Somerset Maugham, que nunca tuvo problemas con su bisexualidad, o con ser el escritor más famoso, leído y traducido del mundo durante la mayoría de su vida.

La injerencia digital y las novelerías peligrosas

El capitalismo poscolonial de vigilancia de Amazon y la red mundial elogia las contribuciones de los medios digitales a la novela, y algunos sitios anglófonos conservadores sostienen que los medios masivos la salvan, o que se puede hacer algo nuevo con y para ella, como muestra BookTok y la manera en que ha cambiado cómo se recomienda, vende y lee libros. El quinto capítulo de *Discípulos y maestros 2.0* (375-463) discute esas torsiones en la Generación "Me gusta", arguyendo que pulsar la tecla "Me gusta" es menos una alianza que un dato o búsqueda de aprobación constante. Si para Tom McCarthy (que asume que, al caer el muro de Berlín, la literatura de Occidente dejó de ser la misma de las tres décadas anteriores, como si la historia se detuvo en 1991 o 1968), frente a cambios de paradigmas y criterios, los novelistas *ne plus ultra* dependen mucho en lo cibernético, no sorprenderá que lo hagan algunos lectores, y no solo los "comunes" o medios, que según la conocida descripción de Woolf, leen por su propio placer, "en vez de para impartir conocimiento o corregir las opiniones de otros". La teoría de la novela asume esos desarrollos sin problema.

Hoy esa visión tiene más que ver con cómo se piensa en Occidente, o la práctica del *remix* de los clásicos, discutida en *Discípulos y maestros 2.0,* y con cómo piensa el novelista digitalizado cuya ansiedad de influencias (para Rushdie, estas terminan en autobiografías, 162-163) le exige ser extremista para llamar la atención. Otros llevan sus influencias a flor de piel. En los reconocimientos de *Tu sueño imperios han sido* (2022) Enrigue menciona varias novelas, memorias y libros de historia que proveen trasfondos conceptuales a su novela. En las crisis actuales, los novelistas sufren menos (Orwell vaticinó en sus novelas la cultura de vigilancia actual, no las patrullas de género), y las ventajas digitales de sus *remix* significan que no solo crean, sino que son maestros de ceremonias que diseñan, distribuyen, manejan, producen y publicitan su arte. ¿Qué puede hacer un novelista o teórico si no responder a las crisis? El detalle es si lo hacen poniendo en perspectiva la amnesia y el duelo, supeditados espontáneamente por el periodismo cultural dedicado a rastrear si hubo precursores que escribieron sobre pandemias similares al Covid, sin preguntar si se ha sobreexplotado el tema.

¿Tienen que imitar los críticos y teóricos de la novela al novelista digitalizado? La práctica interpretativa que brota más de España y la Argentina, aun antes de las crisis actuales, contribuye a explotar esas ideas y ventajas, utilizándolas como meteoros que pasan y son olvidados. En la mayoría de los casos, el diálogo crítico producido es incompleto, casi exclusivamente con base en fuentes (que como "autoridad" implican un concepto de creación casi teológico) y recursos anglófonos o estrictamente nacionales. Por propósitos teóricos y falta de compromiso con las obras mismas se ignora a numerosos novelistas y novelas iberoamericanos; y los desconocen las historias del género, y numerosos manuales (oscilantes entre historia cultural y autoayuda popular) sobre cómo leer novelas o por qué importan, y los esporádicos suplementos sobre el "estado de la cuestión", convirtiéndolos en periféricos en la periferia.[66]

La novela y su teoría no han progresado en el continente porque un anatema de las historias panorámicas o nacionales que "corrigen" es la redundancia, las "noticias falsas" entendidas con la semántica actual, y en gran parte porque esos compendios no se componen de críticas, sino de reseñas descriptivas. Pocos críticos u obras han hecho pensar en la magnitud de la empresa y su arte.[67] Se vuelve así al nexo de si hay valores o implicaciones universales en la temática autóctona. Arguedas propuso una magnífica solución en *El zorro de arriba y el zorro de abajo,* empleando una sintaxis diferente para su español, permitiéndole, según un seminal ensayo de Barrenechea, ampliar la comprensión de fuerzas raciales enfrentadas no solo de nuestro continente "sino las de cualquier oprimido en cualquier lugar del mundo" (1978: 289), o sea las estructuras del sentir (en verdad de *pensar*) que Williams acuñó en *A Preface to Film* (1954).

En los años cincuenta Williams, marxista cuya sensatez no se extendió a sus mejores epígonos, empleaba y enseñaba el ahora muy analizado *close reading* (lectura detallada). En su magistral y práctico *Lectura y crítica,* propone leer la prosa de manera fragmentaria, y su muestra, como la de Felski, se compone de novelistas anglófonos, de Joyce a Greene. Williams advierte que "cada nueva obra requiere

---

[66] Los menos popularistas, algunos traducidos con títulos rentables, son Jeremy Hawthorn, *Studying the Novel* 1985, 8ta ed. (2023), el más útil; George Hughes, *Reading Novels* (2002), Jesse Matz, *The Modern Novel. A Short Introduction* (2004), John Mullan, *How Novels Work* (2006), John Sutherland, *How to Read a Novel* (2006), el extravagante *The Curious Reader. A Literary Miscellany of Novels & Novelists* (ed. Erin McCarthy, 2021), y como diatriba más que manual, Epstein, *The Novel, Who Needs It?*. Aunque nunca falta Cervantes, en todos ellos es notable la ausencia de autores iberoamericanos.

[67] Véase "Latinoamericanistas españoles y narrativa contemporánea", *Condición crítica...,* 355-381. Hay muy buenas correcciones del estado de la cuestión en los doce capítulos de la sección I, "La producción nacional de la novísima narrativa en lengua castellana" (45-301), en *Novísimas. Las narrativas latinonamericanas y españolas del siglo XXI,* ed. Ana Gallego Cuiñas (Madrid/Frankfurt: Iberoamericana-Vervuert, 2021). Respecto a Ortega y Gasset, Beltrán Almería declara con razón "la importancia que ha tenido la línea española de pensamiento sobre la novela, *una línea más valorada fuera que dentro de España*" (335, énfasis mío).

una nueva evaluación y un nuevo análisis, de modo que el juicio literario resulta infinito" (89), que las reglas sobre forma y estilo en la prosa son abstractas (94), que no rendirse a la recitación mecánica es excluir la conciencia (96), y pregunta "¿Pero hay peligro de que la lectura de estos fragmentos se convierta en un fin en sí mismo?" (99). Como Barrenechea, Williams propone lecturas pormenorizadas e intersticiales que transmitan una dilatación susceptible de ser analizada (100), abriéndose a errores interpretativos, sin los excesos que después definirían a las lecturas detalladas deconstruccionistas. Es en los "mientras tanto" y en tramos culturales intersticiales que las cosas ocurren, adquieren forma, se desarrollan y llegan a su plenitud.

Sin virtuosismo técnico sobre las implicaciones de la autoficción o metaficción para la teoría de la novela como género mimético, Barrenechea, adelantándose a su ensayo de 1982 sobre esa progresión, afirma que "De todos modos es indudable que la extrema libertad y el fragmentarismo de *la nueva novela* le abrieron caminos para la estructuración de los *Zorros*" (1978: 296, énfasis mío). Esa es una manera de unificar algún llamado antiimperialista o experimentalista latinoamericano sobre esa novela, y corrige de manera implícita el virtuosismo de plañideros contundentes que viven cómodos en el Imperio, sin liberarse de él con violencia, como quería Fannon. Décadas después, al comentar una compilación de Moretti, y referirse a un artículo de Catherine Gallagher sobre cómo la ficcionalidad se convirtió en una categoría discursiva separada de los hechos, John Frow discute una idea análoga a la de Barrenechea: qué es la irrealidad misma de los personajes literarios, o "'la implicación mutua de su cognoscibilidad irreal y de su aparente profundidad, el vínculo entre su inexistencia real y la experiencia que el lector tiene de ellos como algo profunda e imposiblemente familiar lo que les da su 'peculiar fuerza afectiva'" (2008:145). ¿Si el lenguaje crítico pretende ser multilingüe, por qué no encuentra la crítica anglófona de la novela mundial similar utilidad en el ensayo de Barrenechea, que también transmite la idea de que la experiencia de leer es más importante que cualquier análisis disecado de la novela?

Hacia los nuevos nuestros

Si los novelistas más jóvenes incluidos en *Los novelistas como críticos* nacieron en 1947, afectados por desastres geopolíticos (colonialismo, calentamiento global, etc.), un tercer tomo daría cuenta de los que aparecen en los años noventa, junto a varias autoras que no formaron parte de *McOndo*, el *Crack* o la compilación *Líneas aéreas* (1999) de Becerra. Ese tomo posible revelaría varios vuelcos, algunos teóricos, recordando que las generaciones suelen funcionar más como horóscopos para la crítica que depende de ellas, en el sentido que se puede encontrar reflejados los sentimientos y frustraciones del período elegido. Si se intentara una historia *abierta*, más que alternativa de la novela, hay que tener en cuenta la injerencia de la cultura de cancelación entre los lectores de élite, porque hay una progresión entre los novelistas actuales, de la infantería agotadora de la teoría a la infantería leve y veloz de la práctica, aun en las "novelas de teoría" puntualizadas en los últimos capítulos de *Discípulos y maestros 2.0.*

Desde *Los novelistas como críticos* —que no es un canon y reconceptualiza la metodología de compilaciones como *Novelists on the Novel* (1959) de Miriam Allott (en español en 1962 y 2011), o los volúmenes posteriores de *Devenirs du roman* (2007 y 2014) concentrados en la novela francófona— hasta la introducción general de *The Contemporary Spanish-American Novel*, una veta mayor para entender al género teóricamente surge de la no ficción de los novelistas, y no se trata de todos o de una sola cohorte. He ahí que con la novelística de Bolaño, el concepto de "clásico menor" gana aceptación en el mundo editorial y en la crítica. La elasticidad de esa percepción permite a las editoriales adherir el estado de "clásico" a una gama de títulos con base en criterios amplios (por ejemplo la "novela negra histórica"), esquivando debates onerosos o políticamente tensos sobre un canon comprensivo o instantáneo. *Discípulos y maestros 2.0* arguye que pocos de esos "clásicos" concientizaron o agudizaron el ingenio de un número mayor de lectores, criterios para la Gran Novela. Esa progresión refuerza el lugar común de que los grandes clásicos nunca dejan de cambiar, o que al calificarlos como tales, se deja de observar críticamente y de apreciar el genio detrás de una obra maestra.

Consecuentemente, Bolaño y Aira son tajantes con las novelas o novelistas que no les gustan (los "boomistas" son menos arbitrarios), y que despachan con un facilismo excesivo. Si Bolaño fue contradictorio al evaluar a Aira, en *La ola que lee* (2021) este divide el mundo literario entre lo que vale y lo que no, con desmesuras y exageraciones como "Copi es uno de los mejores escritores del siglo veinte". Otros nacidos en los años cincuenta —Castellanos Moya, Serna, Padura, Franz, Rey Rosa y Abad Faciolince; o algo más jóvenes como Toscana, Lalo, Rivera Garza, Martín Kohan, Pedro Juan Gutiérrez, Villoro, Volpi, Alan Pauls, y en particular los nacidos en los años sesenta y setenta como Zambra, Valencia, Enríquez, Vásquez, Pron e incluso Fuguet— exteriorizan inquietudes cosmopolitas resueltamente latinoamericanas. Observar en la novelística de ellos y de autoras más jóvenes como Harwicz, Melchor o Carolina Sanín —nada propensas a ser la novelista genial, chévere o guay— la manera en que toman pequeños detalles y los entretejen en tramas cruzadas revela el proceso mediante el cual un relato se convierte en arte, enfatizando la diversidad que la teoría debe tener en cuenta.

Esos novelistas dejan la sensación persistente de que debe haber una llave teórica para entender su vida y definir su obra, que hay que ver más allá de recontar su prosa, citar sus bromas o tramar sus mecanismos, para descifrar cómo convirtieron sus rompecabezas. En alguna crítica academicista, la inflexión y pereza intelectual dejan mucho que desear, porque el objeto agobia al sujeto y no se sabe quiénes o qué son los académicos; y consecuentemente no importa mucho qué piensan. Pero en la no ficción de los novelistas nombrados, el placer de leerlos incluye aprender y divertirse con sus digresiones, yuxtaposiciones y conexiones inesperadas. En ellos, la crítica o la teoría están asimiladas, no simplemente integradas para deambular y compeler, porque al fin, la mayoría de lo que proponen está conectado. Por esas reflexiones, algunos novelistas del milenio están en lo que Tabarovsky llama "vanguardismo académico" cuando devoran teoría, no al revés, porque con la cultura del clic, la línea divisoria entre el mal gusto, la violencia como estribillo y las vanguardias es cada vez más tenue. A pesar de sus diferencias, Rama o Rodríguez Monegal, cuyo vigor crítico es clave para entender los fracasos de la crítica de la novela de los años sesenta a ochenta, pensarían que la crítica academicista actual de los novelistas recientes desequilibra los contextos reales, convirtiéndolos en ecos fáciles o relicarios, y peor, convirtiendo su jactancia teórica en una *performance* para un público que solo piensa como ellos.

Estos capítulos arguyen que se aplica sin cuestionar o se calca sin mayor reparo metodologías "teóricas", y Boyd (338-339) es la autoridad más reciente respecto a cómo niegan la naturaleza humana o el sentido común. También dan por sentado que las discusiones críticas siempre contienen agendas, empoderamientos, falsedades, militancias, obstinaciones, rechazos y victimismo fructíferos; y por supuesto que hay que leer la novela en sus contextos sociales. Al reducirlas a esos componentes, es exasperante la escasez de análisis literario, porque por defecto el enriquecimiento interdisciplinario crea nuevos niveles de complejidad, que no resuelven problemas históricos. ¿Significa esa expectativa ser conservador, tradicionalista, estancado en un pasado filológico? No. Cuando, con Daphne Patai, armamos *Theory's Empire* (2005) no concebimos nuestra crítica como denuncia de excesos y subjetividades tóxicas que se convierten en patrones y normas interpretativos. Tampoco es una colección de "anti-teoría", si por esto se entiende no pensar sobre la teoría más allá de la academia.

Si bien hay cierto consenso en que la mayoría de las historias y estudios representativos de la crítica o teoría de la novela en los años cincuenta son convencionales, en términos de los avances filológicos corrientes, no es necesario volver conceptualmente al siglo XVIII alemán o al cientificismo de los años treinta, cuando se quiso establecer una teoría ampliamente occidental del género. Un experimento científico puede salir mal, si los que colectan los datos (verbigracia Moretti) están sujetos a una teoría única o dudan sobre cómo reportar sus hallazgos. Lo opuesto también puede ser verdad, porque los datos científicos mezclan signos y ruido de fondo, y sin una teoría en su lugar es difícil distinguir entre ellos. Si la cultura de cancelación va a contribuir efectivamente a estudiar el género, hay que sopesar la ética de críticos y novelistas (*Discípulos y maestros 2.0*, 99-199, *et passim*), para que los adictos a la censura no asuman más conocimiento o mala fe de la que exhiben. La popularidad de una novela aumenta con las cruzadas de censurar, interdicciones que pueden producir un canon revanchista y reaccionario, probando que por cada conservador social hay un liberal social. Stendhal, Balzac, Flaubert, Gide y Greene fueron censurados, y éxitos de venta. [68] Algunos casos son más fáciles de esgrimir que otros, según la naturaleza de la novela, el apego emotivo e intelectual de la crítica a la obra, lo que se descarta y se quiere olvidar; ejemplificado por los enfoques examinados en la próxima sección, centrada en los procesos cognitivos y lingüísticos formados culturalmente, sin descartar a los prescriptores, cuya creciente influencia examina *Discípulos y maestros 2.0*. ¿Cómo teorizar esas novelas?

¿En verdad hay otras maneras de leer la novela hoy?

En "Contar historias", prólogo del primer volumen de sus obras completas, Vargas Llosa se remonta a la prehistoria para explicar, por enésima vez, la pulsión humana de expresar lo íntimo "sin los condicionamientos y servidumbres de la vida verdadera" (58), y proponer que no es seguro que la ficción haga felices a los humanos, "salvo en los intervalos de irrealidad en que, arrullados por la voz de los contadores de historias, vivían la ficción como una experiencia vital" (58). Didion, conservadora respecto a novelas experimentales que "erosionan la técnica", afirma al comienzo de *The White Album*

---

[68] En 1959 la Municipalidad de Buenos Aires calificó a *Lolita* de inmoral. Borges criticó esa censura, respondió a una encuesta y firmó una declaración. Su calificación es una perorata: "No he leído el volumen de Nabokov y no pienso leerlo, ya que la longitud del género novelesco no condice ni con la oscuridad de mis ojos ni con la brevedad de la vida humana [...] Las muchas páginas, en general, son promesa de tedio y obra de la mera rutina" (308-309). Véase "El caso 'Lolita'", *Borges en* **Sur** *1931-1980* (Buenos Aires: Emecé, 1999), 308-309. Si se piensa en otras objeciones suyas es irónico que termine sobredimensionando su defensa de la brevedad, paradoja en que no cayó Monterroso.

(1979) que "uno se cuenta historias para vivir", visión practica referida a los momentos azarosos y confusos en que se extravía el guion de la vida. Un siglo antes George Eliot, novelista de ideas para Byatt (65-67, 148-149), publicó *Silly Novels by Lady Novelists* (1856), que describe y parodia un género que le parecía problemático: las novelas éxitos de venta de mujeres en que la narración es fatua, poco convincente y moralizante; una literatura popular ansiosa con mujeres inagotables y perfectas (Byatt y Sodré, 78-117), falta de realismo. Como las prevenciones de Ortega y Gasset, en "Ideas sobre la novela", estos recelos no son recetas, ni imperativos de una época.

En *El arte de la novela* (2000 [1986]) Kundera mantiene que "Una novela que no descubre un segmento de la existencia hasta ahora desconocido es inmoral. El conocimiento es la única moralidad de la novela". ¿Pero qué hacer con novelas cuya actitud se cree inmoral hoy, por su falta de diversidad, equidad e inclusión, sentimientos más que razón? Contar historias por medio de la novela es retomar y renovar la evidencia de que, desde las épicas, la costumbre humana de pensar por medio del narrar es de larga duración y global, convirtiendo la doble moral y la tecnocracia en fuerzas políticas activas. Ya no hay críticos profesionales comprensivos que sepan desatar esos proyectos y redes, o que dejando sus microscopios, lean con placer, como Rama. Si embargo, el género a veces atrae a críticos "teóricos" que ponen en perspectiva la necesidad actual de tener un "relato", haciendo que los comentaristas invoquen un "relato político", que noticias pasajeras se relaten en redifusiones multimedia jadeantes, y que la carta de un restaurante pomposamente cuente "nuestra historia".

Ese cruce de ideas y argumentos es vigoroso en los análisis de *On the Origin of Stories. Evolution, Cognition, and Fiction* (2009) de Boyd y en *The Written World. The Power of Stories to Shape People, History and Civilization* (2017), de Martin Puchner. Ambos analizan desarrollos como el interés en Microsoft y otras corporaciones informáticas por contratar a narradores que expliquen qué es un relato a sus empleados, el llamado *storytelling*, que según Han "es lo menos parecido al retorno de la narración" (105).[69] Boyd, experto en Nabokov, propone que el arte de narrar es una adaptación de varios juegos humanos, mostrando la evolución alienante de la crítica literaria desde la *Odisea* (215-317), modelo mayor para *Ulysses* y menor para *Mrs. Dalloway* deWoolf, modelo obvio para *The Hours* (1998) de Michael Cunningham. Siempre se saquea la mitología clásica (hay unas cien traducciones al inglés de la *Ilíada*) para buscar tramas, y otras artes hacen lo mismo que las novelas. Si Boyd pregunta cómo *evolucionan* los humanos para que les encanten las historias, y por qué algunas significan *algo* para varios públicos, a través de culturas y generaciones, la parte más polémica de sus argumentos es por qué la especie humana, orgullosa de poder manejar información compleja, se hipnotiza tanto con textos decididamente ficticios, idea que depende en gran parte de su crítica de la teoría en los últimos capítulos de su libro.

Por su parte, Puchner despliega un entendimiento novelesco de lo que es contar historias, eje de este libro. Basándose en sus experiencias, pasa de la épica al aura jerárquica y patriarcal de la creación de la novela, expone que las de Harry Potter son repetitivas (porque para ese momento del crecimiento del género, la práctica de la lectura tiende a un consumo más privado y veloz), y termina preguntándose, en los dos últimos capítulos, qué textos fundacionales surgirán de la literatura poscolonial y las nuevas tecnologías. Teniendo esos desarrollos en mente, y que Boyd y Puchner desconocen la novelística en español o la influencia del *boom* en la novela mundial, desde Diderot los novelistas dialógicos discuten, prueban varios papeles y máscaras y adoptan muchas voces para que sus biógrafos señalen

---

[69] El de Puchner se comercializa en español como *El poder de las historias: o cómo han cautivado al ser humano, de la* Ilíada *a Harry Potter* (2019). Si Boyd se fía de la neurología (171-177) para descifrar los mecanismos de la narración, Puchner se apega persuasivamente a la historia de la literatura mundial antigua, sin teorización formal (cf. su capítulo sobre el *Quijote*); mientras en *The Science of Storytelling* Storr opta por atajos cognitivos y psicología popular para explicar cómo los narradores no fiables (en Nabokov e Ishiguro, etc.) procesan la información para manipular historias. En *Storytelling. La máquina de fabricar historias y formatear las mentes* (2008 [2007]) Christian Salmon, otrora asistente de Kundera, provee un relato *político* de cómo las historias populares y periodísticas son contadas de antemano por la mercadotecnia (idea expandida por Han), tapando aplicaciones técnicas que hay que humanizar, relato que la fundadora práctica franca de Didion desmiente.

las brechas entre sus actos y los de ellos. Si, para Lessing, las autobiografías, biografías y novelas "tienen mucho en común" (91), las últimas suelen superar a las biografías (que como las autobiografías, correspondencia, diarios íntimos y "vidas" colonizan mal a la ficción), cuyos defecto es imponer un relato a fragmentos de la realidad, con pretensiones de conocimiento y delusiones de objetividad, convirtiéndose en detalles ofensivos que producen más miseria humana que menos, a no ser que sea una "biografía teatral" como *Orlando* de Woolf. Llevada al teatro en España, fue cancelada en 2023 por tratar temas "ofensivos".[70] En 2024 se publicaron ediciones de *Maurice y Room with a View de Forster* con la prevención de que "pueden contener lenguaje que es ofensivo para lectores modernos", obras que, consideradas globalmente, hacen preguntar por qué se alterarían ciertos lectores.

El trabajo primordial de los críticos y teóricos de la novela es sopesar esas mutaciones, y en ese sentido referirse a "crítica traducida y domesticada" también puede significar el hecho positivo de ocuparse de estudios "antiguos" cuya resonancia es patente, como el caso de *Aspects of the Novel*, de Forster, cuya primera traducción al español es de 1961; o *Mímesis*, cuya primera versión entera fue publicada en México en 1950. Si hay versiones, reimpresiones y varias traducciones de esos estudios clásicos, ampliadas por prólogos o epílogos de críticos importantes en el momento de la edición conmemorativa o nueva (el caso de *Mímesis*, con Said), o por recuperaciones como la que hace Vila-Matas de Forster, el hecho de que hayan sido traducidos implica, en el mejor de los casos, que el estudio tiene una importancia que se debe y puede mundializar.

Si se aglutina el siglo XX por los logros técnicos y la expresión en novelas de avanzada, sorprende que, al terminar su estudio, Thomas

---

[70] La injerencia de los medios es tratada con frecuencia por Rivera Garza, y Pron en particular, Abad Faciolince, Valencia, Matilde Sánchez (sobre las "licencias de lectura"), y es novelizada por Oloixarac y otros discutidos en *Discípulos y maestros 2.0.* La mejor explicación, con base en artículos que el psicólogo Jerome Bruner comenzó a publicar en los años ochenta sobre la problemática integración de procesos cognitivos y relatos autobiográficos para entender la recepción de una multitud de narraciones, es Matti Hyvärinen, "'Life as Narrative' Revisited", *Partial Answers* 6. 2 (Junio 2008), 261-277.

G. Pavel divida las contemporáneas en *difíciles* (Joyce, Woolf, Musil, Döblin, Faulkner, 374) y *fáciles* (populares, exóticas, de vaqueros, policíacas y de espías, moralistas o de análisis social), con la amplia gama de "los herederos de la tradición cómica y escéptica" (375), y la complicada herencia de "sucesores de Dostoievski" (Turguénev —otrora admirado por el antimaterialista y tradicionalista Dostoievski; y por James y Woolf— irritó a radicales y conservadores con *Padres e hijos*, 1862), es revelador que los conservadores son los revolucionarios y los revolucionarios los conservadores, como Balzac, Flaubert, Céline (célebre por su oralidad callejera y humor negro, infame por antisemita), Houellebecq (como Céline, nada extraño a la violencia, u Orwell a la libido) y Vargas Llosa, que pasa su vida insistiendo que no es un reaccionario. Si los comentarios de Pavel son categóricos, arguye bien por qué se equivocan algunos novelistas, al sostener que los críticos tratan de ser lo que no pueden ser: novelistas; expectativa que funciona, si se tiene en mente un crítico ideal.

Pavel, académico, no pretende ser tutor de la técnica del arte que comenta, inquisidor con perfecto equilibrio, o completamente libre de ambición crítica. Consecuentemente, en la cuarta y última parte explica cómo lo cotidiano y lo obvio se convierten hoy en temas que, para otros críticos, indican un tendencioso giro cultural (véase Ruiz-Domènec). Afirma que se puede contrarrestar esa visión, recordando que en el siglo XIX no se les habría ocurrido a autores o editores serios (que sueñan con lo fácil que es reducir un texto) que esos temas debían ocupar más de una docena de páginas, aunque en el siglo XX, un novelista como Gracq, por interdisciplinario que fuera, admitió que le perturbaba la falta de preocupación por la temática en sus contemporáneos, y aunque la aceptaba en la crítica (122-124), prevenía: "Una gran parte de la crítica actual —y en ella incluyo a los novelistas teóricos— está contaminada por esta extraña pretensión: ser ya un historiador de la literatura por venir".[71]

---

[71] Citado por Raimond (483, n 15). Gracq detestaba el mundillo literario y rechazaba los premios y el reconocimiento. Partiendo de las objeciones de Valéry a la novela por su arbitrariedad y multiplicidad de posibles variaciones inconsecuentes, el abstracto y refinado Gracq propone que una parte de la plantilla de los novelistas da un sentido suficientemente agudo del

Moretti, que como Pavel no se refiere a la monótona semejanza de ciertas novelas y la crítica contemporáneas, silencia otras tendencias en la teorización de la novela al aseverar "La reflexión teórica se inclinaba hacia la fenomenología histórica: todavía severamente lógica en la tripartita *Teoría* de Lukács, más abierta en la interacción de formas locales y principales 'lineajes' novelísiticos, y completamente explícita en el entusiasmo por ramificaciones morfológicas de tentativas recientes, como las de Pavel y Mazzoni" (2021: 20). Desde *Distant Reading* (2013), en que reúne diez ensayos programáticos más analíticos que cuantitativos, afirma que su "lectura distante" significa distanciarse cultural, geográfica y lingüísticamente de interpretaciones directas, temáticas, y obviamente de la lectura detallada (siempre de la novela) para elaborar polisistemas que no dependen de la traducción [...], porque después de dos siglos no se sabe qué es la literatura mundial, que "no es un objeto, es un *problema,* y un problema que exige un método crítico nuevo: y nadie ha encontrado un método simplemente leyendo textos. No es así como surgen las teorías; estas necesitan un salto, una apuesta, una hipótesis, para empezar" (2013: 46, su énfasis). Hay que sopesar sus aspiraciones y logros con sus defectos y contradicciones.[72]

De manera implícita Moretti contrapone su método al de expertos en literatura mundial *traducida al inglés*, que ignoran teórica y prácticamente la historia de la novela *iberoamericana* o su influencia actual. Diferente de la mayoría de los prescriptores del mundialismo de la novela, que Pascale Casanova llama "mediadores", las conjeturas de Moretti, se diferencian de las de Casanova en *La République mondiale des lettres,* por no enfatizar un orden piramidal, por asumir una lucha entre centro y periferia, en que la novela irradió de un centro hacia la periferia; movilidad que no quiere decir que el centro mantuvo

---

significado y precisión de las conjeturas que cada una de sus oraciones activará en la mente de los lectores: *c'est là ce qui lui permet de 'garder le contact' exigence aussi impérérieuse dan l'écriture d'un roman qu'elle l'est dans la conduite de la guerre. La moitié de son talent est de projection* [...] (114).

[72] Lo propongo en "La novela latinoamericana sin redes: el giro de Franco Moretti". *Cuadernos Americanos* XXXVIII 188. 2 (Abril-Junio2024). 175-192.

su supremacía eternamente. Si la *lectura distante* sirve para mostrar cuándo y hacia dónde se mueve la novela, la metodología de Moretti, incluso con recursos computacionales, es incapaz de teorizar cómo o por qué cambia, crece, se zarandea y muere (o se supone y anuncia que muere).

En "Pensar la novela", reseña de los dos volúmenes de *The Novel* (2006), destilados de los cinco de la colección italiana *Il Romanzo*, compilados por Moretti, Frow resume la metodología del italiano, apunta que es "un destacado partidario de alejar la historia literaria de su atención a los momentos excepcionales [...] para acercarse a un estudio de sus configuraciones ordinarias, usando grandes cantidades de datos para trazar patrones de producción, circulación y consumo y así *prescindir del texto individual y sus interpretaciones*" (140, énfasis mío). El problema metodológico fundamental de esos volúmenes, dice Frow, es que "cualquier declaración personal de lectura emplea necesariamente vocabulario crítico de su tiempo, y esto introduce un cierto desplazamiento en nuestro análisis de la lectura" (142); y añade "Otra dificultad, suscitada por el análisis cuantitativo, se relaciona con la constitución de sus unidades de análisis" (14). Según Frow, no hay novedad en esa metodología porque Moretti toma "los géneros y las formas como algo dado, después de derivar estructuras de grandes conjuntos de datos" (143), concibiendo la historia literaria como un análisis objetivo de patrones y tendencias, sin pensar que se corrompe a los géneros con temas.

Junto a la erudición, el cuidado del análisis y la certeza de las evaluaciones, y no resistirse a ellos, o debido a esos elementos, se vuelve a la pregunta de por qué teóricos académicos de la novela de Occidente, como el rumano, el italiano, e iberoamericanos todavía no se leen entre sí, o tienen poca paciencia para hallar referencias que pongan en perspectiva o enaltezcan sus premisas; el caso con el estudio español analizado a continuación. En aquellos brilla la ausencia de estudios, como *The Philosophy of the Novel* (1984) de Bernstein, aunque este estudie más el marxismo y la dialéctica de las formas que el Lukács (cuya teoría de la novela tiene como subtítulo que es un ensayo sobre las *formas de la gran litera-tura épica*) tan apreciado por Pavel y Luis Beltrán Almería. Es similar la falta de referencias a críticos contemporáneos, como Lodge (que, como novelista, ficcionalizó a Henry James y H.G. Wells) y a las del marxismo de Jameson, como muestran las reseñas de novelas que publicó entre 1972 y 2022, la más accesible de sus compilaciones (2024).

Por la similitud ideológica del estadounidense con Pavel y Beltrán Almería, la carencia es más fuerte. Pavel no se ocupa de novelas enciclopédicas, fragmentarias, totalizantes, o de "autobiograficciones" intimistas que, desde Mann, hasta la celebrada Ernaux (construidas sin la hibridez que enfatiza la "otredad" de la autora) esconden pocos secretos autobiográficos o alegóricos. Como se comprueba aquí y en *Discípulos y maestros 2.0*, esa autoconciencia no es nueva, como las influencias cercanas de Borges y Philip K. Dick, en cuyos ficciones abundan los universos múltiples; y también es base para filmes o adaptaciones televisivas (Woolf, Vonnegut) o influencias distantes (Cervantes, Sterne, el Ballard que, como Dick, es para algunos un profeta que se hizo pasar por novelista, Conrad y H. G. Wells). Refaccionada como "autobiograficción" que parece escrita por ChatGPT, esa influencia se va agotando para novelistas que no abandonan la autopista de la narración o evitan salidas comunes. El pensamiento novelístico que ofrecen esas transformaciones —Musil y su cuestionamiento de la política masiva, Broch, Joyce (para quien la vida consistía en lo que se piensa todo el día) en el siglo XX y varios hispanoamericanos analizados en el capítulo anterior— cabría, paradójicamente, en el idealismo tradicional que privilegia Pavel. Después de todo, las transformaciones son una parte tan intrínseca del aire que se respira que el peligro es perder las ramificaciones más amplias.

Desde ese contexto más contemporáneo, en que parecen importar más el cambio y el virtuosismo, merece análisis un estudio que hasta hoy es el de mayor aspiración "teórica" en español, *Estética de la novela* (2021) de Beltrán Almería. Como reconoce en su limitado epílogo bibliográfico, la suya es una *historia* del género según diversas *estéticas*, desde la antigüedad hasta hoy, apoyándose en "las propuestas previas de Mijaíl Bajtín, sobre todo, y, en menor medida, de György Lukács y Thomas Pavel" (333). Si para los teorías recientes de la novela destaca la obra de Guido Mazzoni —quizá por metas similares, desdeñando al italiano por "no buscar la innovación" (35)— y menciona el temprano estudio de Moretti sobre la novela de formación, el académico Beltrán Almería, manifestándose correctamente sobre las limitaciones del discurso academicista moderno menciona los volúmenes de *Il romanzo* compilados por Moretti, añadiendo que "no van más allá de la crítica ideológica con cualquiera de sus matices y son incapaces de superar la dualidad forma-contenido" (327), sin referirse al polémico método de lectura distante. Simplemente recusar esa dualidad es insuficiente.

Para Bessière "la tradición de la novela moderna, modernista [europea], posmodernista", estribillo de su perspectiva, permite leer sus límites y entablar la corrección de sus teorías (40), y "Así, las perspectivas que proponen Georg Lukács — singularidad y universalidad —, Mijail Bajtín — dialogismo y punto de vista irónico —, Erich Auerbach — variaciones del estatuto del realismo según una jerarquía de sus objetos —, se caracterizan por juegos de dualidades" (40), y corresponden a enfoques paradigmáticos atados al azar (73-79) y a lo singular (97-102). Estos encauces permiten evaluar la referencia a lo humano con una visión antropológica como la de Bessière, proceder posibilitado por Rama, Aira o Bellatin, que una y otra vez arman marcos referenciales humanos que borran distinciones y límites génericos, e incluso sexuales.

Aira complica cualquier teoría con la profusión de sus novelas, y las pocas variaciones de tono en ellas hacen que una sea representativa del todo, y una parte demasiado pequeña para presentarla como ilustrativa. Para Bessière, *Los detectives salvajes* y *2666* encarnan los avatares de cuestionar "la tradición de la novela moderna, modernista, posmodernista" (97-103) al enfatizar los límites de lo singular y contingente, incluso al hacer hincapié en lo fortuito, como Sebald y otros (106-107, 111-113). Si hay una sintomatología de Bolaño, recapitular sus obras representativas contiene una agitación nerviosa, una sensación de sobrecarga que produce niveles vertiginosos de conciencia; la aprensión de alguna epifanía o verdad, seguida por un colapso. Ese andamiaje se arma con historias secundarias, sermones, debates, monólogos, sueños y parábolas del filosofar como vida. Bradbury lo bajó a la tierra en *Fahrenheit 451*, parábola política en que los bomberos solo tienen un trabajo: quemar los libros, mientras diversiones tontas distraen a las masas en pantallas grandes; y solo un bombero pregunta por qué.

Beltrán Almería, despreocupado por esos ángulos novelísticos, no se ocupa de Moore y otros críticos que sí los analizan, o de interpretaciones afines. Sus fuentes son más mencionadas que citadas, enfoque que obliga a exigir un diálogo con esas y otras referencias; y no es la ocasión para hacerlo. Junto a una mayor discusión de Mazzoni, para el alcance y variación occidental de la novela que es su meta, estudiar la cobertura épica de Schmidt en *The Novel. A Biography* y otros anglófonos dedicados a la estética del género mejoraría su archivo. Entrevistado por *Letras Libres* [España], XIX. 236 (mayo de 2021), 32-38, Beltrán Almería resume su enfoque, proponiendo que la novela occidental tiene tres componentes estructurales (35), y que el simbolismo moderno se compone de humorismo, hermetismo y ensimismamiento (37). Ese reduccionismo refleja al entrevistador, que prescinde de otras vetas de la novela iberoamericana.

He ahí *Te vendo un perro* (2014) de Juan Pablo Villalobos, cuyas dos partes ("Teoría estética" y "Notas de literatura") engranan humorísticamente con Adorno, la sexualidad y cruces generacionales, evitando parlamentos académicos asediados por eternas evaluaciones castigadoras, tontas y mecánicas. He ahí varias obras de Auster o Vila-Matas que parecen estar listas para ser parte del sílabo de cursos sobre teoría literaria. La realidad es que no se puede ser "teórico" antioccidental o hispanófilo sin ser occidental. La crítica que se usa contra Occidente es tomada de Occidente mismo, incluso al apelar a tradiciones no occidentales. Por otro lado, como recordó Sally Rooney, en una charla de 2022 sobre leer incorrectamente *Ulises* de Joyce, la novela es también "una síntesis complicada de tradiciones masculinas y femeninas".

Para Felski se necesita lecturas poscríticas, no para abandonar la política sino para dejar de buscarle tres patas al gato, desistir de excavar y desconfiar. Por su idealismo perforado, salvajismo reprimido y farsa latente hubiera sido útil examinar las derivas de las novelas de *campus* en las Américas (con críticas contradictorias del capitalismo corporativo y del habla comercial, como *Ruido de fondo*, de DeLillo). Beltrán Almería prefiere novelas mundiales populares o españolas poco conocidas de este siglo, con una tipología sui generis, y la ventaja de guiarse por las relaciones "estéticas" de esos desarrollos, no por una cronología convencional, sin dialogar para nada con Massimo Fusillo y su *Estética de la literatura* (2012 [2009]). Frases como "La tercera dimensión del escenario estético-literario moderno es el ensimismamiento, esto es el proceso de individualización que deriva hacia el egotismo" (177), o "El héroe épico es lo que es por su linaje" (69) son típicas del carácter elíptico, categórico, fragmentario y a veces caótico (así, 17, 28, 68, 112, 166, 225, 260, etc.) que socava un proyecto que, mejor estructurado, sería una contribución necesaria a la crítica de la novela, tan necesitada de teoría. Esa dependencia en lo oblicuo o no dicho también conduce a sospechar insinuaciones, cuando no habría ninguna.

Al leer "En resumen, la novela moderna es un fenómeno rigurosamente nuevo y a la vez de profundas raíces en la creación literaria histórica. Con un impulso de renovación profunda continúa mixtificando todos los géneros" (184), la adjetivación deja mucho en el aire. Históricamente el género ha rechazado absolutismos que deforman innovaciones notables, como en la picaresca mundial y sus antihéroes, para quienes el esplendor y la indigencia son tan familiares como la prudencia y la vergüenza les son desconocidas. En el presente obsesionado con la heroicidad, las novelas *pulp* son antecedentes de narraciones fílmicas con súper héroes. En ellas hay historias inventadas y realidades fotografiadas (como *Donde*, de Lalo), y pueden aparecer grietas, como en las profusas adaptaciones de *La guerra de los mundos* de

H. G. Wells. Sea cual sea el héroe o antihéroe, los lectores se apegan a él, comparten su motivación, aunque les falte su agencia (verbigracia Bolaño), parte central del placer de leer. Como dice Lannister, al final de *Juego de tronos*, "No hay nada más poderoso en el mundo que una buena historia. Nada la puede parar. Nada la puede vencer".

Esas posibilidades no existen para las novelas regidas por la experimentación o de recepción lenta. Se sugiere con optimismo hacer filmes de novelas recientes relativamente menores, supeditando las complicaciones estéticas, logísticas y sobre todo financieras de pasar de un medio a otro (a finales de 2024 se estrenó en Netflix una serie basada en *Cien años de soledad*). Vale pensar en que el film de la excelente *Zama*, tan admirada por Saer y Bolaño, fue más un éxito por su directora, Lucrecia Martel, que por la novela de Antonio Di Benedetto en que se basó. Superior, quizá por su fidelidad a la novela y a su autor Zambra, fue *Bonsai*, que tuvo mayor distribución, aunque su director, Christián Jiménez, es relativamente desconocido. Si Cabrera Infante sostuvo que no se podía filmar *Bajo el volcán* de Malcolm Lowry, también es cierto que, como guionista, el cubano es más conocido mundialmente por el film de culto *Vanishing Point* (1971), y por hacer con los coloquialismos del español lo que hicieron con los del inglés dos novelistas igualmente fundacionales, Twain y Joyce. Todo esto debería ser comidilla para el teórico de la novela.

Por esas posibilidades, las buenas intenciones de Beltrán Almería pierden la oportunidad de contribuir más que un registro ansioso de obras y autores variopintos. Tampoco presenta un examen cabal de la estética de la novela (35-39), o de los conceptos, juicios y sensibilidades de esa disciplina filosófica decimonónica y sus fundamentos platónicos. También decepciona que no critique modos artísticos actuales que aceptan y toleran todo: la "estética *laissez-faire*" que el crítico de arte Jed Perl acuñó en un controvertido ensayo de 2007 para *The New Republic*. Quizá sea por conjunción o equiparación terminológica, como al dedicarse a la "Novela hermética o de crisis" (256-260) o "La novela simbolista o de crisis" (260-272). Una muestra de esa falta de trasfondo teórico es su lectura conservadora de *Rayuela* (rara vez analiza fechas de publicación, contextos o historia editorial) como novela exclusivamente hermética. Sí tiene alguna razón al decir que su lectura de Cortázar (entre los latinoamericanos se dedica a los "boomistas"; mientras Bolaño o los mejores de sus contemporáneos en la "literatura mundial" brillan por su ausencia) "aun siendo justa, reduciría un aspecto que en la novela queda oscurecido, pero que no debe olvidarse: la risa" (259).

Insistiendo, como hace con otras, que esa novela almanaque o bisagra "ofrece abiertamente una estética hermética, eso es, una estética orientada a la búsqueda de la salvación en el eterno combate entre el bien y el mal" (258), afirma con síntomas teológicos que "En síntesis, puede decirse que la estética [sic] de *Rayuela* consiste en la exposición de la lucha demoníaca entre el cielo y la tierra, el bien y el mal" (259). Como el *Quijote*, una novela y su reputación oscurecen tanto como aclaran, y así queda eclipsada la crítica de *Rayuela* que agotó el tema de su humor, que veía a su autor como el contemporáneo que faltaba. En la práctica, *Rayuela* y *El libro flotante*, de Valencia, requieren más que un lector "cómplice" (Cortázar), por cuestionar lo intencionalmente tangible, cuando la conexión con la obra física cobra menos importancia con la digitalización, condición que percibió Valencia, al abrir un sitio en la red mundial que permite una mayor interacción con su novela. Retomando glosas como "La novela se queda sin épica" o "Pero La Novela con mayúscula está muerta" del novelista Eduardo Mendoza (ignorado por Beltrán Almería), Echevarría duda de qué se entiende por ellos, y pregunta "¿Cabe pensar que las novelas de escritores como V. S. Naipul, Philip Roth o J. M. Coetzee son menos ambiciosas y complejas que las de Fiodor Dostoievski, Virginia Woolf o Joseph Conrad?" (2024: 30). Un buen lector de teorías sabe que no.

Es productivo leer *Estética de la novela*, porque no hay que ignorar al apóstata crítico, y si se agradece que tenga solo 30 notas al pie, vale evaluar esa prerrogativa con la desventaja de la inconsistencia en la documentación y atención desigual a novelistas españoles transcendentales (Vila-Matas, Cercas y *El punto ciego*, Luis Goytisolo) y a la crítica española (al filólogo comparatista Darío Villanueva y sus estudios sobre las teorías del realismo). De los doce capítulos que componen las cuatro partes del libro, y sopesando el estado de la cuestión, la parte más extensa y problemática es la última, "La novela moderna" (169-317), que incluye la sección dedicada a Cortázar en la serie sentimental, la erótica y la de "otros géneros". Tampoco explica cómo se llegó a la contemporaneidad: el momento archiconocido en que la crítica y estética de la novela llegan a su apogeo. Si en ese recorrido la conclusión general de "Tesis sobre la novela" (331-332) se apega al contenido del libro, también tiene un tono escolar redundante. Por eso, en similar desarrollo, el propósito de Mazzoni ya tiene mayor trascendencia mundial (el original italiano es de 2011) que el de Beltrán Almería.

Si el estudioso español correctamente piensa en Lukács como paradigma para entender el progreso de la novela hasta mediados del siglo XX, Mazzoni opta por teorías más recientes que las de Bajtín, para entender su evolución. Su *Theory of the Novel* combina hipótesis novelísticas comprobadas en la práctica, enfatizando ideas en torno al clasicismo versus el romanticismo de Schlegel, Goethe y Hegel, más que las de teóricos actuales. Si su muestra iberoamericana (Cervantes no podía faltar, Unamuno sí) es menos limitada que la de Beltrán Almería, su atención a la novela contemporánea y su enfoque general, que no considera la crítica de género sexual, exhiben mayor compromiso teórico, augurio de su recepción futura. Sus ocho capítulos, introducción y conclusión, abrigan marcos de referencia europeos y seguimientos lógicos decisivos, derivados inicialmente de la semántica de las distinciones terminológicas en torno a la novela (60-64). Son correctas su atención a Cervantes y su discusión del relativismo, que junto a la entrada de la democracia, percibe como logro de la modernidad. Pero su mayor compromiso es con la problemática mímesis, que para él posibilita contar historias (47-51) y nuevos entendimientos de la vida.

Hacia el final de su estudio, Mazzoni sostiene que la novela posmoderna ya no es europea, sino global (sin matizarla respecto a la "mundial", como insisto para otros "teóricos"), porque se introduce nuevas técnicas narrativas y una actitud de realismo existencial y mímesis cotidiana en la forma (342), con Mann como ejemplo supremo, olvidando que, en *Ulysses*, Joyce usa casi cada una de sus técnicas para expresarse sobre diferentes tipos de deseo. Cuando Mazzoni dice que Barthes insiste en el enlace de romance y lógica en obras de Calvino, Stevenson, Carroll, Schwob, Nabokov, además de "Borges, y los escritores que Borges influyó" (330), machaca su idea sobre el centro y la periferia (227). Como la Inteligencia Artificial y sus herramientas, esas ideas no son categorías estéticas, sino medidas de la hegemonía de tendencias, y no menos cree Mazzoni del realismo mágico. Si su segundo y quinto capítulos son un buen repaso y mejoramiento de recorridos similarmente conocidos, el séptimo (272-332), dedicado a la transición al modernismo europeo y el demasiado breve octavo (333-342), dedicado a la contemporaneidad, presentan mayores dificultades para una *teoría*.

Como en Beltrán Almería, las discusiones de la novela contemporánea (de los años treinta a 2002 y 2010, respectivamente), y lo libresco en ellas son las menos logradas, en particular porque su archivo preferido, como en Moretti, es el de estilos "refinados" habitualmente anglófonos, olvidando que, desde Cervantes, al repudiar el aire libresco en que está atado todo libro (idea del comparatista Harry Levin, partiendo de *Bouvard et Pécuchet*), el novelista quiere cerrar la brecha entre palabras y hechos. En ese contexto Aira, Bellatin, Gainza y Lalo indican que se ha llegado al fin de las ideologías artísticas, aunque los primeros dos sigan obsesionados por Duchamp. Ese desarrollo no le permite a Beltrán Almería razonar argumentos como el de González Echevarría (que la genealogía retrospectiva de la novela es una invención de ella misma) cuando discute las diferencias entre tramas centrípetas y centrífugas, del *Nouveau Roman* a Perec (247-250, 297-301 *et passim*), con base en paradigmas decimonónicos, aunque estén presentes en novelistas contemporáneos, que constantemente indagan en sus orígenes para mostrar el propio proceso de archivar, deconstruirlo y problematizarlo.

Puede ser el caso de que un teórico está muy próximo al período actual para reconocer los patrones y temas en esos desarrollos del género, pero hubiera sido útil en Mazzoni alguna interpretación de la novelística contemporánea, especialmente la de no europeos. Si es verdad que menciona a Roth, Coetzee (por sus diálogos experimentales con el realismo), DeLillo, Houellebecq, García Márquez, Bolaño y otros, no provee una lectura de sus novelas, que alegorizan, complementan, condensan, critican, expanden, moldean, rechazan, reordenan o se oponen a la historia del género. La *crítica* de la novela suele ser más dinámica que la teoría más reciente de ella, y para los colegas marxistas de Mazzoni, por ejemplo, DeLillo no es un posmodernista ejemplar, sino un compositor de épicas capitalistas, atraído a zonas periféricas de la acumulación, a áreas de muerte social que su novelística quiere rehistorizar densamente con teorías conspirativas, burlescas y tiernas, asombrosas y desesperadas.

El descuerdo, refinamiento o registro de inversiones de los gustos en torno a un género surge de la sobrerepresentación, entre banal y diabólica, de la violencia localizada, como exhiben Castellanos Moya, Rey Rosa, Abad Faciolince, Vásquez o Caparrós; o al limitarla a un género sexual. La novelización reducida a denuncia no ficticia, como en Rivera Garza, reitera la conocida crisis de fe en la ficción convencional, acercándose a perseguir la sangre, a reificar a las víctimas a través de criticar un crimen verdadero, en vez de estudiar problemas sistémicos globales. Para entender esos cambios es fundacional el tratamiento que les da Bolaño, y una teoría hispanoamericana de la novela tendrá que comenzar reconsiderando la frontera entre Estados Unidos y México y la movilidad hacia ella *desde* Occidente. Ese espacio (Corral: 2019), es popular para el reportaje novelístico (desde *Los de abajo,* de Mariano Azuela). En la novelística actual, poco es descrito meticulosamente para ser recordado, o como que surge de alguien que no se puede dar el lujo de olvidar. Para bien o para mal, en esos teóricos hay ideas alteradas, esparcidas, perfeccionadas y rechazadas que pueden llevar a mejoras al repensar la cartografía occidental de la novela.

¿Enseñar o teorizar la occidentalización novelística?

Ante esos importantes desarrollos críticos y novelísticos, la pregunta de para qué sirven una teoría de la novela u otras sistematizaciones, la occidentalización —a pesar de argumentos reaccionarios, como los de Theodore H. Von Laue en *The World Revolution of Westernization. The Twentieth Century in Global Perspective* (1988), que Lazarus desbarata frontalmente (46-49)— no es osificar u oxidar, aunque la industria editorial prefiera centros comerciales con puestos que venden relatos similares de individuos no blancos traumatizados. Si "occidentalizar" es una vaga influencia sociocultural por prácticas y modos de pensar europeos que se adopta o adapta, es menester confrontar la disminución de esas compulsiones y los intentos de ponerlas en perspectiva.

Hace un siglo, en el enfoque no eurocéntrico de *La decadencia de Occidente* (1923) Spengler advirtió que está en su etapa final, y Huntington continuó ese fatalismo en 1996, puestos en perspectiva por Callinicos en "The Rise of the West" (165-179). En la geopolítica actual, ante el terrorismo cultural y autoritarismo de Oriente (Rusia incluida), Occidente no está en declive, y hacia él van la migración y la movilidad social, novelizada por algunos hispanoamericanos que prefieren escribir en inglés. El angloglobalismo —agenciado por estudios anglófonos y alemanes, ensimismados en la nueva literatura mundial, sin antídotos al peligro de imponer una sola historia en una sola lengua, arguye Arac — produce un colonialismo renovado, de una casuística hecha de retazos, sobre todo cuando los expertos en Inteligencia Artificial predicen que la lengua dejará de ser una barrera profesional. No es alarmista Yuri Herrera, radicado en Estados Unidos, al manifestar en una nota de *El País* de diciembre de 2022 que "El discurso del monolingüismo en Estados Unidos corre paralelo al supremacismo blanco".

Basarse en metodologías transferibles, en abogar por novelas o categorías recientes, o tratar la nueva literatura mundial con poca originalidad, es aprovechar la teoría más reciente y profesionalmente rentable. No extraña que esa práctica se componga de exegetas empoderados predominantemente blancos, que sobrepasan en número a los Otros nativos, en un presistente proceso de apropiación en una práctica de por sí occidentalizada, impuesta a los que han sido discriminados. Por ende, vale preguntar dónde está la aceptación actual de ideas asiáticas (la excepción es Han, ensayista y pensador surcoreano que enseña en Berlín) o africanas al estado del arte. En "Teoría como narración" de *La crisis de la narración*, preocupado por cómo el *storytelling* transforma la narración en arma comercial que desorienta, Han afirma "Solo en la medida en que la teoría es narración puede ser también una *pasión*. La inteligencia artificial no puede pensar, ya solo porque es incapaz de sentir *pasión*, de *narrar apasionadamente*" (87-88, énfasis suyos). Es decir, la inteligencia no regulada es irreduciblemente humana, aunque Han supedita que teorizar sobre la novela con pasión sería tan mecanicista como la dependencia en macrodatos.

Como su teoría, el futuro de la novela no es global o nacional sino extraterritorial, porque las contemporáneas se ubican fuera o más allá de confines locales, estados o naciones; y simultáneamente están en ellos, con una esperanza general de Ortega y Gasset: que la novela "Aún puede rendir frutos egregios". En 2014, se sembró un bosque en Noruega que proveerá papel para una antología especial de libros que se imprimirá en 2114. La "Future Library", proyecto de la artista escosesa Katie Paterson, arquitectos y científicos, es un sitio al que cada año un escritor contribuye un texto no publicado o leído que custodia la nueva biblioteca pública de Oslo. Según Wallace "Un novelista tiene que saber lo suficiente sobre una materia para engañar al pasajero sentado a su lado en un avión", y los héroes de McCarthy son pasajeros (habitualmente varones) de "la carretera", de su peregrinaje como novelista. ¿Cómo cabrían en esa biblioteca futura los parangones de ambos estadounidenses?

La auto reflexiva *Montevideo* (2022) del "hispanoamericano" Vila-Matas, en que un escritor inédito se refugia en el Hotel Cervantes de Montevideo, crea un universo real y ficticio poblado por Bioy Casares, Cortázar, Levrero, Néstor Sánchez y Beatriz Sarlo, entre otros "raros" que sigue recuperando, para despabilar ese mundo intimista. Esos espacios son, como los "no lugares" de la antropología de la movilidad actual examinada por Augé, extraterritoriales, zonas libres, aeropuertos (sin ser "novelas de aeropuertos"), desiertos, hoteles, supermercados, sitios marítimos, campos de refugiados, o la burbuja de diplomáticos. Son instalaciones externas a los límites de las naciones, pero no menos íntegros al arte de gobernarlas, como novelizan los ecuatorianos Rumazo y Marchán, y el finado Edwards, cuyo decoro y bohemia fueron encomiados por sus compatriotas Franz y Arturo Fontaine en 2023. Otra vez, ¿qué ha contribuido la teoría de la novela a entender esos desarrollos?

Desde *La Vie quotidienne des Aztèques*, de Jacques Soustelle y *Visión de los vencidos*, de Miguel León-Portilla, ambos de los años cincuenta, el peligro de tergiversar similares enfoques es transformar las víctimas en agentes inapelables. No es difícil identificar e interpretar una novelización de la resistencia que se olvida del relato real, o que se distrae por las continuidades entre el pasado y la época actual, como algunas novelas del Quinto Centenario. Los árabes se adelantaron a la Europa renacentista en preservar textos antiguos para la posteridad, pero fueron imperialistas culturales, como comprueban Granada o Córdoba y la política de muchos estados del «Tercer Mundo» actual. Para Lazarus, el fetichismo de Occidente en los estudios poscoloniales consiste en "provincializar" a Europa y argumentar, dentro de la contemporaneidad, que no hay espacio, acto o expresión que no sea eurocéntrico (59), mientras Callinicos recuerda que "La fuerza de la resistencia del eurocentrismo es quizá más evidente en el caso de los que quieren librarse de él" (168). Obsesionarse con el saqueo occidental al teorizar es arrinconar el trabajo de arqueólogos, coleccionistas, filólogos e historiadores occidentales, que rescata buena parte de las culturas indígenas del abandono, descomposición, esclavitud y vandalismo de sociedades pre-coloniales.

Paradójicamente, ese fetichismo ayuda a conjugar antropología, arqueología, etnografía, historia del arte y la literatura para teorizar la novela. En ese contexto, refundir a los críticos nativos y su metodología como hijos inocentes de la naturaleza, cuya visión de la libertad crítica es un efecto secundario de su manera indocta de ver la vida, es creer que no pueden ofrecer un reto serio al pensamiento social contemporáneo. Esa condescendencia refleja un problema que la novela y la psicología social siguen sin resolver: la agencia personal, según Richard Nisbett en su polémico *The Geography of Thought: How Asians and Westerners Think Differently and Why* (2003). Si las ideas de Blumenberg invitan a pensar de una manera más flexible y menos dogmática para descubrir dimensiones metafóricas en la vida —su "metaforología" estudia los discursos filosóficos para expresar lo que no puede ser captado o expresado conceptualmente— es útil inclinarse hacia la obliuidad de sus ensayos y los nexos que halla entre paradoja, tautología y novela en la literatura canónica, concentrándose en Kafka, Waugh (que como Joyce, parodia los lenguajes "mentirosos" y policíacos), Hemingway y Faulkner.

Si aumenta el interés por teorizar la novela, la crítica hispanomericana actual apuesta selectivamente por traducciones de Rancière. Con termómetros culturales más y más técnicos, la atención a él no se limita a sus propuestas más conocidas sobre la democracia como forma policíaca necesitada de una lógica igualitaria, sino a sopesar análisis *textuales* renovados. Felski sostiene que una diferencia evidente entre la ficción detectivesca y la crítica académica sospechosa es que "en esta el malhechor no es un individuo anómalo [...] sino una entidad de gran envergadura, fijada por el crítico como causa definitiva: la sociedad victoriana, el imperialismo, el discurso/ poder, la metafísica occidental" (89). Rancière tiene metas más elusivas que la popularidad teórica y persigue sus reacciones con destreza hasta el fondo de su admitida subjetividad. Otros críticos adolecen de novelas o novelistas que no soportan por su ética o estética, pero la objetividad —ilusión del dogmático Leavis, inspirado por T. S. Eliot e I. A. Richards, cuyo *The Great Tradition* (1948) sostenía que solo había cuatro grandes novelistas británicos, Austen, Eliot, James y Conrad, y que el resto de su obra era inadecuada— exige darles otra oportunidad.[73] Para Guillory, ese tipo de selección canónica posibilita convertir una gran literatura en propiedad de la nación (367). Si se elude la verdad objetiva, por lo menos se convierte en ilustración y persuasión de la buena escritura y pensamiento, que pocos estudios logran sin la manipulación vulgar de las emociones bajas.

El muy citado aforismo de Nietzsche, "Son precisamente los hechos que no existen, solo interpretaciones", es contraproducente, por ser una aserción fáctica muy general. Los avinagrados profesores de literatura que se apegan a similares sentencias para teorizar la novela son, en el mejor de los casos, poco sinceros. Ellos no podrían negar que el local de la institución en que enseñan, el transporte que los lleva a ella, o sus sueldos, que en Estados Unidos son infinitamente superiores a los iberoamericanos, son hechos. Por eso aquellos leen de acuerdo a las coordenadas que señala Thomas C. Foster en *How to Read Novels Like a Professor: A Jaunty Exploration of the World's Favorite Literary Form* (2008), simplificada en español como *Leer como un profesor* (2015), a pesar de que contiene docenas de citas de Forster sobre el género, similares a las que se encuentra en las novelas de Kundera. Los hechos pueden ser interpretados como las ficciones, pero a la vez esas interpretaciones están expuestas a pruebas empíricas. Ese es el éxito de la mezcla caótica de hechos y ficciones en *Moby-Dick*.

Según Felski, cuyo análisis de la crítica *literaria* y el de Guillory son los mejor pensados de la última década, los límites de esos juicios y opiniones son más obvios en las aulas en que se enseña novelas, porque el profesorado se agota tratando de ayudar al alumnado a entender que no se trata de inculcar "la respuesta", como si hubiera una sola, o como si una novelista o crítica pudiera dar respuestas prácticas a asuntos puntuales. Diferente de la época en que Turguénev,

---

[73] Así la sección "Fables, Anecdotes, and the Novel (469-579) de Blumenberg, *History Metaphors, Fables*, ed. y trad. de Hannes Bajohr et al. (Ítaca: Cornell University Press, 2020). Véase el excelente resumen heideggeriano de Peña, "Metáfora, mundo e historia" (117-129). A través de *La traducción del mundo* Vásquez vuelve a los juicios estéticos de Madox Ford, a quien Byatt percibía como muy admirado por escritores, pero comparativamente abandonado por académicos y el público general.

James y otros visitaban el salón de George Eliot, es fácil compartir la visión de Felski: hoy discípulos y maestros van a clases en que la literatura es pensada como sociología de la mediación, porque "Lo que sigue siendo el meollo de la disciplina, para bien o para mal, es la práctica de técnicas de lectura avanzadas, probadas en el enfrentamiento con un corpus de textos significativos" (184); aunque ya en 1950, Williams sostenía que "'importante' y 'significativo' son términos objetables por su vaguedad y carga emotiva." (85-86).

Persiste la pregunta de si se cifra una crítica para comprobar una teoría prefijada o si esta se antepone a una interpretación. Ambas exégesis suponen que todo el mundo sabe lo que es una novela. En vez de explicar solamente una de ellas o contar una historia que incluya a todas —verbigracia historias nacionales incompletas, como Fari Rosario, "De la playa a la cartografía de la ficción: la novela de República Dominicana, 1995-2019", *Cuadernos Hispanoamericanos* 839-840 (Mayo-junio 2020), 109-138 — las teorías del género, como se desprende de las enciclopedias anglófonas, suelen describir conjuntos de características formales reconocibles, ajustadas a normas subjetivas antiguas o contemporáneas, rara vez considerando propuestas nativas, creídas artesanales por falta de referentes "eruditos". Aquellas terminan siendo menos abiertas o nuevas, al excluir más libros de los que incluyen bajo sus teorizaciones y las tradiciones que quieren reescribir, sin ofrecer una interpretación cabal.

La desigualdad conceptual de Sánchez Prado, Moretti, Beltrán Almería y Mazzoni reduce el campo de novelas posibles a un grupo más pequeño y manejable, preferiblemente realista, sin ofrecer posibilidades futuras de otras formas occidentales tratadas en este libro. Es revelador que ninguno se refiera a análisis efectivamente centrados en el mundialismo, como Bessière en *Le roman contemporain ou la problematicité du monde* y sus abundantes referencias a la novelística de Bolaño, Fresán, Fuentes, Muñoz Molina, Pauls, Piglia, Vargas Llosa, Vila-Matas y otros hispanohablantes, además de varios contemporáneos mundiales citados o referidos en estos capítulos (Amis, su admirado Ballard, DeLillo, Rushdie, etc.). Con giros y léxico descuidados, la crítica traducida y domesticada construye filiaciones transoceánicas peculiares, con metamensajes seudoteóricos confusos (noticias falsas y artillería retórica) que no comparten verdades comprobadas o experimentales, como siguió intentando la novelística experimental de los años cincuenta y sesenta en Occidente.[74]

Si las "nuevas" novelas fallan una y otra vez tratando de lograr el ideal inobtenible de la obra maestra, la nuevalengua teórica sugiere estados de ánimo, períodos y mundos desconocidos o equivocados, como una mala traducción que muestra costuras. Varias investigaciones recientes actualizan la percepción de que lo que se concibe como "fluir de la conciencia" no es continuo. Uno es frecuentemente ajeno al pasar del tiempo, y hoy se cree que uno colecciona experiencias como instantáneas. La indiferencia a una diversidad real engendra apatía, cuando depende de historias o estudios de la novela cuyo parecido metodológico los hace machacones. Sigue siendo productivo el "extrañamiento" acuñado por Shklovski, en 1917, esforzarse por quitarle la familiaridad personal y profesional a su empeño para prevenir, según el ruso, funcionar con fórmulas o automatismos. La obligación teórica no es consentir a su propia clase o a los que leen a novelistas de otras clases para pertenecer al mismo club. Es más constructivo pensar en que lo que se forja como teórico de la novela tiene un impacto social limitado, y aceptar que mundialmente la teoría del género sirve para poco, y a lo máximo para algunos pocos interesados.

Si mucha crítica o teoría actual de la novela sigue sin salvar al mundo, embrujada por caprichos políticamente correctos (rebaja de estándares, que para Lessing, comenzó en los años sesenta, 290), es insuficiente oponerse a la complaciente o cerrada al pasado o tradiciones, porque expulsa a la novelística bien hecha, y supedita o ignora la meritoria. Lessing, antiimperialista desde su pentalogía

---

[74] Véase el capítulo "Una crítica traducida y domesticada" en mi *Peajes de la crítica latinoamericana* (Madrid: Punto de Vista Editores, 2023),63-84.

semiautobiográfica *Children of Violence* (1952-1969), afirma en "Censorship": "La tiranía mental más poderosa en el mundo libre es la llamada Corrección Política [...] sus influencias frecuentemente están lejos de la fuente, manifestándose como una intolerancia general" (76), vaticinando que los libros de historia dirán "Esto comenzó como un intento sensato, honesto y meritorio para eliminar los prejuicios raciales y sexuales codificados en el lenguaje, pero inmediatamente tomaron el mando los histéricos políticos, que la convirtieron en otro dogma" (76). Hoy no se puede teorizar sobre libros con base en la identidad de los autores. De las novelistas hispanoamericanas de su cohorte, solo Harwicz, irreverente (véase Vicente: 2023), muestra la valentía de Lessing de ir contra corrientes calcadas que codifican lo que "debe" ser la novelista, convertidas por los conglomerados editoriales en coyunturales e innecesarias.

"El impacto de lo nuevo" (Robert Hughes) se ha desvanecido para la novela, su crítica y público actual, como arguyen los capítulos anteriores. Similar a los intentos de novelistas muy recientes por romper con las costumbres y probar nuevos recuadros, notados por Blanchot para los años cuarenta franceses, la crítica y teoría actual parecen haber concebido en su propia mente obras a las que ha llegado a temer, paradójicamente gastando tanta energía para no acatar convenciones al interpretarlas, como para crear otras nuevas (1995: 37). Si esa crítica o teoría va a ser efectiva y mejorar sus estándares, debe tener un enganche en la sociedad, que no surge de ver si tiene éxito, sino de cómo viola sus propios estándares. Para Bewes, en el período contemporáneo "la manera más efectiva de interrumpir o prevenir las intersecciones de la novela es transformarla en pluralismo, una totalidad que puede ser ejemplificada colectivamente por una variedad de formas inconmensurables, idénticas a sí mismas, discursivas y existenciales" (33)

Se requieren teorías que trasciendan su concepción dentro de una escasa movilidad social, que sean el producto de mancomunidades capacitadas, que no teman a la cancelación (manera barata de ganar debates sin ganar debates, aumentada durante crisis) o al conocimiento cabal del pasado, con valores concomitantes para romper con precedentes. En el "Apéndice" sobre la nuevalengua de *1984*, Orwell augura que, cuando se hayan cortado vínculos con el pasado, sobrevivirán "fragmentos de literatura del pasado aquí y allá, censurados de forma imperfecta, y mientras quedase alguien que conociese la viejalengua sería posible leerlos" (327). Si la literatura antigua, augura, será transformada al ser vigilada, se destruirá los clásicos [anglófonos] después de traducirlos, en el primer o segundo decenio del siglo XXI, porque "Las consideraciones de prestigio hacían deseable conservar el recuerdo de determinadas figuras históricas y al mismo tiempo encajar sus logros en la filosofía del *Socing* [socialismo inglés]" (328). Para una teoría novelística y lo que engendra, cuando el prestigio literario no tiene centralidad como de los años veinte a cincuenta, es primordial dialogar con opiniones inconsistentes, como las de Orwell y Vargas Llosa, porque en novelas de autores como ellos y en las del resto de los cartografiados aquí, hay afecto y humanidad junto a la claridad de su expresión y el esfuerzo por producir un contraimaginario.

CONCLUSIÓN
SIN INTELIGENCIA ARTIFICIAL

V aldría saber por qué algunos novelistas hispanoamericanos, y sus críticos, no recurren a estereotipos o tradiciones propias de los primeros pueblos, cuando se les pide precisar sus mayores influencias. Superando la inseguridad cultural de algunos *ismos* performativos con que se quiso definir al continente durante el siglo XX, nuestros novelistas siguen encontrando varias respuestas autóctonas defendibles sin Inteligencia Artificial. Los capítulos anteriores prueban que así es, y varios novelistas no han tenido que proteger un pasado, costumbres a las que agarrarse, o un futuro que defender. *Nueva cartografía occidental de la novela* ha dialogado con los análisis más significativos locales y globales de esas novelas, sin afán o ánimo de «occidentalizar».

Ese reconocimiento reafirma otra premisa conceptual: la prosa no ficticia de los novelistas establece una cartografía menos arbitraria y eventuales circunstancias de recepción, consciente de la subjetividad de esa operación. Además de enhebrar referencias directas y conexiones a novelistas y críticos mayores de un Occidente ampliado, la proposición se ubica *contra* el latinoamericanismo increpado en *El error del acierto* y *Peajes de la crítica latinoamericana*, con otra pregunta: ¿si se reemplazara todo crítica o teoría de la novela con interpretaciones «netamente hispanoamericanas», en qué quedarían esos argumentos, con qué lengua se reformularía la historia crítica? act

Las tautologías son parte de la interpretación obsesa de la novela, y posibilitan encontrar respuestas que ocasionan un número similar de preguntas. Los expertos literarios tienen un papel público legítimo, pero es dudoso que, al escribir fuera de sus especialidades, puedan ofrecer nociones que no parezcan entretenimiento efímero o inspiración inútil, porque, ¿qué pasa si la inspiración conduce a una ruta equivocada? Por esa problematicidad, señalada por Bessière (169-190), y porque la crítica de la novela no puede o debe decir cómo se *sentían* los autores cuya obra prescriben, otro subtexto importante de estos capítulos, particularmente en el último, es analizar cómo diferentes intérpretes extranjeros responden a novelas «netamente hispanoamericanas», voluntad que no le gana amigos a uno.

Cuesta encontrar novelistas hispanoamericanos del siglo XX o XXI que hayan desvirtuado el engarce de su quehacer con Occidente. Por aliados que estén con cierto *estatus quo* ideológico, tampoco aceptan la occidentalidad a rajatabla, porque la avidez de que haya jerarquías invertidas crea arte, gustos, identidad, modas y cambios constantes. Alguna crítica foránea de nuestra novela sigue sin admitir que, al imputar «colonialismo», «dependencia» o «neoliberalismo», pintan al exterior como origen y representante exclusivo de todo mal, presumiendo que los hispanoamericanos no pueden distinguir entre ellos mismos y el resto de Occidente. Para algunos novelistas comprometidos el mundo amenaza, no por ofrecer un sistema alternativo de valores, sino porque sus promesas —entre ellas la libertad individual, comodidad material y la divinidad de vidas no excepcionales— desinflan cualquier pretensión utópica (Buruma y Margalit, 72). A la vez, los pocos novelistas esteticistas de hoy también muestran que las devociones de sociedades burguesas ignorantes y viles son difíciles de defender.

La herencia e injerencias que definen a la novela actual no suscitan dificultad, si se las entiende como legado colectivo que aquilata peculiaridades; y si se eliminan prejuicios rentables en el exterior, a los que una novelística hispanoamericana perdurable no contribuye. Su desarrollo, si se sopesa la promesa de apoyar el trabajo humano con las disrupciones e imposiciones de la Inteligencia Artificial —entre ellas, cartografiar cómo crear con el "estilo" de ciertos autores, editar, empacar y rentabilizar los libros y su lucro, proveer textos de referencia *ad infinitum*— no satisface a todo lector o intérprete, o a teóricos que no presentan planeamientos menos susceptibles a esos vaivenes. Si se explorará cómo la Inteligencia Artificial ayuda a escribir novelas, y aunque no hay derechos o premios de estilo, se considerará las prohibiciones de lectores, autores y prescriptores de novelas futuras escritas por máquinas.

En la época en que Vargas Llosa declaró, en una nota al final de *Le dedico mi silencio* (2023) que dejará de escribir novelas (declaración de otros novelistas examinada en *Discípulos y maestros 2.0*, y de Houellebecq), hay demandas individuales de novelistas estadounidenses, como Franzen, John Grisham, y colectivas de artistas, escritores y programadores, contra ChatGPT, por "robo sistemático a escala masiva" que en principio, indemnizaciones aparte, producirá más novelas que esas aplicaciones. En "Fases de la ficción", uno de sus ensayos más importantes y extensos, Woolf analiza las novelas de su época y los artefactos literarios para crear ese mundo, apuntando que hablará de los pensamientos que emanaban de su mente "cuando leíamos sin descanso cierta cantidad de novelas" (303). Ella es la novelista como crítica, ya presente en 1926 en "La vida y la novelista" (239-247), de las cuales se necesita más. En los albores de un invierno literario, el Occidente hispanoamericano no se puede desatender de esas encrucijadas para construir una nueva cartografía de la novela.

REFERENCIAS

Adorno, Theodor W. *Notas sobre literatura. Obra completa*, 11. Ed. Rolf Tiedemann et al. Trad. Alfredo Brotons Muñoz. Madrid: Ediciones Akal, 2003.

Adoum, Jorge Enrique. "Las clases sociales en las letras contemporáneas del Ecuador". Jorge Enrique Adoum et al. *Panorama de la actual literatura latinoamericana*. La Habana: CIL, Casa de las Américas, 1969. 154-166.

Ahmad, Aijaz. *In Theory Classes, Nations, Literatures*. Londres: Verso, 1992.

Amis, Martin. "Saul Bellow and the Moronic Inferno". *The Moronic Inferno and Other Visits to America*. Londres: Jonathan Cape, 1986. 1-11.

Anderson, Danny J. "Profession and Position: Histories of the Spanish American Novel and the Academy in the United States". *Siglo XX/20th Century* 12. 1-2 (1994). 47-68.

Anderson Imbert, Enrique. "Encuesta", *Texto Crítico*, III. 6 (enero/abril 1977). 6-9.

Anónimo. "Presentación de Pablo Palacio a los lectores cubanos". *Revista de Avance* I. 3 (15 de abril de 1927). 61-63.

____. "Pablo Palacio, *self-made man*". *Renacimiento* No. 3-4 (Marzo-Abril 1928). 187-190.

"Global and Babel: Language and Planet in American Literature". *Shades of the Planet. American Literature as World Literature.* Ed. Wai Chee Dimock y Lawrence Buell. Princeton: Princeton University Press, 2007. 19-38.

Arango L., Manuel Antonio. *Origen y evolución de la novela hispanoamericana.* Bogotá: Tercer Mundo Editores, 1988.

Astic, Guy. "Crises du roman depuis les années 1980. Pour en finir la nécro(idéo)logie du genre". *Le dit masqué.* Ed. Anne Roche. Aix-en-Provence: Publications de l'Université de Provence, 2001. 17-30.

Auerbach, Erich. *Mimesis.* Trad. Willard R. Trask. Princeton: Princeton University Press, 1953.

____. *Selected essays of Erich Auerbach. Time, History, and Literature.* Trad. Jane O. Newman, ed. James I. Porter. Princeton: Princeton University Press, 2014.

Augé, Marc. *Non-Lieux. Introduction à une anthropologie de la surmodernité.* París: Éditions du Seuil, 1992.

Bada, Ricardo. "Otro ladrillo para el panteón". Reseña de *La voluntad y la fortuna. Revista de Libros* 146 (febrero 2009). 47.

Bakhtin, Mikhail. "Epic and Novel". *The Dialogic Imagination.* Trad. Caryl Emerson y Michael Holquist. Ed. Michael Holquist. Austin: University of Texas Press, 1981. 3-40.

Ballard, J. G. *Selected Nonfiction, 1962-2007.* Ed. Mark Blacklock. Cambridge: The MIT Press, 2023.

Barrenechea, Ana María. "Escritor, escritura y 'materia de las cosas' en los *Zorros* de Arguedas". *Textos hispanoamericanos. De Sarmiento a Sarduy.* Caracas: Monte Ávila Editores, 1978. 289-318.

____. "La crisis del contrato mimético en los textos contemporáneos". *Revista Iberoamericana* XLVIII. 118-119 (Enero-Junio 1982). 377-381.

Barthes, Roland. *Variaciones sobre la literatura.* Ed. y trad. Enrique Folch Martínez. Barcelona: Paidós, 2002.

Bassnet, Susan. "Comparative Identities in the Post-Colonial World". *Comparative Literature: A Critical Introduction.* Oxford: Blackwell, 1993. 70-91.

Becerra, Eduardo. "Proceso de la novela hispanoamericana contemporánea. Del llamado regionalismo a la supuesta nueva novela: 1910-1975". *Historia de la literatura hispanoamericana.* III: Siglo XX. Ed. Trinidad Barrera. Madrid: Cátedra, 2008. 15-31.

Beltrán Almería, Luis. *Estética de la novela*. Madrid: Cátedra, 2021.

Benedetti, Mario. "Carlos Fuentes: del signo barroco al espejismo". *Letras del continente mestizo*. 1967. 3ra. ed. ampliada. Montevideo: Arca, 1974. 202-219.

____. "El intelectual en la transformación". 1972. *El escritor latinoamericano y la revolución posible*. Ciudad de México: Alfa Argentina/Nueva Imagen, 1977. 113-122.

____. "Ni corruptos ni contentos". *El desexilio y otras conjeturas*. Madrid: *El País*, 1985. 153-156.

____. "Acción y creación literaria". *La cultura, ese blanco móvil*. Ciudad de México: Nueva Imagen, 1989. 97-108.

Benjamin, Walter. "The Crisis of the Novel". *Selected Writings*. Vol. 2 1927-1934. Trad. Rodney Livingstone et al. Ed. Michael W. Jennings et al. Cambridge: Harvard University Press, 1999. 299-304.

____. *El narrador*. Ed. y trad. Pablo Oyarzun. Santiago: Metales pesados, 2008.

____. *Obras VI (Fragmentos de contenido misceláneo. Escritos autobiográficos)*. Ed. Rolf Tiedemann y Hermann Scheppenhäuser. Trad. Alfredo Brotons Muñoz. Madrid: Abada Editores, 2017.

Bernstein, J. M. *The Philosophy of the Novel: Lukács, Marxism and the Dialectics of Form*. Minneapolis: University of Minnesota Press, 1984.

____. "Lukács' Wake: Praxis, Presence and Metaphysics". *Lukács Today: Essays in Marxist Philosophy*. Ed. Tom Rockmore. Dordrecht: D. Reidel, 1988. 167-195.

Bessière, Jean. *Le roman contemporain ou la problematicité du monde*. París: Presses Universitaires de France, 2010.

Bewes, Timothy. *Free Indirect: The Novel in a Postfictional Age*. Nueva York: Columbia University Press, 2022.

Blanco Aguinaga, Carlos. "Sobre la idea de la novela en Carlos Fuentes". *De mitólogos y novelistas*. Madrid: Turner, 1975. 73-108.

Blanchot, Maurice. *The Blanchot Reader*. Ed., trad. Michael Holland. Oxford: Blackwell, 1995.

Bloch, Ernst. *The Utopian Function of Art and Literature: Selected Essays*. Trad. Jack Zipes y Frank Mecklenburg. Cambridge: The MIT Press, 1988.

Blumenberg, Hans. *La legibilidad del mundo*. Trad. Pedro Madrigal Devesa. Barcelona: Paidós, 2000.

____. "Concetto di realtà e possibilità del romanzo". Trad. Francesco Peri. *Allegoria : per uno studio materialistico della letteratura* XIX. 55 (gennaio/giugno 2007). 11-134.

____. *Literatura, estética y nihilismo*. Ed. Alberto Fragio y Josefa Ros Velasco. Trad. Alberto Fragio et al. Madrid: Editorial Trotta, 2016.

Bolaño, Roberto. *2666*. Ed. Ignacio Echevarría. Barcelona: Anagrama, 2004.

____. *Entre paréntesis*. Ed. Ignacio Echevarría. Barcelona: Anagrama, 2004.

Boyd, Brian. *On the Origin of Stories. Evolution, Cognition, and Fiction*. Cambridge: Harvard University Press, 2009.

Brunner, José Joaquín. "Cultura y crisis de hegemonías". *Pensamiento Iberoamericano*, No. 5a (Enero-Junio 1984). 272-284.

Buchen, Irving H. "The Aesthetics of the Supra-Novel". *The Theory of the Novel: New Essays*. Ed. John Halperin. Nueva York: Oxford University Press, 1974. 91-108.

Buruma, Ian y Avishai Margalit. *Occidentalism: The West in the Eyes of Its Enemies*. Nueva York: The Penguin Press, 2004.

Butor, Michel. "Le roman como recherche". *Essais sur la roman*. París: Gallimard, 1964. 7-14.

Byatt, A.S. *Passions of the Mind. Selected Essays*. Nueva York: Random House, 1992.

____ e Ignês Sodré. "Dreams and Fictions". *Imagining Characters: Conversations about Women Writers*. Nueva York: Random House, 1997. 230-257.

Cabrera Infante, Guillermo. "Reinaldo Arenas o la destrucción del sexo". *Mea Cuba*. Madrid: Plaza Janés, 1992. 400-405.

Caillois, Roger. *Acercamientos a lo imaginario*. Trad. José Andrés Pérez Carballo. Ciudad de México: Fondo de Cultura Económica, 1989.

Callinicos, Alex. *Theories and Narratives: Reflections on the Philosophy of History*. Durham: Duke University Press, 1995.

Cândido, Antônio. "Literatura y subdesarrollo". *América Latina en su literatura*. Ed. César Fernández Moreno. Ciudad de México: Siglo XXI/UNESCO, 1972. 335-353.

Caparrós, Martín. *La Historia*. Buenos Aires: Norma, 1999.

Carmagnani, Marcello. *El otro Occidente. América Latina desde la invasión europea hasta la globalización*. Trad. Jaime Riera Rehren. Ciudad de México: El Colegio de México/Fondo de Cultura Económica, 2004.

Carrera Andrade, Jorge. *Galería de místicos y de insurgentes. La vida intelectual del Ecuador durante cuatro siglos (1555-1955)*. Quito: Casa de la Cultura Ecuatoriana, 1959.

Carrión, Alejandro et al. *Cinco estudios y dieciseis notas sobre Pablo Palacio*. Guayaquil: Casa de la Cultura Ecuatoriana, 1976.

Carrión, Benjamín. "La literatura más atrevida que se ha hecho en el Ecuador". *Mapa de América*. Madrid: Sociedad General Española de Librería, 1930. 61-98.

____. *El nuevo relato ecuatoriano. Obras*, I. Ed. Edmundo Ribadeneira. Quito: Casa de la Cultura Ecuatoriana, 1981.

____. *Correspondencia I. Cartas a Benjamín*. Ed. Gustavo Salazar. Quito: Municipio del Distrito Metropolitano de Quito/Centro Cultural Benjamín Carrión, 1995.

Cascardi, Anthony. "The Theory of the Novel and the Autonomy of Art". *The Subject of Modernity*. Cambridge: Cambridge University Press, 1992. 72-124.

Castellanos Moya, Horacio. "Lo político en la novela latinoamericana". *La metamorfosis del sabueso. Ensayos personales y otros textos*. Santiago: Ediciones Universidad Diego Portales, 2011.34-41.

Castro, Juan de e Ignacio López Calvo, eds. *The Oxford Handbook of the Latin American Novel*. Nueva York: Oxford University Press, 2023.

Cercas, Javier. "Octogenarios". *El País Semanal* No. 2.467 (7 de enero de 2024). 6.

Cerda, Martín. *Ideas sobre el ensayo*. Eds. Alfonso Calderón y Pedro Pablo Zegers. Santiago: Dirección de Bibliotecas, Archivos y Museos, 1993.

Childs, Jason. "The Essay and the Novel". *The Cambridge Companion to the Essay*. Eds. Kara Witman y Evan Kindley. Cambridge: Cambridge University Press, 2023. 199-214.

Corral, Wilfrido H. "Hacia una poética hispanoamericana de la novela decimonónica (I). El texto".*MLN* 110. 2 (March 1995). 385-415.

____. "Las posibilidades genéricas y narrativas del fragmento: formas breves, historia literaria y campo cultural hispanoamericanos". *Nueva Revista de Filología Hispánica* XLIV. 2 (1996). 451-487.

____. "Ángel Rama y Reinaldo Arenas en Estados Unidos: Intelectuales especularios y la cultura crítica de hoy". *Cuadernos Americanos*. XIII. 78 (Noviembre-Diciembre de 1999). 168-206.

____. "Teoría hispanoamericana de la literatura: alcances, avatares, fortunas y vicisitudes de Fernández Retamar". *El error del acierto: contra ciertos dogmas latinoamericanistas*. 2da. ed. Valladolid: Universidad de Valladolid, 2013. 141-167.

____. *Discípulos y maestros 2.0. Novela hispanoamericana hoy*. Madrid/Frankfurt: Iberoamericana-Vervuert, 2019.

____. y Norma Klahn, ed. *Los novelistas como críticos*. 2 vols. Ciudad de México: Fondo de Cultura Económica, 1991.

____ , Juan de Castro y Nicholas Birns, eds. *The Contemporary Spanish.American Novel: Bolaño and After*. Londres: Bloomsbury, 2013.

Cortázar, Julio. "Del sentimiento de no estar del todo". *La vuelta al día en ochenta mundos*, I. Madrid: Siglo XXI, 1970. 32-38.

____. "Para llegar a Lezama Lima". *La vuelta al día en ochenta mundos*, II. Madrid: Siglo XXI, 1970. 41-81.

____. "Politics and the Intellectual in Latin America". *The Final Island: The Fiction of Julio Cortázar*. Ed. Jaime Alazraki e Ivar Ivask. Norman: University of Oklahoma Press, 1978. 37-44.

____. "Realidad y literatura en América Latina"/"Reality and Literature in Latin America". *The Jacob C. Saposnekow Memorial Lectures*. Ed. y trad. Gabriella de Beer y Raquel Chang-Rodríguez. Nueva York: City College, 1982.

____. "A Roberto Fernández Retamar, en La Habana". *Casa de las Américas* XXV. 145-146 (Julio-Octubre 1984). 59-66.

____. "Literatura e identidad". *Argentina: años de alambradas culturales*. Ed. Saúl Yurkievich. Barcelona: Muchnik, 1984. 71-75.

____. "Sobre la función del intelectual". *Argentina: años...*, 92-95.

____. "El escritor y su quehacer en América Latina". *Nicaragua tan violentamente dulce*. Ed. aumentada. Barcelona: Muchnik, 1984. 77-89.

____. "La noche de Lala". *Salvo el crepúsculo*. Madrid: Alfaguara, 1985. 191-195.

____. *Epreuves*. Trad. Ugné Karvelis. París: La Difference, 1991.

____. *Obras completas VI. Obra crítica*. Ed. Saúl Yurkievich y Gladis Anchieri. Barcelona: Galaxia Gutenberg/Círculo de Lectores, 2006.

____. *Papeles inesperados*. Ed. Aurora Bernárdez y Carles Álvarez Garriga. Ciudad de México: Alfaguara, 2009.

____ y Ana María Barrenechea. *Cuaderno de bitácora de "Rayuela"*. Buenos Aires: Sudamericana, 1983.

Costa Lima, Luiz. "Auerbach: História e Metaistória". *Sociedade e Discurso Ficcional.* Rio de Janeiro: Guanabara, 1986. 373-423.

Croce, Marcela. "Ángel Rama: una teoría literaria para los países dependientes". *La seducción de lo diverso. Literatura latinoamericana comparada.* Buenos Aires: Interzona, 2015. 193-223.

Culler, Jonathan. "Anderson and the Novel". *Diacritics* 29. 4 (Winter 1999). 20-39.

Davis, Lennard J. *Resisting Novels: Ideology and Fiction.* Londres: Methuen, 1987.

Diego Padró, José Isaac de. *En Babia. El manuscrito de un braquicéfalo.* 2da. ed. corregida. Ciudad de México: Gráfica Panamericana, 1961.

Dirlik, Arif. "The Postcolonial Aura: Third World Criticism in the Age of Global Capitalism". *Critical Inquiry* 20.2 (Winter 1994). 328-356.

Denning, Michael. "The Novelists' International". *The Novel* I. Ed. Franco Moretti. Princeton: Princeton University Press, 2006. 703.725.

De Obaldia, Claire. *The Essayistic Spirit: Literature, Modern Criticism, and the Essay.* Oxford: Clarendon Press, 1995.

Donoso, José. "Prólogo" a *La muerte de Artemio Cruz.* Carlos Fuentes, *Obras completas,* I (Novelas). Ciudad de México: Aguilar, 1974. 1057-1063.

____. *Historia personal del "boom" y otros escritos.* [1971] Ed. Cecilia García Huidobro Mc. Santiago: Ediciones Universidad Diego Portales, 2021.

____. "Claves de un delirio: los trazos de la memoria en la gestación de *El obsceno pájaro de la noche*". *El obsceno pájaro de la noche.* Santiago: Alfaguara, 1997. 561-597.

____. "Islas y periferias". *Artículos de incierta necesidad.* Ed. Cecilia García Huidobro Mc. Santiago: Alfaguara, 1998. 332-337.

____. *Jane Austen y la elegancia del pensamiento. Una interpretación de sus novelas a través de las actitudes de sus heroínas.* Ed. Cecilia García Huidobro Mc. Valladolid: Ediciones Lastarria y De Mora, 2022.

____. *Diarios centrales. A Season in Hell 1966-1980.* Ed. Cecilia García Huidobro Mc. Santiago: Ediciones Universidad Diego Portales, 2023.

Donoso Pareja, Miguel. *Los grandes de la década del 30. Estudio introductorio.* Quito: Editorial El Conejo, 1985.

____. "Cofunciones de la nueva novela". *Nuevo realismo ecuatoriano (crítica literaria).* Quito: Eskeletra, 2002. 29-39.

Dufour, Philippe. "La science romanesque du langage". *Les Temps Modernes* 54. 606 (Novembre/Décembre 1999). 57-76.

Echevarría, Ignacio. "Novelas de resistencia". *Letra Internacional* 94 (Primavera 2007). 46-52.

____. "La Novela con mayúscula". *El Cultural* 9-15 de febrero de 2024. 30.

Epstein, Joseph. *The Novel, Who Needs It?* Nueva York: Encounter Books, 2023.

Etiemble, [Réne]. "¿Génesis de la novela, o génesis de novelas?" *Ensayos de literatura (verdaderamente) general*. Trad. Roberto Yahni. Madrid: Taurus, 1977. 138-149.

Felski, Rita. *The Limits of Critique* Chicago: The University of Chicago Press, 2015.

Fernández, María del Carmen. *El realismo abierto de Pablo Palacio en la encrucijada de los 30*. Quito: Ediciones Libri Mundi, 1991.

____. "Estudio introductorio". Pablo Palacio, *Obras completas*. Quito: Libresa, 1998, 7-61.

Fernández Retamar, Roberto. "Calibán". *Calibán y otros ensayos*. La Habana: Editorial Arte y Literatura, 1979. 10-93.

____. "La contribución de la literatura de la América Latina a la literatura universal en el siglo XX". *Para una teoría de la literatura hispanoamericana*. Primera edición completa. Bogotá: Instituto Caro y Cuervo, 1995. 216-235.

Fiddian, Robin William. "James Joyce and Spanish-American Fiction: A Study of the Origins and Transmission of Literary Influence". *Bulletin of Hispanic Studies* LXVI. 1 (January 1989). 23-39.

Finkielraut, Alain. *La posliteratura*. Trads. Elena-Michelle Cano e Íñigo Sánchez Paños. Madrid: Alianza Editorial, 2023.

Flores, Melva. *Estrella de dos puntas. Octavio Paz y Carlos Fuentes: Crónica de una amistad*. Ciudad de México: Ariel, 2020.

Foucault, Michel. "Qu'est-ce qu'un auteur?" *Bulletin de la Société française de Philosophie* III. 3 (juillet-set. 1969). 73-104.

____. "La vie des hommes infâmes". [1977]. *Dits et écrits 1954-1988, III 1976-1979*. Ed. Daniel Defert y François Ewald. París: Gallimard, 1994. 237-253.

Freedman, Ralph. "The Possibility of a Theory of the Novel". *The Disciplines of Criticism*. Ed. Peter Demetz et al. New Haven: Yale University Press, 1968. 57-77.

Frow, John. "Pensar la novela". *New Left Review* 49 (Mar-Abr 2008). 138-147.

Fuentes, Carlos. *París. La revolución de mayo*. Ciudad de México: Era, 1968.

____. *La nueva novela hispanoamericana*. Ciudad de México: Joaquín Mortiz, 1969.

____. *Casa con dos puertas*. Ciudad de México: Joaquín Mortiz, 1970.

____. *Tiempo mexicano*. Ciudad de México: Joaquín Mortiz, 1971.

____. *Cervantes o la crítica de la lectura*. Ciudad de México: Joaquín Mortiz, 1976.

____. *Premio Internacional de Novela "Rómulo Gallegos". Discursos de Carlos Fuentes y Luis García Morales*. Caracas: Ediciones de la Presidencia de la República, 1978. 11-32.

____. "Un premio al placer de escribir" [1985]. En Corral y Klahn, II. 99-102.

____. *Latin America at War with the Past*. Toronto: CBC Enterprises, 1985.

____. "Remember the Future". *Salmagundi* 68-69 (Fall 1985-Winter 1986). 333-352.

____. "Discurso de Carlos Fuentes en la entrega del Premio Cervantes 1987". *Anthropos* 91 (1988). 48-52.

____. *Myself with Others: Selected Essays*. Nueva York: Farrar, Straus & Giroux, 1988.

____. "New Novel, New World". *The Modern Language Review* 84. 4 (October 1989). xxxi-xlii.

____. *Valiente mundo nuevo. Épica, utopía y mito en la novela hispanoamericana*. Madrid: Mondadori, 1990.

____. "Latin America and the Universality of the Novel". *The Novel in the Americas*. Ed. Raymond L. Williams. Niwot, Colorado: University Press of Colorado, 1992. 1-12.

____. *Geografía de la novela*. Ciudad de México: Fondo de Cultura Económica, 1993.

____. *Tres discursos para dos aldeas* [1993]. 2da.edic. Ciudad de México: Fondo de Cultura Económica, 1994.

____. "Artemio Cruz". *La Nación* [Buenos Aires] 125. 43,903 (23 de enero, 1994). 1-2.

____. *Diana o la cazadora solitaria*. Madrid: Alfaguara, 1994.

____. *Nuevo tiempo mexicano*. 1994. 2da. ed. Ciudad de México: Aguilar, 1995.

____. "Cortázar: un duelo de dos miedos". *Nexos* 17. 204 (Diciembre 1994). 31-33.

____. "Geografías de Donoso". *La Jornada Semanal*. Nueva Epoca. No. 8 (Abril 30, 1995). 4-5.

____. *La frontera de cristal, una novela en nueve cuentos*. Ciudad de México: Aguilar, 1995.

____. *Machado de la Mancha*. Ciudad de México: Fondo de Cultura Económica, 2001.

____. *En esto creo*. Ciudad de México: Seix Barral, 2002.

____. *Los 68. París-Praga-México*. Ciudad de México: Debate, 2005.

___. "Jornada de un escritor". Jesús de Polanco et al. *Lecciones y maestros*. Santillana: Fundación Santillana/UIMP, 2007. 47-74.

___. *La región más transparente*. Ed. Real Academia Española. Ciudad de México / Madrid: Real Academia Española, 2008.

___. "Los encuentros de Kundera". *Babelia* 920 (11 julio de 2009). 13.

___. *A viva voz. Conferencias culturales*. Ciudad de México: Penguin Random House, 2019.

Gay, Roxane. "Theses on the Feminist Novel". *Dissent* 61. 4 (Fall 2014). 45-48.

García Ramírez, "Fuentes, la voz de la novela". *Letras Libres* XXI. 256 (Abril 2020). 68-69.

Gebauer, Gunter y Christopher Wulf. *Mimesis: Culture, Art. Society*. Trad. Don Reneau. Berkeley: University of California Press, 1995.

Gigena, Daniel. "Tesoros cortazarianos: se subastan en Montevideo cuentos y poemas inéditos de juventud". *La Nación* 26 de agosto de 2024. https://www.lanacion. com.ar/cultura/tesoros-cortazarianos-se-subastan-en-montevideo-cuentos-y-poemas-ineditos-de-juventud-nid26082024/

Gilman, Claudia. *Entre la pluma y el fusil. Debates y dilemas del escritor revolucionario en América Latina*. Buenos Aires: Siglo XXI, 2003.

___. "Equívocos semánticos sobre transculturación". *Revista del Museo de Antropología* 9. 2 (2016). 153-160.

Goic, Cedomil. *Historia de la novela hispanoamericana*. 2da. ed. rev. Valparaíso: Ediciones Universitarias de Valparaíso, 1980.

___. *Brevísima relación de la historia de la novela hispanoamericana*. Madrid: Biblioteca Nueva, 2009.

Goldmann, Lucien. "Introducción a los primeros escritos de Georg Lukács". Georg Lukács, *Teoría de la novela*. Trad. Juan José Sebreli. Barcelona: Edhasa, 1971. 169-203.

González, Manuel Pedro. "La novela hispanoamericana en el contexto de la internacional". *Coloquio sobre la novela hispanoamericana*. Ed. Ivan A. Schulman. Ciudad de México: Fondo de Cultura Económica, 1967. 35-109.

González Echevarría, Roberto. *Myth and Archive: A Theory of Latin American Narrative* Cambridge: Cambridge University Press, 1990.

_____. "The Making of the Latin American Novel". *Literary Cultures of Latin America. A Comparative History*. II. Ed. Mario J. Valdés y Djelal Kadir. Oxford: Oxford University Press, 2004. 289-305.

González Torres, Armando. "Carlos Fuentes. Elogio de la desmesura". *Letras Libres* X. 119 (Noviembre 2008). 73-76.

Gordimer, Nadine. "Nadine Gordimer". *Times Literary Supplement* 5409 (December 1 2006). 9.

Gouldner, Alvin W. *The Future of Intellectuals and the Rise of the New Class*. Nueva York: Seabury Press, 1979.

Gracq, Julien. "Roman". *En lisant en écrivant*. París: Éditions Corti, 1980. 100-130.

Gramsci, Antonio. *An Antonio Gramsci Reader*. Trad. Quintin Hoare y Geoffrey Nowell-Smith. Ed. David Forgacs. Nueva York: Schocken, 1988.

Granés, Carlos. *La revancha de la imaginación. Antropología de los procesos de creación: Mario Vargas Llosa y José Alejandro Restrepo*. Madrid: CSIC, 2008.

_____. "La soledad americana o la desconfianza hacia Occidente". *Revista de Occidente* No. 512 (Enero 2024). 31-44.

Guattari, Félix. "De la production de la subjectivité". *Chaosmose*. París: Galilée, 1992. 11-52.

Guerrero, Gustavo. «La novela hispanoamericana en los años noventa: apuntes para un paisaje inacabado». *Cuadernos Hispanoamericanos* 599 (mayo 2000). 71-88.

Guillory, John. *Professing Criticism. Essays on the Organization of Literary Study.* Chicago: University of Chicago Press, 2022.

Gutiérrez, Ángela. *Vargas Llosa e o romance possível da América Latina*. Fortaleza/Rio de Janeiro: EUFC/Sette Letras, 1996.

Gutiérrez, Miguel. *Celebración de la novela*. Lima: PEISA, 1996.

Gutiérrez Girardot, Rafael. "América sin realismos mágicos". (1985). *Hispanoamérica: imágenes y perspectivas*. Bogotá: Temis, 1989. 174-185.

Hale, Dorothy J. "Aesthetics and the New Ethics: Theorizing the Novel in the Twenty-First Century". *PMLA* 124. 3 (May 2009). 896-905.

_____, ed. *The Novel: An Anthology of Criticism and Theory 1900-2000*. Nueva York: John Wiley and Sons, 2009.

Han, Byung-Chul. *La crisis de la narración*. Trad. Alberto Ciria. Barcelona: Herder, 2023.

Henríquez Ureña, Pedro. *Las corrientes literarias en la América Hispánica*. Trad. Joaquín Díez Canedo. Ciudad de México: Fondo de Cultura Económica, 1949.

Huntington, Samuel. "The Clash of Civilizations". Samuel Huntington et al. *The Clash of Civilizations? The Debate*. Nueva York: Council on Foreign Relations, 1993. 22-49.

Jacoby, Russell. "Marginal Returns. The Trouble with Post-Colonial Theory". *Lingua Franca* 5. 6 (September/October 1995). 30-37.

Jameson, Fredric. *Postmodernism or, the Cultural Logic of Late Capitalism*. Durham: Duke University Press, 1991.

____. *Inventions of a Present: The Novel in Its Crisis of Globalization*. Londres: Verso, 2024.

Jauss, Hans Robert. "Le texte poétique et le changement d'horizon de la lecture". *Problèmes actuels de la lecture*. Ed. Lucien Dallenbach y Jean Ricardou. París: Editions Clancier-Guénaud, 1982. 95-107.

Kadir, Djelal. *The Other Writing: Postcolonial Essays in Latin America's Writing Culture*. West Lafayette, IND: Purdue University Press, 1993.

Kermode, Frank. *El leve ruido del piso de arriba. Textos críticos sobre escritores contemporáneos*. Comp. y trad. Gonzalo Torné. Santiago: Ediciones Universidad Diego Portales, 2014.

King, Edward. "The World-Historical Novel". *New Left Review* 137 (Sept-Oct 2022). 127-140.

Klor de Alva, Jorge. "The Postcolonization of the (Latin) American Experience: A Reconsideration of 'Colonialism,' 'Postcolonialism,' and 'Mestizaje'". *After Colonialism: Imperial Histories and Postcolonial Displacements*. Ed. Gyan Prakash. Princeton: Princeton University Press, 1995. 241-275.

Kundera, Milan. *Los testamentos traicionados*. Trad. Beatriz de Moura. Barcelona: Tusquets, 1994.

____. *El telón. Ensayo en siete partes*. Trad. Beatriz de Moura. Barcelona: Tusquets, 2005.

Lalo, Eduardo. *Donde*. Buenos Aires: Corregidor, 2023.

Lazarus, Neil. "The Fetish of 'the West' in Postcolonial Theory". *Marxism, Modernity and Postcolonial Studies*. Eds. Crystal Bartolovich y Neil Lazarus. Cambridge: Cambridge University Press, 2002. 43-64.

Leenhardt, Jacques. *Lectura política de la novela. La celosía de Alain Robbe-Grillet*. Trad. Félix Blanco. Ciudad de México: Siglo XXI, 1975.

____. "La perspective continentale dans la littérature latino-américaine au seuil du XXIe siècle". *La littérature latino-américaine au seuil du XXIe siècle. Un parnasse éclaté*. Eds. Françoise Moulin Civil et al. Lonrai: Éditions Aden, 2012. 65-77.

Lentricchia, Frank. *Criticism and Social Change*. Chicago: University of Chicago Press, 1983.

Lessing, Doris. *Time Bites. Views and Reviews*. Londres: Fourth Estate, 2004.

Lewis, C. S. "Psicoanálisis y crítica literaria", *Ensayos literarios selectos*, ed. Walter Hooper, trad. David Cerda (Madrid: Rialp, 2023), 363-369.

Liano, Dante. "Occidente, canon y literatura hispanoamericana". *Caravelle. Cahiers du monde hispanique et luso-brésilien* 50. 100 (Juin 2013). 81-99.

Lopez, Pierre. "Los personajes masculinos de Pablo Palacio: orden y desorden en la masculinidad del buen caballero quiteño". *ICONOS* [Quito] No. 11 (julio de 2001). 100-107.

Losada, Alejandro. "La internacionalización de la literatura latinoamericana". *Caravelle...*, 42/1 (1984). 15-40.

____. "'Nueva novela' y procesos sociales en América Latina". *Texto Crítico*. X. 31/32 (Enero-Agosto de 1985). 246-269.

Lowy, Michel. "Goldman et Lukács: la vision du monde tragique". Annie Goldman et al., *Le structuralisme génétique. L'oeuvre et l'influence de Lucien Goldman*. París: Denoël/Gonthier, 1977. 99-119.

Loy, Benjamin. "The Latin American Novel as World Literature", en *The Oxford Handbook of the Latin American Novel...*, 787-803.

Lukács, Georg. *Teoría de la novela*. Trad. Juan José Sebreli. Barcelona: Edhasa, 1971.

Maldonado, Carlos Eduardo. "Total Novel and Complexity. Literature and Complexity Science". *International Journal of Latest Research in Humanities and Social Science* IV. 3 (2021). 109-115.

Martínez, Tomás Eloy. "Retrato de un renacentista". *La Nación ADNCultura* I.34 (5 de abril de 2008). 4-7.

Marzorati, Gerald. "Can a Novelist Save Peru?" *The New York Times Magazine* November 5, 1989, Section 6. 42-47, 100-106.

Mazzoni, Guido. *Theory of the Novel*. Trad. Zakiya Hanafi. Cambridge: Harvard University Press, 2017.

McFarland, Thomas. "Literature and Philosophy". *Interrelations of Literature*. Ed. Jean Pierre Barricelli y Joseph Gibaldi. Nueva York: The Modern Language Association of America, 1982.

McKeon, Michael, ed. *Theory of the Novel: A Historical Approach*. Baltimore: The Johns Hopkins University Press, 2000.

Medina, José Ramón, ed. *La novela iberoamericana contemporánea*. Caracas: Universidad Central de Venezuela/OBE, 1968

Mejía Duque, Jaime. "La novela 'Allá? y 'Aquí?". *Nueve ensayos literarios*. Bogotá: Instituto Colombiano de Cultura, 1986. 291-310.

____. "Lo literario universal". *Nueve ensayos literarios*... 325-341.

Miles, David H. "Portrait of the Marxist as a Young Hegelian: Lukács' *Theory of the Novel*". *PMLA* 94. 1 (January 1979). 22-35.

Moore, Steven. "Introduction: The Novel Novel". *The Novel. An Alternative History: Beginnings to 1600*. Nueva York: Continuum, 2010. 1-36

Moretti, Franco. "The Novel: History and Theory". *New Left Review* 52 (Jul-Aug 2008). 111-124.

____. *Distant Reading*. Londres: Verso, 2013.

____. "Two Theories". *Daedalus* 150. 1 (Winter 2021). 16-25.

Ospina, Uriel. *Problemas y perspectivas de la novela Americana*. Bogotá: Ediciones Tercer Mundo, 1964.

Pageaux, Daniel-Henri. "La mappemonde romanesque de Carlos Fuentes". *Carlos Fuentes*. Ed. Claude Fell y Jorge Volpi. París: Editions de l'Herne, 2006. 187-191.

Palacio, Pablo. *Obras completas*. Guayaquil: Casa de la Cultura Ecuatoriana, Núcleo del Guayas, 1976.

____. *Obras completas*. Ed. crítica de Wilfrido H. Corral. Madrid/París: ALLCA XX, 2000.

Panesi, Jorge. "Polémicas ocultas". *La seducción de los relatos. Crítica literaria y política en la Argentina*. Buenos Aires: Eterna Cadencia, 2018. 35-46.

Pavel, Thomas. *Representar la existencia. El pensamiento de la novela*. Trad. David Roas. Barcelona: Crítica, 2005.

Paz, Octavio. "La máscara y la transparencia". En Carlos Fuentes, *Cuerpos y ofrendas. Antología*. Madrid: Alianza Editorial, 1972. 7-15.

Peña, Carlos. *Por qué importa la* filosofía. Barcelona: Taurus, 2023.

Portuondo, José Antonio. *La emancipación literaria de Hispanoamérica*, La Habana: Casa de las Américas, 1975.

Poulet, Georges. "Phenomenologie de la conscience critique". *La conscience critique*. París: Corti, 1971. 275-299.

Pron, Patricio. *No, no pienses en un conejo blanco. Literatura, dinero, tiempo, influencia, falsificación, crítica, futuro*. Madrid: CSIC, 2022.

Pynchon, Thomas. "Epílogo". George Orwell, *1984*. Trad. Miguel Temprano García. Barcelona: Delbolsillo, 2013. 331-350.

Rafferty, Terence. "Articles of Faith". *The New Yorker* 64. 13 (May 16, 1988). 110-118.

Raimond, Michel. *La crise du roman.Des lendemais du Naturalisme aux années vingt*. París: Librairie José Corti. 1985.

Rama, Ángel. "La novela y la crítica en América". *Marcha* XXI. 1005 (22 de abril de 1960). 21-22.

_____. "Sistema literario y sistema social en Hispanoamérica". Fernando Alegría et al., *Literatura y praxis en América latina*. Caracas: Monte Ávila, 1974. 81-109.

_____. "Diez problemas para el novelista latinoamericano". Mario Benedetti et al., *Literatura y arte nuevo en Cuba*. Barcelona: Editorial Laia, 1977. 195-259.

_____. "La familia latinoamericana de Julio Garmendia". *Ensayos sobre literatura venezolana*. Caracas: Monte Ávila, 1980. 77-82.

_____. "Reinaldo Arenas al ostracismo". *Eco* XXXVIII/3. 231 (Enero 1981). 332-336.

_____. "Los contestatarios del poder". Prólogo. *Novísimos narradores hispanoamericanos en marcha, 1964-1980*. Ed. Ángel Rama. Ciudad de México: Marcha, 1981. 9-48.

_____. *La novela en América Latina: Panoramas 1920-1980*. Xalapa: Fundación Ángel Rama, Universidad Veracruzana, 1986.

_____. *Una vida en cartas. Correspondencia 1944-1983*. Ed. Amparo Rama y Rosario Peyrou. Montevideo: Estuario editora, 2022.

_____, ed. *Más allá del boom: literatura y mercado*. Ciudad de México: Marcha Editores, 1981.

Reeve, Richard. "Carlos Fuentes como ensayista". *Hojas de Crítica* 16, *Revista de la Universidad de México* 24. 5-6 (Enero-Febrero 1970). 2-3.

Repovz, Erika y Nikolai Jeffs. "Culture, Nationalism, and the Role of Intellectuals: An Interview with Aijaz Ahmad". *Monthly Review* 47. 3 (July-August 1995). 41-58.

Reyes, Jorge. "Pablo Palacio". *Boletín Titikaka* No. 7 (febrero 1927). 3.

Rimmon-Kenan, Shlomith. "Narration, Representation, Subjectivity". *A Glance beyond Doubt*. Columbus: Ohio State University Press, 1996. 7-29.

Rizzante, Massimo. "Novela y ensayo". *Letras Libres* XX. 234 (Junio 2018). 46-48.

____. "La América Latina de Milan Kundera". *Letras Libres* XXII. 265 (Enero 2021). 32-35.

Robb, Graham. "Mario Vargas Llosa, Victor Hugo et *Les miserables*". *Le monde diplomatique* 55. 650 (Mai 2008). 24-25.

Robbe-Grillet, Alain. "Orden y desorden en el relato". *Letra Internacional* 94 (Primavera 2007). 53-58.

Rodríguez Freire, Raúl. "El viaje del último Ulises. Bolaño y la figuración alegórica del infierno". *Sin retorno. Variaciones sobre archivo y narrativa latinoamericana*. Adrogué: Ediciones La Cebra, 2015. 97-153.

Roffé, Reina. "Ángel Rama: más allá de la ciudad letrada". *Espejo de escritores*. Ed. Reina Roffé. Hanover, N.H.: Ediciones del Norte, 1985.

Roque Baldovinos. "La 'novela épica'. Nacionalismo carismático y vanguardia en América Latina". *Realidad: Revista de Ciencias Sociales y Humanidades* 107 (enero-marzo 2006). 117-143.

Rosetti, Miguel. "A contraluz: *world literature* y su lado salvaje", *CHUY. Revista de Estudios Literarios Latinoamericanos* I. 1 (Julio 2014). 60-93.

Ruiz-Domènec, José Enrique. *La novela y el espíritu de caballería*. Barcelona: Taurus, 2023.

Rushdie, Salman. "Gabo and I". *Languages of Truth: Essays 2003-2020*. Nueva York: Random House. 120-132.

Saba, Edgar et al. *Las guerras de este mundo. Sociedad, poder y ficción en la obra de Mario Vargas Llosa*. Lima: Planeta/Pontificia Universidad Católica del Perú, 2008.

Sabato, Ernesto. *Abbadón el exterminador*. Barcelona: Seix Barral, 1978.

____. *El escritor y sus fantasmas. Obra completa. Ensayos*. Ed. Ricardo Ibarlucía. Buenos Aires: Seix Barral, 1996. 259-399.

Said, Edward. *Beginnings: Intention and Method*. Nueva York: Basic Books, 1975.

____. "Opponents, Audiences, Constituencies and Community". *The Anti-Aesthetic*. Ed. Hal Foster. Port Townsend, WA: Bay, 1983. 135-159.

____. "The World, the Text, and the Critic". *The World, the Text, and the Critic*. Cambridge: Harvard UP, 1983. 31-53.

____. "Intellectuals in the Post-Colonial World". *Salmagundi* 70-71 (1986). 44-64.

____. "Traveling Theory". *The World, the Text, and the Critic...* 226-247.

____. *Culture and Imperialism*. Nueva York: Knopf, 1993.

____. "Traveling Theory Reconsidered". *Critical Reconstructions: The Relationship of Fiction and Life*. Ed. Robert M. Polhemus y Roger B. Henkle. Stanford: Stanford University Press, 1994. 251-265.

____. *Representations of the Intellectual*. Londres: Vintage, 1994.

____. "East Isn't East. The Impending End of the Age of Orientalism". *The Times Literary Supplement* 4792 (February 3, 1995). 3-6.

____. "The Public Role of Writers and Intellectuals". *Humanism and Democratic Criticism*. Nueva York: Columbia University Press, 2004. 119-144.

Salvador, Humberto. *En la ciudad he perdido una novela...* Quito: Talleres Tipográficos Nacionales, 1930.

____. *Freud e o ABC da psicanálise*. Trad. e notas de N. Jonas Hersen. Rio de Janeiro: Calvino, 1941.

____. "Los fundamentos de la [sic] psicoanálisis". *Casa de la Cultura Ecuatoriana. Revista*. II. 3 (Enero-Diciembre de 1946). 165-198.

Samoyault, Tiphaine. *Excès du roman*. París: Maurice Nadeau, 1999.

Sánchez, Luis Alberto. *Historia comparada de las literaturas americanas*, IV. *Del vanguardismo a nuestros días*. Buenos Aires: Losada, 1976.

Sánchez Prado, Ignacio. "The Persistence of the Transcultural: A Latin American Theory of the Novel from theNational-Popular to the Global". *New Literary History* 51.2 (2020). 347-374.

Santos, José E. "Retoricidad y romanticismo: el optimismo vital en *Valiente Mundo Nuevo*". *Literatura Mexicana* XVII.1 (2006). 177-187.

Scarpetta, Guy. "Le baroque contre l'orthodoxie. Carlos Fuentes". *La Règle du jeu* I. 1 (Mai 1990). 174-187.

Scott, A. O. "Everyone Likes Reading. Why Are We So Afraid of It?" *The New York Times Book Review* June 25, 2023. 1, 14-16.

Serna, Enrique. "Vejamen de la narrativa difícil". *Las caricaturas me hacen llorar*. Ciudad de México: Joaquín Mortiz, 1996. 288-296.

Setti, Ricardo A. *Conversas com Vargas Llosa*. São Paulo: Editora Brasiliense, 1986.

Sheridan, Guillermo. "*Gringo viejo*: la novela como ombligo". *Literatura Mexicana* XVII. 2 (2006). 115-130.

Solana Madariaga, Javier et al. *Carlos Fuentes. Premio Miguel de Cervantes* (1987). Madrid: Ministerio de Cultura, 1988.

Sorensen, Diana. "Rereading 'Boom' Novels in the Twenty-First Century". *A Turbulent Decade Remembered: Scenes from the Latin American Sixties*. Stanford: Stanford University Press, 2007. 164-207.

Tabarovsky, Damián. *Lo que sobra*. Bilbao: Consonni, 2023.

Teitelboim, Volodia. "The Latin American Intellectual and the Defense of Cultural Identity". *World Marxist Review* 26. 12 (December 1983). 20-26.

Tihanov, Galin. "The Novel, the Epic, and Modernity". *The Master and the Slave. Lukács, Bakhtin, and the Ideas of Their Time*. Oxford: Clarendon Press, 2000. 112-161.

Torre, Guillermo de. *Doctrina y estética literaria*. Madrid: Ediciones Guadarrama, 1970.

Torres-Ríoseco, A. *Ensayos sobre literatura latinoamericana. Segunda serie*. Ciudad de México: Fondo de Cultura Económica, 1958.

____. "The Authentic Unconscious". *Sincerity and Authenticity*. Cambridge: Harvard University Press, 1972. 134-172.

Trilling, Lionel. *Freud* and the *Crisis of Our Culture*. Boston: The Beacon Press, 1955.

____. «The Authentic Unconscious». *Sincerity and Authenticity*. Cambridge: Harvard University Press, 1972. 134-172.

Updike, John. *Odd Jobs: Essays and Criticism*. Nueva York: Knopf, 1991.

Urquidi Illanes, Julia. *Lo que Varguitas no dijo*. La Paz: Editorial Khana Cruz, 1983.

Valadés, Diego, ed. *Carlos Fuentes, ensayista*. Ciudad de México: El Colegio Nacional, 2018.

Valencia, Leonardo. "Aquí Argentina". *Letras Libres* XII. 144 (diciembre 2010). 93-94.

____. *Ensayos en caída libre*. Bogotá: UASB/Ariel, 2023.

Vargas Llosa, Mario. "*Muerte y resurrección de la novela*: un ensayo de Romain Gary". *Expreso*. 12 de diciembre de 1965. 17.

____. "La utopía archaica [sic]". *Working Papers No.33*. Cambridge: Centre of Latin American Studies, University of Cambridge, 1978.

____. *Contra viento y marea, I (1962-1982)*. Barcelona: Seix Barral, 1983.

____. *Historia de Mayta*. Barcelona: Seix Barral, 1984.

____. *Contra viento y marea, II (1972-1983)*. Barcelona: Seix Barral, 1986.

____. *Contra viento y marea, III (1964-1988)*. Barcelona: Seix Barral, 1990.

____. *La verdad de las mentiras. Ensayos sobre literatura*. Barcelona: Seix Barral, 1990.

____. *A Writer's Reality*. Ed. Myron I. Lichtblau. Syracuse: Syracuse University Press, 1991.

____. "La trompeta de Deyá". *El País* 28 julio 1991: 7-8.

____. "Pájaro tropical". *El País* 15 junio 1992: 15.

____. *Desafíos a la libertad*. Madrid: Aguilar/El País, 1994.

____. "Treinta años de *La ciudad y los perros*". *Barcarola*. No. 44-45 (Enero, 1994). 339-346.

____. *La utopía arcaica: José María Arguedas y las ficciones del indigenismo*. Ciudad de México: Fondo de Cultura Económica, 1996.

____. "Cabrera Infante". *El País* 14 diciembre 1997: 13.

____. "La muerte de la novela". *Letras Libres* I. 3 (Marzo 1999). 14-16.

____. "Un mundo sin novelas". *Letras Libres* II. 22 (Octubre 2000). 38-44.

____. *Literatura y política*. [2001]. 2da. ed. Madrid: Fondo de Cultura Económica-España/ITESM, 2003.

____. *Un demi-siècle avec Borges*. París: Editions de l'Herne, 2004.

____. "Contar historias". *Letras Libres* VI. 67 (Julio 2004).57-62.

____. *El viaje a la ficción. El mundo de Juan Carlos Onetti*. Madrid: Alfaguara, 2008.

____. *El fuego de la imaginación. Libros, escenarios, pantallas y museos*. Ed. Carlos Granés. Madrid: Alfaguara, 2022.

Vásconez, Javier. "Un escritor incómodo". *Hispamérica*. LI. 153 (Diciembre 2022). 57-61.

Vásquez, Juan Gabriel. *La traducción del mundo. Las conferencias Weidenfeld 2022*. Madrid: Alfaguara, 2023.

Verdès-Leroux, Jeannine. *La lune et le caudillo*. París: Gallimard, 1989.

Vicente, Alex. « Ariana Harwicz. 'Defender buenas causas te legitima como ciudadano, pero no como escritor ». *Babelia* 1.661 (23 de septiembre de 2023). 8-9.

Vickers, Brian. "Rhetoric in the Modern Novel". *In Defence of Rhetoric*. Oxford: Clarendon Press, 1988. 375-434.

Vieira, León. "Humberto Salvador. Novelista y maestro". *12 escritores ecuatorianos contemporáneos y una glosa...* Guayaquil: Universidad de Guayaquil, 1976. 149-173.

Volpi, Jorge. "Treinta años de *Cambio de piel*". *La Cultura en México, Siempre*. 2283 (20-III-1997). 56-59.

Williams, Raymond. *Lectura y crítica*. Trad. Mariana Inés Calcagno. Buenos Aires: Ediciones Godot, 2013.

Wood, James. *How Fiction Works*. [2008] 2da. ed.Nueva York: Farrar, Straus and Giroux, 2018.

Wood, Michael. "The Kindness of Novels". *Children of Silence*. Nueva York: Columbia University Press, 1998. 17-31.

Woolf, Virginia. *El estrecho puente del arte. Ensayos literarios*. Ed. y trad. Rafael Acorrinti Gorillo. Madrid: Páginas de Espuma, 2023.

Wright, Elizabeth. *Psychoanalytic Criticism: A Reappraisal*. 2da. ed. Nueva York: Routledge, 1998.

____. *Speaking Desires Can Be Dangerous*. Cambridge: Polity Press, 1999.

Ycaza, Xavier. "Pablo Palacio". *Boletín Titikaka* No. 23 (junio 1928). 2.

Yurkievich, Saúl. "La prefiguración de una nueva forma novelesca". *Homenaje a Alfredo A. Roggiano*. Eds. Keith McDuffie y Rose Minc. Pittsburgh: IILI, 1990. 373-384.

Zambra, Alejandro. "Kafka, el uruguayo". *No leer. Crónicas y ensayos sobre literatura*. Ed. Andrés Barithwaite. Barcelona: Anagrama, 2018. 59-61.

Madrid/San Francisco, noviembre 2024

ÍNDICE